기독교문서선교회 (Christian Literature Center: 약칭 CLC)는 1941년 영국 콜체스터에서 켄 아담스에 의해 시작되었으며 국제 본부는 미국 필라델피아에 있습니다.
국제 CLC는 59개 나라에서 180개의 본부를 두고, 약 650여 명의 선교사들이 이동도서차량 40대를 이용하여 문서 보급에 힘쓰고 있으며 이메일 주문을 통해 130여 국으로 책을 공급하고 있습니다. 한국 CLC는 청교도적 복음주의 신학과 신앙 서적을 출판하는 문서선교기관으로서, 한 영혼이라도 구원되길 소망하면서 주님이 오시는 그날까지 최선을 다할 것입니다.

세월호야,
아! 세월호야!

Sewol-ho, Ah! Sewol-ho!
written by Hea Sook Son
All rights reserved.
Korean Edition Copyright ⓒ 2021 by Christian Literature Crusade, Seoul, Korea.

세월호야, 아! 세월호야!

2021년 11월 10일 초판 발행

지 은 이 | 손혜숙

편 집 | 김효동
디 자 인 | 박성숙, 서민정
펴 낸 곳 | (사)기독교문서선교회
등 록 | 제16-25호(1980. 1. 18.)
주 소 | 서울특별시 서초구 방배로 68
전 화 | 02-586-8761-3(본사) 031-942-8761(영업부)
팩 스 | 02-523-0131(본사) 031-942-8763(영업부)
이 메 일 | clckor@gmail.com
홈페이지 | www.clcbook.com
송금계좌 | 기업은행 073-000308-04-020 (사)기독교문서선교회
일련번호 | 2021-108

ISBN 978-89-341-2348-4 (03230)

이 책의 저작권은 저자와 (사)기독교문서선교회가 소유합니다. 신저작권법에 의하여 한국 내에서 보호받는 저작물이므로 무단 전재와 무단 복제를 금합니다.

세월호 희생자 가족과 단원고에 하나님의 위로와 은총을 기도하며
Praying to God for his Comfort and Grace to the Victims of Sewol Ferry, their Families, and Danwon High School

세월호 희생자 가족들이 우리에게 세월호 참사 희생자들을 잊지 말아달라 부탁했다. 우리는 2014년 4월 16일 그 비극을 눈으로 보았다. 그 비극을 알고 있으며 생생하게 기억하고 있다. 이제 글로 써서 마음에 새기고 기억하리. **세월호야, 아! 세월호야!**

Families of Sewol-ho victims asked us not to forget the Sewol-ho tragedy and its victims. April 16, 2014, we saw that tragedy. We know and vividly remember that tragedy. And now we write it, engrave it in our heart, and will remember it. Sewol-ho, Ah! Sewol-ho!

세월호야,
아! 세월호야!

손혜숙 지음

CLC

목차

헌정과 감사의 글 … 10
프롤로그: 외치는 말 … 11

제1부

제1장 세월호가 기운다 … 18
- 학교에서 … 19
- 타이타닉(Titanic)호 … 23
- 인천 부두를 떠나 … 33
- 세월호가 기운다 … 42
- 침몰하는 세월호 안에서 … 45
- 갑판을 향하여 … 55
- 선실 안에서 … 59
- 승무원 박지영, 정현선, 사무장 양대홍 … 74
- 필사적인 탈출 … 80

제2장 맹골수도의 구조 작업 … 88
- '페리 나미노우에호' … 88
- 꿈속에서 … 92
- 선장과 선원들의 탈출 … 96
- 해경 팬더 511호 박훈식 경위, 김재현 경장 … 99
- 해경 123함정 김경일 경위, 이형래 경사 … 107
- 해경 123함정 박상욱 경장 … 110
- 해경 팬더 513호기 류규석 경장 … 114
- 해경 팬더 512호기 권재준 경사 … 119

제1부

전남 어업지도선 201호 박승기 항해사, 어업지도선 207호	123
민간 어선 피시헌터호 김현호 선장, 태선호 김준석 선장, 명인스타호 박영선 선장	128
청와대와 중대본. 아! 어찌 이럴수가	135
구조작전 살려달라는 외침들-	138
교사들의 구조 작업	147
아, 강민규 교감 선생님!	154

제3장 그대들 물속에서 기다리다 -침수하는 배 안에서-   166
늦게 도착한 구조대들-	166
본험 리처드함과 미국 구조선	168
학생 잃은 학교 자녀 잃은 부모	172
민간 잠수부들	176
구조 작업은 없다!	180
침몰한 배 안에서 오는 메시지-	185
국무총리의 방문	191
독도함과 탐색 구조단	194

제2부

제4장 그대들 물속에서 기다리다 -지연되는 구조 작업- 199
- 배 안으로 들어가라- 200
- 열리지 않는 암흑의 문 205
- 대통령의 방문 208
- 청해진해운과 세월호 212
- 선체 진입작전 시도 215
- 세월호 침몰 원인들 218
- 구조된 학생들 '외상후 스트레스' 225
- 현장의 구조 작업 홍가혜 228
- 바닷물에 떠도는 육체들 234
- 공기주입 시작 237
- 선내 첫 진입 245
- 실적 가로 채기 248
- 교육부 장관의 방문 251
- 선장과 승무원 심사 254

제5장 한없는 눈물 흐르다 259
- 어두운 하늘에도 무지개는 뜬다 259
- 민간 잠수사 철수 262
- 잠수사 이야기 265
- 슬픔에 잠긴 대한민국 270
- 유병언과 청해진 세월호 275
- 슬픔이 눈물 되어 282
- 축제 없는 암울한 5월 285
- 노란색 리본 달기 288
- 눈물 흐르는 진도 앞바다 296

제2부

제6장 세월호야, 아! 세월호야!   **302**
- 다이빙벨   303
- 세월호 참사 여파   308
- 미국 대통령의 목련 기증   312
- 진정 구조 할 수 없었더냐?   315
- 박 대통령의 해양 경찰 해체   321
- 잠수사의 비밀서약   326
- 교장 선생님이 해직당하다   334
- 민간 잠수사의 죽음   337
- 세월호 십자가 행진   345
- 그대들 돌아오건만-   353
- 세월호야, 아! 세월호야!   358

에필로그(Epilogue)   **370**

부록: 최근 동향   **373**
- \# 문재인 대통령 특별검사 임명   373

헌정과 감사의 글

손혜숙 목사

이 글을 세월호 참사 희생자들과 유가족들에게 바친다. 또한, 세월호 대비극으로 눈물 흘린 단원고등학교와 안산시, 대한민국 국민들에게 바친다.

세월호 대비극은 대한민국 온 나라와 온 국민을 울리고 미국과 온 세계를 슬프게 했다. 사랑하는 자녀를 불시에 잃은 부모들의 아픔과 슬픔은 심연처럼 깊기만 하다. **세월호야, 아! 세월호야!**

글을 쓰는 동안 하나님이 함께 하셨다. 이 글을 서둘러 출간해 주신 기독교문서선교회(CLC) 대표 박영호 목사님께 감사드린다. 이경옥 실장님과 편집부, 디자인부에 감사드린다. 격려해 주신 홍진표 목사님께 감사드린다. 진리의 먼 여행을 늘 함께하는 사랑하는 슬기와 지혜, 영수에게 감사한다. 어두움 후에 빛이 오며, 십자가 죽음 후에 광명한 부활이 온다.

부활한 예수를 높이며

프롤로그:

외치는 말

손 혜 숙 목사

잔잔한 바다에 구조는 없었다.
304명 승객이 침몰하는 배에 갇혀
"살려달라!" 아우성치는데
아무도 구조의 손을 내밀지 않는다.

아! 동거차도 앞 차가운 물속 아래서
꺾인 생명이 흐느끼고 있다.
그 생명을 향해 경애와 구조의 손을 내밀라!

"제발 구해 주세요!
저 배 안에 아이들이 살아 있어요."
부모들이 애타게 간청한다.

수심 30미터에서 침몰하는 세월호!
배 안에서 생존자들이 매장되는
그 위급한 시간, 구조는 없다.
3일이 지나도 구조하지 않는다.

대통령이 오고 국무총리가 와도
구조 작업은 없다.

정부 기관 업체 구조에 틈이 보이고
'살려달라'는 아우성이 허공에 맴돌며 사라진다.
"사람을 구조해요!
 사람이 중요해요."
"생존자 구조가 가장 시급합니다!"
애타는 잠수부가 외친다.

물속으로 잠기는 배 안에서
생존자 304명 몸부림친다.
"살려달라! 무서워요."
"살려주세요, 제발 살려주오!"

거기에 배가 침몰하기 직전 목숨 걸고
승객 172명을 구조한 해경 함정과 헬기
어업지도선과 민간 어선이 있다.
거기에 승객을 버리고 제일 먼저 탈출한
선장과 승무원이 있다.

거기에 버려진 배 안에서
승객을 구조하려 목숨 바친
승무원과 교사가 있다.

그날 밤, 민간 어선을 빌려 타고
사고 현장으로 달려가
구조 없는 현장을 목격하며

몸부림치는 학부모가 있다.

그날 밤 침몰한 배 안에서
밤늦도록 구조를 애타게 기다리며
육지로 메시지를 보낸 한 소년이 있다!

거기에 더욱 침몰하는 배를 바라보며
발을 동동 구르는 부모와 가족이 있다!
거기에, 침몰한 배 안에서 사람이 죽는데
해상에서 돛단배 놀이하는 단정이 있다.

그곳에 생존자를 구조하려 장비를 들고
급히 달려온 베테랑 민간 잠수사, 해난 구조사,
급히 달려온 본험 리처드함, 헬기가 있다.
그리고 수심 30미터 물속에 인간을 구조하려
결코, 들어가지 않는 특공대가 있다.

대 여객선 세월호는 침몰 시작 후 3일째
2014년 4월 18일 완전히 가라앉다.

우리 눈앞에 있을 수 없는 비극이 벌어졌다.
밝은 대낮 물결도 완만한 다도해 해상
수심 30미터 바다에서 침몰하는 세월호!
3일이 지나도록 아무 구조 작업 없이
승객 304명 고스란히 죽어간다.
특공대는 결코 사람 목숨을 구하러
수심 30미터 물속에 뛰어들지 않는다.

이제 차디찬 시신 되어
물 위에 떠도는 몸을 부둥켜안고
통곡의 피눈물 쏟는 부모들이 있다.

생명 잃은 몸들은 장장 195일에 거쳐
애통해하는 가족들에게 돌아오고
실종자 9명이 물속을 헤매고 있다.

살고 싶다는 소원과는 반대로
그들은 강제로 죽어가야 했다.
언론도 진실을 말하지 않았다.
구조 수색은 한없이 지연되고
물속에서 살려달라는 이들을
3일 동안 그냥 쳐다보기만 한다 ….

웬일일까?
무슨 까닭인가?
왜 꿈많은 그들이 죽어가야 했나?
왜 언론은 진실을 말하지 않았나?
왜 구조 작업은 계속 지연되었나?
왜 국립공원 해상에서 이들이 죽어갈 때
눈뜨고 바라보고만 있단 말이냐?

생생하게 일어난 사건에 근거해 약간의 상상력으로 이야기가 전개된다. 우리 모두 마음 아파하고 안타까워 몸부림친 세월호 대비극, 그날 처참하고 눈물 나며 슬픈 사건들, 애통하고 애석하며 원통한 마음들 … 생존자들의 통한스러운 죽음과 가족들의 피맺힌 절규들 … 해경과 해군, 업체와 기관, 국가의 구조 실패들이 파도처럼 밀려온다.

2014년 4월 15일

안개가 자욱한 밤,
인천 부두를 떠나 제주도로 향하는 세월호에 오른다.
그 배가 밤바다 위를 달린다. 선상에서 불꽃놀이가 펼쳐지고 모두 환호를 지른다. 배는 쏜살같이 달리고 … 갑작스러운 굉음, 배가 주춤대며 뒤틀린다. 점점 물속으로 기울고 '살려달라'는 아우성이 진동한다…

억울하게 죽은 생명이 외치고 있다.
"나 여기 있어요!"
"우리를 잊지 마세요!"
가족들이 애원한다.
"잊지 말아 주세요!"
"왜요?
우리 아이가 죽었나요? 왜 구조하지 않았는지 … 알려주세요."
"모든 진상을 밝혀 주세요!"

그 절규들을 가슴에 새기며 글을 쓴다.
하나님의 은혜로 모든 면모가 밝혀지고 상처가 치유되기를 …
그래서 '인간 생명이 무엇보다 소중함'을 앞세우는 나라, 정부, 기관, 업체, 단체 되기를, 이 세상 무엇보다 인간을 가장 먼저 구조하고 살리는 공동체 되기를 …
청소년이 꿈을 지니고 그 꿈이 실현되는 나라 되게 하여라!
'물질 숭배', '권력 숭배', '인간 생명 경시'의 지독한 병에 걸린 사회가 '침몰'을 부른다. 약한 자도, 가난한 자도 존중받는 사회 되게 하여라!
'하나님이 주신 생명'은 가장 고귀하다!
오직 인간만이 '하나님의 형상'(image of God)대로 창조되었기 때문이다 (창세기 1:27). '하나님 형상'을 지닌 인간이 누구이든지, 알차고 풍요하며 선한 삶을 즐길 수 있게 하라!

부지런하고 정직한 자, 가난한 자와 힘없는 자도 큰 희망을 이루는 나라 되게 하라!

어린이, 청소년, 젊은이, 가난한 자, 착한 이들이 절대로 꺾이지 않고, 희망에 가득 차 꿈을 이루는 정의로운 사회와 국가 되게 하여라!

"나는 꿈이 있는데 … 나는 살고 싶은데 …."

세월호야, 아! 세월호야!

제1부

제1장
세월호가 기운다

제2장
맹골수도의 구조 작업

제3장
그대들 물속에서 기다리다
-침수하는 배 안에서-

제1장

세월호가 기운다

"앗, 선박이 나타났다. 오른쪽으로 5도 변침!"

박한결 항해사는 곁에 있는 조준기 조타수에게 다급하게 외쳤다. 맹골수도 부근에서 얼마 전까지도 보이지 않던 선박이 갑자기 그녀의 눈에 띈다. 그녀는 매우 당황했다. 조타수는 항해사의 지시대로 급히 항로 변경을 시도하였다.

항해사의 오른쪽 5도 변침 지시에 따라 좌현으로 조타기를 돌린다. 선수 방향과 자이로 컴퍼스(방향장치)는 반대로 돌아가기 때문이다. 조타기를 돌린 후 배가 좌우로 얼마나 기울었는지 확인하기 위해 경사계 장치를 보았다. 경사계는 배가 좌현으로 30도 기울었음을 가리킨다.

항해사는 이것을 확인한 후 또 소리쳤다.

"오른쪽으로 5도 변침!"

그녀는 또 한 번 5도 변침을 지시한다. 조타수는 다시금 항해사의 지시를 따라 황급히 오른쪽으로 5도 항로 변경을 시도하였다.

그런데 키를 많이 돌렸기 때문일까?

아니면 다른 이유 때문일까?

갑자기 140도에서 150도로 나간다. 5도가 아닌 10도가 급격히 돌아갔다. 그리고 거대한 세월호가 갑자기 온몸을 기우뚱거리면서 왼쪽으로 급격히 기울어지고 있다.

청해진해운 소속 '세월호'는 바다의 거물 같다. 배수량 6,835톤급의 우리나라에서 가장 큰 여객 화물 겸용선이다. 하얀색 거구의 이 배가 망망한 푸른 바다를 달릴 때는 정말로 멋지고 시원해 보인다.

푸른 물결이 넘실거리는 망망대해에서 이 하얀 배를 타면 복잡한 세상을 떠나 어느 미지의 나라로 무한히 항해할 것 같다.

그래서 배의 이름이 세상을 초월한다는 의미의 '세월호'일까?

웬만한 비바람이나 파도에는 끄떡 안 하는, 바다의 격심한 풍랑도 넉넉히 헤치고 나갈 믿음직한 용사다.

그런데 지금 이 거구의 배가 중심을 잃고 기울고 있다. 3등 항해사인 그녀는 기우는 배를 바로 잡으려 안간힘을 쏟아부었다. 선장은 박 항해사에게 물살이 센 맹골수도 근처에 들어서면 자동에서 수동으로 조타 전환을 하라고 지시해놓고 선실의 방으로 들어가 잠시 쉬고 있다. 지금 항해사와 조타수가 이 거구의 배를 원위치로 돌리려 고투하고 있다.

학교에서

목련꽃 향기가 은은히 퍼지는 4월,

경기도 안산시 단원고등학교 교정이 화창하게 아름다운 자태를 드러내고 있다. 이제 이 학교 사랑스러운 2학년 학생들이 수학여행을 떠난다. 이전에 교육청에서 선박을 이용해 수학여행하라는 공문을 학교에 보냈다. 정부 기관이 선박 이용률을 높이려 교육청에 홍보 요청을 했는데 2011년 3월 공문에서 인천에서 출발하는 '오하마나호'와 '세월호' 운행 시간표와 운임을 알려주었다. '뱃길따라 제주 수학여행'을 흥미있는 여행으로 장려하면서 선사들과 청해진해운이 운영하는 '인천-제주 노선'을 소개했다. 자상한 배려다.

청소년들에게 한없이 펼쳐지는 바다처럼 넓고 깊은 마음을 품으라는 것일까?

푸르른 바다처럼 늘 푸른 미지의 세계를 향해 무한히 도전하는 정신을 기르라는 것일까. 안전지침은 없었지만, 드넓은 바다를 항해하는 배를 이용한 수학여행을 적극적으로 홍보하고 있었다.

　수학여행을 안전하게 잘 다녀오는 것은 어느 학교에나 매우 중요하다. 그러므로 여행에 관련된 여러 정보를 미리미리 수집하고 선생님들과 학생들의 의견을 반영해 최종 여행지를 결정한다.

　"다음 2014년 수학여행을 어디로 가면 좋을까요?"

　교장 선생님이 교사 회의시간에 질문을 던졌다.

　"아마 제주도가 좋을 것 같습니다."

　몇몇 선생님이 의견을 말한다.

　"아무래도 해외로 여행을 갈 수 없으니 우리나라에서 좀 멀리 떨어지고, 무언가 배울 수 있으며, 학생들이 즐거워할 곳으로 갔으면 합니다."

　"울릉도는 어떨까요?"

　선생님 한 분이 물었다. 대부분 제주도가 좋다는 방향이 나왔다. 제주도로 수학여행을 갔었기 때문에 무난할 것이라는 이야기도 했다. 선생님들은 학생들이 수학여행에 관해 결정하도록 남겨 두었다.

　학생들은 제주도로 가는 것을 좋아했다. 결국, 단원고등학교는 제주도로 여행 가기로 했다. 선생님들은 상상한다.

　"학생들이 학교에서 공부하느라 얼마나 힘든가. 그렇지, 우리나라 맨 남쪽 가장 높은 한라산이 있는 아름다운 섬 제주도로 멋진 배를 타고 망망대해 물살을 가르면서 여행 가는 것이 얼마나 즐거우랴!"

　교감 선생님도 상상했다.

　"정부가 권장도 하거니와 버스나 기차로 여행하는 것보다 큰 배를 타고 광활한 푸른 바다 물결 위로 달리는 것이 얼마나 더욱 시원하고 멋진가!

　젊은이들에게 웅대한 야망을 심어 줄 수 있으리."

　교장 선생님은 여러 가지로 생각해 보면서 교감 선생님, 선생님들, 학생들의 의견을 거쳐 배를 타고 가는 수학여행에 구체적 일정을 잡도록 지시하셨다.

"암!

끝없이 펼쳐진 바다를 바라보면서 나의 사랑하는 학생들이 얼마나 큰 꿈을 품으랴. 너무너무 기뻐하겠지."

교장 선생님의 얼굴에 살며시 미소가 감돈다. 망망한 푸른 바다 배 위에서 마냥 즐거워하는 아이들의 모습이 떠올랐다.

어느새 그 한해가 지나고 2014년 봄의 문턱에 들어섰다. 이제 여행갈 날이 머지않다. 여행가는 날짜가 가까워질수록 학생들은 더욱 기다린다.

단원고 2학년 선생님들과 학생들은 이제 곧 다가올 수학여행을 기대하면서 설레는 마음으로 시간을 보냈다. 학생들은 즐거움과 기쁨으로 마음이 들떴다. 노래 부르고 춤을 추면서 준비도 한다. 넓은 바다 위에 배를 타고 아름다운 섬 제주도로 향할 것이다.

오!

낭만과 환희로 잔뜩 설렌다. 소년과 소녀들은 선생님들에게 배 타고 가는 수학여행을 이야기하면서 마냥 즐겁다. 아! 정말 행복하다.

2014년 4월 13일

단원고등학교 2학년 1반 여학생 5명은 정리를 하러 교장실로 간다.

항상 인자하고 자애로우신 교장 선생님!

김진명 교장 선생님은 학생들에게 부모님처럼 친절하셨다. 그래서 학생들은 교장 선생님을 존경하면서 자유롭고 유연한 환경과 탄력성 있는 분위기를 좋아했다. 이날 교장실을 말끔히 정돈하려고 오는 소녀들은 손에 호'두 파이'를 들고 있었다. 교장실 문을 노크한다.

"교장 선생님! 우리 정리하러 왔어요."

"들어오세요."

교장 선생님이 응답했다. 소녀들은 활짝 미소 지으면서 즐겁게 교장실로 들어섰다.

"교장 선생님! 우리 배 타고 제주도로 수학여행 떠나요!"

"내일 모래 수학여행 … 아! 너무너무 신나요."

"그래서 오늘 교장 선생님께 선물로 드리려고 호두 파이 가져왔어요."
소녀들은 교장 선생님 앞에 호두 파이를 쑥 내밀었다.
"오! 파이… 고맙다. 다들 마음이 설레겠구나. 이 파이, 우리 같이 나누어 먹자. 함께 즐거운 여행을 축연 하자구나."
아이들은 환한 얼굴로 교장 선생님과 파이를 나누어 먹는다. 웃음이 오고 갔다. 그때 희정이가 말한다.
"저, 이런 파이 처음 먹어봐요."
교장 선생님은 빙그레 웃으시면서 말씀하신다.
"응 그래?
너희들이 수학여행 갔다가 돌아오면 23일 내가 더욱 맛있는 케이크를 사줄게. 그때 우리 또 함께 즐겁게 지내자. 여행 가서 제주도에서 일어난 재미있던 일들도 이야기하면서…"
제자들을 자식처럼 사랑하는 교장 선생님은 기뻐하는 아이들을 바라보면서 더욱 맛있는 케이크를 사주겠다고 약속하셨다. 아이들은 파이를 맛있게 먹고 흥겹게 정리하기 시작했다. 교장 선생님이 사주실 더욱 맛있는 케이크! 이것을 기대할 수 있는 것도 여행에 더해 또 하나의 기쁨 아니랴.
수학여행을 앞둔 아이들은 화창한 봄날 피어난 벚꽃처럼 화사한 미소를 머금고 희망과 꿈에 잔뜩 부풀었다. 2학년 학생 전체가 배를 타고 제주도로 수학여행 간다는 사실 … 정말 너무 신나고 너무 기다려진다. 아! 빨리 여행 갔으면 … 오랜 시간 바다 위에 배를 타는 것도 너무 기다려진다. 푸르고 망망한 바다여, 바다 위를 달리리라. 때로 고달픈 학업과 긴장의 굴레를 벗어나리. 날개 달린 새처럼 저 창공으로 활짝 꿈을 펼치리. 날아가리. 저 넓은 바다 위에서 맘껏 하늘을 오르리라.
희망! 희망!
희망이 아이들의 얼굴을 환히 빛나게 했다. 각 반마다 노래도 준비하고 장기자랑 연습하느라 분주했다. 댄스를 준비하고 깜짝쇼를 마련하기도 한다. 2학년 3반 학생들은 김초원 담임선생님의 생일이 여행중에 있어 카드와 편지와 깜짝 선물도 준비하였다. 선생님이 깜짝 놀라시겠지.

타이타닉(Titanic)호

학부모들도 들떠 있다. 구름이 둥실 일어나듯 설렌다.
자녀들이 흥겨워하는 모습에 함께 흥겨워진다. 내 아이가 학교를 벗어나 먼바다를 거쳐 여행을 간다.
아름다운 섬 제주도!
그곳에 가서 즐겁게 지낼 것이다. 여행 준비로 분주했다. 여행을 위해 새 옷과 용품을 준비했다. 인천에서 제주도까지 긴 선박 여정에 편리한 옷을 챙기었다.
은숙이 엄마는 노래를 흥얼거리는 딸에게 얼떨결에 말한다.
"4월 15일은 타이타닉호가 침몰한 날인데."
"타이타닉호. 뭐라고요, 엄마?"
"사고가 안 났으면 좋겠다."
"엄마! 사고가 왜 나?
생뚱한 소리는 … 사고 안 날 테니 걱정하지 마세요."
딸은 갑작스러운 엄마의 말에 괜한 소리라고 응수한다. 엄마 손을 잡고 흔들었다. 여행이 마냥 기대되고 즐겁기만 하다.

타이타닉호!
세계에서 가장 호화로웠다는 유람선,
영국의 화이트스타 라인이 운영하던 '북대서양 횡단 여객선'이다. 배수량 52,310톤급, 전장 269미터, 선폭 28미터, 정원 3,327명을 태울 수 있다! 타이타닉호가 영국 사우샘프턴을 떠나 미국 뉴욕으로 첫 항해를 시작한다. 첫 승객 '2,435명'을 태우고 미국으로 출발하였다. 야심 찬 희망을 품고 떠나는 사람들, 호화찬란한 대 여객선이 이제 첫 출발의 기적을 울린다.
타이타닉호는 세계에서 가장 큰 선박 중 하나다. 화이트스타 라인이 세 척의 올림픽급 여객선을 운용했는데 그중 하나. 하란드월프사가 배의 건조를 시작해 2년 지난 1911년 완성했다.

1912년 4월 10일

타이타닉호가 첫 항해를 떠나는 날 다양한 배경의 승객들이 탑승했다. 아주 부유한 이도 있었다. 대부분이 새 삶을 소망하면서 영국과 스칸디나비아반도 등에서 미국으로 향하는 이민자다.

'타이타닉호'는 체육관, 수영장 등 호화로운 시설을 지녔다. 하지만 규제가 느슨해 구명정은 20척만 보유했다. 그것으로 1,200명을 구조 할 수 있다. 그런데 중대한 문제가 생겼다. 처음 출항하면서 승무원이 '쌍안경 보관함 열쇠'를 인수하지 못한 것이다. 그것이 엄청난 화근이 될 줄 어찌 알았으랴!

맨눈으로 먼 거리 해상의 위험요소 탐지는 불가능하기 때문이다.

그런데 그처럼 강하고 큰 배라면 쌍안경 없어도 괜찮다고 생각했을까?

아니면 사고가 안 날 것이라 단정 지었던 것일까?

타이타닉호는 쌍안경 없이 출발을 감행한다.

배의 속도와 해상에 일어나는 안개 때문에 쌍안경을 껴도 빙산을 발견하기 어려운데, 그냥 출발한다. 배는 대서양 망망한 바다 위를 질주하고 있다.

1912년 4월 14일!

날씨는 아주 평온했다. 4월의 북대서양에서 드물 정도로 바람이 잠을 잔다. 대 폭풍 전야의 고요라고 할까.

온통 감도는 적막 속에 폭풍처럼 그날이 다가오고 있다!

그날 밤 파도가 일지 않는다. 그래서 바다는 넓은 평야처럼 평탄하고 잔잔했다.

어쩐 일일까?

물 위에 바람 한 점 날리지 않는다. 깊은 잠에 폭 빠진 호수처럼 바다는 전혀 설렘을 모른다. 그래서 하얀 빙산에 파도가 부딪치면 생기는 반짝이는 빛이나 하얗게 부서지는 물보라도 일지 않았다.

그날 밤, 쌍안경 없는 망지기들은 맨눈으로 어두운 바다를 멀리 내다보았다. 아무런 장애물도 들어오지 않는다. 수면은 죽은 듯이 잠잠하며 적막하기만 하다. 고적함이 온통 바다를 누르고, 바다는 깊은 잠을 잔다. 하늘의 달마저 졸린 듯 구름 속으로 감춘다.

너무 캄캄하다!

빙산이 가깝다고 여섯 번 소식이 왔지만 어두운 바다 위에서 쌍안경 없는 망지기들은 감지할 수 없다.

1912년 4월 14일

밤 11시 40분,

"꽈꽈앙! 꽈앙! 꽝…"

북대서양 바다에서 고성이 터지며 울린다.

"꽈당! 끼익 꽝 … 꽝 …."

한밤중 날카로운 굉음이 치솟고 대서양이 놀라 꿈틀댄다. 배가 어두움 속에서 심상치 않은 몸짓을 한다. 밤바다 위를 22.5 노트(1노트는 1.85킬로미터/시) 속력으로 질주하던 타이타닉호… 갑자기 정면으로 다가오는 대 빙산을 피하기 위해 애쓰면서 충돌을 면했지만, 뱃머리 오른쪽이 거세게 충돌했다.

배가 날카로운 굉음을 낸다. 강철같이 튼튼하고 웅대한 타이타닉호!

절대 안전을 보장하는 타이타닉호!

그 배에 거대한 빙산과의 충돌로 큰 구멍이 뚫렸다.

불가능한 일이 일어났다. 타이타닉호에 큰 구멍이 뚫려 물이 콸콸 밀려든다. 4미터 넘는 물기둥이 배를 덮친다.

이제 막 잠자리에 들던 승객들은 놀랐다.

"앗, 무슨 일이야?"

"배가 습격당했나?"

"포성 소리 …."

"암초에 부딪혔나?"

사람들은 영문을 몰라 허둥거린다. 울컥 몰아치는 겁에 질린다. 거대한 양의 바닷물이 배 안으로 밀려들어 온다. 밀려드는 바닷물은 배 안을 차지하면서 점점 강해지고 커진다. 밀려오고 덮치는 물기둥에 타이타닉호의 주갑판이 함몰되기 시작했다. 대서양의 힘은 상상을 불허한다.

누가 거대한 바다의 세력에 저항할 수 있으랴?

바다는 미세하게 빈틈을 드러내 보인 타이타닉호에 자비로움 없이 엄청난 파괴력을 과시하기 시작했다. 배는 뚫린 구멍으로 몰아드는 엄청난 물살과 물기둥을 방어하지 못하고 점점 기울며 잠긴다.

타이타닉호!

사랑과 낭만이 흐르던 여객선,

사람들은 미국에서 펼칠 새로운 미래를 꿈꾸며 행복에 잠겼다. 호화로운 배, 아름다운 배, 세상에서 가장 강철같이 튼튼한 타이타닉호!

하지만 지금 매우 두터운 먹구름이 이 배를 에워싼다.

"어 … 이 배 침몰한다!"

"아! 아! 큰일이다."

"바닷물이 들어오네! 물이 덮쳐 와!"

미지의 꿈을 그리면서 설레던 승객들이 아우성친다.

"이럴 수가 …."

"이런 건 불가능해 …."

놀란 그들은 소리친다.

타이타닉호!

이 배는 방수용 격벽도 설계되었다. 배 안의 각 문도 물을 차단할 수 있도록 설계와 시공되었다. 하지만 너무 많이 밀려드는 바닷물을 막기에는 역부족이다. 북대서양 어두움 속에서 배는 기운다.

스미스 선장은 대위기를 감지하며 전율을 느낀다.

2백만 마일 무사고 항해기록을 보유한 타이타닉호 선장 에드워드 존 스미스!(Edward John Smith)

그는 수없이 많은 대형 유람선을 몰았고 위험한 대서양 항로를 계속 안전하게 운항했다. 그래서 영국 에드워드 7세로부터 메달을 수여 받았다. 사람들은 그를 믿었으며, 그의 뛰어난 항해술과 성실성을 존중했다. 선장은 돌연한 위기에 아찔하다.

"앗! 자칫 승객들 모두 북대서양에서 죽을 수 있다 …."

섬뜩한 전율이 온몸을 찌른다.

"아! 이럴 수가."

스미스 선장은 황급히 점검하기 시작한다.

"이 엄청난 위기를 어떻게 타파할까 …."

"어찌할 것인가?"

선장은 배에 성큼 다가오는 죽음의 그림자를 감지하며 직시한다. 그 죽음에 맞서 싸우려는 에드워드 존 스미스 선장의 두 눈에 빛이 작열한다. 그의 얼굴과 온몸에 비장함이 서렸다.

드디어 온 바다를 흔드는 스미스 선장의 퇴선 명령이 캄캄한 바다 위에 떨어진다.

"퇴선하라, 즉시 배를 떠나라!"

"배가 침몰한다! 승객들은 탈출하라!"

"이 배가 침몰 중이다. 어서 속히 탈출하라!"

선장의 퇴선 명령 소리에 북대서양이 진동하고 바다가 놀라 들썩인다.

"탈출! 탈출! 머뭇거리지 말라!"

"배가 침몰, 침몰한다. 탈출하라!"

생사를 가르는 외침, 승객 2,435명의 '생사'를 나눌 비장한 명령에 사람들은 놀란다. 놀라 움칫거리던 밤바다는 더욱 엄청난 양의 물을 배 안으로 쏟아붓는다.

"살 수 있을까?"

놀란 승객들은 어쩔 줄 모른다.

선장은 다가오는 생명의 위기에 공포를 느낀다. 온몸이 무겁다.

"하나님, 도우소서 …."

정신을 집중해 승객들 모두 살려야 한다. 선장은 승객 구출을 서두른다.

"너무 급해. 승객들이 배를 떠나도록 서둘러야 해."
선장은 탈출을 재촉하면서 구명조끼를 나누어주기 시작했다. 좌현에서는 2등 항해사 찰스 라이톨러가, 우현에서는 1등 항해사 윌리엄 머독이 '구명보트'를 내렸다.
그러나 어찌하나?
승객들은 침몰을 믿을 수 없다. 강철처럼 튼튼한 타이타닉호가 침몰한다는 사실 그 자체를 안 믿는다. 그런 일은 '상상조차' 할 수 없기 때문이다. 그들은 세계에서 제일 튼튼하고 강철같이 강한 '타이타닉호'를 믿었다.
"이렇게 큰 배가 침몰한다고?"
"도대체 어떻게?"
"말도 안돼. 침몰은 불가능이야."
다들 나름대로 판단을 내렸다.
"하늘이 두 쪽 날지언정 타이타닉호는 절대 침몰하지 않는다!"
그들은 아예 구명보트에 탈 생각조차 않는다.
"나무로 만든 조그만 보트를 보라. 얼마나 위태로운가?
넓은 바다에서 한 잎의 낙엽처럼, 파도 속에 묻혀 버릴 거야. 우리가 타고 있는 강철로 만든 '전장 260미터의 큰 배'가 파도에 휩쓸리지 않고 안전하게 버티어 준다."
"저 조그만 구명보트에 발을 내리는 순간
물결이 우리를 삼켜 버릴 거야 …."
그들은 안전한 큰 배에 더 머무르기 원했다.
조그만 보트로 옮겨 타는 것 자체가 위험하다 여긴다.
사태의 위급성을 알지 못한다.
어둡고 추운 날씨로 더욱 머무적댄다. 이 배에는 부자들도 있다. 그중 가장 부자인 제이콥 애스터 역시 아내에게 소곤댄다.
"우리 여기 있어. 이 큰 배 안이 저 조그만 보트보다 훨씬 안전해."
아내도 동감이다. 상황이 심상치 않다.
선장이 '긴급 탈출'을 외쳐도 승객들은 잘 반응하지 않는다.

죽음이 다가오는데...

이 위기에도 2등 항해사와 1등 항해사는 '여자와 어린이'를 먼저 태워야 한다고 선장에게 건의해 선장은 승낙했다. 비상시 '약자 보호'정신이 발현됐다.

아! 그날 최후의 시간 20분이 점점 다가온다.

오전 2시 5분.

접이식 구명보트 2개를 남긴 마지막 구명보트 D가 바닷속으로 미끄러져 들어갔다. 마지막 구명보트가 떠나는 것을 지켜보는 선장의 눈에 이슬이 맺힌다. 많은 사람이 선내에 남아 있었다.

최후 종언을 고할 위기의 시간이 다가오고 있다.

하늘에 시커먼 구름이 먹물처럼 퍼진다. 이제 '중대한 결단'을 선포해야 하리. 선장은 확성기를 손에 꽉 들었다. 그리고 선원들을 향해 명령한다.

"퇴선하라! 이 배를 포기한다."

"선원들은 각자 자신의 살 길을 찾아라!"

"선원들은 각자... 살 길을 찾아 즉시 떠나라!"

스미스 선장은 크게 외친다.

"이 배를 포기한다!"

"선원들은 살 길을 찾아 떠나라."

스미스 선장의 두 눈에 뜨거운 눈물이 흐른다.

떨리는 선장의 명령이 대기를 진동시키고 하늘이 더욱 어두워진다. 울음이 터질 것 같다. 인간 생명을 구하기 위해 웅대한 배마저 버린다. 하나님이 창조한 인간 생명은 한 생명 한 생명이 온 우주에서 가장 소중하기 때문이다. 수 톤의 다이아몬드보다 소중하기 때문이다.

'최후의 명령'이 내려지자 사람들은 접이식 보트 2개를 기다리거나 수심 모르는 깊은 대해 속으로 몸을 던진다. 어떤 이는 선미로 급히 달려나갔다. 배는 점점 물속으로 기운다. 프로펠러가 모습을 전부 드러내기 시작했다.

1912년 4월 15일, 오전 2시 10분

바닷물이 최상층인 보드 갑판까지 다다랐다. 그때 체육관 바깥쪽 휴식처에서는 월리스 하틀리가 악단과 함께 있었다. 그가 지휘하는 감리교 악단의 찬송가 "내 주를 가까이 하게 함은"(Nearer, My God, to Thee, "나의 하나님 당신께 더욱 가까이")이 침몰하는 배 안에서 마지막으로 울려 퍼지고 있다.

일부 선원들마저 타이타닉호를 떠났다.

스미스 선장은 절망 중에도 확고히 서 있다. 우뚝 솟은 천년송처럼 결연히 선 그에게 성스러움마저 감돈다. 침몰하는 배 안에 남아 확성기를 손에 쥔 채 선교로 들어간다.

"오! 하나님, 어찌 … 어찌. 이럴 수 있습니까?"

"하나님, 흑암 속에서 지켜주소서."

선장의 두 눈에 눈물이 흐른다. 그의 온몸이 흔들린다. 그는 극한의 힘을 쏟아 침몰을 억제하려 한다.

"내 임무를 끝까지 수행하다 죽으면 죽으리 …."

"승객들을 탈출시켜야 한다 …."

사랑하는 아내와 딸의 모습이 스쳐 간다.

엄청난 '대위기'에 담대히 맞서는 에드워드 존 스미스 선장!

그는 절대로 회피하지 않았다. '최후 위기'를 정면 대결하면서 온몸과 온 정신과 목숨을 드려 침몰을 조금이라도 저지하고 싶다!

"나 혼자라도 최후 비극을 막자. 굴복할 수 없다-"

선장은 '방향키'를 잡는다.

"내 생명 있는 한 선장으로서 책임을 다한다! 최후까지 …."

그는 배를 바로잡으려 애쓴다. 하지만 키가 작동되지 않았다. 그런데도 선장은 배의 침몰을 억제할 방향으로 온 힘을 쏟았다. 그때 전산사 존 필립스는 탈출 명령을 듣고도 배에 남아 또 한 명과 함께 전산실에 앉아 'SOS'를 입력하며 구조를 위해 마지막 순간까지 노력을 쏟는다. 탈출하지 않은 선원들도 승객을 돌보면서 임무에 충실한다.

엄청난 물이 들어오면서 끝까지 키를 잡은 선장에게도 덮쳐온다. 타이타닉호는 더욱 물속으로 들어간다.

타이타닉호!

최고 안전과 행복과 희망만을 노래하던 배,

하지만 이제 검은 그림자를 바다 깊이 내리면서 선수가 바닥으로 함몰되며 내려간다. 그 누구도 저항할 수 없는 북대서양의 거대한 힘에 휩쓸려 나락 아래로 빨려 들어가고 있다.

흑암의 장막이 기우는 타이타닉호를 무겁게 짓누르며 덮친다. 검은 하늘이 눈물을 머금고 조각난 아픔을 흩뜨린다.

그때 타이타닉호의 '설계자' 토마스 앤드류스는 흡연실에서 구명조끼를 벗은 채 그림을 응시하고 서 있다. 그에게 '탈출'이라는 생각 자체가 불가능이다. 타이타닉호는 그가 온 열정과 온 힘을 쏟아 일구어낸 꿈의 결정체요 대걸작이기 때문이다.

그의 몸이 정신을 떠날 수 없듯, 그는 타이타닉호를 결코 떠날 수 없다!

"나의 꿈, 나의 정신, 내 혼신의 투사를 버릴 수 없어 …."

그는 중얼거린다.

설계자는 대서양 무한한 수심으로 배가 빨려들어도 그대로 서 있다. 그가 지닌 신념과 정열과 모든 꿈과 온갖 상상력을 쏟아부은 타이타닉호.

이 배는 그의 혼신의 일부요 사랑이며 꿈이고 이상이다!

그는 목숨을 건지고자, 온통 몰입해 쏟아부은 그의 정신과 꿈과 이상을 떠날 수 없다. 침수되는 타이타닉호에 그대로 서 있다.

운명의 순간이 다가온다.

'최후 종국'을 고하는 죽음의 사자가 타이타닉호의 문을 두드린다.

운명의 시간을 통고하는 시계추가 멈추려 한다. 시침과 분침은 이미 멈추고 이제 초침마저 멈춘다.

공포의 시각이 엄습했다!

1912년 4월 15일, 오전 2시 20분!

거대한 타이타닉호의 선미가 그대로 주르륵 사선으로 미끄러지면서 물속으로 깊숙이 빨려들어 간다. 강력한 자석에 끌리듯 바닷물 속으로 끌려들었다. 배가 대 심연으로 흡수되는 순간 침몰하는 배 안에서 극렬한 비명이 퍼진다.

큰 배가 더 안전하다고 생각한 사람들,

더 이상 구명보트가 없어 그대로 남아야 했던 이들.

아! 잔혹한 북대서양….

바다는 절규하는 '1,514명'의 생명을 순식간에 끌어당겨 삼킨다.

큰 아가리를 딱 벌리고 타이타닉호와 울부짖는 사람들을 3,770미터 깊이 심연 속으로 아무렇지도 않은 듯 꿀꺽 삼켜 버린다.

세계에서 가장 튼튼하고 호화로운 배와 마냥 즐겁던 승객들은 이제 흔적조차 없이 스러지고 캄캄한 밤바다는 광기를 번득거린다.

구명보트에 탄 사람들은 타이타닉호에서 퍼지는 날카로운 비명을 들었다. 그 처참한 장면을 목격했다. 삶이 끝나는 찰나의 절규들과 항거들과 피눈물들이 온통 뒤범벅되면서 바다는 핏빛으로 변한다.

아! 그처럼 행복하던 그들이 모두 사라지다니….

구명정을 못 타고 물에 뛰어든 사람들은 몇 분 만에 저체온증으로 죽었다. 몇 시간 뒤에 RMS 카파시아호가 달려왔을 때 구명정을 타고 있다. 구조된 사람은 겨우 '710명' 뿐이다.

타이타닉호!

세계에서 가장 튼튼하고 호화로운 설비와 최고시설로 뽐내던 배,

그러나 이제 그 흔적조차 없다….

"이 큰 배는 절대로 안전해."

소곤대는 소리가 물결에 부서진다.

타이타닉호는 심연으로 흡수되고 '1,514명'의 고귀한 사람들도 침몰했다.

쌍안경, 쌍안경 없이 출발했다.

냉혹한 북대서양은 한점의 실수에도 타이타닉호를 그냥 통과시키지 않았다.

그리고 마치 이전에 존재하지 않았던 것처럼, 그들 모두가 사라졌다.

마치 아무 일도 없었던 것처럼...

구름 속에 숨었던 달이 헬쑥한 얼굴을 잠시 내민다. 그리고 바다는 다시 깊은 수면에 빠져든다.

1912년 4월 15일

대비극의 날!

그 비극의 날이 2014년 4월에 또 다가오고 있다.

인천 부두를 떠나

2014년 4월 15일

대한민국 경기도 안산시의 날씨는 흐렸다.

하늘이 잔뜩 찌푸린 이 날, 안산시 단원구 고잔동에 있는 단원고등학교는 수학여행을 떠나는 학생들로 들뜬 분위기다. 2학년 전체 10학급의 학생들이 제주도로 수학여행을 떠난다. 교장 선생님과 선생님들은 즐겁고 보람찬 여행이 되라고 학생들에게 염원해 주었다.

"오늘 수학여행을 간다!"

"아! 드디어 수학여행 떠난다."

학생들은 토끼처럼 깡충깡충 뛰고 좋아했다. 모두 왁자지껄 들떠있다. 여행 가방을 든 아이들은 참으로 신바람 났다. 어서 배에 오르고 싶고, 망망대해를 바라보고 싶다. 그 넓은 바다를 향해 힘껏 함성도 외치리라!

대한민국 최남단의 섬 제주도를 향해 여객선을 타고 떠나는 수학여행!

기대가 부풀고 하염없이 설렌다. 창공을 향해 높이 나는 새처럼 하늘을 향해 맘껏 날아갈 것 같다. 학생들을 태운 버스들이 인천 부두로 향했다.

2014년 4월 15일 오후

인천 여객선 터미널에는 짙은 안개가 촘촘히 끼어있다. 안개 주의보가 발령되었다. 그칠 줄 모르고 빼곡 빼곡 피어오르는 안개로 가까이 있는 사람마저 잘 보이지 않는다. 출항을 포기해야 할까. 제주도, 연평도, 덕적도, 난지도, 자월도 등으로 가려는 약 10척 정도의 선박이 출항을 기다리고 있다. 하지만 이 배들은 나쁜 일기로 출발을 꺼렸다.

날씨가 잔뜩 흐려 주춤하는 선박들과 선원들은 빽빽이 차오른 안개로 뒤덮인 암흑의 바다를 바라본다. 한동안 주저하며 망설이던 배들 … 그 배들은 결국 그날의 출항을 포기했다!

진하고 두껍게 내리누른 안개가 들뜬 학생들의 마음마저 가라앉히지는 못했다. 학생들은 비록 안개가 촘촘해도 설레며 출항을 기다렸다. 지금 타려는 배의 이름은 '세월(Sewol)호'다. 본래는 '오하마나호'를 타기로 했었는데 갑자기 '세월호'로 배가 변경되었다. 오늘 저녁 6시 30분 출발한다. 이제 곧 출발하겠지.… 안개가 진하게 끼었지만 모두 들뜬 마음으로 터미널 대기실에서 기다린다.

그때 오늘 출발이 지연된다는 메시지가 전달되었다. 밤 11시경에 출발한다고.

다른 배들은 정박했고 그 배의 사람들은 모두 부두를 떠났다.

출발이 많이 지연되자 단원고 선생님들은 함께 모여 상의한다.

"밤 11시가 돼야 배가 떠난다는데요."

"좀 느낌이 좋지 않아요. 다른 배들은 모두 정박했는데, 우리도 학교에 다시 돌아갑시다."

평소에 매우 신중하고 매사에 꼼꼼하고 엄격한 강 교감 선생님은 이런 무모한 수학여행의 출발에 대해 명확히 반대를 표명하셨다. 교감 선생님은 선사가 배를 갑자기 바꾸어 놓은 것도 불만스럽다. 그리고 이처럼 나쁜 일기에는 무리하면 안 된다고 판단하셨다.

터미널에서 안내방송이 울려 나왔다.

"단원고 학생과 승객 여러분, 짙은 안개로 세월호 여객선의 정시 출발이 지연됩니다. 기다려 주시기 바랍니다. 세월호는 오늘 밤 11시에 출발합니다."

배의 출발이 지연된다는 것을 강조해 알려주었다. 선생님들은 너무 밤늦게 출발해야 하는 상황이 불안스럽다.

"아니, 우리 학교가 '세월호' 아닌 '오하마나호'를 이용하기로 했는데 선사에서 세월호로 해놓고 … 여행은 안전이 첫째야. 수학여행을 무모하게 떠나면 안 되지요. 오늘 떠나지 말고 다음 기회를 모색하는 것이 학생들의 안전을 위해 좋겠습니다."

인천항에서 출항하려는 다른 모든 배가 출항을 취소하고 정박했기 때문에 단원고도 출항하지 않는 것이 더 나을 것 같다고 선생님들은 대부분 생각했다. 더욱이 교감 선생님이 명확히 반대하신다.

"다음 학기에 수학여행을 가던가, 아니면 다음에 가도록 해야 할 것 같습니다."

"오늘 저녁 6시 30분에 출발 예정이었는데 11시라니 너무 늦은 시간입니다."

"일단 학교로 돌아가 상의해 보면 좋겠어요."

"조금만 더 기다려 봅시다. 어떻게 되는지를 …."

각자의 의견을 이야기한 선생님들은 이리저리 알아보고 대략적인 윤곽을 도출했다. 중대한 문제이기 때문에 이 윤곽을 몇몇 대표 학생들에게도 알려 주었다. 선생님은 말했다.

"두 가지 옵션이 있다. 첫 번째는 지금 여기서 여행을 중단하고 바로 학교로 돌아가는 방법이다. 그러면 수학여행은 연기되고 다음 가을학기에 다시 가게 될 것이다. 두 번째는 우리가 여기서 밤늦게까지 기다리는 것인데, 그러다가 배가 출항하지 못하면, 그것으로 끝이다. 수학여행은 끝난 것이고, 다음 학기에도 갈 수 없다.

지금 학교로 돌아가는 것이 좋지 않을까?"

선생님들과 학생들은 학교로 다시 돌아갈 수 있다고 생각했다.

밤 11시에 출발이라니 … 너무 늦은 시간 아닌가?

6시 30분 출발에서 밤 11시라니, 한두 시간도 아닌데 어떻게 기다리나? 아무래도 일단 학교로 돌아가고 다음에 다시 수학여행을 떠나는 것이 좋아 보인다. 선생님들과 학생들은 학교로 돌아갈 수 있다고 생각하면서 잠시 상황을 더 살펴보고 있다. 교감 선생님이 말씀하셨다.
　"밤 11시에 무리해서 출항하지 말고 학교로 다시 돌아갑시다. 다음 학기 안전할 시기에 여행을 떠나는 것이 좋겠어요, 오늘 일기도 나쁘고 다른 배들은 출항 안 합니다. 우리도 출항하지 맙시다."
　교감 선생님의 말씀이 설득력 있게 들린다. 밤 11시 - 너무 늦다!
　더욱이 안개가 걷히고 날씨가 더욱 좋아진다는 보장도 없지 않은가? 선생님들은 터미널 관련 담당자에게 학교의 생각을 말하였다. 상황을 좀 더 소상히 점검해보고자 했다.
　저녁 식사를 마친 후 7시 20분경이다. 터미널 대기실에서 갑작스러운 방송이 나온다.
　"단원고 학생과 승객 여러분, 많이 기다렸습니다. 지금부터 세월호 탑승을 시작합니다. 배는 9시에 인천항을 출발하겠습니다."
　"와!"
　학생들의 함성이 터졌다. 밤 11시가 아닌 9시에 출발한다. 지연된다고 했던 시간 밤 11시보다도 2시간이나 앞당겨졌다. 잘된 일일까 …?
　이처럼 출발 시각이 앞당겨지자 학교로 다시 돌아가야 한다는 논의들이 잠시 중단되고 말았다.
　"승객 여러분, 곧 승선해 주시기 바랍니다.
　세월호 9시에 출발합니다."
　"와! 와! 출발이다-"
　마음 졸이던 학생들은 반가워하며 안도한다.
　밤 11시에 출발한다더니 무슨 이유인지 출발을 2시간 앞당겨 밤 9시에 출발한다고 선박 터미널은 정정해 방송한다.

승객들은 여행 짐들을 챙기고 그 짐을 끌고 배에 오르기 시작했다. 인천 부두 사방에 짙게 뒤덮인 안개가 거미줄 처럼 몰려들면서 깊어가는 밤바다를 두른다. 그 검뿌연 구름 속에서 학생들과 일반인들이 줄지어 배에 오른다. 본래 저녁 6시 30분 출항 예정이었지만 2시간 30분이 지연된 9시에 출발하게 된 것이다. 안개 주의보가 내린 흐린 이 날에 오직 세월호만이 유일하게 무모한 출항을 감행한다.

안개가 짙게 내린 이 날, 안산 단원고 학생 325명과 교사 14명, 일반인 104명과 선원 33명을 포함해 총 476명이 배에 오른다. 최 씨 부부도 함께 탑승하였다. 어두움이 안개 사이로 더욱 짙게 내려앉았다.

2014년 4월 15일

밤 9시경, 밤하늘에 잠자는 별들이 고개를 수그리고 있다. 우주를 운행하는 창조주 하나님의 손길은 한 치의 오차 없이 치밀하다. 어김없이 밤의 그림자들이 몰려들고, 시간이 지나면 태양의 빛이 어둠을 밀어낸다. 캄캄한 먹구름 너머에도 태양은 항상 자리를 지키고 있다.

오늘 이 운명의 날!

안개가 자욱한 이 밤 ….

여객선 세월호는 승객들과 차량 180대, 잡화와 화물 등 총 3,608톤 가량을 싣고 인천 부두를 떠난다.

그처럼 꿈속에 그리던 제주도 수학여행, 그 여행이 시작된 것이다!

안개가 몹시 덮인 어둑한 밤에 세월호는 기적 소리를 내면서 바닷속으로 동력을 가동하였다.

이날 배 운영의 구성진은 다른 날에 비해 좀 '유별'났다. 이 거대한 선박 운항의 총 책임자 선장이 69세의 임시직 이준석 선장이다. 그는 선장으로 배를 운항하면서 한 달에 270만 원 정도 받는다. 항해사도 1등이 아닌 박한결 3등 항해사도 책임을 맡았다. 더욱이 선박은 허용 적재량을 지나치게 초과하면서 과적을 속이려 '평형수'마저 누출시켰다.

2014년 4월 15일

그들은 세월호를 중심으로 서커스 곡예를 준비했다. 곡마단에서 공중 줄다리를 긴 장대를 들고 건너는 곡예사처럼, 위험스러운 서커스 계획을 세웠다. 더욱이 망망한 바다 위의 곡예를 기획한다. 얼마나 손에 땀을 쥐게 하는 아슬아슬한 위기의 연기일까.

하나님이 펼쳐놓으신 끝 모르는 우주,

그것의 한 조각 바다는 광대하기만 하다. 짙은 안개와 어둠이 내리 깔리는 인천 부두를 뒤로 하고 웅대한 여객선 세월호가 고동 소리를 울렸다.

"뚜-우- 뚜우- 뚜 -"

뱃고동 소리가 밤 정적을 뚫는다.

"뚜-우 -뚜우 -뚜 뚜우-"

배가 물살을 가르며 나아간다.

"안개가 자욱한 밤에. 이 배는 떠나가고."

어디선가 음악이 들리는 듯하다. 위풍당당한 세월호가 바다 물살을 가르면서 어두운 해양으로 점점 들어간다. 대 거북이 바닷물 아래로 내려가듯, 배는 점차 깊숙이 바다 안으로 미끄러져 들어간다.

선박 위에서 학생들은 마냥 즐겁다. 노래를 흥얼거리거나 서로 손을 잡고 빙그레 돈다. 댄스를 연습하는 소녀들, 함빡 미소를 머금고 배 안을 둘러보면서 이리저리 거니는 아이들, 카페에서 음료수를 마시는 이들, 모두 승선 못 할까봐 마음 졸이다 이제 "휴우!" 안도의 숨을 쉰다.

염려를 떨쳐버리고 여행을 즐기고 싶다

수연이와 친구들은 배 안에서 춤 자랑 대회 연습을 한다.

"우리가 남자들보다 더 잘 출 수 있을 거야!"

춤 연습을 충분히 해 장기자랑에 꼭 1등하고 싶다.

아, 끝없이 펼쳐진 바다여!

저~ 바다가 우리를 부른다-

소년 소녀들은 낭만에 도취하였다.

"물결 춤춘다. 바다 위에서 백구 춤춘다. 바다 위에서
흰 돛단배도 바다 위에서 바다 그 바다 끝이 없다 …."

누군가 흥얼거리며 노래 부른다.
우리는 이렇게 웅장한 배를 타고 망망한 바다 위를 달려가는 중이다. 배는 더욱 물살을 가르고 짙은 어두움이 사방에 장막을 내렸다. 어느새 시계는 밤 10시를 알린다. 어두운 밤하늘이 바다와 입맞춤 한다. 우리는 멀고 먼 남쪽 섬으로 달려가는 중이다.
선상 위에서 꿈과 낭만을 한껏 일으키는 불꽃놀이가 막 시작되었다. 학생들은 어느 미지의 나라에 들어선 것 같다.
"팍!"
"파악 팍-"
바다 위 높은 하늘 공간으로 불기둥들이 솟구친다. 저 천공 높은 곳에서 현란하게 번져가는 아름다운 불꽃들을 보라! 무지개처럼 아롱다롱하고 그보다도 더욱 현란하고 화사하게, 꽃봉오리들을 터뜨리고 꽃술을 쏟아붓는 듯 보석 같은 불길들이 높이 높이 번져간다. 한껏 높아진 휘황찬란한 불꽃들은 다시금 잔잔한 바다 위로 빛을 발하면서 한잎 두잎 떨어진다.
"와아! 다이아몬드처럼 황홀하게 빛난다."
"아, 너무 찬란하고 아름다워!"
"와, 정말 멋지다!"
학생들은 하늘과 바다를 연달아 바라보면서 손뼉 치며 감탄한다. 그들은 불꽃을 따라 하늘로 올라가고 싶다. 그리고 그곳에서 구름다리를 밟고 저 높이 반짝이는 별들의 숲속으로 껑충 뛰어오르고 싶다.
불꽃을 따라 밤바다 물속 깊은 곳으로 내려가고 싶다. 초록빛 바닷물 속에서 형형색색의 물고기들과 산호들을 헤치고 아주 깊은 바닥까지 내려가 인어공주가 잠들어 있을지 모를 조용한 내면의 잔잔한 궁전을 들여다보고 싶다.

학교에서 공부하는 데 온 정신과 에너지를 쏟느라 힘들었다. 학업 집중, 성적 스트레스, 시험 볼 때마다 느끼는 긴장감과 초조함, 열심히 해도 성과가 때로 안 오르는 실망감, 박탈감, 부모와 친지들의 기대와 활동 중에 때로 생기는 갈등들.

이 모두를 날려 버리자!

두꺼운 안개를 뒤로 하고 망망 바다 위를 달려왔지 않은가?

모든 짐을 훌훌 벗어나자. 저 아름다운 불꽃들이 꿈을 터뜨리듯, 낭만과 꿈의 세계로 달려가자.

불꽃놀이가 한창 무르익을 무렵, 필리핀 여가수 산드라가 밤바다에 취한 듯 노래를 불렀다. 은은한 음성이 환상적인 불꽃들과 어울려 더욱 호소력 있게 들린다. 마치 한 폭의 그림처럼, 아름다운 꿈속 한 장면이 연주되고 있다. 아, 고대하던 제주도 수학여행을 가는구나!

정말 아름다운 첫날 밤이다.

서해 한가운데 밤이 으스스 깊어진다. 불꽃놀이를 즐기던 사람들이 하나둘 갑판 위를 떠나 잠자리로 향했다. 성큼 몰려오는 졸음에 눈을 비비면서 각자의 침대로 돌아간다.

시곗바늘이 자정을 가리킬 무렵, 단원고 2학년 3반 학생들이 함께 모였다. 바로 내일이 김초원 담임선생님의 생일이기 때문이다. 육지에서 준비한 케이크와 초를 들고 모였다. 이제 바다 위에서 깜짝 생일파티가 열릴 것이다. 김초원 선생님은 전혀 모르신다. 파티를 위한 준비가 다 되자 담임선생님을 모시고 왔다. 뜻밖의 생일파티에 선생님 얼굴에 환한 미소가 번진다. 드디어 제자들이 육지에서 정성 들여 준비해온 생일 축하 케이크에 촛불이 환하게 켜졌다.

그리고 모두 큰 소리로 노래 부른다.

"생일 축하합니다, 생일 축하합니다."

"사랑하는 김초원 담임선생님, 생일 축하합니다!"

선생님의 생신을 진심으로 축하하며 일제히 생일 축하 노래를 부른다. 예기치 않은 파티에 이끌려 온 선생님은 조금 어리둥절하다. 선생님 얼굴에 감격의 미소가 번진다. 앞에 놓인 케이크의 촛불을 한꺼번에 불어 끄셨다. 힘찬 축하 박수 함성이 터진다. 학생들은 정성 들여 쓴 카드들을 선생님께 내밀었다.

"선생님! 생신 축하드려요."
"사랑하는 우리 담임선생님, 해피 버스데이!(Happy Birthday)"
"선생님, 더욱 건강하시고 행복하세요!"
"우리 선생님, 생일 축하드립니다!"
"우리 모두 담임선생님 생일을 축하하며 힘껏 손뼉 칩시다!"

제자들은 환호하며 손뼉 친다.

"여러분, 고마워요. 이렇게 내 생일을 기억하고 축하해 주어서."

선생님은 울컥 감격하신다.

모두 즐겁게 담소하며 케이크를 나누었다. 선상 위에서 생일파티가 더욱 멋지다. 덕담하고 흥겹게 노래 부르며 서해안 한가운데서 생일파티가 무르익었다.

밤이 어두움의 날개를 드리운다. 불꽃놀이에서 돌아온 학생들은 4층 객실에 준비된 침실로 각기 돌아가 잠을 청했다. 그리고 속으로 생각한다. 내일 새벽 일찍 일어나 바다 위로 떠오르는 태양을 보리라.

2014년 4월 16일

서해안에 서서히 어두움이 흩어지기 시작한다.

어두움을 몰아내는 서광이 우주 먼 곳으로부터 스며들면서 천천히 자리를 넓힌다. 창조주 하나님은 우주를 운행하시면서 암흑을 몰아낼 빛을 언제나 창연하게 준비해 놓으셨다. 그리고 우리 모두는 그런 하나님이 펼쳐 놓으신 아름다운 자연 동산에서 호흡하며 살고 있다.

물, 공기, 빛, 곡식 등 자연의 소산으로 인간을 상세하게 돌보시는 창조주 하나님! 감사합니다. 우리를 돌보시는 창조주가 아니면 인간은 잠시도 땅 위에 존재할 수 없다. 전능하신 하나님이 세밀히 돌보시기에, 우리가 땅 위에서 생존할 수 있다.

어떤 학생들은 아주 일찍 일어났다. 윤아와 친구들도 일찍 일어나 아침 식사를 하러 식당으로 내려간다. 배가 고프다. 윤아의 남자 친구 한영이도 들어왔다.

지난밤 동안 배가 얼마나 멀리 내려왔을까?

창문 밖을 내다본다. 세월호는 남쪽으로 많이 내려와 있었다. 승객들이 잠자는 동안도 배는 계속 항해해 내려왔다. 서해안을 벗어나 어느덧 남해안에 거의 이르러 세월호가 물살을 가르고 있다.

▎세월호가 기운다

하얀 세월호가 진도 근처 바다 위에서 물보라를 일으키며 달린다. 이 근처에 맹골수도, 오래전부터 물살이 드세기로 유명한 맹골수도(맹골수로)가 있다. 이제 곧 그 급물살의 수로를 만나게 될 것이다. 박한결 항해사는 맹골수도를 항해한 경험이 거의 없다.

운항의 책임자 이준석 선장은 물결이 거센 맹골수도 근처에 이르면 수로에 진입하기 이전 수동으로 잡으라고 경험이 많지 않은 박 항해사에게 미리 조언을 해두었다. 맹골수도는 조류가 사나워 1급 항해사가 운항하는 난해한 항로지만 지금 경력 1년 차 3등 항해사가 조타수와 운항하는 중이다. 이 선장의 지시에 따라 박 항해사는 물결이 드센 맹골수도 진입 2마일 전 자동에서 수동으로 조타를 전환했다. 맹골수도로 진입할 때의 나침반 방향은 135도였다.

그런데 지금 이 거구의 배가 중심을 잃고 물속으로 기울고 있으며 박 항해사와 조 조타수가 배를 바로 세우려 애쓰고 있다.

사고가 발생한 해역은 전라남도 진도군 조도면의 병풍도와 동거차도 사이 해상으로 국립공원 다도해 해역이다. 맹골수도가 바로 가까이 있다. 맹골수도는 이순신 장군이 명량 대첩을 승리로 이끈 울돌목 다음으로 조류가 세다. 최대 6노트다. 섬 주변에 암초가 많다. 하지만 항로로 이용되는 수로 자체는 깊이 30미터 이상으로 암초나 장애물이 없다고 알려졌다. 해저 지역에 지각 변동이나 특별한 이동이 없는 한 계속 그럴 것이다.

맹골수로는 서해안 평균 시속 5킬로미터보다 2배 넘게 빠른 곳이다. 급한 물살 때문에 1등 항해사도 결코 항해하기 쉽지 않다.

세월호를 탄 지 5개월도 채 안 된 박 항해사는 좁은 수로로 물살이 빠른 맹골수로 가까이 오자 긴장한다. 세월호에는 조타수 3명이 근무한다. 그중 조타수 조 씨는 5년 경력을 지니며 맹골수로를 수차례 운항한 경험이 있었다. 조 조타수는 처음으로 박 항해사와 이 수로를 운항 중이었다.

박 항해사의 오른쪽 5도 변침 지시에 따라 조타수 조 씨는 좌현으로 조타기를 돌렸다. 선수 방향과 자이로 컴퍼스(조타기 위 방향 장치)는 반대로 돌아가기 때문이다. 조타기를 돌린 후 배가 좌우로 얼마나 기울었는지 확인하려 경사계 장치를 본다. 경사계는 배가 좌현으로 30도 기울었음을 가리켰다.

항해사의 두 번째 변침 지시에 따라 조타수는 오른쪽으로 5도 방향 전환을 시도했다.

그런데 그때다!

갑자기 140도에서 150도로 나간다. 5도 항로 변경을 시도했지만 5도가 아닌 10도가 급격히 돌아갔다. 이때 세월호는 17노트로 정상 운항하고 있었다. 그런데 아침 8시 48분쯤, 무슨 영문인지 갑자기 배의 전원이 꺼졌다. 약 36초 동안 선박 안에 전원이 공급되지 않았다. 황급히 비상 배터리로 전원을 복구한 8시 49분경, 속도는 15노트로 줄었다. 이어 속도가 10노트로 줄고 ….

배는 3분 36초 동안 J 자 모양으로 포물선을 그리며 주춤거린다. 아침 8시 51분쯤, 속도는 3노트로 감소했다. 그리고 8시 52분경, 배는 동력을 잃는다. 동력을 상실한 세월호 … 이제 조류에 밀려 북쪽으로 표류한다.

항해사와 조타수는 배를 바로 잡으려 안간힘을 쓴다.

2014년 4월 16일

맹골수로 주변 섬들의 주민들은 아침 일찍 바다 위에 하얀 배가 떠있는 것을 보았다.

"무슨 배일까…."

"하얀 배가 제자리에 떠있네?"

섬 주민들은 의아하게 바라본다. 병풍도 앞에서 표류하는 배를 보면서 무슨 일인지 궁금하다. 이곳은 사방이 여러 섬으로 둘러싸인 다도해 해상공원, 배가 표류하기 시작한 병풍도 주변에 많은 섬들이 자태를 드러내고 있다.

병풍도에서 서쪽으로 5킬로미터에 맹골도가, 북쪽으로 6킬로미터에 동거차도가 있다. 동쪽으로 7킬로미터 거리에 관매도가 웅좌했다. 이 세 섬 둘레에도 여러 섬이 있다. 맹골도 가까이 곽도, 죽도, 맹골 군도가 있다. 동거차도 주위로 송도, 거차군도, 서거차도와 그 위에 대마도가 자리 잡았다. 관매도 가까이 항도, 청등도, 각홀도 등의 섬들이 자태를 드러낸다. 바다 위에 신비롭게 솟아오른 섬들.

사방이 섬들로 에워싸여 평온하고 아늑하다.

이 항로는 물살이 세차고 거칠다. 하지만 대서양 한복판은 아니다. 섬들이 포근하게 감싸는 '다도해해상국립공원'이다. 타이타닉호가 침몰한 수심 수천 미터 북대서양은 아니며, 수심 30미터 정도다.

세월호의 길이 146미터는 수심 30미터 보다도 거의 5배의 길이다.

이곳 수심이 배 길이의 1/5(0.2배)정도다. 배의 폭도 22미터다. 이처럼 큰 배라면 수심 30~40미터 정도에서 침몰하지 않으리라.

더욱이 근처 여러 섬에는 착한 주민들이 산다. 그처럼 큰 배라면 물결이 통나무를 물가로 밀어내듯, 그냥 떠있어도 파도에 밀려 섬 중 어느 한 곳으로 가까이 갈 것 같다.

침몰하는 세월호 안에서

2014년 4월 16일

아침 일찍 일어난 학생들은 선상에서 동터오는 전경을 바라본다. 푸르고 망망한 바다에 어둠을 비집고 몰아내며 살며시 떠오르는 태양의 빛이 새 날을 알린다. 역사는 매일 새로운 시간을 향해 나아간다. 역사는 정지하지 않으며, 역사 속에 담긴 우리 인간도 정지하지 않는다.

어제 밤 늦게 잠자리에 든 학생들은 시장기를 느꼈다. 이제 배가 고파 식사하고 싶다. 윤희, 수정, 민지와 친구들은 댄스 연습을 했다. 몸을 날렵하게 움직이면서 웃고 즐거워한다. 사실 3달 전부터 댄스를 연습했다. 수학여행 3일 전에도 함께 모여 연습했다.

꿈같은 수학여행!

어제밤 불꽃놀이는 환상적이었다. 여행에 들뜬 마음으로 설레면서 잠을 설치기도 했지만, 이제 동터온 새 날에 식사하러 3층 식당으로 모인다. 아침 식사는 기분을 새롭게 했다. 배가 고프던 차라 식사를 맛있게 먹는다.

"어젯밤 늦게 잠들어 졸리다."

"그래 나도 졸리다."

"이제 얼마 안 가면 제주도에 도착해."

"나도 잠을 좀 더 자고 싶어."

"나도…"

"아직도 조금 졸려."

누군가 하품을 하면서 좀더 쉬고 싶다고 4층 객실로 올라간다. 식당에는 아직도 학생들이 식사한다. 그때다.

"쾅! 쾅-"

선내에 대 폭음이 울렸다.

그리고 갑자기 배가 몹시 흔들리며 급격히 기운다.

"쨍그랑!"

"쨍그랑…. 탁, 뚜르르."

그릇들이 바닥으로 주르륵 떨어졌다. 여기저기 떨어지면서 부서진 그릇들과 조각들이 식당 바닥에 나뒹군다.

객실로 향하던 이들은 배가 기울자 한쪽으로 쏠리면서 넘어지고 나뒹굴었다.

"앗! 아야아…"

"쿵.. 쿵…"

"사람 살려…!"

비명이 나고 물건들이 떨어져 여기저기 뒹굴었다. 갑자기 배 안은 아수라장으로 변한다.

"아야! … 왜 이래 …"

"무슨 일이야!"

쓰러진 사람들의 앓는 소리가 퍼진다. 날카로운 비명과 고함이 울린다. 집기들과 물건들이 부서졌다. 자판기가 나뒹군다. 테이블들이 쏠리고 의자들도 나뒹굴었다. 사람들이 허리를 다쳐 신음하고 자판기에 깔려 소리소리 지른다. 어떤 이는 물건 사이에 끼어 아파한다.

평온하던 배 안이 삽시간에 전쟁터처럼 변해갔다.

객실에 흩어져 있던 승객들은 갑작스러운 폭음과 배의 심한 흔들림으로 두려움에 싸여 얼굴이 흐려진다. 세월호는 5층에 선장실, 조타실, 승무원 객실이 있다. 이 5층에 단원고등학교 교감 선생님과 여선생님들도 자리 잡았다. 선생님들은 너무 놀랐다.

"꽈앙!-"

요란한 소리에 배가 요동치면서 왼쪽으로 기울었다.

"아야, 사람 살려."

"배가 기운다!"

"배가 기울어-"

다급한 소리가 울린다.

선생님들의 얼굴에 어둠이 덮였다. 이처럼 큰 배가 흔들리며 기울다니 ….

심상치 않은 일이 생겼나 보다. 돌발사태에 사방을 점검하던 교감 선생님은 사고를 알리려 학교에 황급히 전화를 걸었다.

"아! 여기 수학여행 가는 중인데 지금 배에 사고가 났다. 배가 기울었어. 갑자기 좌현이 기울고 배가 침수하기 시작한다."

"교감 선생님, 배에 사고가 났다고요?"

"지금 배가 35도 정도 기울었다. 그런 상태로 정지해 있는 매우 위험한 상황이다."

"아! 큰일입니다 …. 교장 선생님께 말씀 드리겠습니다."

학교에서 응답했다.

교감 선생님은 그 얼마 전에도 학교에 전화해 상황을 설명했었다. 단원고등학교 선생님들과 학생들은 갑자기 들이닥친 사태에 매우 놀랐다.

그때 즈음, 세월호 한 객실에서 최덕하 학생이 무언가 긴급한 위기를 직감하였다. 아침 8시 52분쯤 가슴 속에 파고드는 섬뜩한 느낌, 큰 비극이 몰려오는 음산함이 느껴졌다. 덕하는 다급히 전남 소방본부 119로 전화 걸었다.

"살려 주세요! 여기 배가 침몰하는 것 같아요."

"배가 침몰해요?

잠깐만요, 해경으로 바로 연결할게요."

소방본부 직원이 놀라 응답했다. 곧이어 해경이 받았다.

"목포 해양경찰입니다. 지금 배가 침몰해요?

배의 위치, 경위도(경도와 위도)를 말해주세요."

덕하는 당황스럽다. 경위도라니.

"네? 섬이 보이는데요. 위치가 어딘지를."

그는 주춤거렸다.

덕하는 안타까워했지만 경도와 위도를 알 수 없다.

다른 객실에 있는 소영이도 급히 전남 119에 전화 건다. 8시 55분경이다.

"지금, 아, 여기 살려 주세요! 배가 기울어요."

"배가 어쩐다고요?"

"배가 기울었어요."

"지금 배 타고 있어요?"

소방관이 묻는다. 울먹이는 소리로 부탁하는 소영이에게 119에서는 연달아 질문만 한다.

"제주도로 수학여행 가는 중인데 배가 점점 기울어요."

"수학여행이라고요?"

119의 소방관은 질문을 반복했다.

"살려 주세요! 살려 주세요! 점점 더 기울어요."

소영이는 다급하게 부탁한다.

"예, 어쨌든 해경에 … 해경에서 갈 거예요."

"살려 주세요!"

"예, 알았어요."

"살려 주세요!"

소영이는 반복적으로 다급하게 애원한다.

이 전화에 이어 구조를 요청하려 12명 이상이 전남 소방서 119에 다급하게 전화 걸었다. 해경청(122)에도 4명이 전화했다.

* * * * *

배가 기울고 침몰하기 시작하면서 시간이 얼마 흐르지 않았다. 바닷물 속으로 속절없이 기울어지는 배 안에서 영문 모르는 승객들은 비명을 지르며 아우성이다. 아침 8시 52분경부터 방송이 나온다

"단원고 학생 여러분, 승객 여러분, 현재 자리에서 이동하지 마시고 안전봉을 잡고 대기해 주시기 바랍니다."

"현재 계신 장소에서 움직이지 마세요.… 이동하시면 위험하니 절대 움직이지 마시기 바랍니다."

사람들은 방송에 따라 그 자리에서 움직이지 않고 도움을 기다린다.

"설마, 이처럼 큰 배에 사고가 … 곧 원상태로 돌아가겠지."

상처를 입은 사람들이 여기저기 방치상태로 놓여있다. 그러나 선장이나 선원 중 아무도 나타나지 않는다. '움직이면 위험하니 그 자리에 있으라'는 방송만 나올 뿐….

선장과 선원들은 이동하지 말라는 방송만 내보내고 어떤 관심도 쏟지 않았다.

8시 55분경, 배의 기장 밑바닥 기관실에 있던 선원들이 기관실 탈출을 시작한다.

승객들에게 전혀 관심을 보이지 않고 그들만이 아는 루트를 통해 한 곳에 모이기로 했다. 선장과 조타수 등 6명이 황급히 모였다. 조타실에 모인 모두는 두려워했다. 인천 항구에서 그처럼 위태롭게 시작한 '공중 줄타기 곡예', 그 높고 위험한 공중 줄타기에서 이제 아래로 떨어지는 것일까.

조타실 관계자가 제주해상교통관제센터에 구조요청을 한다. 8시 55분이 지났다. 가까이 진도해상교통관제센터가 있다. 하지만 무시하고 멀리 떨어진 제주도로 연락한다.

"아, 저기 해경에 연락해 주십시오. 배 넘어갑니다."

"여기 세월호, 배가 넘어가요. 위험합니다 …."

초단파 무선통신(VHF) 12번 채널 통신이다. 제주 관제센터만 들을 수 있다. 통신을 받은 제주 관제센터는 진도 관제센터와 해경 122 신고센터로 서둘러 연락을 취했다. 하지만 연결은 지체된다. 제주 해상교통 관제시스템(VTS)에 신고하고 황금같은 12분이 지났다. 선원들은 세월호 선주인 청해진해운에도 긴급히 여러 번 연락하고 있다. 배는 더욱 기울고 …. 아침 9시 7분 돼서야 진도 관제센터와 첫 교신이 된다.

"여기는 진도 VTS, 귀선 세월호 지금 침몰합니까?"

"예, 배- 넘어갑니다. 해경을 빨리 좀."

먼 제주도로 연락해 황금의 시간 12분을 날렸다. 위기상황에서 원래는 VHF 16번으로 주변에 SOS를 친다. 집에 불이 나면 곧 119에 전화하는 것과 비슷하다.

하지만 세월호는 ….

이 다급한 정황에서 무슨 이유인지 가까운 곳을 두고 먼 제주도로 연락했다.

왜일까?
제주 관제센터에 채널을 맞추어 놓았는가?
제주도에 먼저 알려야 할 이유가 있을까?

진도 VTS 역시 큰 배가 계속 떠있는데도 불구하고 선박자동식별시스템(AIS) 수신이 잡히지 않았다. 세월호의 AIS가 꺼졌던 탓일까 ….

꺼졌다면 왜 꺼졌을까?
지금 배 안에는 사람들이 여기저기 다치고 쓰러져서 비명을 지른다.
"여기는 진도 VTS, 세월호! 세월호!
지금 침몰 중이라고요?"
"예, 침몰, 침몰해요! 해경을 빨리빨리 좀 보내주십시오."
"세월호! 선장이 상황을 판단해서 승객을 탈출시키십시오."
"본선이 승객을 탈출시키면 구조가 바로 되겠습니까?"
선장은 질문했다.
"여기는 진도 VTS, 세월호! 리프팅이라도 착용시키고 띄우십시오. 빨리!"
선장은 머뭇거린다. 승객을 탈출시키지 않는다.
한편 안내실에 근무하는 강금식 선원은 이미 8시 52분경 방송을 시작해 내보내고 있었는데, 5~10분 간격으로 거의 1시간 동안 12차례 배 안에서 방송을 내보낸다.
"선내 승객 여러분, 현재 있는 자리에서 이동하지 마시기 바랍니다."
"현재 계신 위치에서 이동하시면 위험하니 절대 움직이지 마세요."
"선내 단원고 학생과 승객 여러분, 절대 이동 마시고 선실에서 대기해 주시기 바랍니다."

"단원고 학생 여러분, 제자리를 지켜주세요. 이동하지 마세요."
"움직이면 위험해요. 선실이 더욱 안전하니 이동하지 마시고 가만히 있으시기 바랍니다."

선실에 가만히 있어야 하며 움직이면 위험하다는 것이다.

"절대로 이동하지 말라."

그런 방송이 마치 주입하듯이 반복해서 선내에 울려 퍼진다.

그날 단원고 학생 한영이는 3층 식당에서 아침 식사를 한 후 재미있는 시간을 보내고 싶었다. 제주도에 도착할 때까지 친구들과 신나는 게임을 하기로 했다.

"아차! 지갑을 안 가지고 왔네."

그는 지갑을 가지러 혼자 객실로 향하고 있다. 그때다.

"꽝!"
"꽈앙!"

갑자기 선내에서 폭음이 울렸다. 그 소리와 함께 배가 흔들리고 기울기 시작한다.

"앗! 무슨 일이지?"

너무 놀란 한영은 이리저리 둘러보았다. 사방을 살펴본다. 물건들이 흔들리고 사람들이 주춤거렸다. 시간이 흐르면서 배는 점점 더 물속으로 기운다. 물건들이 떨어져 내렸다. 사람들이 쓰러지며 비명을 지른다.

"아야, 아야 … 살려줘!"

누군가의 고통스러운 신음 소리가 들려온다. 그는 얼떨결에 선실 창밖을 내다보았다. 이상한 진로 변경이다. 콘테이너가 바닷물 위에 떨어져 있었다. 갑자기 온 머리가 쭈뼛하다! 순간 그는 본능적으로 다가오는 위기에 떨면서 몸서리친다. 한영은 어찌하든 위를 향해 올라가야겠다고 마음먹었다. 맨발로 45도의 바닥, 그 경사진 바닥을 온 힘을 다해 오르기 시작했다. 그는 숨을 헐떡이면서 가까스로 첫 번째 복도에 다다랐다.

문을 힘껏 잡아당겨 열고 복도 안으로 밀고 들어갔다. 거기에 여학생들이 있다. 소녀들은 컨테이너가 바닷물 위에 둥둥 떠있는 것을 모른다.

단지 배가 기울었기 때문에 놀라서 겁먹은 표정들이다. 그래해도 소녀들은 배가 곧 정상으로 복구되리라 믿었다.

예민한 감지력으로 위기를 알아챈 소년은 소녀들을 향해 소리소리 친다.

"구명조끼 입어!"

"배가 기울었다. 위험해! 위험하다! 구명조끼 입어."

"빨리빨리 구명조끼를 입어! 구명조끼."

그는 구명조끼들을 찾아 여학생들에게 나누어 주기 시작한다.

아! 정말 위험에 처해 있는데.

소녀들은 잘 모르는 것 같다.

어쩌나 … 그런데 선장은 왜 이다지 조용해?

왜 사고 내용이나 대피 방법을 알려주지 않나?

승객들에게 구명조끼 입으라고 권해야 하련만.

상황이 위급한데 왜 아무 대책이 없는가?

왜 '가만있으라'는 방송만 연이어 나오나?

배가 흔들리며 더욱 기울자 승객들이 높은 곳에서 떨어지고 여기저기 쓰러졌다. 다리를 다친 사람, 뼈가 부러져 신음하는 이, 비명 소리가 퍼져도 선장과 선원은 나타나지 않는다. 아무 대책이 없다. 한영은 복도를 뛰어다니면서 온 힘을 다해 소리 지른다.

"애들아 – 구명조끼 입어!"

거듭거듭 온 힘을 다해 외쳤다.

"구명조끼 입어 – 위험해!"

"구명조끼 – 구명조끼 – 구명조끼 – 빨리빨리 입어요!"

그는 온 힘을 다해 고함친다.

엄청난 재난 속에서 구조의 천사가 된 그는 무릎이 아프도록 선실 5개의 복도를 기어 다니면서 구명조끼를 나누어주며 입으라고 고함친다. 숨이 차고 가쁘다.

그에게 불길한 생각이 스친다.

"아마, 이제 다시는 육지로 돌아갈 수 없을지 모른다."

한영은 몸을 떨었다. 시커먼 안개가 온통 뒤덮여 앞을 헤아릴 수 없는 늪지에 떨어진 것 같다. 전혀 한 치 앞을 내다볼 수 없구나. … 문득 집 생각이 나면서 엄마가 보고 싶다. 그는 집으로 급히 전화 건다.

"엄마, 나 못 나갈 것 같아 전화했어."

"엄마, 보고 싶다. 집에 돌아가고 싶어. 엄마 아빠 사랑해. 다시 못 나갈 것 같아 말해둔다."

"한영아, 무슨 말이야?

집에 와야지. 기다릴게."

엄마는 너무 놀랐다. 배 위에서 작별을 고하는듯한 아들의 황급한 전화 소리에 눈물이 왈칵 쏟아진다. 그리고 세상이 온통 캄캄해진다.

세월호의 다른 선실에서 여학생 김시연은 친구들과 함께 있었다.

웬일인가?

도대체 무슨 일이 일어난 걸까?

이 큰 배가 기울다니.

배가 기울어 사람들도 기울었다. 바르게 자리 잡고 서 있을 수 없다. 아침 9시가 넘었다. 마치 바닷물이 잡아당기기라도 하듯 배는 점점 물속으로 들어간다. 소녀들은 이런 무서운 정황들을 속히 벗어나고 싶다.

"배가 기울었다!"

"무슨 일이야."

"우리 기울고 있어. 이러고 가만있다니."

"구명조끼 미리 구해 놓아야 하는 거 아냐?"

그때 방송이 또 나온다.

"단원고 학생 여러분! 움직이지 마세요. 여러분 꼼짝하지 말고 가만 계시기 바랍니다."

방송에서 얼마 전부터 계속 이동하지 말고 그 자리에 있으라 강조한다.

무언가 미심쩍다.

왜 구명조끼 입으라거나 탈출 방법에 대하여 알려주지 않을까?

"배가 점점 물속으로 들어가지 않는가?
그런데 꼼짝 말고 가만있으라니. 탈출하라던가, 대응책을 알려야지."
소녀들은 기울어진 모습으로 서로 바라본다.
"우린 진짜로 이만큼 기운거야, 진짜야."
"다른 사고에서 배를 나간 사람들이 살더라."
"가라앉는 배 안에 꼼짝 않고 있던 사람들은 죽더라…."
"우리 나가야 하는 거 아냐?"
"왜 가만있으라 하나."
나가야 하는가?
아니면 방송대로 가만있어야 하나?
시연이와 친구들은 갈등을 느낀다.
"아마 나가야 할 것 같아. 그래야 살 것 같다."
"아니야, 가만있으라 하는데. 곧 문제가 해결되겠지?"
"우리 나가자! 나가야 살아."
"움직이면 위험할지 몰라. 가만있으라잖아."
"어떻게 가만있어. 계속 기우는데."
그때 또 방송 소리가 들린다.
"단원고 학생 여러분! 이동하지 말고 제자리에 있어 주시기 바랍니다. 움직이면 더 위험합니다…."
학생들이 소리 내었다.
"무슨 일이 일어났나요?"
"배가 기우는데요.
왜요?
가만있어야 하나요?"
배가 이처럼 잠기는데 가만있으란다.
선실을 나가야 하나?
아니면 방송대로 가만히 있어야 하나?
승무원이 제자리에 있으라고 하면 우리는 그냥 이대로 가만있어야 할까.

갑판을 향하여

세월호의 선체가 이제는 눈에 띄게 많이 기울었다.
마치 물속에서 자석이 끌어당기기라도 하듯 물속으로 빠져들고 있다. 배가 원래 상태로 돌아가기 바라는 승객들의 염원과는 달리 배는 바닷물 속으로 점점 들어간다.
객실에서 윤희와 친구들은 넘어지지 않으려 기를 쓰고 있다. 선실이 많이 기울어 자꾸 넘어진다. 소녀들은 넘어지지 않으려 안간힘 쓴다. 모두 두려워 새파랗게 질렸다. 반장 민지는 파랗게 질린 친구들의 얼굴을 바라보면서 안심시키려 노력한다. 그때 방송이 흘러나왔다.
"단원고 학생, 승객 여러분! 이동하지 마시고 가만히 있어 주세요. 구명조끼를 입고 움직이지 마세요. 움직이면 더욱 위험합니다."
소녀들은 이미 본능적으로 구명조끼를 챙겨 입고 있었다.
"아! 배가…"
"정말 많이 기운다."
"위험해… 위험해…"
소녀들은 기울어진 배 안에서 서로 서로 구명조끼를 점검했다.
"우리 집에 돌아갈 수 있을까?"
"아주 큰일 난 것 같다."
"왜 이렇게 배가 자꾸 기울까…"
그들은 근심스러운 표정으로 얼굴을 마주 바라본다. 배가 기운 상태에서 몸을 제대로 움직일 수 없다.
아! 우리 정말 큰 사고 만난 것 같다.
"탈출해야겠어."
"집에 못 돌아가면 어떡해?"
소녀들은 급히 집으로 문자 메시지를 보내기 시작한다.
세월호는 끼우뚱거리며 더 흔들렸다. 소녀들은 집 생각이 났다. 엄마와 아빠가 몹시 보고 싶다. 동생도 오빠와 언니도 떠오른다.

가족들이 몹시 보고 싶다. 집에 돌아가야지 ….
"엄마, 어떡해? 배가 물속으로 잠겨!"
"엄마, 아빠! 배가 많이 기울고 흔들려요."
"살려줘! 위험해."
'쾅!' 갑자기 요란한 소리가 귀청을 때린다. 그리고 잠시 사방이 캄캄해졌다. 배가 부르르 떨면서 몸서리친다. 그리고 바닷속으로 급속히 기울었다. 해면이 창 가까이 점점 다가오고 있다.
누군가 소리 질렀다.
"물, 물, 물이 들어온다."
"아! 살려줘, 물이 들어온다…."
선실 안으로 바닷물이 사정없이 콸콸 쏟아져 들어오고 있다.
"애들아, 올라가자."
물보라를 맞으며 민지가 소리쳤다.
모두 물을 피해 캐비닛으로 들어가려 했다. 그곳이 안전해 보였기 때문이다. 거기서 윤희와 수연은 칸막이 안에 갇히었다. 그때 갑자기 물이 솟구치며 차오른다. 둘은 구명조끼로 인해 떠올랐다. 그리고 쏟아지는 물살을 온몸에 맞으면서 좁은 공간에 갇혀 허우적거린다.
수연의 의식이 몽롱해진다.
"수연아! 정신 차려 … 괜찮다니까."
친구가 의식을 잃어가는 모습을 보다니 …
엄청난 충격과 고통이 밀려온다.
"민지야, 어디 있니?"
윤희는 큰 소리로 불렀다. 하지만 아무 응답 없다. 윤희는 다시 고함친다.
"민지야! 민지야, 민 – 지 – 야."
바로 그때 민지의 음성이 가냘프게 들린다.
"나 – 여기 복도에 있어. 애들하고 있어---"
민지가 다가와 손을 내밀었다. 민지는 물속에서 허우적거리는 두 사람을 끌어 올렸다. 그리고 말했다.

"괜찮아! 이제 조금 있으면 사람들이 우리를 구하러 올 테니까."

"잘했어."

"고마워."

민지와 소녀들은 비상구까지 5미터 남은 곳에 이르러 있었다.

겨우 안간힘을 다해 스스로 복도로 나온 20여 명의 학생들 … 이들은 이제 비상구를 향해 경사진 곳을 가까스로 기어가고 있다.

바로 그때다!

비상구를 통해 반짝 빛이 새어들어 온다. 그리고 그 새어드는 빛을 통해 밖에 서 있는 해양 경찰이 보였다.

"경찰이다. 아! 이제 살았다!"

"아 우리 살았다! 살았어."

"경찰이다! 얘들아 우리 모두 살았다."

소녀들은 기쁨의 환성을 질렀다.

아! 얼마나 다행인가.

"해경이다! 우리를 구조하러 왔나 봐."

"이제 해경을 보았으니 우리는 모두 살았어 …."

"우리 모두 죽음에서 탈출할 수 있다!"

소녀들은 굳게 믿었다.

"경찰이 곧 우리를 구조하러 이리 들어올 것이다. 아! 드디어 살았구나."

소녀들은 확고히 믿었다. 해경도 비상구를 통해 그들을 보았을 것이므로 곧 구조하러 이리로 들어올 것이라고.

그러나 웬일인가?

아무도 들어오지 않는다.

비상구 문을 열고 소녀들에게 다가오는 사람이 없다.

해경이 보지 못한 것일까?

아니면 보고도 안 들어오는 걸까. 소녀들이 품은 한 가닥 빛줄기 같은 희망이 부서진다. 그 부서진 상처에 아픔이 서린다.

희망의 날개가 꺾인 소녀들 …

이제 스스로 힘으로 비상구를 향해 올라가기 시작한다. 온몸이 무겁고 지쳐 안간힘을 쏟아 움직이며 나아갔다. 소녀들은 눈물에 젖어 서로 손을 꽉 붙잡고 선두부터 비상구를 향해 다시 나아갔다.

아! 이제 거의 다 왔다.

이제 비상구 문을 열고 나갈 수 있겠다. 맨 앞에 있는 윤희가 비상구 문을 열었다. 그리고 밖으로 나가려는 바로 그 순간!

그 순간이다-

"쏴아!"

"철썩"

갑자기 바닷물이 엄청나게 쏟아진다. 거대한 바닷물이 언덕처럼 밀려와 덮쳤다 …. 수연, 민지, 여러 친구가 아직 뒤에 있는데 …. 바닷물은 이들 사이를 영원히 갈라놓으려는 듯 사정없이 몰아쳤다.

윤희는 덮치는 물살을 온통 뒤집어 쓰면서 비상구 밖으로 튀어나왔다.

그리고 바로 돌아서 친구들을 본다.

"수연아! 민지야! 애들아."

아! 이럴 수가 …

돌연히 큰 물결이 덮치자 바로 뒤에 오던 친구들이 비상구 바로 목전에서 모두 물살에 빨려 다시 아래로 떨어진다. 윤희는 믿기지 않는 장면을 보면서 소리쳤다.

"앗! 친구들이 떨어진다. 구해 주세요- 사람 살려요!"

물에 푹 빠진 모습으로 나타난 윤희를 향해 해경이 다가왔다.

윤희는 황급히 고함쳤다.

"저 안에 친구들이 있어요. 구해 주세요!"

그런데 해경은 못 들은 척했다.

아니 정말로 듣지 못했나?

윤희는 발을 동동 구르며 울부짖는다.

"친구들이 저 안에, 저 안에… 있어요!"

"제발! 제발- 살려 주세요!"
윤희는 해경에게 눈물로 애원했다.
"구해 주세요! 친구들을 살려 주세요-"
"친구들이 저 안에, 저 안에 있어요 … 구해 주세요."
그러나 웬일일까?
해경은 뿌리내린 나무처럼 우뚝 서 있다.
아! 물살에 휩쓸려 바닥으로 떨어지는 학생들을 구해야 할 것 아닌가?
"저 아래 학생들이 있다고요 …"
경찰이 가만있으면 어쩌란 말이냐?
밧줄을 던져 끌어올리든지, 사다리라도 내리든가, 아니면 몸에 장치나 줄을 매고 내려가 구조해야 할 것 아니냐?
왜 가만히 서 있는가?
해경은 학생들이 물에 휩쓸려 죽어간다는 데도 멍하니 서 있기만 한다.
"수연아, 민지야."
윤희는 목이 터져라 불렀다. 온몸이 산덩이 같은 슬픔과 절망으로 무너진다.
"제발, 제발, 친구들 구해 주세요!"
아무리 애걸해도 그대로 서 있다. 목석처럼 서 있기만 한다.
사람이 저 아래 물속에서 죽어간다는데 그저 서 있다니 …
해경은 구조하러 들어가지는 않고 승객들 스스로 가까스로 비상구를 탈출해 나온 사람들만을 구조선으로 옮겨 싣는다.

선실 안에서

이 무렵 세월호의 또 다른 선실에는 단원고 2학년 6반 김동협 군이 잔뜩 기운 배 안에서 구명조끼를 입은 채 불안에 떨고 있다. 동협이는 하나님께 기도드린다.

"하나님, 저 여기 있어요.
하나님! 이 배가 기울어진 것을 보고 계시지요?
우리를 구해 주세요.
배가 정상으로 복구되게 꼭 도와주옵소서!
예수님의 이름으로 기도드립니다. 아멘!"
하나님께 황급히 기도드렸다.
구명조끼 입은 사람들이 여기저기 뒹군다. 어떤 이는 엎드려져 있다. 어떤 소년은 벽의 기둥을 붙들고 가까스로 자세를 유지하며 온 힘으로 버틴다. 경사진 바닥에 사람들이 비명을 지르며 쓰러진다.
"이게 무슨 일이냐?
배가 왜 기울고 물에 잠기나. 승무원들은 왜 안 보이고 …."
무서운 일이 벌어질 것 같다. 동협이는 머리털이 쭈뼛해졌다.
"아! 나 살고 싶다! 살고 싶다. 나 살고 싶어!"
배가 몹시 기울어 몸을 지탱하고 서 있기도 어렵다. 도대체 무슨 일이냐. 왜 이 배가 자꾸 물속으로 들어가나. 배가 가라앉고... 죽는 걸까.
갑자기 죽음에 대한 공포가 엄습한다.
캄캄한 어두움이 둘러싼다. 무섭다.
"아, 나 살고 싶어-"
"살고 싶어. 나는 꿈이 있는데, 내게는 꿈이 있다고 …."
"나, 살고 싶어요, 내게는 꿈이 있어, 죽기 싫다!"
공포 속에서 동협은 계속 몸부림친다.
"내가 진짜. 이 쌍 화가 나요."
"나 진짜... 웁니다."
"나 무서워요, 정말 무섭다!"
"내가 왜 제주도행 오하마나호를 안 타고 세월호를 타서... 나 살고 싶다!"
어찌하든 이 위기를 탈출해 살고 싶다. 세월호가 이제 70도 정도 기울어졌다.

"나 어떡해요?"

"네, 하나님 죄송합니다. 나 살고 싶어요. 진짜 … 정윤아, 넌 맨날 교회 나오라니깐 안 왔다."

"KBS, SBS, MBC에 이 엉망진창의 배를 고발하겠다.

아! 정말 화납니다.

이럴 수 이럴수가?

어찌 이런 배를 타서 …

이런 억울한 일에 손해 배상을 청구하겠습니다."

동협은 곁에 떨어진 구명조끼를 집어 올렸다. 그런데 20년이 지난 1994년도에 만들어졌다.

"아니, 20년 전에 만든 것이라니…"

무슨 '쿠쿠쿵-' 소리가 난다. 이제 세월호는 85도 기운다. 군대에 간 형 생각이 났다.

"형이 집에 있을 때는 좋은 일만 일어났었는데."

형의 얼굴이 떠오르며 보고 싶다.

육지에서 교회 집사님으로 부터 전화가 온다. 동협은 기도드렸다.

"하나님, 살려 주세요! 살고 싶어요."

"난 꿈이 있는데 … 난 살고 싶은데, 죽기 싫은데, 난 죽고 싶지 않아요."

"난 꿈이 있어요... 그 꿈을 꼭 이루어야 한다고요. 지금 죽을 수 없습니다."

동협은 정말 살아서 꼭 꿈을 이루고 싶다.

사방이 칙칙하다. 공포의 검은 마수가 몰려오는가?

사랑하는 엄마에게 메시지를 보낸다.

"엄마, 무서워, 나 죽을 것 같아 … 나 정말 살고 싶다!"

"아! 난 살고 싶어요. 죽기 싫어요. 엄마 사랑해요."

많은 물이 들어오고 배가 급격히 잠긴다.

"나 무서워요. 무서워 - 살고 싶어요!"

동협은 정말 살고 싶다.

승객들 대부분은 선실에 머무르고 일부는 로비나 복도에 있었다. 오락실, 카페, 식당에도 있었다. 갑자기 배가 기울자 로비에서 계단을 오르던 승객들은 아래로 나뒹굴었다. 오락실의 기구들도 흩어지고, 경사면에 쓰러진 이들은 비명을 질렀다. 자판기 아래 깔리고 테이블이 넘어지며 다쳤다. 라면상자가 뒹굴고 부서진 집기들이 흩어있다. 식당 조리실에 조리사들이 피를 흘린다. 이 돌발사고에 사람들은 영문을 모른 채 비명을 지른다.

또 다른 선실이다.

새벽 6시 36 분경, 단원고 박수현 학생이 배 안에서 바다를 향해 사진을 찍었다. 수현은 평소도 사진 찍는 취미가 각별했다. 선실 안에서 내다보는 바다의 넓은 전경 - 저 아름답고 푸른 바다를 영상으로 잘 찍어 소중한 추억으로 고이고이 간직하고 싶다.

그 이른 아침은 사고가 일어나기 훨씬 전인데, 그때도 객실 안 커튼은 약간 기울어졌다. 바다 수면에 전파가 분산된 듯한 영상이 사진 후반부에 찍혔다. 바다에 돌발 물체가 등장했을까.

배 안으로 바닷물이 더 많이 밀려든다. 어떤 이들은 눈치껏 구명조끼를 입고 탈출 준비를 시작했다.

바다로 뛰어내려야 하지 않겠나?

그런데 탈출하라는 방송은 나오지 않았다.

죽음을 재촉하듯 넘실대는 바닷물을 보며 무섭다. 공포에 얼굴이 질린다

"이 배는 가라앉고 … 나는 정말 죽는 걸까?"

수현은 위기감 속에 현장 촬영을 하고 있다.

"마지막이야. 나 지금 많이 기울어진 것 보이지?"

"갑판에 창문도 없잖아, 그러니까 더욱 위험해."

수현은 위기를 벗어나고 싶다. 점점 다가오는 검은 그림자들을 멀리 쫓아내고 싶다. 깊은 암흑 늪으로 그를 떨구려는 수마를 격퇴하고 싶다. 그때 방송이 나왔다.

"단원고 학생 여러분! 승객 여러분! 현재 위치에서 절대 이동하지 마시고 대기해 주시기 바랍니다."

방송은 계속된다.

"다시 알려드립니다. 그대로 대기해 주십시오. 구명조끼 착의 가능한 분들 착의해 주시고 현재 위치에서 절대 이동하지 마시기 바랍니다."

"가만히 대기하고 있으라고?"

수현은 중얼거렸다.

"12시에 제주도 간다더니. 이런 끔찍한 일이 ….”

"이럴 수 없는데, 무섭다.

이게 뭐야, 무서워! 죽음을 대기하라는 말이냐?"

하얀 거구의 세월호는 물속으로 끌려들며 몸부림친다.

얼마 전까지만 해도 환희와 함성과 행복으로 가득하던 배 …

소년·소녀들이 하늘로 치솟는 불꽃을 바라보며 감탄사를 연발하던 그 아름다운 하얀 배, 이제는 지옥 아수라장으로 변한다.

"아앗, 허리야!"

"내 다리에 피가 흐른다."

"물 들어온다!"

기절한 사람들, 상처를 입은 이들, 고함치는 이들, 혼미하게 정신을 잃은 사람들이 여기저기서 신음한다. 그런 중에도 '기필코 살아야겠다'라고 더욱 몸부림치는 이들이 있었다.

수현이는 침대 난간을 붙잡고 일어섰다.

그리고 가까스로 사진 찍는다.

이 너무 억울하고 원통한 상황들을 세상에 그대로 알려주고 싶다!

이 절박한 정황들을 꼭 폭로해야지. 정말 이럴 수 없다.

"선박회사는 정말 나쁘다. 이럴 수는 없다.."

"어떻게 승객을 이런 곤경에 그냥 두는가?"

"어떻게 승객들에게 이처럼 참혹한 피해를 주는가?

너무 나쁘다."

선박회사를 고소해 겪은 고통에 보상을 꼭 청구하리라.
상상하지 못할 너무 억울한 일이 발생한 것이다.
"초긴급, 초긴급구조- 초긴급구조 요망합니다."
"바닷물이 차오는구나. 아! 견디기 어렵다.
아마 이 세상 마지막이 … 될지도 … 몰라."
그 순간 불현듯 육지의 부모님께 마지막일지 모를 전화를 걸고 싶다.
"아! 부모님, 음성 들어야지. 이게 마지막 … 일 거야."
수현의 두 눈에 눈물이 왈칵 고인다. 아버지에게 전화를 걸었다. 전화 신호가 간다. 하지만 응답이 없다.
사랑하는 아들이 바닷물 속에서, 아니 이 지구상에서 마지막 거는 전화일지 모르지만, 육지에 있는 아버지는 웬일인지 받지 않는다.
"이제 부모님 음성도 들을 수 없네."
두 눈에 고인 뜨거운 눈물이 뺨 위로 연실 흘러내린다.
아! 수현은 암흑의 고통에 맞서 투구할 자세를 취한다. 지금부터 싸워야 한다. 얼마나 오랜 싸움일까?
이 '죽음에 맞선 싸움'을 얼마나 오랫동안 해야 하는가?
넘실대는 잔인한 물살이 점점 밀려든다. 그는 문득 창문 밖을 내다보았다.
크지 않은 배들이 세월호에 바짝 다가와서 밖으로 나간 학생들을 구조해 옮기고 있었다. 민간인 배 한 척이 수현이가 있는 객실과 아주 가까운 곳에 배를 들이대고 학생들을 구조하고 있다. 수현이는 소리 질렀다.
"여기요! 여기요, 살려 주세요!"
"살려 주세요! 창문 좀 깨뜨려 주세요."
'저 밖으로 나가기만 하면 살 수 있는데 ….'
유리창을 깨고라도 나가야겠다.
수현은 가까이 뒹구는 의자를 잡고 창문을 향해 힘껏 던졌다. 가까스로 온 힘을 다해 던졌지만, 물결에 휩싸이는 유리창은 끄떡도 하지 않는다. 선창으로 다가가서 다시 창문을 깨려고 의자를 집고 휘두른다. 창밖을 향해 살려달라고 몸부림쳤다. 밖에서는 파란 배가 가까이서 구조한 친구들을 싣고 다른 배들과 함께 이제 세월호에서 빠져나가고 있었다.

"아- 아! 여기요! 여기요!"

"살려 주세요- 살려 주세요! 창문을, 창문을 깨뜨려 주세요!"

"이 창문 좀 깨주세요."

"창문 깨고 밧줄 좀 던져 주세요.

살려 주세요! 여기요, 여기. 그냥 가지 마세요-"

수현과 학생들은 몸부림치면서 창문을 깨려고 온 힘을 다해 노력한다. 영호와 친구들도 몸부림치며 고함쳤다.

그렇지만 아무도 창문을 깨뜨리러 다가오지 않는다.

이들을 향해 구조하러 오는 사람이 없다!

아무도 창문을 깨뜨리거나 줄을 던져주지 않았다.

"살려 줘요, 제발요!"

"살려 주세요, 여기 살려줘요."

이제 물속으로 침수하는 세월호를 버려두고 구조선에 실려 떠나가는 학생들과 배들이 점차 멀어지고 선실 유리창에 갇힌 수현과 친구들 … 침몰하는 배 안에서 몸부림치며 외친다.

"살려 주오! 우리를 살려줘요."

"그냥 가지 마세요. 살려줘요! 창문 깨뜨려 주오 …!"

오전 10시 30분이 지난다.

객실 안으로 높은 바닷물이 밀려들고 절망하는 수현과 친구들은 온몸이 물에 덮여 몸부림친다. 물속에 잠기며 정신이 희미해진다.

육지에 있는 부모님은 아들 수현이 살아오기만을 오직 갈망했다. 사고 소식을 듣고 마음이 불안했지만, 아들이 꼭 다시 돌아올 것만을 기다렸다. 하지만 왠지 불안하다. 전화기를 보니 아들이 전화했었다. 아버지 가슴이 미어진다. 아들에게 전화했지만, 통화가 안 된다.

"수현아, 전화했구나. 못 받아 미안해."

"내 아들 수현아 … ."

"음악을 좋아하는 아들이 음악을 들은 후 10시 11분까지 사진 찍고. 남은 배터리로 **이 아빠한테 전화했을 거야.**"

상황을 추측해 보면서 가슴이 미어진다.

사랑하는 아들이 침몰하는 배 안에서 마지막으로 건 전화였다. 하지만 아버지는 아들의 그 '마지막 음성'을 듣지 못했다. 아버지 박종대 씨는 통한의 슬픔에 젖는다.

"이제, 내 아들 음성을 다시 들을 수 없나…."

"내 아들, 제발 살아 돌아와! 기다린다."

아버지 눈에 눈물이 솟구친다. 그는 온몸을 흔들며 엉엉 운다.

뼈저린 슬픔이 온몸을 저린다.

"아버지! 어머니! 사랑해요. …"

파도에 실려 아들의 음성이 들려온다.

물이 섬들을 둘러싸고 유유히 흐른다.

멀지 않은 곳에 웅좌한 섬들은 대비극이 일어난 줄 모르는 듯, 평화로운 햇살에 자태를 잔뜩 뽐낸다.

2014년 4월 16일, 아침 10시 17분

세월호의 좌현이 108도 이상 기울었다.

밖에서는 가까스로 배를 탈출해 나간 승객들을 해경의 단정과 어업지도선, 민간 어선들이 힘을 다해 구조하고 있다. 하늘에는 해경 헬기들이 바스켓을 내리고 구조 작업을 펼친다.

이때 한 선실에는 단원고 2학년 연극부 아이들이 연극부 단체 카카오톡으로 친구들끼리 연락을 주고받는다. 서로 대화를 나누며 불안한 마음을 극복하고 싶다. 그들에게 '이제 죽을지도 모른다'는 끝 모르는 절망감이 스며든다.

"이러다가 우리 죽는 것 아닐까?"

"얘들아, 우리 진짜 죽을 것 같다."

"나 살아야 해, 하나님, 살려 주세요!"
"나 죽고 싶지 않아!"
"살아야 해, 살고 싶다- 살고 싶어-"
그래, 우리는 아직 죽을 수 없다.
우리가 지닌 꿈을 펴보지 못한 채로 이처럼 세상에 이별을 고할 수 없어.
그런데 정말 죽을 것 같다. 예기치 못한 운명의 끝이 오는가.
마음을 고결하게 하고 싶어.
"얘들아, 내가 잘못한 것 있으면 용서해줘. 모두 사랑한다."
"우린 정말 죽나?"
"난 살고 싶은데 …."
"하늘나라에서 만나자-"
"연극부, 사랑한다."
사랑한다. 친구들아 사랑한다. 연극부 친구들아, 사랑한다. 대한민국 단원고등학교에서 연극 공연을 하면서 우리 정말 정들었지. 멋진 공연을 할 때는 모두 들떠 마냥 행복했었다. 관객들의 박수 소리가 무대를 뒤흔들었어. 그 힘찬 박수 소리에 우리들 모두 무척 기뻐했다.
"아! 이제 우리 어찌하나. 죽더라도 서로 사랑하자."

* * * * *

다른 객실에서도 학생들이 절망하기 시작했다. 처음에는 배가 곧 다시 복구되리라 기대했다. 하지만 시간이 흐르면서 점점 악화되기만 한다.
"무슨 일이야?"
"왜 속히 배가 원상태로 복구되지 않지?"
의문이 가득하다. 배가 더욱 기울면서 다시 집에 돌아가리라는 희망이 점차 사라진다. 아! 이대로 … 우리는 생에 이별을 고하나.
2학년 4반 학생들은 학급 단체 카카오톡으로 서로 의지한다. 죽음을 느낄수록 결속하고 싶다. 서로를 지켜주리라!
"아! 우리 모두 학교로 돌아가야 해 …."

서로 위로하며 대화한다.
"애들아 움직이지 말고 가만있어."
"조끼 입을 수 있으면 입고, 우리 살아서 보자!"
"애들아 살아서 보자! 전부 사랑합니다."
"엄마, 내가 말 못할까 봐 보내 놓는다. 사랑한다 ···."
"해경이 이제 왔나. 아직 움직이면 안 돼."
"움직이지 말래. 움직이지 말래 ···."
학생들은 마지막이 될지 모를 대화를 나누면서 여전히 구조를 애타게 기다린다.
"기다리래, 기다리래. 기다리라는 방송 뒤에 다른 안내방송 안 나와요."
모두 안내방송에 귀 기울인다.
"단원고 학생 여러분!
움직이면 더 위험하니 그대로 가만있으시기 바랍니다."
방송이 또 들린다. 그즈음 통로에도 사람들이 나와 있었다. 승객들은 기울어진 배 안에서 덮칠 위험을 어찌하든 피하러 나와 있었다. 그들은 생각했다.
"승무원이 속히 와서 구조해 줄 거야."
"선장이나 승무원이 다가와 대피시키겠지!"
기다리고 또 기다린다. 그리고 상상한다.
"승무원이 문 열고 '탈출하라' 말하면 총알처럼 튀어가리."
"서두르면 15분 내 모두 탈출할 수 있다!"
"희망, 희망을 지니자 ···."
승무원이 문 열면 쏜살같이 탈출할 거다.

* * * * *

세월호의 또 다른 객실에 여학생들이 모여있다. 기울어진 배 안에서 위로하면서 희망을 품으려 애쓴다.
그리고 육지로 메시지를 보냈다.
"엄마! 금방 구조되어서 나갈게. 걱정하지 마 ···."

박예슬, 한은지, 김수경, 김빛나, 최민지, 유예은, 김시연-
이 꽃다운 소녀들은 배가 기울었지만, 함빡 미소짓고 사진도 찍는다. 곧 구조되거나 배가 복구되리라 믿고 있기 때문이다.
"이처럼 큰 배가 감당 못 할 사고는 없다."
그들은 판단했다. 더욱이 가까이는 여러 섬들도 있지 않은가?
그래서 선실이 기울어도 소녀들은 미소지으며 희망을 품었다. 타이타닉 호의 승객들이 그 거대한 호화 여객선의 침몰을 전혀 상상하지 못하였듯, 소녀들도 거대한 세월호의 침몰을 전혀 예상하지 못한다.
'이 큰 배는 침몰하지 않는다.'
"곧 이전 상태로 복구될 거야."
"행여 침몰해도 선장과 승무원이 안전하게 대피시키겠지!"
소녀들은 불안해도 절망하지 않았다. 주변에 소녀들을 안심시키듯 섬들이 보인다.
하지만 소녀들의 마지막 기대 … 그 마지막 기대는 무너진다.
배는 바로 복구되지 않았으며, 선장과 승무원이 나타나지도 않았다. 그래도 소녀들은 서로를 위로한다. 그리고 모두 생존을 위한 기대의 끈을 꽉 붙잡았다! 예슬은 패션 디자이너가 되는 게 꿈이다. 소녀들은 곧 구조되어 자신들의 꿈을 실현할 수 있기를 바란다.
"애들아, 우리 힘내자! 걱정 하지 마,
우리 모두 구조 될 거야."
"어! 우리 실전이야. 배가 너무 기울었다."
"탈출해야 할 텐데. 움직이기 어렵다. 아 어쩌나?"
"아니, 우리 모두 구조 될 거야!"
"곧 구조될 테니 염려 말자 …."
소녀들은 믿었다.
"절대로, 절대로, 우리는 물속에 가라앉지 않을 것이다!"
"그런 일은 일어날 리 없다-"
틀림없이 모두 곧 구조된다고 확고히 믿었다. 점점 물에 잠기는 배 안에서 그들은 서로를 확인하면서 굳게 다짐한다.

"우리는 곧 구조된다. 살아서 다시 만나자!"

* * * * *

2014년 4월 16일, 아침

빛이 지구를 감싸 돌면서 광활한 바다 위에 서서히 어두움이 사라진다. 어젯밤에는 망망한 바다 한가운데서 참 즐거웠다.

그리고 밤이 창문가를 지킬 때 모두 편안히 쉬도록 해주는 깊은 수면에 빠져들 수 있었다. 오늘은 새 날이다. 선창 문을 지키던 밤은 빛에 자리를 내주고 날개를 펴고 사라진 지 오래다.

처음 빛이 찾아들 때는 세월호에 꿈과 낭만의 또 한 날이 시작된 것 같았지만, 지금 배는 엄청난 혼란과 시커먼 구름에 묻혀있다. 세월호가 출발할 때 인천 부두에서 어둡게 짓누르던 검뿌연 안개. 이제 그 안개가 시커먼 먹구름 되어 천둥과 뇌성을 발하면서 배를 휘감았다. 배는 암흑, 암흑 속으로 잠겨든다.

이 불시의 습격에 놀랐다. 이런 일이 일어날 줄 그 누가 상상했으랴?

기울어진 배 안에서 공포에 떨 뿐이다. 처음에는 잠시 일어난 현상인 줄 알았다. 하지만 지금 두려움이 엄습해온다. 세월호가 너무 기울었다. 물속에 깊이 잠기고 있다.

이것은 연습이 아니다.

죽음을 향해 다가가는, 아니 죽음이 우리 모두를 향해 다가오는, 실전 속에 서 있는 거다!

연습이란 아무리 위기를 겪어도, 아무리 고통스러워도, 끝나면 그만이다. 연습은 연극처럼 진짜가 아닌 가상이니까 …

누군가 죽음의 연습을 했다고 해서 죽은 것은 아니다. 연극과 같은 가상 속에서, 우리는 몇 번이고 침몰할 수 있고, 죽을 수도 있다. 하지만 그것은 꿈처럼 사실이 아니다. 꿈속에 우리가 아무리 여러 번 죽어도 사실은 내가 살아 있음이다.

그런데 지금 일어나는 일들은 연습이 아니다.

연극도 꿈도 아니다. 믿어지지 않는 실전 속에 우리 모두 던져져 있다. 단원고등학교 2학년 학생 우리는 모두 아무런 연습 없이 실전 속에 던져졌다. 더욱이 죽음이라는 인간 최악의 적군 앞에 노출되어있다. 죽음의 마수가 우리를 넘보면서 바닷물결을 뒤집어쓰고 공격의 이빨을 들이민다. 그리고 공략 시점을 노린다. 우리가 가장 허약한 순간에 넘어뜨릴 것이다.

가상이 아닌 사실적인 죽음의 적군들이 우리 앞에 겹겹이 진치고 몰려들며 나타났다. 너무 강력하고 너무 잔인하며, 너무 캄캄한 흑암의 마수들이 물살을 뿌리며 우리 모두를 조여온다.

어찌하나. 어두움을 뿜어내면서 무자비하게 다가오는 죽음이라는 마수들을 대항해 싸우는 연습을 해 본 적이 없다.

그들을 뚫고 나갈 수 있을까?

전투 준비가 되어있지 않다. 등골 오싹한 무한 공포…

도저히 감당할 수 없는 태산 같은 공포감이 긴 장막을 늘어뜨리면서 덮쳐든다. 사정없이 엄습하는 무한의 공포 속에서 엄마 아빠를 한 번이라도 더 보고 싶고 부르고 싶다.

"사랑하는 엄마야, 아빠야."

"엄마! 아빠! 못 나갈 것 같아 전화했어. 사랑해."

"엄마! 아빠! 사랑해 – 못 나갈 것 같아 미리 말해둔다."

"배가 기울어서 무서워."

"밖으로 나오라고?"

"이렇게 기울었는데 갑판에 못 갈 것 같아 …"

선내에서 방송이 또 흐른다.

"승객 여러분 움직이지 말고 제자리에 가만있어 주세요. 반복합니다. 이동하지 마시기 바랍니다."

절대 움직이지 말라는 방송이 반복된다. 가만히 객실에 있으란다.

이빨을 드러내고 달려드는 죽음의 마수들을 양처럼 온순하게 받아드리라는 말인가?

죽음의 화살을 피하거나 반항하지 말라는 건가?

"그냥 가만히 있어 잠겨오는 물속에서 죽으라는 말이냐?"
"단원고 학생 여러분!
현재 위치에서 절대 이동하지 마시기 바랍니다. 움직이면 더 위험합니다…."
또 반복해서 방송이 퍼진다.

* * * * *

뜻밖의 절망 속에서 모두 의아하다.
왜 선장은 이런 절박한 위기상황에서 아무런 설명이 없나?
왜 승무원들은 다친 사람을 치료나 대피시키지 않는가?
왜 이처럼 침수하는 배 안에 '가만있으라'는 방송만 연이어 하는가?
승무원들은 잠자는가?
선장과 선원은 도대체 무엇을 하나?
아침 9시 조금 넘어서다.
승객들이 아우성인데 기관부 선원 6명이 승무원 전용 통로를 통해 3층 기관부 선실에 집결했다. 옆 복도에서 상처를 입은 조리원 2명이 신음하지만 못 들은 척한다. 아우성치는 승객들도 외면하는 그들의 관심은 단 하나.
"어찌하면 우리가 탈출해 죽지 않고 살 것인가?"
그 자신들의 안전한 탈출이 최대의 관심사다.
선장과 선원들은 세월호가 수리했어도 안전하지 못한 배임을 안다. 그래서 배에 대한 애착도 적다. 청해진해운은 승객 구조를 압박하지 않았다. 무엇보다 선장과 선원들은 우선 살고 싶다!
승객들이야 죽든 말든, 승객들이 죽더라도 자신들은 살고 싶다.
아, 정말 살고 싶다!
그들은 조용히 조타실과 갑판으로 향했다. 한편 세월호 전속 가수 필리핀인 산드라 부부는 침실에 있었다. 배가 몹시 기울자 두려움이 엄습한다. 부부는 직감을 따라 스스로 구명조끼를 찾아내 걸쳤다. 그리고 5층 조타실에 비상구가 있음을 알기에 기울어진 면을 이동해 조타실로 향했다.

조타실 문을 열었다. 그 안은 뒤죽박죽이다.

이준석 선장을 포함 조타수와 승무원들이 바닥에 넘어져 공황상태로 있다. 그들은 겁에 질려 떨며 정신없어 보인다. 무엇이든 붙잡고 일어나려 애쓰다 넘어진다. 그때 선장이 구명조끼를 입은 산드라 부부를 보았다. 그리고 그제야 퍼뜩 '구명조끼'가 떠오른다.

"구, 구, 구명조끼 … 그래 승객들 모두 구명조끼 입으라 해."

선장의 지시에 따라 구명조끼 착용하라는 방송이 나갔다. 선장과 선원들은 기울어진 배 안에서 겁에 질린 허약한 아이처럼 벌벌 떨고 있다.

"어떻게 하면 죽지 않고 살 수 있나?"

선장과 승무원들은 죽음이 두렵다. 피하고 싶다. 공포에 부들부들 떨면서 그들은 길을 잃었다. 자신들에게 부여된 '승객 구조'의 책무는 완전히 망각했다. 단지 그 자신들이 '어떻게 죽음을 면할까?'

이에 골몰한다.

"죽고 싶지 않다. 우리는 살고 싶어-"

선장과 선원들은 온몸으로 말하고 있다.

가수 부부는 절망스러운 광경에 더 할 말을 잃었다.

여기서 아무 도움을 바랄 수 없다고 느낀다.

모두 당황한 가운데 이상한 장면이 보인다.

그날 처음으로 배에 탑승한 1등 항해사와 기관장이 조타실 근처에서 둘만의 대화를 나누고 있었다.

"비밀 모의를 하는가?"

서로 긴급 비밀을 말하듯 소곤거리면서 담배 연기를 후- 공중으로 날려 보낸다. 승객 구조는 관심 없이 조타실 밖에 나와 캔 맥주를 마시며 연기를 동그랗게 뿜어낸다. 승격들은 공포에 질려 소리 지르는데 여유 있게 대화한다.

엄청난 비밀을 소곤대나?

기관장과 1등 항해사, 이 두 사람은 이 위급 상황에서 도대체 무엇을 비밀스럽게 속삭이는 걸까?

▌승무원 박지원, 정현선, 사무장 양대홍

선실에 바닷물이 밀려 들어온다.
그런데 이곳은 수심 깊은 대서양 한복판이 아니다. 평화로운 섬들로 둘러싸인 다도해해상국립공원 해역이다. 세월호가 바닷물 속으로 더욱 끌려 들어 간다. 당황한 강민규 교감 선생님은 학교로 다시 연락한다. 아침 9시 16분을 지났다.
"아! 여기 위험합니다. 배가 더 많이 기울었어요. 학생들이 위험합니다."
다급히 전화를 마친 교감 선생님은 교사들과 학생들의 안전이 걱정이다.
"모두 안전해야 하는데."
"제발 무사해야 한다 …."
발을 동동 구르면서 선생님들에게 학생들 잘 돌보라는 메시지를 보냈다.
"이 큰 배가 웬 말이냐?
모두 무사하게 학교로 돌아가야 하는데."
"선장은 안전 지시를 내려야지."
평소 책임감 강한 교감 선생님은 메시지와 전화로 선생님들과 학생들의 안전을 챙기느라 동분서주하셨다.
학생들은 우왕좌왕했다.
'가만있으라'는 방송을 들으면서 어찌할 바 모른다.
거기 그 대혼란 중에 위험 속에 빠진 승객들 가까이 다가오며 모처럼 '구조의 손'을 내미는 한 명의 '여승무원'이 있었다. 그 이름은 '박지영'이다. 캄캄한 어두움 속에 빛을 발하는 하나의 샛별처럼, 그녀는 눈을 반짝이면서 사방을 둘러보았다.
3층 선실이 기울고 물건들이 여기저기 바닥에 나뒹군다. 극한 비명이 들려온다. 예기치 못한 사태로 학생들은 공포에 떨고 있다.
'움직이지 말고 가만있으라'는 방송이 나온다. 박 승무원은 직감적으로 범상치 않은 위기를 감지했다. 그녀는 겁에 질려 어찌할 줄 모르는 학생들에게 구명조끼 입으라고 재촉하였다. 그리고 선장의 대피 안내방송을 기다렸다. 그녀는 선장의 '긴급구조' 지시를 손꼽아 기다린다.

하지만 웬일인가?

선장으로부터 아무런 '긴급구조' 지시가 내려오지 않는다.

기다리다 못해 그녀는 다급하게 무전기를 사용해 '퇴선 준비' 여부에 대한 선장의 긴급조치를 요청하였다. 그렇지만 이 긴급요청에도 아무 대답이 없다.

선장과 승무원들은 조타실에 모였지만, 박지영 승무원의 요청을 묵살했다. 아무리 기다려도 지시가 오지 않는다.

"살든 죽든 알아서 하시오."

말하는 듯하다.

"아! 이제, 시간이 없구나 …"

더 이상 한없이 기다리고만 있을 수 없다.

매우 급한 사태에 직면해 그녀 스스로 결정해야 할 시간이 온다. 전혀 뜻밖의 위기 속에서 이제 그녀 자신이 책임을 진 '선장'이다.

"아! 어찌할 것인가?"

그때 그녀는 단호하게 승객 편에 섰다.

승무원 박지영!

그녀는 단호하게 승객들의 위기에 맞선다. 선장과 승무원에게 버림받은 많은 승객이 그대로 죽을지 모른다.

이 절박한 순간 … 그녀 홀로 짐을 지고 결정해야 한다!

오직 자신의 판단으로, 두려움에 떠는 승객들을 구하기 위해 조처를 내려야 한다. 박 승무원은 재빨리 생각한다.

"어떻게 할까?"

"어느 길이 승객을 살리는 길인가?

방송대로 그냥 가만있게 해야 하나,

아니면 승객 탈출을 유도해야 할까 …"

죽음의 순간이 다가온다. 바닷물이 밀려들어 오고 배는 자석에 끌리듯 물속으로 빨려든다. 기우는 세월호 안에서 숨 막히는 공포가 번진다.

참혹한 위기의 순간이 다가온다. 상황이 시급하다. 아! 더 이상 망설일 수 없구나.
　가만있으면 안된다! 빨리 이곳을 벗어나자!
　그녀는 온 힘을 다해 소리친다.
　"퇴선하라. 이 배를 탈출하라!"
　승객 구조를 망각한 선장을 대신해 여승무원이 퇴선 명령을 내린다.
　침수하는 타이타닉호에서 스미스 선장은 눈물을 머금고 고함쳤다.
　"퇴선하라! 이 배를 포기한다. 속히 탈출하라!"
　스미스 선장의 명령 소리가 밤바다를 진동시키면서 어두운 북대서양 하늘 위로 퍼졌었다. 이제 세월호 여승무원의 명령이 떨어진다.
　"승객들은 배를 떠나라!"
　"배를 떠나 속히 탈출하라!"
　방송대로 가만있던 승객들은 놀랐다. 대위기를 감지하면서 겁에 질린다. 배 안으로 바닷물이 밀려왔다. 박지영 승무원은 허겁지겁 학생들을 대피시키기 시작한다. 학생들에게 구명조끼를 나눠주면서 갑판으로 올라가도록 다그쳤다. 그녀는 온 힘을 다해 탈출을 유도하였다.
　"속히 탈출을, 갑판으로 올라가 바닷물로 뛰어들라!"
　"구명조끼 입어! 빨리 나가라!"
　"애들아, 빨리, 빨리 나가! 빨리-"
　"물이 밀려온다. 탈출!"
　"급히 탈출하라!"
　"주저하지 마라! 탈출, 탈출, 탈출-"
　박 승무원은 주춤대는 학생들의 등을 떠밀었다. 얼떨결에 등이 떠밀려서 학생들은 갑판을 향해 오르기 시작했다.
　"구명조끼 입어! 빨리, 나가, 빨리빨리!"
　그녀 자신은 구명조끼를 입지 않았다.
　학생들에게 하나라도 더 나누어 주기 위함이다.
　타이타닉호 승무원들은 선장에게 건의해 여성과 아이들에게 먼저 구명조끼를 입히고 탈출시켰었다. 세월호의 박 승무원은 학생들에게 자신의 구명조끼를 양보하였다. 또한, 급히 4층으로 뛰어가 구명조끼를 구해서 3층 학생들에게 건네주었다.

"누나도 입으세요!"

구명조끼를 입으면서 학생들이 말한다.

"아니야 너희들 다 입어."

"빨리빨리 입어. 빨리 나가!"

박지영 승무원은 학생들의 등을 온 힘으로 떠민다.

영수와 정현은 등이 떠밀려 위로 올라갈 수밖에 없다. 솟구쳐 들어오는 바닷물이 웅덩이 되어 깊어진다. 어느새 가슴까지 물이 차오른다. 숨쉬기마저 힘들다.

승무원 박지영!

하늘이 내려보낸 천사 ….

그녀는 점점 온몸 위로 차오르는 험상한 물살과 싸우면서 학생들을 허겁지겁 대피시키기에 분주하다.

"누나! 누나도 피하세요-"

"언니! 구명조끼 입으세요."

물속에 잠기는 그녀를 바라보면서 승현이와 아이들은 크게 소리 지른다.

"누나- 빨리 피하세요-"

"아니다! 승무원은 맨 마지막이야, 너희들 다 구하고 난 나중에 나간다!"

가슴 위까지 물속에 잠긴 그녀,

도무지 피할 생각을 안 하는 그녀가 대답한다.

아! 물이 그녀의 몸을 둘러싸면서 사방에서 철썩인다. 점점 사람들을 향해 사정없이 널름거리며 덤벼든다. 3층 다른 곳에서는 학생들이 물결에 휩싸여 이리저리 밀려다닌다. 사나운 물살이 사람들을 점령하고 있었다.

그녀는 점점 차오르는 물속에서도 여기저기 학생들을 빨리 나가라고 소리 질렀다.

그녀 자신은 구명조끼조차 입지 않고서 …

오로지 자신만이 살기를 바라는 선장, 승무원들과 확연히 달리, 그녀는 한 번도 그녀 자신의 사는 문제에 관심을 두지 않는다. 박 승무원은 오로지 승객들을 구조하는 일에 자신의 생명을 걸었다. 사력을 다해 학생들을 탈출시킨다.

가슴이 넘도록 차오르는 물속에서 오로지 승객 탈출만을 위해 사력을 다하면서 그녀 자신은 맨몸으로 바닷물 속에 점점 깊이 잠기고 있다...

승무원 박지영!

그녀는 승객들의 생명을 살리려 단 하나뿐인 '그녀의 생명'마저 드린다. 바닷물이 산처럼 밀려들어 온다. 아름다운 한 송이 꽃으로 피어나, 쓰러지는 생명을 구조하기 위해, 자신을 짓이기고 숭고한 향기를 품어내는 그녀가 물속에서 흔들리면서 환하게 빛을 발하고 있다.

"박지영. 누나!"

"누나!"

"누나 – 올라와요. 빨리."

학생들은 '누나'를 외치면서 비 오듯 눈물 흘린다. 그녀의 얼굴이 물살에 흔들리면서 반짝이는 별이 되어 빛나고 있다.

* * * * *

배 안의 다른 곳에서는 승무원 정현선 씨가 구조에 힘쓴다. 그녀는 결혼을 앞두고 있다. 결혼할 상대는 세월호 아르바이트생 김기웅 씨다. 기웅 씨는 세월호에서 불꽃놀이 아르바이트를 한다. 불꽃놀이는 승객들에게 환상과 꿈의 아름다운 세계를 열어 보여 주었다. 돌발적인 사고로 지금 배 안은 캄캄한 지옥처럼 아수라장이다. 처절한 비극 속에 비명이 가득하다.

두 사람은 학생들이 빨리빨리 대피하도록 온 힘을 다해 돕는다. 학생들을 갑판으로 내보내고 승객들을 구조하려 다시 배 안으로 들어갔다. 그 두 사람은 다른 이들을 구조하기 위해 힘썼다. 하지만 그들 자신은 구조되지 못하고 사정없이 몰려오는 물살에 휘말려버리고 만다. 사납게 밀고 들어온 바다 물살은 인정사정이 없다. 너무 매몰차게 죽음의 혀를 널름거리기만 한다. 조금이라도 틈이 있는 사람들을 무섭도록 공략하였다. 그리고 생명을 휘말아 감아 어두운 바닥 밑으로 세차게 떨구어 버린다.
 그 격렬한 물길을 향해 "아니요!"라고 할 에너지가 없다. 이 두 사람은 배 안에 몰려든 사나운 물살에 휩쓸려 들어간다. 서로 사랑하는 두 사람은 같은 장소에서 두 손을 꼭 잡고 둘이 함께 이 세상을 등지고 저 세상으로 향하는 영원한 여행의 길로 접어들고 있었다.
 "안녕, 우리는 함께 영원한 여행을 떠나요 …"
 "부모님, 슬퍼하지 마세요. 사랑해요."
 두 사람의 구슬픈 음성이 하늘에 퍼지며 바다에 서린다.

* * * * *

 아! 그 죽음의 위기와 혼란스러운 시간에 또 한 사람의 승무원 양대홍 씨가 있다.
 그는 5남매 중 막내로 태어나 책임감이 강하고 정직하다. 그는 의로웠으며 자신이 맡은 일에 책임감이 강하고 일 처리를 잘했다. 그리고 늘 약자의 입장을 대변하는 따뜻한 성품을 지녔다. 그는 캄캄한 밤하늘 같은 세상을 향해 환하게 비추는 하나의 별과 같은 사람이다.
 사무장인 그는 선장 등 선원들이 다 합세하여 승객을 위기에 남겨 두고 배를 탈출할 때, 가담하지 않았다. 그는 고위 승선원 중 자기 생명만을 구하려 배를 탈출하지 않고 끝까지 승객을 구조하려 남은 선원이다.
 "승객들을 탈출시켜야 한다."
 "우왕좌왕하는 승객들을 안전하게 이끌어야 해."
 그는 승선원으로서 굳게 다짐했다.
 승객들의 구조와 안전에 최고관심을 쏟는다. 본래부터 그는 워낙 정의롭고 약자를 도와주는 어진 성품을 지녔는데 이때도 드러났다.
 사무장은 선실과 복도를 점검한다. 당황하는 승객들을 독려해 탈출하도록 적극적으로 도왔다. 그는 모든 힘을 다 쏟아 승객 구조에 여념이 없다. 그가 뒤로 돌아서려는 바로 그 순간, 식당 안에서 무슨 소리가 들린다. 누군가 식당 안에 갇혀있나 보다. 아마 상처를 입은 그 사람은 창문이 꼭꼭 닫혀 식당에서 도저히 나올 수 없는 것 같다. 그는 못 들은 척하지 않았다.

3층 선원 식당칸 싱크대를 밟고 가까스로 올라가 온 힘을 쏟아 힘들게 식당 창문을 열었다. 그리고 그 열린 문을 통해 식당에 갇힌 송현식 군을 가까스로 끌어낼 수 있었다. 현식은 19살인데 배에서 아르바이트를 하는 중이다. 사무장은 현식을 끌어내 세월호 밖으로 내보내 그를 살릴 수 있었다. 그는 학생들을 탈출시키기 위해 다시 기울어진 배 안으로 들어간다.
"내 동생 같은 학생들을 탈출시켜야 해.
그들이 죽으면 안 된다!"
"승객의 안전, 생명 구조가 최우선이다."
그는 긴급히 움직였다.
식당의 김 조리사도 사무장의 도움으로 살아날 수 있었다.
이준석 선장과 달리 양대홍 사무장은 침몰하는 배로부터 승객들을 탈출시키려 자신의 위험을 무릅쓰고 사력을 쏟았다. 그리고 최후 순간까지도 온 힘을 다해 승객들을 대피시킨다.
그러나 사무장은 자신의 생명을 아끼거나 구조하지 않았다. 타이타닉호의 스미스 선장처럼 그는 세월호에 끝까지 남았다. 그 자신의 생명을 빼앗기는 마지막 순간까지도 오로지 승객들을 구조하기 위해 죽음이 도사리는 위험 속으로 뛰어들었다. 그는 온통 캄캄한 밤하늘에 환하게 강한 빛을 발하는 별이었다.
아! 강렬한 별이 칠흑 같은 어두움 속에서 환히 빛난다.

▌ 필사적인 탈출

이즈음 다른 객실에서 공포를 느낀 학생들이 두려움에 떨고 있다. 어찌해야 할지 모르고 질려 있다. 그때 2학년 정차웅 군이 용감하게 나섰다. 그는 친구들을 안심시키면서 탈출하도록 이끌기 시작한다.
"얘들아, 구명조끼 입어! 지금 탈출해야 해."
"구명조끼 입어, 속히 탈출해야 해."

방송은 움직이지 말라고 했다. 하지만 차웅은 가만있으면 안 된다고 판단 내렸다. 그는 친구들에게 구명조끼를 입으라 재촉했고 친구들이 탈출하도록 떠밀었다. 차웅은 검도 3단의 유단자로 의협심이 강하다. 그의 꿈은 대학 체육학과에 진학해 훌륭한 체육인이 되는 것이다.

그는 약한 자들을 돌보고 친구들을 순수하게 사랑했다. 어려움 당한 사람들을 깊은 관심으로 돌보았으며 온유하고 침착한 태도로 매사를 처리했다.

한 친구가 구명조끼를 입지 않았다. 구명조끼를 그에게 주려 하는데 아무리 둘러보아도 없다. 구명조끼를 구할 수 없다. 절체절명의 위기다. 차웅은 망설임 없이 자신이 입고 있는 구명조끼를 벗기 시작한다. 그리고 자신의 생명을 마지막 끝까지 지켜줄 그 구명조끼를 친구에게 건네준다. 구명조끼를 입은 다른 학생들도 있었지만, 아무도 자신이 입고 있는 조끼를 벗지는 않았다. 오직 차웅이만이 그 자신의 생명을 지켜줄 구명조끼를 벗어 친구에게 준다.

'친구의 생명을 구하려 그 자신의 생명을 포기한 것'이다.

그 누가 죽음을 무릅쓰고 친구를 위해 이미 입고 있는
구명조끼를 벗을 수 있을까.

그 누가 친구를 대신해 그 자신이 죽을 수 있는가?

정차웅은 자신이 살기보다 친구의 살 길을 선택했다. 그는 생명을 던져서라도 친구의 생명을 지켜주고 싶었다.

친구 영준이 난간에 끼어 금방 떨어질 듯 위태로워 보였다. 차웅은 친구를 안전하게 구하려 그 자신의 몸을 난간으로 던진다. 자기 생명을 아끼지 않고 두 번, 아니 그 이상을 친구를 구하러 던지다니 … 차웅은 천사였다.

"아! 하늘 천사여 …"

천사가 내려와 구조한다.

그 아우성치는 세월호 안에 또 다른 용맹스러운 학생이 있었다. 2학년 조대섭 군이다. 그는 7시 30분경 아침 식사를 마치고 방에 돌아왔다. 친구들과 함께 행복하게 계획을 짜고 있었다. 8시 47분이 지났다.

그때 별안간 "꽈앙" 소리가 요란하게 들렸다. 그리고 갑자기 배가 왼쪽으로 크게 기운다.
"앗! 무슨 일이야?"
모두 놀라 소리쳤다. 대섭은 문을 열고 복도로 나온다. 복도에서 안내방송이 들려온다.
"승객 여러분!
가만히 대기해 주시기 바랍니다. 움직이면 위험합니다."
배가 몹시 흔들리고 많이 기울고 있다. 대섭에게 퍼뜩 위급하다는 생각이 때렸다.
"어, 이상하다."
"가만있을 게 아니야. 급격히 기우는 배라면 탈출해야 살지.
가만있으라니 …."
친구들은 겁에 질려 방송대로 가만있기만 한다.
그는 혼자 판단 내렸다. 그리고 급히 구명조끼를 나누어 주기 시작한다.
"구명조끼 입어!"
"위험해. 구명조끼 입어!"
"가만있으래."
친구들이 대꾸했다.
그는 복도 끝쪽에 있는 여학생 방을 찾아다녔다. 조끼를 주며 소리친다.
"빨리 바깥으로 피해-"
"구명조끼 입고 피해!"
여학생들은 구명조끼를 입는다. 그리고 복도로 나가기 시작했다.
복도에서 한 아기가 울고 있다. 대섭은 우는 아이에게도 구명조끼를 입혀주고 옆의 아저씨께 구조를 부탁했다.
상공에 해경 구조헬기가 도착해 밧줄을 내려보낸다.
선내에 물이 더욱 차오른다. 그는 여학생 2명을 먼저 밧줄에 실어오려 보내고 물속에 있는 학생들을 위해 구명줄을 던졌다. 그들이 밧줄을 붙잡고 올라온다. 대섭은 밧줄을 붙잡은 이들을 위로 올린다. 힘이 부쳐 잘 올라오지 못하는 여학생들은 아저씨들과 함께 끌어올렸다. 그는 구명조끼 입은 이유를 알려주었다.

"물이 차오르면 바다로 뛰어내려!"

바닷물이 가슴까지 차오른다. 그는 버티면서 친구들을 도와 10~20명을 구조시킨다. 물이 가슴을 넘자 구조선에 몸을 실었다.

* * * * *

선내의 복도에서 한영이는 여전히 구명조끼 입으라고 큰소리로 외치면서 돌아다니고 있었다.

"구명조끼 입어! 위험해!"

"애들아, 구명조끼 입어! 빨리, 빨리!"

그는 복도에 있는 여학생들에게 구명조끼를 입으라고 소리치면서 나누어 주었다. '가만있으라'는 방송을 무시하고 구명조끼를 나누어 준다. 구명조끼를 주면서 복도 선실을 여기저기 돌아다녔다.

"구명조끼 입어요. 빨리!"

그는 복도에 있는 여학생들을 재촉해 함께 갑판을 향해 나아갔다. 소리소리 지르면서 구명조끼를 나누어 주느라 모든 힘을 소진해서 더 이상 올라갈 기력이 생기지 않았다. 기운 바닥에서 앞으로 나아가기도 어렵다. 모두 털썩 주저앉아 그냥 쉬고 싶다.

이대로 멈추어야 하는가?

이제 '사는 것'을 포기해야 할까?

다들 겁먹고 지쳐 체념하고 있다. 그런데 바로 그때,

"거기 몇 명 있니?"

위로부터 음성이 들려온다.

통로 문을 열고 한사람이 아래로 빠끔히 내려다보고 있다!

"복도에만 20명 있어요!"

지쳐서 포기하던 한영이 대답했다. 위에서 내려다본 구원자는 김동수 기사다! 그는 화물차 운전기사다. 예기치 않은 위기상황이 벌어지자 사람들을 구조하기 위해 발 벗고 나섰다. 김 기사는 바닷가에 살았는데 초등학생 때부터 물에 빠진 사람을 보면 위험을 감수하고 뛰어들어 구조하곤 했다. 그처럼 어려서부터 다른 사람을 돕더니 이 돌발적인 사태에도 여기저기 사람들을 구조하려 애쓴다.

김성묵 씨와 김홍경 씨도 함께 힘을 보태었다. 또한, 주변 사람도 협력해 열심히 구조 작업을 하는 중이다. 김성묵 씨는 제주도로 출장 가는 중이다. 식사를 마치고 4층 난간에서 휴식을 취했다. 이제 방으로 들어가려는데 "꽈앙"소리가 들리며 배가 기운다. 기우는 각도가 예사롭지 않았다! 그는 4층 난간으로 올라갔다. 선원들이 5층 갑판으로 올라가는 모습이 보였다. 그때 구조대가 5층에서 손짓한다.

"5~6명 정도 더 태울 수 있으니 올려보내세요."

그는 학생들을 올려보내며 도왔다. 선내 홀 쪽 3미터 거리에 사람들이 많이 모여있었지만 90도 정도 기울어 그들을 이끌 수 없다. 바닥이 낭떠러지 같다. 배의 홀 바닥에 마치 화약 폭발처럼 뽀얀 안개들이 피어오른다. 학생 한 명을 구조하였다. 배는 더욱 기울고 물이 점점 차오른다.

김홍경 씨는 제주도 한 회사에 배관 설비사로 취업되었다. 취직이 되어 하늘을 나를 것처럼 기뻤다! 이제 첫 출근 하기 위해 세월호를 탔다. 새 직장으로 향하면서 그는 희망에 들떠 있었다. 돌연히 "꽝"소리가 나고 배는 45도 이상 기울었다. 4층 복도에서 학생들이 아우성친다.

"아, 배가 기운다!"

"무슨 일이야!"

배가 기울면서 사람들의 비명이 여기저기 퍼진다. 그는 구조에 힘썼다. 구조 작업에만, 올인한 동수 씨, 동묵 씨와 달리 홍경 씨는 구조 장면을 사진으로 찍는 일에 정성들인다

여기저기 구조 작업에 힘쓰던 김동수 기사!

그는 아래층에서 올라올 승객들이 있을 것으로 추측했다. 그래서 통로를 열고 들여다보는 중인데, 마침 한영이와 여학생들을 발견한 것이다.

동수 씨는 사다리가 없으므로 재빨리 커튼을 찢어 이어 아래로 내려보냈다. 10미터의 높이... 커튼을 잡고 올라가다 떨어지면 죽을 수 있다. 하

지만 그냥 있어도 마찬가지로 죽는다.

"빨리 올라가-"

한영이는 머뭇거리는 여학생 등을 밀어 먼저 올려보냈다. 갑판 위에서는 김동수 기사가 끌어올리고 김성묵 사원과 김홍경 설비사도 협력한다. 김 기사가 찢어 이은 커튼을 붙들고 여학생 한 명이 안전하게 올라갔다. 두 명, 세 명, 네 명이 무사히 위로 올라갔다. 그리고 이제

다섯 명 째 올라가고 있을 바로 그때,

"아악!"

날카로운 비명이 퍼진다.

"앗! 수지가 떨어졌다!"

"수지!"

"수지! 수지야 …!"

수지가 올라가는 중인데 커튼 헝겊이 찢어졌다. 소녀는 붙잡은 천과 함께 바닥으로 떨어졌다.

"수지가 떨어졌어."

모두 비명을 지르며 절망하였다.

"수지가! 이제 올라갈 수 없다. 우리 모두 죽어."

바닷물이 밀려들고 이제 희망은 없다. 다들 죽었다고 파랗게 질려 있다. 그런데 그때 위에서 소리가 들렸다.

"얘들아, 포기하지 마! 여기 고무호스가 있다.

이 고무호스 붙잡고 올라와!"

김동수 기사가 고무호스를 내려보냈다. 그런데 누가 내려진 고무호스를 붙잡고 위층으로 올라간단 말인가?

경사가 가파르고 미끄럽다. 강인한 힘과 담력이 필요하다. 물이 차오르는데 여학생에겐 무리일 것 같다. 이번엔 그가 고무호스를 붙잡는다. 그리고 여학생들에게 말했다.

"너희들이 호스를 잡고 올라가는 건 불가능해. 남자인 나도 할 수 있을지 모르겠다."

한영은 고무호스를 잡고 오르기 시작한다.

"여긴 포기하고 다른 곳으로 가봐. 저쪽에도 출구가 있어. 다른 곳으로 나갈 수 있을 거야."

그는 호스를 잡고 가까스로 벽으로 올라가면서 소리쳤다.

"너무 미끄럽다! 빨리 빨리 다른 출구로 가! 빨리 나가! 여긴 포기해."

여학생들이 이런 호스를 잡고 오를 수 없다. 그는 황급히 소리쳤다.

"여긴 포기해, 빨리 다른 출구로-"

경사지고 물에 젖은 벽은 상상할 수 없을 정도로 미끄러웠다. 자칫 남자인 그 자신도 죽을 수 있다. 그는 사력을 다해 호스를 잡고 가까스로 올라간다. 아, 너무 힘들고 너무 위험하다.

"앗! 미끄럽다."

발이 자꾸 미끄러진다. 너무 미끄러워 아래로 떨어질 것 같다. 죽음을 탈출해 올라가는 벽이지만, 자칫하면 떨어져 정신을 잃고 죽겠다. 한영은 필사적으로 올라간다. 거의 갑판에 이르자 그를 끌어올리는 동수 씨 일행의 도움으로 갑판으로 올라 설 수 있었다. 한영은 아래를 내려다보았다. 겁에 질린 여학생들이 위를 바라본다.

"이곳은 안돼, 빨리 다른 곳 찾아봐!"

여학생들이 있는 곳에 점점 물이 많아진다.

"빨리! 빨리! 다른 통로로 가-"

소년은 소리 질렀다.

그런데 정말로 탈출할 다른 통로가 있을까?

그도 잘 모른다. 여학생들은 겁에 질린 얼굴로 올려다본다.

"아저씨! 우리도 구해 주세요!"

"기다려 주세요!"

여학생들이 위를 향해 소리치고 있다. 그들은 사색이 되어 애원한다. 동수 씨의 가슴이 찢어지는 것 같다.

방금 한영이가 올라온 통로로 물이 차올랐다. 거기서 혼자 올라온 것이 학교 친구들을 죽게 남겨 두고 온 것 같은 느낌이 든다.

"어쩔 수 없는 상황이었어 … 아! 소녀들이 물속에 있다."
다른 곳으로 나가라고 소리쳤지만 …
높아지는 물길 속에 아련히 멀어지는 소녀들의 모습은 죽음에 남겨진 사람들처럼 파리하다. 물이 올라온 통로를 통해 소녀들의 얼굴이 흔들리면서 희미해지고 있다. 통로에는 죽음을 부르는 물길이 넘실댄다.
아! 살려달라고 애원하는 소녀들 …
소녀들의 핼쑥하고 파리한 얼굴들이 물속에서 몹시 흔들리고 있다.
위에서는 소방 호스 둘을 다른 곳 아래층으로 내려보내 놓았다.
누군가 그것을 발견한다면 붙잡고 갑판 위로 오르리라 .

제2장

맹골수도의 구조 작업

아, 슬프다!
아, 원통하다!
그대들 사랑하는 사람들이여!
차오르는 물속에 잠기어 휩쓸리면서 겁에 질려 살려달라 고함치고 있는가?

▍'페리 나미노우에호'

비명을 지르는 승객들을 외면하고 함께 모인 선원들은 일사불란하게 그들만의 탈출을 도모하기 시작한다. 타이타닉호의 선장과 승무원들은 승객을 탈출시키기 위해 최선을 다했다. 스미스 선장은 탈출하지 못한 승객들을 살리려 끝까지 배에 남아 키를 잡고 온 힘을 쏟았다.

그러나 세월호 이준석 선장과 승무원들은 오직 그들 자신의 안전만을 모색했다. 박 기관장이 조타실 직통 전화로 기관실에 탈출을 지시했다. 9시 이전 세월호는 40도 가량 기울어있었다. 사고 발생 후 9시부터 선장과 승무원은 청해진해운에 7차례 통화 하면서 사고 현황을 황급히 설명하였다. 선장이 먼저 선사에 전화 걸었다.

"여긴 세월호, 병풍도 인근에서 배가 기울고 있습니다."
"여긴 세월호, 세월호 선장입니다. 배가 많이 기울고 있습니다. 어떤 조치를 할까요?"
"배가 기운다고요?"
"네, 배가 많이 기웁니다."
"세월호가 많이 기운다고요, 그 배 오래된 배인데…"
"어떤 조치를 할까요?"
"배가 많이 기운다고요, 배가 많이 기운다."
선장은 선사에 배의 긴급 상황을 황급히 설명하였다.
선장과 승무원은 인천과 제주의 청해진해운에 6번이나 급히 연락을 취한다.
"어떻게 처리할 것인가?"
사고의 위급을 알리고 선사의 입장을 파악할 필요가 있다.
어떻게 현재의 위기상황에 대처할까?
승객들을 어떻게 탈출시켜야 하나?
승객 구조에 최우선권을 두어야 하는가?
배를 어떻게 해야 할까?
배를 어찌하든 구해보려 해야 하나 아니면 승객들은 구하고 배를 포기해야 할까? 아니면 배와 승객 모두를 포기해야 하나.
급히 생각해 본다.
이 상황에서 무슨 행동을 가장 먼저 해야 할까?
우선 순위를 어디에 두어야 하나?
이 사고에 어떻게 급히 대처할 것인가?
승객들에게 어떻게 해야 할까 … 배를 어떻게 처리하나. 선박의 소유자 청해진해운으로부터 방향 제시가 필요하다.
세월호!
청해진해운에 속한 대형 여객선 세월호 ….

이 배는 1994년 6월 일본 나가사키의 선박 회사에서 건조한 여객·화물 겸용선이다. 일본에서 '페리 나미노우에'라는 이름으로 18년 이상 운항했다. 이 배는 여객선 운용 시한 20년이 거의 가까운 2012년 9월, 더 이상의 운항을 중지하고 고선으로 퇴역했다. 명실공히 쓸모없는 폐선, 누군가에게는 거저 주어도 처분하기 난처해 할 선박이다. 더욱이 미국이 도운 8.15 해방이 아니었다면, 여전히 우리나라와 민족을 압살하고 있을 일본에서 건조되고 이미 퇴역한 배다.

그런데 아, 이럴 수 있나?

대한민국의 청해진해운이 어쩐 일인지 건조된 지 오래되어 일본 선박법상 더 이상 운항할 수 없어 퇴역한 '페리 나미노우에호'를 구매했다. 그리고 그 배에 수리와 확장작업을 더했다. 일본에서 600명 정원에 무게 5,997톤급이던 '페리 나미노우에호'를 한국에서 900명 정원에 무게 6,586톤급으로 증가 개조했다. 그 배에 '세월호' 이름을 붙여주었다. 청해진은 이 배를 2013년부터 인천-제주 항로에 운항시켰다.

일본에서 운항 중지된 배가 대한민국에서 겉모습을 재단장하여 운항한다.

이 얼마나 민족의 긍지를 멍들게 하는가?

청해진에서 운항하는 '오하마니호' 역시 유사한 배다.

더욱이 종교 단체 '구원파'와 관련된다는 업체에서 그처럼 했다.

도대체 일본 폐선이 어떻게 운행될 수 있었을까?

우리나라 '해운법 시행규칙'이 개정되었다. 2009년 이명박 대통령 집권기였다. 여객선 운용시한이 진수일로부터 본래 '20년에서 30년으로' 늘어났다. 10년 길어졌다. 국내 자원을 아끼려는 것이다.

그때 국토해양부는 논평했다.

"여객선의 선령제한을 이처럼 완화하면 기업 비용이 연간 200억 원 절감될 것입니다."

'세월호'로 변신한 '페리 나미노우에호'!

운항을 시작한 이후 워낙 오래된 배라 자주 수리했다. 수리 후에도 인천과 제주도 사이를 왕래하며 여러 병세를 보였다.
　그 세월호가 침몰 중이다. 선장과 승무원은 해경에 구조될 오전 9시 46분 넘도록 선사와 통화한다.
　청해진해운은 구조에 대한 재촉을 하지 않는다.
　물이 밀려들어온다. 배에 구멍이 났을까. 배 밑바닥이나 어느 면이 충돌이나 폭파로 구멍 뚫린 것 같다. 승객들에게 대 공포가 엄습한다.
　거대한 세월호가 바닷물 속으로 침수하고, 지금 휘감아 오는 거대한 죽음이 달려든다. 이것은 영화가 아닌 '현실'이다!
　설마, 이렇게 큰 배가 사고 날까?
　정말로 타이타닉 같은 사고가 발생했나?
　학생들은 배 안 각기 처한 곳에서 서로를 위로한다.
　"영수야, 구명조끼 입어. 너도."
　"구명조끼 없으면, 내 것 입어 …."
　자기의 구명조끼를 벗어 친구에게 준다.
　"아니, 선장은 뭐 하길래 아직도 아무 말 없지?"
　"아! 이 배 진짜 타이타닉 된 거 같아",
　"우리를 살려줘! 우린 죽으면 안 돼, 꼭 살아야 한다고."
　"아! 제발, 살 수만 있다면."
　"엄마, 아빠, 내 동생 어떡하지?"
　"난 죽기 싫어, 살고 싶어요!"
　"살려줘요, 제발 살려 주세요!"
　죽음의 공포 속에서 몸부림친다. 각 학급의 학생, 교사 단체 카카오톡에는 서로 위로하며 주고받는 메시지로 가득하다.
　함께 위기를 타파하려는 사랑과 의지로 결속된다.
　"애들아, 사랑해-"
　"선생님 조끼 입으셨어요?
　우리 조끼 입었어요."
　"우리 모두 꼭 살아서 만나자!"

모두 살아서 만나기를 굳게 다짐한다.
"얘들아, 우리! 우리 모두! 살아서 꼭 만나."
사랑과 의지로 살려고 애쓰는 그들에게 선내 방송이 또 울린다.
"단원고 학생과 승객 여러분께 다시 말씀드립니다. 현재 위치에서 절대로 이동하지 마시고 대기해 주시기 바랍니다."
학생들은 대답한다.
"예. 가만있으니 꼭 살려 주세요."
그리고 움직이지 않는다.

▎꿈속에서

연정이 엄마는 수학여행 떠나는 딸을 정성껏 배웅했다.
딸을 여행 보낸 후 시내에서 친구들을 만나 식사를 같이하고 커피를 마시면서 즐겁게 환담하였다. 남편은 출장 중이다. 그녀는 조금 늦게 집에 들어왔다. 약간 피로한 느낌이 든다. 그녀는 거실의 소파에 앉았다.
맞은 편에 놓인 피아노를 바라본다. 연정이가 피아노 치는 모습이 떠올랐다. 딸은 피아노를 즐겨 쳤다. 베토벤의 '운명'도 연주하지만, '소녀의 기도'와 '은파'를 자주 쳤다.
"지금쯤 배 타고 바다 위에서 즐거워하겠지 …"
즐거운 여행을 하고 있을 딸의 모습을 떠올리면서 그녀는 두 눈을 지그시 감았다. 엄마인 자신도 제주도로 여행가는 듯 마음이 뿌듯하다. 딸의 유치원 시절 모습이 떠오른다. 딸은 유치원 시절 친구하고 시소 타기를 즐겼다. 시소가 여러 개 있어서 아이들이 한 번에 많이 탈 수 있었는데, 어린 연정이는 친구들과 어울려 오르락내리락하는 시소를 흥겨워했다.
세월이 참 빠르다.
"우리 인생이란 이렇게 빨리 달리는 것일까?"
어느새 아이가 자라 초등학교, 중학교를 거쳐 어엿한 여고생이 되었다.

꿈 많은 소녀로 성장하였다. 세월은 정말 빠르게 지나간다. 제주도로 수학여행 간다고 해서 함께 필요한 용품도 마련하며 흥겨웠다.
"아마 지금쯤 배 안에서 친구들과 행복한 시간을 보낼 거야…"
딸을 생각하며 피아노를 다시 쳐다본다. 딸아이의 모습이 떠오른다. 이제 밤이 깊어지니 더욱 피곤하다. 그녀는 눈을 지그시 감는다. 하루 동안 얼마나 분주했던가. 이제 좀 쉬고 싶다. 소파에 기대어 푹 눌러앉아 두 눈을 감았다.
어디선가 아름다운 음악 소리가 들려온다. 그녀는 귀 기울였다. 사람의 마음을 사로잡는 감미로운 선율, 그 아름다운 선율이 점점 더 가까이 들린다. 그녀는 살며시 일어나 음악 소리가 나는 곳으로 살포시 걸어간다.
"어디서 들려오는 멜로디인가?"
자기도 모르게 선율을 따라 움직인다. 그리 멀지 않은 곳에서 들리는 것 같다. 그녀는 음악 소리를 따라 집을 나섰다. 연두빛 싹들이 돋아나는 들판이다. 연녹색의 나무 가지들과 예쁜 꽃들이 피어오르는 들판으로 접어들었다. 연분홍, 노란 나비 꽃, 붉은 장미, 예쁜 꽃망울들이 미소 짓는다. 매혹적인 봄의 향기로 가득하다.
선율은 더욱 기기묘묘하게 울려오고 있다.
"아! 정말 너무 예쁜 정원이네."
"얼마나 신비로운 음악 소리인가!"
연정이 엄마는 들판 안으로 점점 들어가고 있다.
새들의 노랫소리가 들린다. 봄을 반기는 나비들이 춤을 춘다.
"내가 천상의 아름다운 나라에 온 것일까?
여기가 어디인가?
그처럼 아름답다는 하늘나라의 어느 한 정원인가?"
그녀는 감미로운 선율을 들으면서, 갓 피어오르는 아름다운 꽃망울들을 바라보며 행복에 도취한다.
"아! 정말 아름다운 정원이네-"
봄의 제전이 화사하게 펼쳐지고 있는 황홀한 들판 위에 감미로운 멜로

디는 계속 퍼지고 있다. 그녀는 생각한다.

"내가 꿈을 꾸고 있나?"

이렇게 약동하는 고혹적인 자태의 아름다운 꽃망울들을 본 기억이 없다. 이처럼 매혹적인 들판을 거닌 적도 없었다. 더욱이 감미롭게 울리는 선율은 여기가 이 세상이 아닌 '하늘나라의 정원'이라고 말하는 것 같다. 이 세상은 변하고 이 세상의 꽃들은 떨어지지만, 하늘나라는 영원하고 하늘나라 꽃들은 항상 꽃망울을 터뜨릴 것이기 때문이다.

"나는 지금 영원한 나라의 참된 미가 가득 찬 정원을 거닐고 있나 보다."

한없이 신비로운 정원을 거닐고 있다.

바로 그때,

"우르르 꽝!"

갑자기 우레 같은 천둥이 몰려왔다. 하늘이 온통 까만 먹구름으로 에워쌓인다. 여기저기서 나뭇가지들이 꺾이고, 번갯불이 성난 듯 번득거리며 내려치고 있다.

그 불빛 아래 저 멀리 한 척의 큰 배가 그녀의 눈에 들어온다.

시커먼 먹구름과 번개들이 바다 위를 습격하면서 배가 몹시 흔들리고 있다. 폭풍우가 몰아친다. 바다 위에 혼자 떠있는 한 척의 하얀 배가 위태롭다. 바닷물은 더욱 성나 넘실거렸다.

"꽝! 꽝! 우르르."

천둥이 그 배를 내리친다. 선박에 연기가 오르기 시작했다.

배가 침몰하려나. 몹시 흔들리는 배가 중심을 잃고 기울어지고 있다. 갑자기 왁자지껄 사람들의 소리가 들려왔다.

"살려줘! 살려주오!"

"우리 살려줘! 구해 주세요!"

그녀는 멀리 있는 그 배를 쳐다보았다. 소년 소녀들이 갑판 위에서 손짓하면서 구조를 안타깝게 외치고 있다.

그 속에서 딸 아이의 모습이 언뜻 눈에 들어왔다. 연정이가 크게 소리쳤다.

"엄마! 구해 줘요!"

"살려 줘요! 엄마-"

"엄마, 나 살고 싶어 …"

연정이 엄마는 깜짝 놀랐다. 아! 내 딸이 저 배에 있었다니. 우리 연정이가 살려달라고 하네.

"연정아! 내가 갈게!"

엄마는 소리쳤다.

"연정아! 기다려. 내가 갈게. 이 엄마가 간다. 곧 가서 구해 줄게!"

"엄마, 배가 침몰해, 나 죽기 싫어. 살려줘!"

"그래 내가 갈게, 기다려 …"

그녀는 들판을 지나가 바닷물 속으로 뛰어들었다. 내 딸이 침몰하는 선박 안에서 살려달라고 고함치고 있다. 더 이상 지체할 수 없다.

"연정아! 연정아. 이 엄마가 간다!"

구조를 외쳐대는 딸아이의 모습이 점점 희미하게 보인다. 배에서 더욱 더 연기가 솟아오르고 배는 점차 물속으로 기울고 있다.

"아! 내 딸아, 기다려. 이 엄마가 구해 줄게!"

그녀는 소리쳤다.

"하나님, 하나님! 제발 저 배가 침몰하지 않게 해주세요.

하나님, 하나님! 우리 딸 꼭 지켜주세요. 꼭이예요!"

"하나님, 부탁해요. 우리 딸 꼭 살려주셔야 합니다!"

그녀는 다급해졌다.

더욱 깊은 물속으로 들어섰다.

그리고 배를 향해 물결을 해치면서 급히 가고 있다.

바닷물이 몰려와 그녀를 덮쳤다. 성난 파도가 그녀의 머리 위에 사정없이 내리치면서 갑자기 물결에 숨이 막혔다. 그녀는 몸부림쳤다.

"앗! 헉헉 …"

숨을 쉬려고 발버둥 쳤다. 앗! 발을 쭉 뻗치고 번쩍 뛰어올랐다. 몸부림치는 바람에 몸이 미끄러졌다.

"아얏!"

그녀는 비명을 질렀다.

바닥에 미끄러져 내린 몸이 아프다.

거실에 따스한 전기 불빛이 희미하게 비친다. 강아지 메리가 끙끙거리면서 그녀를 쳐다보고 있었다.

"아! 꿈이었나봐."

온몸에 식은 땀이 흥건하게 묻어났다.

수학여행을 떠난 딸아이를 생각해 보았다.

"그래. 그것은 꿈이었어. 연정이는 아마 지금쯤 제주도로 향하는 배 안에서 친구들과 즐겁게 지내고 있을 거야…"

그제야 마음이 놓였다.

"아! 정말 다행이다. 그것은 단지 꿈이었어."

그런데 아직도 "살려 줘!"라는 음성이 생생하게 들려오는 듯하다.

그녀는 거실에서 일어나 방으로 들어간다.

선장과 선원들의 탈출

선장과 승무원들이 탈출한다. 살려달라고 아우성치는 승객들을 버리고 몰래 도망친다. 어찌하든 그 자신들만 살고 싶다. 죽고 싶지 않다-

"아! 무섭다. 무서워, 빨리빨리 이 배를 나가야 해."

"잘못하다간 죽는다. 서두르자-"

학생들이 복도에 몰려 있었지만 외면한다. 객실로 들어서는 출입문도 열지 않았다. 그들은 빠른 탈출을 위해 평상복으로 갈아입었는데, 승무원 아닌 듯 보여야 빨리 구조되기 때문이다. 다시 진도 VTS에 구조를 청해 본다.

"아, 아, 여기는 세월호- 여기는 세월호- 진도 VTS입니까?

본선이 많이 기울어져 침몰합니다."

"네, 여기는 진도 VTS, 세월호에 알립니다.
급히 방송하셔서 승객들에게 구명조끼를 착용토록 하세요."
"아! 여기는 세월호, 현재 방송도 불가능한 상태입니다."
"여기는 진도 VTS, 세월호, 방송이 안 되면 최대한 나가서 승객들에게 구명조끼 및 두꺼운 옷을 입도록 조치하고, 구명 튜브라도 착용시키고 띄우세요!"
진도 관제탑에서 세월호 선장에게 지시 내렸다.
"지금 탈출을 시키면 구조가 바로 되겠습니까?"
세월호는 질문만 한다.
선장과 승무원들은 진도 관제센터의 긴급 지시를 이행하지 않고 배와 승객들을 버려둔 채, 그 자신들만 탈출하기 골몰하다.
"아! 무섭다. 너무 무서워, 우리 빨리 도망가자 ….'"
세월호 참사 소식이 언론 매체를 타고 온 나라에 퍼졌다. 수학여행 가는 수백 명의 학생을 태운 배가 침몰한다는 소식에 국민은 놀랐다.
하지만 곧 해결되고 생존자들 모두 구조될 것으로 기대했다.
국립해상공원, 더욱이 섬들이 많은 다도해 해상 아닌가?
'전원 구조'에 아무 문제가 없으리라 여겼다. 그런 곳에서의 선박 사고라면 당연히 승객들이 구조된다.
돌발적 참사에 대응하는 기관들이 분주하다.
'어떻게 생존자를 신속히 구조 할 것인가?'
그날 목포 해경은 해경청(해양 경찰청)에 '세월호 참사'를 보고했다. 그때 즈음 강병규 안행부 장관은 충남 아산 경찰교육원 차일혁홀에서 열린 "제62기 경찰간부후보생 졸업 및 임용식"에 참석 중이었다. 아침 9시경 사고가 보고된다. 하지만 강 장관은 사태의 심각성을 모른다. 그곳에 끝까지 있으면서 10시 30분쯤 이성한 경찰청장과 나란히 '제62기 경찰 간부후보생 졸업 및 임용식' 기념사진을 찍는다.
그때는 이미 대책본부가 가동되고 30분이 넘었다. 장관에게 보고 후 조금 지나, 해경청은 청와대 사회안전비서관실에 보고했다. 9시 반경, 안행부가 청와대위기관리 센터장에게 사고를 보고했다. 청와대는 불시의 사고에 몹시 당황했다.

"생존자를 즉시 구조하라!"

2014년 4월 16일, '초긴급 과제'가 던져졌다.

바다는 악어같이 입을 딱 벌려 배를 삼키려 틈을 노린다.

동력을 잃고 부유하는 세월호 … 배 안에는 500여 명의 생존자가 비명을 지르면서 '살려달라' 외친다. 아! 이런 대참극이 일어나다니 …

근처 섬 주민들도 바다로 일하러 나가다 떠있는 하얀 배를 바라보며 마음 졸였다.

"어유, 이상하다. 큰일 났구먼 …"

"오매, 무슨 일인가?"

섬사람들은 염려스러운 얼굴로 배를 처다본다.

"긴급 상황 발생! 긴급 상황 발생!

사고 현장 부근에서 조업 중인 어선들은 즉시 조업을 중단하고 인명구조에 나서 달라!"

수협중앙회 어업정보 통신국에서 아침 9시 넘어 근처 해상에 있는 어선들에 일제히 무선 통신을 보냈다. 어부들은 아침 일찍부터 바다에서 물고기를 잡고 있었다. 사고 지역에서 20~30킬로미터 떨어져 조업 중이던 어선 20여 척은 즉시 조업을 중단하고 사고 해역으로 달려갔다.

그 즈음 선장과 승무원들은 탈출하면서 진도 VTS와 다시 교신했다.

"세월호, 여기는 진도 VTS, 현재 침수상태는 어떤가요?"

"아! 여기는 세월호, 침수상태 확인 불가하고 지금 일단 움직이는 승객들이 있고 해경이나 옆에 상선들은 50미터 근접해 있으며 좌현으로 탈출한 사람들만 탈출 시도하고 있다는, 방송했는데 좌현으로 이동하기도 쉽지 않습니다."

아침 9시 40분 지나 선내에서는 대기하라는 방송이 7차례 나갔다.

선장과 승무원들은 승객이 접근 못 하는 전용도로를 이용해 몰래 탈출을 감행한다.

"우리는 선장과 승무원들,
우리가 왜 승객들에 신경 쓰랴?
탈출하면 그만이다. 우-우-우.
우리가 왜 승객들을 대피시키랴?
도망가면 그만이다. 우-우-우
아- 아, 길 잃은 우리들."

세월호 선장과 선원들은 길을 잃고 자신들끼리만 연합해 달아난다.
"살려줘, 살려줘요!"
공포와 두려움에 쌓인 승객들을 처절히 외면하면서, 그 자신들의 생명만을 구하기 위해 무자비하게 배와 승객을 버리고 몰래 탈출한다.
살고 싶다는 욕망, 그 욕망이 무엇일까?
사람들의 애절한 비명을 뒤로 하고 자기들끼리만 떠날 수 있는가 ….
침몰하는 배 안에서는 사람들이 외친다.
"사람 살려요! 죽기 싫다."
"제발 구해 주세요! 살고 싶어요."

해경 팬더 511호 박훈식 경위, 김재현 경장

"구조가 전부 다 가능합니까?
저희 육경에서 도와드릴 일이 없습니까?"
"예, 구조가 전부 가능합니다. 우리 해경하고 해군하고 다하고 있으니까요. 현재 선박의 침몰 상황이 매우 급합니다. 현재 지키고 있으니까 구조 가능합니다."

대참사를 전해 들은 육경이 해경 본청 사무실에 연락했다. 현재 사고 현황과 구조 대책을 묻자 해경은 시원스레 대답했다. 육경은 안심한다.
그렇지, 해경과 해군이 힘을 합치면 모두 구조 할 수 있으리라.
"후유, 안심이다!"
4월 아침에 쌀쌀한 바람이 분다.
얼마 전 항공대 소속 해양경찰에게도 참사의 연락이 갔다. 진도 앞바다 '여객선 사고'를 전해 듣고 그들은 급히 구조에 나섰다.
오전 9시 무렵이다. 서해지방해양경찰청 목포항공대 박훈식 경위는 항공구조팀장으로서 전날 밤 비상대기 근무를 해 잠을 못 잤다. 수면 부족으로 눈이 빨갛다. 하지만 피곤해도 평소와 다름없이 이날 일찍 나와 정상 근무를 한다. 팬더 헬기 세 대 중 주기장에는 팬더 511호기만 남아 있었다.
항공대는 헬기를 이용해 관할 해역 일대를 해상순찰하면서 수색과 구조 업무를 한다. 박근혜 대통령 정부에 의해 금년 2014년 2월 초부터 항공 구조사가 해경 항공대에 정식 편입하게 되었다. 우리나라 전국에 5개 항공단이 있으며, 각 항공단에는 '4명씩' 항공 구조사가 배치되어있다.
4월 16일은 구조사 한 명이 병가 중이라 세 명이 근무 중이었다. 팬더 511호기는 항공대장이며 기장인 양해철 경감과 부기장 김태호 경위, 전탐사 이명중 경사, 정비사 김범준 경장 그리고 두 명의 항공 구조사가 있는 6인 시스템이다.
팬더 512호기의 권재준 경장은 헬기에 탑승한 채 출동 중이었다.
아침 9시 조금 넘어 최재영 경위가 상황실에서 온 전화기를 든다. 모두 일을 중지하고 귀 기울였다. 다급한 음성이 퍼진다.
"여객선 침몰. 여객선 침몰 … 구조가 시급하다."
최 경위는 수화기를 놓으면서 말했다.
"모두 들었어?"
"여객선이 침몰한다-"
곧이어 양 항공대장이 지시한다.

"긴급 출동! 모두 긴급- 긴급- 출동!"

명령하면서 항공대장 자신도 출동을 위해 주기장으로 먼지를 일으키며 쏜살같이 달려간다. 모두 초고속으로 질주했다. 구조팀장 박훈식 경위와 김재현 경장은 곧장 장비실로 달려가 재빠르게 검은색 부력복으로 갈아입는다. 부력복은 차가운 바닷물 속으로 뛰어들 때 체온감소 속도를 완화시키고 부력을 형성시켜 수영을 오래 할 수 있도록 떠받쳐 준다. 구조대에 필수장비다. 이 부력복에 부츠를 신는다. 노클과 물안경 등 구조 장비도 챙겨 들고 헬기를 향해 급히 달렸다.

그때 전탐사 이명중 경사는 헬기에 올라 영상채증 장비를 점검했다. 정비사 김범준 경장은 피구조자 인양에 사용되는 와이어 권상기(捲上機)인 호이스트(hoist)를 검토한다.

오전 9시 10분, 헬기가 이륙했다.

명령받고 7분 만이니 와- 빠르다!

해상에 피어오른 안개가 무리 지어 흩어진다. 짙은 안개가 섬과 섬 사이 구름처럼 걸려있다. 고도를 높여 안개층에서 벗어났다. 급히 출동한 해경들은 여객선에 대해 알지 못한다. 침몰 중이라는 것 외에 다른 정보가 없는데, 탑승객이 몇 명인지 얼마나 큰 배인지, 무슨 색인지도 모른다.

출발 후 17분 지나 9시 27분경, 사고해역에 이르렀다.

"와우! 커다란 하얀 배다!"

"와, 무지하게 큰 배가 기울었네."

거대한 하얀 배가 쓰러질 것처럼 기울었다. 낯선 배다. 저렇게 큰 배가 물속으로 기울다니 …

"어쩌다 이런 일이 생겼을까?"

"어떻게 저렇게 큰 배가 쓰러질 수 있지?"

무슨 일이 벌어진 걸까. 배 주변에는 화물과 컨테이너들이 떠있다. 하지만 사람들은 보이지 않는다.

"아무도 없어."

"사람들이 보이지 않아."

궁금하다. 웬일인지 승객들이 없다.

"승객들이 얼마 안 탔나 보다."

"다행히도 승객들은 얼마 없나 봐."

그들은 다소 안도한다. 비록 대형 여객선이라도 탑승객은 적을 수 있다.

"휴! 다행이다."

만일 승객들이 많다면 지금쯤 갑판으로 모두 나와 얼마나 아수라장일까. 손을 흔들면서 '살려달라'고 소리소리 지를 텐데 …

기장은 세월호 주위를 한 바퀴 선회한다.

배 주변을 빙 돌아 선미 쪽으로 다가섰다. 그 순간 5층 우측 통로 난간 쪽에 몇 사람의 얼굴 모습이 눈에 띈다. 난간을 부여잡고 함께 있는 듯하다. 양해철 기장은 헬기를 구조지점 10미터 상공에서 하버링(hovering· 공중 정지 제자리 비행) 시키면서 구조대원들에게 지시한다.

"저쪽에 사람들이 보인다. 구조사 준비!"

"구조사 준비!"

"안전하게 구조 임무 수행하라!"

먼저 박 경위가 호이스트를 잡고 선박으로 내려간다.

김 경장이 다음으로 내려왔다. 이 두 구조사는 선체 외부의 최상층 난간 위로 내려왔다. 이곳은 갑판이 아닌데, 그 정도로 배가 기울었다. 선체로 내려와 보니 경사가 훨씬 심하다. 겁에 질린 승객들은 꼼짝 못 했다. 그들은 거의 정신을 잃고 공포로 새파랗게 질렸다.

거기서 이곳까지 5미터 정도 거리, 그러나 스스로 움직일 수 없어 도움이 필요하다. 김 경장은 통로 쪽에 나온 사람들에게 다가가 그들을 잡아 끌어올렸다. 그리고 박 경위는 한 손으로 헬기가 내려 준 바스켓을 붙잡고, 다른 한 손으로는 김 경장이 이끌어온 사람을 바스켓에 태운다. 그리하여 승객들이 헬기로 안전하게 올라가도록 도왔다. 힘들고 아슬아슬한 구조 작업이다.

구조되는 승객들은 겁에 질려 바스켓을 잡는 것조차 꺼린다.

"바스켓 잡으세요!"

"바스켓! 안전하게 꽉 잡으세요."

박 경위가 소리쳤다. 공포에 떠는 손을 쥐어 바스켓 테두리를 꼭 잡도록 해주자 그들은 겨우 바스켓을 잡는다.

두 해경 구조사가 그들을 향해 내민 손-

참 아름다워라!

생명을 구조하는 손!

캄캄한 죽음에서 밝은 생명으로 이끄는 손, 그 손은 죽어가는 사람을 살리는 '**구조의 손**'이다. 죽음의 소용돌이에서 나오면서 모두 무언인데, 한 남학생이 말했다.

"해경님, 감사합니다."

김 경장이 사람들을 손으로 끌어내어 박 경위에게 넘겼다. 배가 점점 기울어 잠기자 그들과 거리가 벌어졌다. 김 경장의 손이 닿지 않는다. 어느새 통로가 물로 가득 차 연못이 된다. 그런데 들여다보니 세 사람의 얼굴이 보인다.

"아! 더 손이 닿지 않아."

"어찌하나? 이제 죽음 속에 저들을 남겨 두고 그냥 돌아서야 하나?"

"아니다! 산 사람을 죽음에 남겨 둘 수 없다. 그들을 구조해야 해, 손이 닿지 않아, 어찌하나?"

물은 계속 고이고 깊어진다. 사람들은 점점 물속에 가라앉는다.

이제 포기하는 것이 현명한가.

그런데 바로 그때,

"기다려- 그대로 있어요!"

김재현 경장!

그가 소리 치면서 연못이 된 통로 속으로 뛰어든다. 미끄러지듯 뛰어들었다. 그가 다시는 통로 물속에서 못 올라올지도 모르는데, 배가 침몰하면 모두 함께 바닷속으로 사라지는데…

그는 생명을 내 대고 물속으로 뛰어들었다!

"철썩. 쿵 …. 쿠으웅."

"아얏!"

내려가던 김 경장이 비명을 지른다. 급히 내려가면서 무릎이 강철판에 부딪혔다. 진한 통증이 온몸에 퍼진다. 그는 물속에 남겨진 생존자들을 포기할 수 없다. 그들을 물속에 두고 그냥 떠날 수 없었다-

그는 상처 입은 그대로 온몸에 고통을 무릅쓰고, 물로 가득 찬 통로 속에서 버티고 서 있다. 그리고 다친 그 몸으로 자신의 어깨 위로 사람들을 올리고 일어선다. 통증이 온몸을 찌른다. 하지만 김 경장은 다른 아무것도 볼 수 없고 생각할 수도 없다!

"산 사람을 죽게 버려둘 수 없어 …."

오직 '인간 생명을 구해야 한다'는 일념뿐이다.

김 경장은 어깨 위 사람을 박 경위 쪽으로 밀어 올려보낸다. 그제야 사람이 위로 손을 올리자 박 경위가 손을 간신히 잡을 수 있었다. 그리고 그를 밖으로 끌어낼 수 있었다. 이렇게 여섯 일곱명을 죽음에서 구조해내어 헬기로 올려보냈다. 구조 활동을 한 그곳은 창문 없는 외벽 난간과 갑판이다.

팬더 511헬기의 구조팀장 박 경위와 김 경장은 정보가 없으므로 지금 보인 승객들이 배에 탄 모든 승객일 것으로 간주했다. 구명조끼를 입고 이처럼 나와 난간을 붙잡고 있는 이유는 선장이 '퇴선 명령'을 내렸기 때문이라고 나름 판단했다.

배 위에 뛰어내린 구조사는 통신장비가 없어 새 정보를 받을 수 없기 때문이다. 구조사가 헬기에서 선체로 내린 이후, 통신수단은 팔을 흔드는 '수신호'가 전부인데. 배가 기울면 '수신호'도 어렵다. 구조사가 목숨 걸어야 할 상황이 자주 발생해도 본선이나 대원 간 통신할 장비가 없어 알릴 수 없다.

"아! 이제 사람들을 다 올려보낸 것 같아."

김 경장은 사람이 더 있나 주위를 둘러본다. 그리고 위를 올려다본다. 그는 아픈 다리를 절름거리면서 위로 겨우 올라왔다. 목표 해경 511호기는 인근 서거차도로 구조된 이들을 실어내렸다.
 제주해경 513호기가 그 자리를 대신해 하버링하면서 구조 작업을 시작한다.
 513호기에서 내려온 항공 구조사 류규석 경장은 5층 난간 쪽의 김재현 경장에게로 이동해 구조 임무를 함께 수행할 수 있었다. 그 순간! 박 경위에게 3층 선미 쪽 통로에서 사람들 얼굴이 잠시 보였다.
 "아! 저기 사람들 있다!"
 "3층 선미 쪽 통로에 사람이 있다 …"
 박 경위는 소리쳤다. 그리고 즉시 두 구조사를 3층 선미 쪽으로 가도록 하였다. 이 두 구조사가 난간을 붙잡고 이동해 끌어내온 승객들을 박 경위가 맡았다.
 그사이 배는 더욱 기운다. 60도 가까이 기울었다. 긴박한 느낌이 왔다. 박 경위는 류 경장과 김 경장 두 구조사가 있던 위치로 움직여 바스켓에 두 명씩 태워 올렸다. 원래는 1인용 바스켓이나 급하니 두 사람씩 태웠다.
 구조하며 주위를 둘러본다.
 그때 한 소녀가 보인다. 기울어진 배의 우측 최상부층 난간 밖에 측은하게 난간을 붙잡은 채 앉아있다. 박 경위는 소리쳤다.
 "기다려! 기다려! 알았지?"
 소녀는 아무 말이 없다.
 "지금 저쪽 승객들 다 올려주고 올게, 기다려! 그대로 가만있어요."
 여전히 아무 대답 없다.
 그는 여학생을 향해 다시금 소리쳤다.
 "꼭 붙잡고, 기다리고 있어라!"
 배는 더 기울어진다. 박 경위는 아까 본 여학생의 위치로 기어 올라갔다. 다행히도 소녀는 정말 그 자리서 난간을 꽉 잡고 있다!
 그는 헬기를 유도해 여학생을 태워 올려보냈다. 그 직후 배가 90도로 기울어졌다. 배의 측면이 완전히 물 위로 나왔다.
 류 경장은 보이지 않으며 김 경장 쪽에 5명의 승객이 보였다. 박 경위는 그쪽으로 뛰어가서 헬기의 바스켓으로 두 명을 올려보냈다. 바로 그 순간 배는 갑자기 100도, 110도로 돌아가기 시작했다. 거대한 수레바퀴처럼 돈다.

　해병대 출신 박 경위는 헬기를 향해 '수신호'를 보냈다.
　이제는 사람들을 직접 헬기에 태워야 하기 때문이다.
　'수신호'를 접한 헬기는 선박의 50센티미터 높이까지 내려왔다.
　박 경위는 사람을 올려 급히 헬기 속으로 실었다. 그리고 주변을 계속 살펴본다.
　"누군가 아직도 배에서 구조를 요청하지 않는가?"
　살펴보아도 아무도 없다. 그래도 혹시나 다시 둘러보고 또 둘러본다.
　이제 떠나면 기약하기 어렵다.
　"생존자가 아직 있을지 몰라."
　기울어진 배를 자꾸 둘러본다. 그때 헬기에 탑승 중이던 정비사가 박 경위에게 급히 외쳤다.
　"배가 침몰하니 빨리 타요!"
　"이제 배 안에 아무도 없다."
　박 경위는 헬기로 급히 뛰어올랐다. 7인승 헬기인데 모두 11명이 탔다.
　"우리가 승객들을 전원구조하였다!"
　그는 뿌듯했다. 시계가 아침 10시 20분을 지난다. 약 50분 동안 구조하였다.
　헬기는 서거차도에 도착해 구조된 이들을 안전하게 내려주었다. 그리고 다시 사고 현장으로 날아왔다. 생존자들이 바다에 떠있지 않을까?
　하지만 세월호는 많이 침몰하고 사람은 보이지 않았다.

　"300명 넘는 승객 전원구조―"

　승객들을 모두 구조했다는 언론의 보도다. 항공대 주기장에서 정비사가 핸드폰으로 보여 주었다. 사람 수가 너무 많다고 느꼈지만, 아무튼 반가운 뉴스다.

해경 123함정 김경일 경위, 이형래 경사

사고 소식을 듣고 해경 '123함정'이 현장으로 급히 달려온다. 함정은 9시 35분쯤 도착했다. 해경 123함정은 '100 톤' 급의 경비정이다. 정장인 김경일 경위를 포함 14명의 승무원이 타고 있다.

이들은 자신들이 탄 경비정의 거의 '70배'에 달하는 '6,835' 톤급 세월호의 승객을 구출해야 하는 힘겨운 임무를 떠맡게 되었다. 단순히 선박 사이즈와 무게로 비교한다면 호'랑이와 고양이'의 대결이라 할까. 승객의 수로 비교한다면 물에 빠진 500여 명(486명)의 승객을 구조하러 단지 14명의 경찰이 급히 달려온 것이다. 1인당 35명이다. 이런 면에서도 승산은 거의 없다. 물론 예외는 생길 수 있지만, 그런데도 이미 승산 없는 게임이 시작된다.

더욱이 해경 123함정은 구조를 전담한 구조선도 아니다. 정찰업무를 하다 연락받고 급히 현장으로 달려왔다.

사고 현장에 도착했다.

그런데, 웬일인가?

배 밖에 사람들이 나와 있을 거로 생각했는데 전혀 눈에 띄지 않는다.

"승객들이 없다."

"승객들은 어디 있지?"

서로 말했다. '거대한 배'가 기울어져 있는 이상한 장면이다. 파도는 일지 않는데 배는 기울어있다. 자세히 보니 아주 드물게 사람이 바다로 뛰어내린다. 세월호가 이미 왼쪽으로 50~60도 기울었다. 매우 위험하다. 그런데 큰 여객선치고 사람들이 안 보인다. 배 주변에 컨테이너 등이 둥둥 떠다닌다.

사람들이 적게 탄 것일까?

김경일 경위는 123함정의 책임자다.

그는 함정 경험만 26년이고 5급 항해사 자격 면허도 보유했다. 그가 잠시 정황을 살펴본다. 그리고 고속단정을 바다 위에 내렸다. 세월호 옆에 123함정을 직접 계류하면, 소함정이 대선박 밑에 깔릴 위험이 있다고 판단했기 때문이다. 그가 도착하자마자 상황실로부터 현장 보고하라는 전화가 왔다.

김 정장은 고속단정을 내리고 함미 쪽으로 승객을 구출하려 출발했다. 123함정은 위험을 피하고자 세월호와 일정 거리를 유지해 두었다.

해경 123함정이 구조를 위해 힘겨운 투구를 하고 있다. 이 구조 작업은 규모상 '큰 호랑이와 고양이의 싸움'처럼 전혀 어울리지 않는 과업이지만, 그는 아무튼 힘에 부치는 임무를 수행하려 열중했다.

사실 세월호처럼 아주 큰 배가 사고 나면 그 큰 배에 걸맞은 큰 배나 큰 함정들 역시 임무를 부과해 함께 급파해야 할 것이다. 맹골수도 바닷물결이 일렁인다. 해경은 고속단정 고무보트를 타고 세월호로 접근했다. 아침 9시 44분경, 123함정이 도착한 지 10분 지나도 여전히 바깥으로 나온 승객은 없다.

"하얀 배가 매우 거대한데, 이상하게 사람들은 안 보이네 …."

이 정도 큰 배라면 많은 승객이 갑판으로 나와 '살려달라' 손 흔들며 아우성쳐야 정상이련만 ….

고요하다.

왜일까?

그때 얼마의 사람들이 4층 갑판 복도로 나왔다. 그들이 아이를 들어 올려 구조 보트에 태우려 했지만, 안타깝게도 해경 대원과 팔이 닿지 않는다. 그 절박한 상황에서 다행히도 난간 빗장이 열려 구조될 수 있었다. 고무보트는 2회에 걸쳐 11명의 승객을 구출해 세월호로부터 일정 거리에 있는 123함정으로 옮겼다.

구출된 승객들은 김 정장에게 승객들이 '선실에 갇혀있다'라고 알렸다. 그 말을 듣고 그는 고속단정의 구출 방식으로는 더 안 되겠다고 판단했다. 김 정장은 상황실에 전화를 다급히 걸었다.

"직원을 승선시키겠다."

"직원을 세월호에 승선시키고 퇴선을 유도할 것이다."

"이 큰 여객선에 도대체 무슨 일이 일어난 걸까?"

어떻게 구조해야 하나.

대선박이 침몰할 때 작은 배는 가까이 가면 안 된다. 큰 배가 침몰하는 순간 대 소용돌이가 형성되기 때문이다. 그래서 웬만한 어선들은 소용돌이에 빨려 들어갈 수 있다. 123함정도 그렇다. 그런 이유로 급히 달려온 여러 어선도 접근하지 못한 채 거리를 두고 떨어져 있었다. 공포에 질린 채로 떨어져 사태를 주시하고 있다.

큰 호랑이에게 맞서거나 맞서 이길 수 있는 것은 적어도 그와 같은 정도의 큰 호랑이이거나 그 이상을 능가하는 거대한 대호이어야 할 것이다. 상대보다 더 크고 강할수록 승산은 커진다. 강아지나 고양이는 호랑이에 맞서 싸울 수 없다! 만일 싸운다면 틀림없이 처참한 패배다!

대선박의 침몰 현장에는 무섭고 거대한 소용돌이의 힘이 위협하고 있다. 거기 걸리면 함께 침몰한다. 그런 비극이 발생하기 전에 123 함정의 고무보트가 신속히 다가와 승객들을 건져 올린다.

비록 123 고속단정의 구조 작업이 처음부터 '호랑이와 고양이의 대결'처럼 극히 열세의 국면이긴 해도, 그나마 대결에 맞섰다는 사실, 그 자체가 얼마나 용기 있고 대단한가!

"122 구조대가 빨리 와야 한다."

123함정만으로는 침수하는 거대한 세월호에 절대 역부족이다. 고양이나 강아지가 대호와 겨루는 격, 왜 이런 무모한 대결이 계속될까?

해경 123 고속단정은 9시 45분쯤 선수 쪽의 조타실에 접안시켰다.

123함정에 이형래 경사가 있다. 그는 조타실에 접안하자 무조건 세월호 선체로 올랐다. 위험을 따질 겨를이 없다. 그에게는 승객을 구해야 한다는 일념뿐이다.

"승객을 구조하려면 구명벌을 터뜨려야 한다!"

이 경사는 판단했다.

기울대로 기운 갑판, 게다가 질퍽한 물로 미끄럽다. 이 경사의 필사적 사투가 시작되었다. 그는 고전악투 끝에 구명벌이 놓인 조타실 앞쪽 갑판에 가까스로 올랐다. 그런데 구명벌이 쇠줄에 묶여 있으므로 구명벌을 떼어내기 쉽지 않다. 떼어낸 구명벌도 녹이 슬어 안전핀이 뽑히지 않는다. 이 경사는 구명벌을 발로 차고 갑판에 던졌으며 온갖 애를 쓴 끝에 성공하였다.

그는 구명벌을 곧바로 바다에 떨어뜨렸다. 떨어진 구명벌이 바다 위에 펼쳐졌다. 세월호 승무원들이 곁에서 보고도 사용 않은 구명벌 ….

이 구명벌을 이형래 경사가 안간힘을 써서 바다에 떨어뜨렸다! 나머지 구명벌 7세트 정도 보였지만 배가 너무 기울어 미끄러졌다.

그는 미끄러져 내려오며 배 안을 들여다보았다. 선수 쪽 유리창 안 객실에서 승객이 구명조끼를 흔들며 애타게 구조를 요청하고 있다. 그는 곧바로 내려와 동료와 함께 도구를 들고 다시 갔다. 그리고 유리창을 겨우 깨뜨리고 승객 6명을 구조해내었다. 이 승객들이 아마 '최초 구조된 승객'일 것이다.

이 경사는 울먹인다.

"많은 사람을 구하려고 애써 구명벌을 펼쳤는데, 구조된 승객이 없어 태우지 못하다니요."

▍해경 123함정 박상욱 경장

123함정의 고속단정이 세월호의 선수 쪽으로 접안시켰다. 그때 해경 근무복에 단화를 신은 박상욱 경장은 위험을 무릅쓰고 세월호로 선뜻 올라탔다. 좌현 쪽으로 기울어진 세월호의 3층이나 4층인지 모르지만, 물이 차오지는 않았다.

박 경장은 조타실을 올려다본다.

이 경사가 난간에 설치된 구명벌을 발로 차 두 개를 떨어뜨렸는데 한 개만 펴졌다. 이제 더 이상 구명벌을 펴지 못하도록 배가 많이 기울었다. 이 경사는 즉시 5미터 정도 위의 선내로 진입하려 시도했다. 하지만 얼마후 바로 아래 난간 쪽으로 미끄러지면서 떨어졌다. 배의 바닥이 매우 미끄럽다. 경사진 철판인지라 더욱 미끄럽다. 이 미끄러운 바닥을 젖은 구두를 신고 오른다는 게 무리다. 더욱이 붙잡을 것이 하나도 없다.

박 경장은 기울어진 조타실 창문으로 사람들을 보았다. 구명조끼도 걸치지 않았는데 완전히 공포에 질린 표정들 … 그들은 사색 그대로다. 한 아주머니와 눈이 마주치자 그는 소리 질렀다.

"내려오세요!"

"내려오세요."

"그냥 내려오세요!"

그가 고함을 쳤다. 그러나 아주머니는 꼼짝하지 못한다. 다른 외국인의 모습도 보인다. 조타실에 보이는 사람들이 누구인지 구분할 겨를이 없다. 배에서 처음 본 사람들이니 빨리 구해내야 하는 절박함 뿐….

조금 전 이형래 경사가 조타실로 올라가다 미끄러져 내려오는 걸 지켜본 123 고속단정에서 계류삭인 '홋줄'을 던져 주었다. '홋줄'은 배를 부두에 정박시킬 때 사용하는데, 육지의 '비트'라 불리는 쇠기둥과 배의 '비트'끼리 연결하는 굵은 밧줄이다. 123함정의 '홋줄'은 직경이 약 5센티미터 정도다. 이 경사가 받아 아래서 조타실로 던져 올려주었다. 다행히 조타실 내 승객 중 한 사람이 줄을 받았으며, 어딘가에 고정시켜 놓았다.

박 경장은 이 경사가 홋줄을 이용해 '곧 올라가리라' 여겼다.

하지만 상황은 달랐다. 조타실에 연결된 '홋줄'을 붙잡고 사람들이 내려오기 시작한다. 이 경사는 오르던 걸 포기한 채, 탈출해 내려오는 사람들을 받아 123 고속단정(123 고무보트)으로 옮겨 타도록 도왔다. 박 경장도 돕게 되었다.

123 고속단정으로 옮겨 타려면 발판을 밟고 올라서야 하는데, 여자들이 몸을 지탱할 힘이 없다. 그래서 여인들이 발판에 옮겨 딛도록 도와 주어야 했다. 그사이 세월호가 너무 기울었다. '선장과 선원들'이 제일 먼저 123 고속단정에 옮겨 탔지만, 신분을 구분할 겨를이 없다.

이제 더 이상 승객들이 내려오지 않는다. 박 경장은 세월호 선상에 그대로 남아 있다. 그런데 123 고속단정에 승선해있는 대원들이 손가락질하면서 그를 향해 연신 소리를 외치고 있다. 요란한 헬기 소리 때문에 무슨 말인지 도무지 모르겠다.

"아! 상호 연락할 통신기가 있다면 …"

박 경장은 전혀 알아들을 수 없다.

그런데 동료들이 너무 긴박하게 손짓을 하면서 소리들을 지른다!

박 경장은 나름 해석했다.

"아, 조타실로 들어가 남은 승객들에게 조치를 취하라고 하나 보다…"

그는 통신기가 없어 알아듣지 못하지만 동료들의 소리를 마음으로 들었다.

그는 조타실 아래편으로 이동해 승객들이 타고 내려온 밧줄을 잡고 올라갔다. 조타실 좌현측 문이었다. 벽이 천장이 되는 방으로 들어가는 격이다. 이미 바닥은 벽으로 변해가고 있다. 줄을 잡아야만 겨우 두 발을 바닥에 댈 수 있다. 아무 생각도 할 수 없다!

그는 줄을 단단히 잡은 채로 조타실 문안으로 들어갔다. 조타실은 텅 비어 있다. 더구나 문 안쪽에서 '홋줄' 매듭은 끝났다.

"뭐라도 잡을 게 있어야 그걸 잡고 선실 내부로 더 들어갈 수 있으련만…"

그는 둘러보았다. 선실벽은 두꺼운 철판이나 합성 수지 계열로 만들어져 표면이 너무 매끄럽다. 게다가 더 이상 붙잡을 만한 것이 하나도 없다. 이런 상황에는 아무것도 할 수 없다.

"매끈한 바닥이 벽으로 변한다 ….."

"도무지 잡을 곳이 눈꼽만큼도 없네."

"아! 더 이상 버틸 수 없구나 ….."

그는 줄을 놓고 미끄러져 내려 올 수 밖에 없었다.

그 순간이다!

승객 한 명이 '윙 브릿지'라 부르는 우현날개 쪽에 있는 것이 눈에 띈다.

그 승객은 구명조끼도 없이 난간을 붙잡고 꼼짝 못하고 있다. 박상욱 경장은 급히 '자신의 구명조끼를 벗어' 그에게 입혀주었다. 해병대 출신인 그는 수영할 자신이 있다. 그런데 참으로 묘한 일이다. 뜯기지 않은 구명조끼 한 벌이 구석에 있다. 박 경장은 얼른 구명조끼를 집어 걸치고 승객에게 말했다.

"자, 우리 같이 뛰어 내립시다!"

그렇게 둘은 함께 바닷물로 뛰어들었다. 그는 차가운 바닷물 속에서 구두를 벗어던지고 승객의 호흡을 유지시킨 채 수영하였다. 바로 옆에 단원고 학생 세 명이 떠있다. 다행히도 123함정의 고무보트가 즉시 다가와 학생들과 두 사람을 보트 안으로 건져 올렸다. 123함정의 고무보트에서 123함정으로 옮겨 태웠다. 123 고무보트가 쉴새 없이 승객들을 123함정으로 건져 날랐는데, 이때 민간 어선들도 함께 승객들을 구조해 태워 보냈다.

박 경장과 해경들은 123 고속단정으로 승객들이 올라 타도록 잡아당기곤 하였다. 얼마나 많은 사람들이 타고 있는지 알 수 없지만 무조건 실어야 했다. 시시각각 세월호의 침몰 순간이 다가오기 때문이다.

"이탈 시간을 놓치면 우리의 배들도 저 큰 배와 함께 침몰할 수 있다!"

바로 그 때 호흡을 멈추고 기절한 승객이 실려왔다. 박 경장은 동료 이 경사와 함께 정성껏 심폐 소생술을 시킨다. 아! 다행히도 거의 죽은 사람이 다시 숨을 내쉬며 살아났다.

"아! 또 '한 생명'을 살렸다."

의식불명 상태의 한 사람이 옮겨져 왔다. 이름표를 달았는데 '정찬웅'이다. 박 경장은 이 경사와 함께 또 다시 즉각적인 심폐 소생술을 시행한다. 하지만 이번에는 소생하지 않았다. 허탈감에 젖는다.

바로 그때 고함소리가 들렸다.

"사람들이 있다! 선실에, 선실에 사람들이 있다 …"

"선실 유리창 안에 사람들이 갇혀있다!"

누군가 소리쳤다. 그는 급히 망치를 들고 세월호로 옮겨 탔다. 이형래 경사와 이종훈 경사, 구조된 한 명의 승객도 함께 선실에 갇혀있는 사람들을 밖으로 끌어내기 위해 세월호로 들어가 유리창을 깨뜨리기 시작한다.

그들은 망치와 쇠파이프 지주봉으로 번갈아 유리창을 가격했다. 결국 단단한 유리창이 깨어져 나갔다. 그와 거의 동시에 선실에서 두 손이 번쩍 올라왔다. 그들은 나오는 손 마다 붙잡고 끌어내었다. 하지만 이것도 두 사람이 끝이다. 세 번째 사람부터는 손이 잡히질 않는다.

"아, 어쩔까…."

배가 더욱 기울면서 사람들의 손이 유리창 부근으로 다가오질 않는구나. 그러자 이번에도 123 고속정에서 '홋줄'을 건네주었다. 그가 깨진 창문으로 줄을 내려주었다. 그러자 사람들이 줄을 붙잡고 올라오기 시작한다. 이 사람들을 정신없이 끌어올리면서 박 경장은 손등에 아픔을 느낀다. 손등에서 피가 흐른다.

선수 쪽으로는 컨테이너들이 계속해서 물위로 떨어졌다. 어선들도 급박하게 사람들을 구조하고 있었다. 123함정의 고무보트가 좁아 사람들은 지도선, 어선들에 오르거나 분산 되었다. 이제 구조된 사람들의 얼굴을 바라보니 혼이 나간 듯 하다. 얼굴이 하얗게 질려 벌벌 떤다.

"엄마! 엄마…"

6살짜리 여아가 울면서 엄마를 애타게 찾는다. 사람들은 눈물이 글썽하다.

박 경장은 팽목항에 도착해 그들을 안전하게 내려놓은 다음 기자 4명을 태우고 다시 123 고속단정으로 사고 현장에 복귀했다. 하지만 그가 다시 돌아왔을 때, 세월호는 이미 물속으로 가라앉는다.

수많은 경비정과 해군 함정들이 근처에 있다.

아! 여기서 더 이상의 '수상구조'는 없다!

이제부터는 물속을 세밀히 탐사하는 '수중 수색'이 시작될 뿐 ….

해경 팬더 513호기 류규석 경장

"긴급 소식, 여객선 침몰, 급히 이동하라!"

4월 16일 오전 그 무렵 연락이 왔다.

제주지방 해경 항공대 소속의 7인승 '팬더 513호' 헬기는 제주 북방해상에서 비행 중이었다. 불법 외국 어선을 단속하기 위해서다. 조종사와 부조종사, 정비사와 전탐사, 항공 구조사 등 5명이 탑승하고 있다. 이들에게 9시 8분 지나 무선 통신이 왔다.

"진도에서 여객선이 침몰 중임, 513호기 급히 현장으로 이동 바람..."

배가 침몰 중이니 현장으로 즉시 가라는 상황실의 지시다. 제주 해경 소속 513호기는 급히 기수를 진도로 돌린다.

4월 16일 아침,

시계는 9시 32분을 지난다. 팬더 513호기가 급히 사고 현장으로 달려간다. 그러자 좌현이 60도 기운 하얀 여객선이 눈에 띈다. 그 여객선으로 접근했다. 이미 목포 해경 소속 팬더 511호기가 선미에서 구조바구니(바스켓)로 승객들을 구조 중이다. 팬더 513 호기 류규석 경장은 아래를 내려다본다. 갑판으로 내려온 511호기 항공 구조사들이 기울어진 선미의 난간을 붙잡고 있는 두 명의 승객을 바스켓에 싣기 위해 애쓰는 장면이 보인다.

513호기는 세월호 선미 쪽 해상에서 표류중인 사람들을 발견하고 고도를 낮추어 그곳으로 접근했다. 하지만 다가가 보니 떠다니는 물체들이다. 달려온 헬기들은 이 때도 탑승객에 대한 정보가 없다. 511호 헬기가 구조하는 동안 513호 헬기는 세월호를 살피기 위해 선회수색을 한다.

그때도 바닷물 위에 표류 중인 사람은 없다!

513호기가 선회수색 하는 동안 목포 해경 511호기가 연신 승객들을 실어 올린다. 7명 정원을 초과해 최대한으로 승객을 실은 511호기가 뒤로 빠질 준비를 했다. 그 자리에 513호 헬기가 들어간다. 류규석 경장은 재빨리 바스켓에 자신의 몸을 실었다.

513호기는 조금 전 511호기가 머물던 상공으로 진입해 하버링(공중 제자리 비행)하면서, 류 경장이 탄 바스켓을 기울어진 세월호 선미로 내려보냈다. 세월호에서 구조 작업을 하고있던 박훈식 경위와 김재현 경장이 내려오는 류 경장을 맞았다. 승객을 바스켓에 태워 올리던 두 구조사는 류규석 경장과 합류한다. 그런데 이때까지 해경소속 '구조대원'은 이 세 사람이다.

기울어진 선미의 3층 데크 쪽 20미터 떨어진 곳이 보인다. 거기에 구명 조끼를 입은 몇 명이 웅크리고 있다. 류 경장과 김 경장은 그곳으로 가면서 미끄러지지 않도록 애써야 했다. 미끄러지면 바다로 떨어진다. 붙잡을 난간도 없어 극도로 조심해 움직여야 했다. 그곳은 사람이 머무는 장소가 아니다. 평상시라면 옥외 복도이던 곳인데 거기서 사람들이 겁에 잔뜩 질려 떨고 있다. 아주머니와 노인들이 있다.

김 경장이 난간 위를 맡고, 류 경장은 난간 뒤편으로 넘어가 헬기로부터 복도까지 구조바구니를 내리게 했다. 그 때도 배 안에 그처럼 많은 사람들이 있으리라고는 생각 못했다. 여섯 명을 바구니로 올려보내고 마지막 일곱 번째 사람을 실으려고 할 바로 그 때,

"저 아래 칸에 아주머니와 몇 명이 더 있어요. …"

마지막 사람이 말한다.

"사람들이 아래에 더 있다고요?"

도대체 얼마나 많은 사람들이 배 안에 있는 것일까?

그말을 듣자 류 경장은 사람들을 바스켓에 싣던 일을 김 경장에게 전부 맡겼다.

류 경장은 아래쪽으로 내려간다. 선미 난간을 붙잡고 아래칸으로 움직였다. 평소에는 3층 후미 갑판이었을 텐데, 배가 기울어 3층이 아래층으로 되었다. 그 3층 통로 쯤에 중년 여성과 남자 두 명이 가만히 앉아있다.

"나오세요! 이리 나오세요."

류 경장은 난간을 붙잡고 소리쳤다.

겁을 잔뜩 먹은 세 사람은 류 경장의 말을 따라 움직이기 시작한다. 세 사람이 서로 붙어 나왔다.

"연세드신 분들이라 위로 올라가기 어려울 텐데 …."

류 경장은 문득 염려한다. 다른 방법은 없을까.

그는 밖의 주변을 둘러다 보았다.

"아! 참으로 다행이다. 하늘이 돕는구나."

배의 후미 쪽으로 어업지도선과 어선이 주위를 돌다 접근하고 있다!

"아, 고맙구나 …."

류규석 경장은 이 세 사람을 후미 쪽으로 이끌었다. 그리고 그 배에 안전하게 태울 수 있었다. 만일 배가 후미로 안왔다면 어찌할 뻔 했나.

그들을 배에 태우고 나니 '후유!' 안도의 숨이 나왔다.

이 세 사람을 승선시킨 다음 류 경장은 다시 세월호 선실 안으로 비틀거리면서 걸어 들어간다. 물에 잠긴 배 안에서 어떤 위험이 덮칠지 모른다. 그럼에도 불구하고 그는 '생존자를 구해야 한다'는 '구조 일념'으로 꽉 차서 선실 안으로 들어간다. 거기서 난간을 의지한 채 아래로 더욱 내려갔다. 그러자 사람들이 '와글거리는 소리', '우는 소리'가 들려온다.

류 경장이 조금 더 가까이 가자 '큰 공간'이 나타났다. 바로 거기에 패닉에 빠진 '수십 명의 학생들'이 모여 있다! 학생들은 공포로 새파랗게 질려 벌벌 떤다. 수십 명의 학생들이 어찌 할찌 모른 채, 두려움에 빠져 있다.

류규석 경장은 바로 거기서 목포 해경 항공 구조사 권재준 경사와 우연히 마주쳤다. 하지만 두 사람은 인사할 겨를없이 구조 작업에 몰두한다.

"겁에 질린 학생들을 탈출시켜야 한다!"

두 구조사는 세월호에 접안한 지도선과 어선으로 학생들을 이끌었다. 그리하여 학생들이 밖으로 나가 그 배들에 오를 수 있었다. 바로 이 시각에 민간 어선이 위험을 무릅쓰고 세월호에 접안해 있다! 얼마나 다행인가! 너무 고맙다. 그렇지 않다면 학생들이 비록 배 밖으로 나왔다 해도 바닷물 속 아래로 빨려 들어갈 수도 있을테니까 ….

거의 모두를 배들로 옮겨 태운 다음, 류 경장은 주변을 다시 살펴본다. 위층 갑판에서 헬기를 기다리던 남자 3명이 류 경장을 바라본다.

"밑으로 내려가도 돼요?"

그들이 큰 소리로 물었다.

"여기 배 있으니 빨리 오세요!"

류 경장은 재촉한다.

"빨리- 빨리- 내려오세요!"

그들은 류 경장의 말을 듣고 급히 아래로 내려왔다. 그리하여 대기한 배로 구조되었다!

류 경장과 권 경사는 한 사람도 남김없이 배 안의 승객들을 '모두 구조했다'고 믿었다. 배의 선수에서는 123 고속정이 구조 작업을 담당하고 있는데, 주변 해상에는 어선들과 해경 함정이 몰려와 있다. 모두들 구조에 성공하는 것 같다!

류 경장은 선실, 복도, 난간에서 상대방과 눈이 마주치면, 그들을 그냥 두고 결코 돌아 나올 수 없다. 어떤 어려움이 있어도 '사람을 반드시 구해야 한다'는 사명감에 불타고 있기 때문이다.

"죽음을 무릅쓰고라도... 사람을 살린다!"

"위기에 처한 인간 생명을 반드시 구해야 한다."

그의 육체와 정신은 온통 '생명 구조'에 몰입되었다.

"배 안에서 한 명도 남김없이 다 구조했다 …."

그들은 자신하였다.

해경 헬기 '구조사'들은 그처럼 쓰러진 배 안을 훑어나갔다. 해경 헬기는 공중에서 하버링을 하면서 혹시라도 사람이 더 있는지 살펴보고 있다.

류 경장은 뒤집혀진 배 위로 올라와 이동하기 위해 발걸음을 옮겼다. 바로 그 순간! 배가 아래로 푹 끌리며 물이 차오르기 시작한다. 더 이상 머무르면 살아남지 못하리.

구조사는 그 즉시 바다로 뛰어 들었다. 그리고 배로부터 멀리 떨어지기 위해 필사적인 수영을 했다. 50여 미터를 정신없이 헤엄쳤을 때, 배가 다가와 류 경장을 건져 올렸다.

'어선'의 갑판 위에서 기진맥진한 류 경장은 그때까지도 구조에 대한 성취감으로 차있다.

"사람들이 계속 나왔지만, 보이는대로 한 명도 남김없이 다 건졌다!"

"보이는 사람들 모두를 한 명도 빠짐없이 구했지 …."

그는 혼자 말하면서 모두를 구조했다고 자신하였다.

류 경장은 기울어진 세월호 위에 내려온 이후 조금도 쉰 적이 없다.

선실 내부도 여기저기 다 돌아보았다. 거기서 마주친 사람들을 모두 이끌어 가까이 다가와 대기 중인 배들로 무사히 옮겨 태웠다.

한 사람도 놓친 적이 없다! 거의 '선내를 샅샅이 훑으면서 구조하고 다녔기' 때문에, 그는 승객이 더 있다는 생각조차 할 수 없었다.

류규석 경장은 잠시 쉬고 있다.

지친 그에게 '모두 구조했다'는 안도감이 느껴지며 위로가 된다.

4월의 바다 바람이 살랑 살랑 불어와 그의 머리칼이 바람에 흩날린다. 바로 그때다! 어선을 몰던 선장이 걸어 나오면서 뉴스를 전한다.

"아직도 저 배 안에 학생들이 300명 가까이 있다는디?"

그말을 들은 류 경장의 온몸이 짜릿하게 감전된다.

"아직도 300명이 남아 있다고...?"

그는 버럭 소리 질렀다.

울컥 가슴이 메어온다.

"아니, 그렇게 많이 탔었다고...?"

그의 온몸이 갑자기 와르르 무너진다.

류 경장의 눈에 뜨거운 눈물이 솟구친다.

아! 그 누가 알았으랴? 그처럼 많은 학생들이 타고있는 줄을. 학생들이 눈에 띠지 않고 구해달라고 밖으로 나와 아우성치지도 않는데 … .

정말 이상할 정도로 사람이 눈에 안 보이고 고요하였다.

그는 갑자기 처참한 심정에 빠져든다. 두 뺨에 뜨거운 눈물이 흐른다.

"아! 어찌 이럴 수가, 아직 300명이 배 안에 있다고?"

그의 두 눈에 원망과 안타까움이 서린다.

해경 팬더 512호기 권재준 경사

"긴급상황, 여객선 침몰, 즉시 구조에 나서라-"

중국 어선을 단속 중이던 해경 3009 함에 긴급명령이 전달된다.

중국 어선들이 대한민국 해역을 침범한다. 해경은 중국 어선들의 '불법 조업' 역시 단속해야만 했다.

2014년 4월16일, 오전 9시

해경 서해청 목포 항공대 소속 권재준 경사는 세월호에서 서남쪽 약 60해리 떨어진 해상의 3009 함에 승선하고 있었다. 이 배는 배타적 경제수역을 침범하는 '중국 어선'을 단속 중이었다. 중국 어선들이 우리수역을 때때로 침범해 어민들에게 피해를 주기 때문이다.

"긴급상황, 여객선이 침몰하니 즉시 구조에 나서기 바람-"

"여객선이 침몰한다. 헬기 급히 출동하라!"

중국 어선을 단속하는 해경에게 '침몰선 구조' 명령이 떨어졌다.

권 경장은 배 위에 대기 중인 '512호 헬기'에 올라탔다. 그리고 즉시 출발한다. 조종사 2명, 정비사 2명, 구조사(권 경장) 1명이 타고 있다. 바다에 짙은 안개가 끼어 계기비행을 한다.

4월16일 아침 9시 45분경, 사고 배로부터 1해리 정도에 접근했다. 기울어진체 침몰하는 커다란 '하얀 배'가 보인다. 먼저 온 헬기 두 대가 좌현쪽 갑판 부근에서 구조 작업을 하는 중이다. 권 경장의 헬기는 우현쪽으로 선회하였다. 그러자 구명조끼를 입고 물에 떠있는 사람들과 선측과 선미의 난간을 붙들고있는 사람들이 보였다. 배는 70도 이상 기울고 좌현은 5층까지 물에 잠기고 있다.

권 경장팀은 구조에 착수했다.

그는 해군 특수부대 UDT 하사관 출신으로 베테랑급 구조사다.

"첨벙!"

그는 즉시 헬기에서 구명벌(Life raft)을 바다로 던진다. 물 위에 떠있는 이들을 구조하기 위해서다. 바닷물 위에 그가 던진 구명벌이 펼쳐졌다.

그는 헬기의 줄을 타고 내려와 바다로 뛰어들었다. 검은 수영복, 오리발, 수경을 차고 있다. 권 경사는 떨어뜨려 둔 구명벌로 30~40미터 헤엄쳐 간다. 구명조끼를 입고 바다로 뛰어내린 승객들이 구명벌로 모여들어 올라

탄다. 어떤 사람은 구명벌을 잡고 있다. 이 사람들을 밀어올려 10명쯤을 구명벌에 태웠다. 그러자 먼저 와서 구조 작업하던 해경 123함정의 고무보트가 다가와서 구명벌을 끌고 가 사람들을 123함정으로 옮겨 실었다.

권 경장은 다시 기울어진 세월호의 좌현 방향으로 헤엄쳐갔다. 배는 80도 이상 기울어 선체가 해면과 거의 수직이다. 여자 두 명이 구명조끼를 입고 난간에 가까스로 붙어 있다. 그는 급히 그리로 향했다. 가까이 가보니 그들은 겁에 질렸다.

"안심하세요. 뒤로 누워요. 물을 안 마시게…"

그는 말하면서 두 여인의 재킷을 끌고 바닷물 속을 헤엄쳐 나온다. 그리고 20미터 정도 떨어진 곳에 있는 민간 어선에 그들을 안전하게 실어주었다. 여인들을 어선으로 안전하게 승선시킨 권 경장은 위험을 무릅쓰고 배의 좌현으로 다시 헤엄쳐 돌아갔다. 한 명이라도 더 구조하기 위해서다.

거대한 선박이 기울면서 5층에 '동굴'처럼 공간이 생겼다.

그는 '캄캄한 동굴' 공간 안으로 헤엄쳐 들어가면서 벽을 더듬었다. 행여 빠져 나오지 못한 사람들이 있을까 염려되기 때문이다. 기우는 배 안의 '캄캄한 동굴 안'으로 헤엄쳐 들어가기가 불안한 일이지만, 그는 그래도 생존자를 구조하려고 더듬거리면서 그 안으로 들어간다. 그는 동굴 안으로 들어가면서 소리지른다.

"사람 있어요?"

"여기, 사람, 사람 있으세요?"

그는 큰 소리로 외쳤다.

아무 응답이 없다. 어두운 동굴 속에서 메아리가 울리고 쐬쐬 거리는 물소리만 들린다.

"사람 있어요?"

"여기 사람 있으세요? 이리 나오세요!"

메아리가 울려 '여기 사람 있으세요?'

'이리 나오세요' 되돌아 온다.

권 경장은 소리치면서 위험을 무릅쓰고 캄캄한 '동굴 안으로 30미터 정도' 들어갔다. 하지만 그 누구도 보이지 않는다. 아무 대답도 들리지 않는다. 그는 다시 되돌아 나온다.

"아무도 없구나. 승객들은 이미 다 탈출 했나보다..."

배는 덮쳐내리듯 기운다. 그는 선미 쪽으로 헤엄쳐 간다. 거기에 사람들이 수직으로 변한 난간을 붙잡고 매달리다시피 버티고 있는 모습이 보였다. '수십 명의 사람들'이 가까스로 버티고 있다! 권 경장은 오리발을 벗고 난간 쪽으로 올라갔다. 그리고 그 사람들이 무사히 탈출하도록 보호하면서 이끌었다. 때마침 선미에 접근해 있던 배들에 그 사람들을 옮겨 실을 수 있었다. 이 무렵 정말 다행스럽게도 민간 어선 어업지도선, 고속단정이 가까이 접근해 있었다. 아! 다행이다. 급박하게 30여 명을 배로 옮겨 실었다.

이어서 우현 쪽에서 헬기의 구조를 기다리던 승객들이 사다리처럼 되어버린 난간을 붙들고 내려왔다. 권 경장은 그들을 부축하고 안기도 하면서 안전하게 아래로 이끌어 접근해 있는 배에 태웠다.

바로 그 때,

"사람이 빨려 들어간다!"

누군가 비명을 질렀다.

세월호 선체가 넘어간다. 돌아다보니 여학생 두 명이 난간같은 것을 겨우 붙들고 몸이 물에 잠긴 채 버티고 있다. 권 경장은 '즉시 바다로' 뛰어들었다! 그리고 곧바로 헤엄쳐서 여학생들을 향해 다가갔다. 한 학생은 고개를 숙이고 머리를 물에 박고 있다. 권 경장은 머리를 물 바깥으로 들어올린뒤 등 뒤를 쳐주었다.

"코록, 코록, 콜록..."

그 학생은 물과 거품을 뱉어내면서 기침하기 시작한다. 곧 정신을 회복했다. 그는 여학생들이 심호흡을 하게 한 뒤 구명조끼를 이끌고 물속을 헤엄쳐 나왔다.

침몰하는 선체에 바닷물이 휘말려 도는 힘이 느껴진다!

권 경장은 급히 서두른다. 다급하게 두 학생을 끌고 와 배에 올려태워

주었다. 그리고 그는 다시 몹시 기운 세월호 '선미 난간'으로 올라섰다!

"더 구조 할 사람이 있나?"

권 재준 경사는 두리번 거리면서 사방을 살펴본다.

"구조 할 사람 더 있나?"

다시 둘러보아도 아무도 보이지 않는다.

"아! 다행이야."

선미에 오른 그는 시계를 본다. 시곗바늘이 10시 25분을 지난다. 이제는 선체가 급속도로 물속으로 빠져든다. 선미의 우현이 쑥 들어갔다.

"앗차! 위험하다."

그는 바다 속으로 급히 뛰어들었다. 그리고 배 밑에서 일어나는 급물살에 빨려들지 않기 위해 세월호 선체로부터 멀어지려고 사력을 다해 헤엄쳤다.

권 경장은 선장이 '퇴선 명령'을 내린 줄로 알았다. 그는 죽음의 위기를 감수하고 45~60명의 구조를 이끌었다. 그는 배 안에 사람들이 더 남아 있다고는 생각조차 할 수 없다.

전남 어업지도선 201호 박승기 항해사, 어업지도선 207호

아침 바다에 태양이 떠오르고 싱그러운 하루가 시작된다.

어부들은 배를 타고 푸른 바다에서 고기를 잡는다. 고기 잡는 일도 일정한 법과 규칙을 지켜야 좋은 바다가 유지된다. 전남에는 '어업지도선' 4척이 있다. 그날 아침, 지도선 4척 중 201호와 207호는 전남 진도군 의신면 밀매도 해상에서 불법어선을 단속하는 중이었다.

어업지도선에서 내린 두 척의 고속보트를 타고 어업 지도관 5명은 조업하는 선박들을 감시했다. 그물로 어린 고기를 잡던 7톤급 어선 한 척을 발견해 단속했다.

임무를 마치고 두 단정이 철수하려는 순간, 시계는 오전 9시 30분을 향한다. 지도선 201호에서 긴급 무선연락이 왔다. 전라남도 수산자원과 어업지도계장으로부터 급박한 지시가 떨어졌다.

"병풍도에서 여객선이 침몰 중임. 즉시 가서 구조하기 바람."

"진도군 조도면 병풍도 인근에서 여객선이 침몰한다. 속히 가서 승객을 구조하라."

승조원들은 즉시 현장을 향해 달린다. 해상 구난구조 훈련을 받아본 적이 없지만 구조하러 전속력으로 달려간다. 침몰하는 배의 크기나 승객이 몇 명인지 모른다. 무조건 최고 속도로 달린다.

"빨리 빨리- 배가 침몰해."

"승객이 죽는다. 빨리, 더 빨리... 사람 구해야지!"

승조원들은 전속력 40노트 (시속 75킬로미터)로 40킬로미터 거리의 병풍도로 질주한다. 사고 해상에 거의 도달했을 때 10시 4분을 가리켰다. 매우 큰 배가 70도 정도 기울어 있다. 그런데 물속에 빠져 허우적대는 사람들은 보이지 않는다.

좀 더 가까이 접근했다. 선미 쪽 난간에 사람들 몇 명이 매달려있다. 아슬아슬하다. 어업 지도원들은 선미 쪽으로 접근하였다. 박승기 항해사를 비롯 임종택 기관사, 이현 항해사, 강삼윤 항해사, 최승용 선장, 이준배 기관장 등이 구조에 뛰어 들었다. 해경은 선수 쪽에서 구조하고 있다. 어업지도원들은 선미 쪽에서 승객들을 구조하기 시작한다.

어업지도선의 두 보트, 해경의 고무보트, 민간 어선들이 소수의 사람들을 싣고 빠지기를 반복한다. 어업지도선 단정은 최대 15~16명을 실을 수 있고, 해경의 고무단정은 7인승이다. 그 보트들은 사람들을 구조해 싣고 근처에 대기 중인 행정 지도선 '전남 707호', '진도 아리랑호'로 달려가거나 '123함정'으로 달려가서 그 배에 사람들을 옮겨 태웠다. 그리고 다시 선체에 매달린 사람들을 구조하려 세월호로 급히 달려갔다.

세월호가 기울어 뒤집어지려 한다. 그때 선체 내에서 승객들이 우르르 대거 밖으로 탈출했다. 마침 전남 어업지도선 201호 박승기 항해사가 선미 쪽으로 생명의 위험을 무릅쓰고 배를 들이댔다.

주변에 급히 달려온 여러 척의 어선들이 있었지만, 세월호에 접안해 인명구조를 하는 배는 이때까지, 해경의 고무보트, 전남 어업지도선 201, 207호의 두 보트, 민간 어선 피시헌터호와 태선호 등 5척 뿐이다.

지도선 201호 지도원들은 위험을 전혀 개의치 않고 밧줄을 들고 세월호 선미 쪽으로 올라갔다. 그리고 갑판에 나와 있던 승객들을 구조하기 시작했다. 10시 9분경이다. 그들은 매우 위태로운 상황인데도 선미 쪽에 접근해 로프를 걸고 배에서 뛰어내린 학생 7~8명을 구조했다. 그 5~6분 사이, 세월호는 순식간에 90도 가까이 기울어 좌현이 물에 잠겼다.

"배가 기운다. 배가 기울어!"

"배가 침수한다!"

공포에 질린 여학생은 울음을 터뜨린다. 바닷물 속으로 뛰어든 사람들이 그리 많지 않다. 세월호 난간에 매달려있거나 바다에 뛰어든 사람들은 모두 구조했다. 최승용 전남 201호 선장은 물에 뛰어든 모든 사람을 구했기 때문에 승객 모두를 구조했을 것이라 생각한다.

지도선 201호, 207호의 두 단정은 행정선 진도아리랑호에 구조된 이들을 옮겨 싣기 위해 세월호와 행정선 사이를 오갔다. 선수 쪽에는 123 고속단정이 선장과 선원들과 승객들을 구조했다. 그리고 마지막으로 대거 탈출해 물에 빠진 승객들을 끌어올린다. 공중에는 해경 헬기들이 바스켓을 내리고 하버링을 하면서 승객을 구조한다.

어업지도선 보트 위에 사람들이 올라 타려 한다. 승조원들은 이들에게 손을 내밀어 끌어올리고 거리가 떨어져 있는 승객에겐 밧줄을 던진 후 당겨 올렸다.

오전 10시 17분

세월호가 108.1도로 전복되고 있다. 선체 외부의 모든 난간과 갑판이 물에 잠긴다. 객실에 남아 두려움에 떠는 학생들은 카카오톡 메시지를 육지로 보낸다 학생들은 공포를 느끼면서도 탈출할 생각을 못했다.

"학생 여러분, 현재 위치에서 절대 움직이지 마세요. 움직이면 더욱 위험합니다."

선내에 퍼진 방송이 생생하기 때문이다. 배 안에는 온통 물이 첨벙거리고 … 배는 이제 물속 깊이 들어간다.

"지금 배가 전복해."

"배가 너무 기울어. 엄마, 아빠. 살려줘! 배가 물속으로."

"아! 배가 돌아간다!"

소방호스로 사람들을 구조한 화물기사 김동수 씨도 최후 순간이 다가옴을 직감하고 탈출을 위해 떠나야 했다. 객실 쪽을 돌아본다. 물에 잠기는 유리창 안쪽에서 학생들이 창문을 두드린다. 아우성치면서 유리창을 두드렸다. 객실에 물이 점점 차오르며 잠긴다. 창문을 막 때리는 사람들, 그 '마지막 몸부림들'을 그는 똑똑히 보았다.

바다 쪽으로 탈출을 시작했다. 바로 돌아서면 난간 밖 바다이고 단정들이 구조하러 달려올 것이다. 이제 더 이상 선박 안에는 머물 여지가 없다! 동수 씨와 부근의 승객들은 바다로 몸을 돌려 뛰어 내렸다. 김성묵 씨도 끝까지 돕다가 배의 좌초 직전 어선으로 구조되었다. 110도로 기운 세월호가 잠긴다.

어업지도선 201호는 절반 이상 가라앉은 선체 중앙 옥외 계단 부근에서 구명조끼 걸친 사람을 발견하고 침몰 중인 세월호로 접근했다. 극도로 위험하다! 하지만 사람 목숨을 구하기 위해 위험을 감수한다. 110도 이상 기울어진 세월호! 각 층의 갑판은 절반 이상 물에 잠긴 채 회랑을 만든다. 그 속은 급류다. 한 사람이 5층 갑판과 4층 갑판 사이에서 201호로 물살을 가르며 솟구쳐 올랐다.

"사람이다!"

최 선장이 고함쳤다.

박 항해사가 그 사람을 향해 '구조의 손'을 내민다.

"잡기만 해! 손을 잡아! 잡아-"

"이 손 가까이 와요!"

배에서 두 사람이 승객의 양팔을 잡아당긴다. 201호가 파도에 휩쓸려 뒤로 물러났다. 그는 손을 붙잡고 이끌려 지도선 갑판으로 올라탈 수 있었다. 극도의 위험을 무릅쓰고 그처럼 생명을 구조한다.

10시 18분경, 선체 옥상이던 5층 우현이 완전히 물속으로 잠기고 4층도 잠기는 순간, 어업지도선 207호가 3층 발코니 쪽으로 '접안'을 시도했다. 진회색 바닷물이 일렁이는 4층 난간에 사람들이 매달려있다! 이 때 201호는 바닥처럼 깔린 유리창 위로 접안한 상태에서 위태롭게 매달린 사람들을 구조하기 시작했다.

흐린 바닷물이 세차게 일렁이면서 4층 유리창을 사정없이 쓸어내린다. '박승기 항해사'는 두 눈으로 똑똑히 보았다. 그 유리창 안에는 '구명조끼 입은 승객들'이 있었다. 그들은 애타게 유리창을 때린다. 10 밀리미터 넘는 유리창, 외치는 소리는 들리지 않고 '절박한 몸짓'만 볼 수 있다.

지도선 201호 왼쪽에 해경 123단정도 엔진 회전수를 높이며 언덕처럼 변하는 세월호 우현 외벽에 올라타기 시작했다.

박 항해사는 보았다!

4층 객실에 문 하나가 열려있어, 사람들이 많이 나온다. 그 사람들을 태울 때, 한 1분 지나 그 문이 물속으로 계속 잠겼다. 어업지도선 승조원들은 자신들의 위험을 전혀 개의치 않았다. 무조건 달려가 사람을 구해야 한다는 일념 뿐이다!

마지막으로 40~50명의 승객들이 한꺼번에 구조된 것은 오전 10시 19~21분의 짧은 순간이다. 좌현이 완전히 물에 잠기고 우현까지 물에 잠기는 정황에서다. 뒤집어지고 있는 선박의 우현 난간에서 해경 구조사의 도움을 받았을 학생들 수십 명이 우르르 탈출하였다. 단원고 박호진 군은 울고 있는 권지연 양을 안고 있다. "아기! 아기! 아기 받아요" 외치면서 대기하던 전남 201호로 권 양을 넘겨주었다.

일부는 이미 바다로 뛰어들어 구조를 기다린다.

박 항해사와 승조원들이 줄을 던지면서 소리쳤다.

"줄을 잡아! 줄을 꼭 잡아!"

"줄 잡아, 잡아!"

"줄만 잡아."

난간 안쪽에서 20~30명이 다급하게 배에서 미끌어져 내려오거나 뛰어내렸다.

배를 대려는 인근 '피시헌터호' 뱃머리를 잡고 기어오르는 학생들도 있다. 절체절명 위기의 순간이다. 이 최후의 구조 순간에 배 안에 머문 학생들은 구조를 기다리면서 카카오톡으로 대화를 주고받는다.

배 밖으로 나온 승객들은 침몰 직전 '구조대의 손'을 잡고 살 수 있었다. 하지만 '가만있으라'는 방송 따라 '배 안에서' 기다린 착한 그들, 그들은 구조대의 손을 결코 잡지 못한다.

이 몇 분 동안 지도선은 우현 쪽에서 승객 40여 명을 구조하였다.

그 시간 이후 세월호는 잠겼다. 오전 10시 25분, 우현 3~5층 난간까지, 모두 물 아래로 잠긴다. 더 이상 배에서 나오려 애쓰는 사람들도 이제 보이지 않는다. 유리창을 두드리며 '살려달라' 부르짖던 그들 … 그들은 배와 함께 바다 아래로 내려간다.

아! 이 원통함이여 …

(전남201호는 구조 다음 날부터 사고 해역을 떠나지 않고 닻자망 어선, 안강망 어선 등에서 수거되는 유품을 수거하고 수색작업에 필요한 물품을 실어 나르는 일을 이어갈 것이다).

민간 어선 피시헌터호 김현호 선장, 태선호 김준석 선장, 명인스타호 박영선 선장

창조주가 베푸신 절경의 해상공원에 자리한 대마도!

대마도는 아름답고 평화로운 섬이다. 항상 푸른 바다 물결의 싱그러움과 그 바다가 안겨주는 신선함, 신비로움과 풍요로움이 있다. 일상생활이 때로 바쁘게 펼쳐지기는 해도 이곳에는 창조주가 선사한 자연의 신선함과 아름다움이 배어있다. 깨끗하고 너그러운 마음들과 순수한 미소들이 있다.
　이 아름다운 섬에 그리 크지 않은 정든 배를 타고 물고기를 잡는 어민이 있다. 그 이름은 김현호, 진도군 조도면 대마도에 주거하는 '피시헌터호'의 선장이다.
　그때는 좀 한가한 시기다. 그래서 그는 아침밥을 먹고 잠시 연속극을 보고 있었다.
　"진도 부근에서 여객선 침몰!"
　드라마 밑에 자막이 떴다. 그러자 사랑하는 아내가 그에게 말한다.
　"진도 부근이라는디… 안 가봐요?"
　하지만 그는 진도 부근 어디인지 모르므로 그냥 머뭇거린다. 시계를 보니 9시 43분, 메시지가 들어와 있다.
　"긴급 상황 알림! 맹골수도 근처 여객선 침몰 중임. 학생 500여 명 승선. 어선 소유자 긴급구조 요청. 정순배."
　마을대표 정 회장이 조도면에 거주하는 250여 명의 어민들에게 긴급 문자를 보낸 것이다. 문자를 받은 김 선장은 대형사고임을 알아챘다. 그러자 마음이 급해진다. 더욱이 맹골수도는 물살이 세지 않은가.
　그는 텔레비전을 그냥둔 채 '피시헌터호'가 있는 대마항 쪽으로 급히 달음질 쳤다. 기름 채울 시간도 아끼려 20리터(ℓ)들이 기름통을 그냥 들고 달리면서 집에서 20~30미터 거리에 있는 대마항으로 쏜살같이 질주한다. 그때 같은 마을의 형님 김승태 씨도 서둘러 뛰쳐 나와 둘은 서로 만났다. 대막리에 사는 동생 김준석 씨도 그 때 즈음 1.05톤급의 어선 '태선호'에 이웃 김대열 씨를 태우고 침몰 사고 현장으로 향했다.
　급히 배를 몰고 2분 지나 무인도 목섬의 옆으로 돌아섰다. 그러자 사고 현장이 시야에 들어오기 시작한다. 그 때부터 김 선장은 30노트(시속 55.56 킬로미터) 전속력으로 달린다. 김승태 형님은 뒤에서 기름을 넣었다. 피시헌터호를 타고 15분 정도를 달려 10시 3분쯤 사고 현장에 들어섰다.
　"우와! 무지하게 큰 배다!"
　"우와! 저렇게 큰 배가 쓰러졌네 …."

현장에 도착해 세월호를 바라본 그들은 어안이 벙벙하다.
김현호 선장!
그는 한 평생을 바다에서 살았다. 하지만 저렇게 큰 배가 '침몰하는 장면'을 본적이 없다. 지금 바라보아도 도저히 믿기지 않는다. 거대한 세월호! 이 거구의 배가 75도 이상 기울어 옆으로 쓰러지기 직전이다. 여객선 1층과 2층은 벌써 바닷물 속에 가라앉고 3층도 절반 남짓 물에 잠겼다.
그는 대선박 주변을 둘러보았다. 목포 해경 123함정 호도 있고 고속단정, 어업지도선이 있다. 상선 4척과 어선 50척 정도가 전부 주위에서 기다리고 있었다. 그처럼 많은 배들이 급히 달려왔는데도, 잠기는 배로부터 사람들을 빨리 실어나르지 못했다. 큰 배는 세월호에 접안도 안 하고 있고, 123함정에서 내린 조그만 고무보트로 3명을 빼내 뒤로 빠진다. 어업지도선 단정으로 5명 실어 빠져버린다. 저 거대한 배가 쓰러지고 많은 사람들이 죽어가는데 …
"어찌 이처럼 '갑갑한 구조'를 한다는 말이냐?"
현장에 달려간 많은 선박들이 더욱 참여한다면 얼마나 구조가 빠를까.
그런데 그럴 수 없다.
현장 구조 작업을 지휘하는 해경이 2차 피해를 막겠다면서 선박들의 세월호 접근을 단호히 막기 때문이다. 해경은 145미터 전장의 거대한 여객선 선체가 뒤집어지는 상황인지라, 그 큰 배 아래로 어선들이 깔릴 수 있다 판단했다.
'피시헌터호'의 김현호 선장은 좌현 선미 쪽에 사람들이 매달려있는 모습을 보고 엔진 알피엠(rpm)을 올려 어선을 세월호 선미 쪽으로 몰기 시작했다. 선장의 눈에 위기에 처한 사람들만 보인다.
배를 대는 것이 '얼마나 위험한지'에 대해 헤아릴 여지조차 없다–
"니가 시방 나 죽여불라고 그러냐?"
바다 경험이 더 많은 승태 형님이 원망하면서 말린다.
"빵 – 빠앙 – 빵!"
해경이 경고음을 울린다. '위험 경고'의 표시!

피시헌터호의 세월호 접근을 막는다.
"접근하지 마라! 위험하다."
"더 이상 접근 금지, 사고선박 가까이 접근마라!"
하지만 김 선장은 3층 난간에 매달린 사람들이 물속으로 뛰어들지 못함을 안다. 물로 뛰어들면 여러 선박들이 달려와 구조 할 수 있겠지만, 그들은 물을 무서워한다. 그래서 계속 배를 붙잡고, 결국 배와 함께가라앉을 것이다.
김 선장은 안타깝다. '피시헌터호' 옆에서 같이 움직이던 '태선호' 김준석 선장도 같은 생각을 한다.
"배와 함께 침몰해 죽어갈 사람들을 그냥 바라보고만 있어야 하나?"
"그럴 수 없다!"
이들은 해경의 '위험 경고'를 무시한다.
그리고 세월호 후미로 돌진해 배에 접안시킨다.
위험한 여러 고비들이 수 없이 다가왔다. 그런 위험 속에서 동승한 승태 형님이 구조에 앞장 섰다. 후미에서 지도선 201호, 해경고속단정, 피시헌터호 등이 구조한다. 세월호는 80도 넘게 기울었다.
해경은 잔뜩 긴장해 여객선이 쓰러지며 배들을 덮칠까봐 어선들의 접근을 막았다. 하지만 김 선장은 해경과 좀 다르게 추측한다.
"세월호가 넘어올려면 아마 시간이 더 걸릴 수 있어. 3층 복도 뒤쪽에 사람들이 매달려있는데 빨리 나오면 살 수 있다."
그는 바라보고만 있을 수 없다.
"승객들이 못 나오면, 배와 함께 죽는다. 죽도록 버려둘 수 없다!"
김 선장은 '피시헌터호' 뱃머리를 침몰하는 세월호에 그냥 무조건 들이댔다.
그것이 얼마나 위험한지 따질 겨를이 없다.
그리고 외친다.
"빨리- 빨리- 나오시오!"
"빨리! 나와요-"

그는 또한 사람들을 직접 끌어 낸다. 형님 김 씨도 함께 구조한다.

그들에게는 자신들이 당할 위험 요소를 돌볼 겨를이 없다!

생사의 갈림길에 매달린 사람들을 구조하려는 일념뿐...

"사람 목숨이 중요해. 죽도록 그냥 내버려 둘 수 없다!"

"빵- 빵 - 접근마라."

해경이 울리는 경고소리도 들리지 않는다.

김 선장이 세월호에 접안할 때 반대한 승태 형님도 이제 적극 나섰다. 그런데 웬일인가? 돌연히 '피시헌터호'가 기우뚱 거린다. 가슴이 덜컥 내려앉았다. 갑자기 세월호가 움직이자 피시헌터호도 함께 따라 움직였다.

"야! 너 배 빨려들어간다-"

김승태 형님이 소스라치게 놀라 고함친다.

영문을 몰라 자세히 살펴보니 거대한 세월호 후미 철제 난간에 작은 어선 피시헌터호의 뱃머리가 걸렸다.

"앗! 위험하다." 가슴이 철렁한다.

"아! 이대로 빨려 들어가 죽는걸까 ..."

김 선장은 온 힘을 다해 피시헌터호를 세월호 난간에서 빼어내려 애쓴다. 각고의 애쓴 끝에 세월호에서 가까스로 벗어날 수 있었다. 그의 고함 소리가 없었다면, 피시헌터호도 세월호를 따라 침몰하고 말리라.

앗찔하다. 온몸에 소름이 쫙 끼친다.

김 선장은 그런 위험을 겪어도 구조 일념에 꽉 찼다.

"어서 - 사람을 구해야 해."

그는 혼신을 다 바친다. 1차로 생존자 8명을 구조했다.

그들을 '피시헌터호'에 태우고 가서 대기하던 행정선 '진도아리랑호'에 옮겨 실었다. 그리고 다시 세월호 쪽으로 다가왔다.

아! 그때 ... 세월호는 왼쪽으로 완전히 거꾸러졌다.

처음에 접근했던 왼쪽 면은 이미 물속으로 사라졌다. 그 대신 뒤집어진 오른쪽 허리 부분이 모습을 드러냈다.

"사람 살려요! 살려줘!"

고함치는 소리들이 들린다.

구조사의 도움을 받았을 수십 명의 사람들이 선체 통로에 모여 나타났다. 그 사람들이 해경의 7인승 고속단정으로 계속 올라타다가 후미에 접안한 어업지도선 201호로 건너탔다. 고속단정과 나란히 접안하고 있던 피시헌터호로도 사람들이 옮겨 탔다. 이어서 201호도 공간이 없자 그 옆에 접안한 태선호로 사람들이 넘어갔다

"여기요. 구해주세요!"

"살려 주세요, 살려줘!"

구명조끼 입은 승객 두 명이 울부짖는다. 창문 안쪽에도 구출을 기다리는 승객이 보였다. 창문 하나에 한 명씩, 두 명이다. 김 선장은 그쪽이 통로로 연결되는 줄 알았다. 그래서 옆으로 오라고 오른쪽을 계속 가리켰다. 승객들은 안된다고 고개를 가로저었다. 아마 문이 잠겼거나 물에 잠긴 것 같다.

그는 유리창이라도 깨려고 시도했다. 하지만 배가 미끄럽고 망치나 쇠막대기도 없다. 그냥 그들을 보고 있어야 했다. 가슴이 미어진다. 구출을 기다리던 사람들이 점점 물속으로 잠긴다.

어떤 이들은 바다로 뛰어든다. 김 선장은 물속에 빠져 허우적거리는 사람들을 손을 뻗쳐 건져냈다. 온몸에 힘이 빠진다. 김 선장과 승태 씨는 승객들의 구명조끼를 잡고 그냥 막 배로 정신없이 끄집어 올렸다. 해경도 자신들의 고무보트가 작아 김 선장의 배 뒤에 타서 생존자 5명을 실었다.

'피시헌터호'는 2차로 생존자 22명을 태우고 가서 '진도아리랑호'에 옮겨 실었다. 그중 김 선장과 승태 형님이 건져낸 생존자는 17명이다. 두 차례에 걸쳐 모두 25명의 목숨을 살렸다. 동생 김준석 선장과 김대열 씨의 태선호도 20명 정도 구조해 어선 두 척이 45명의 생명을 구했다!

사고가 일어난 첫날, 정부는 투입된 경비함정 81척, 헬기 15대, 유도탄 고속함, 유디티(UDT) 정예병력 등을 동원해 구조에 총력을 쏟고 있다고 언론을 통해 대대적으로 보도한다. 하지만 실제 현장은 전혀 달랐다.

이날 주목할 사실은 선박용 모터 하나만 달린 조그만 민간 어선 '피시

헌터호'와 '태선호' 두 척이 대 함대도 하지 못한 승객 45명의 목숨을 구한 것!

대마도 섬에 거주하는 두 선장과 두 어민의 목숨을 건 필사적 구조 작업으로 많은 승객들을 죽음으로부터 구출 할 수 있었다. 선장과 어민은 용감했다! 그들은 죽음의 위협 앞에도 나약해지거나 겁먹지 않았다.

아! 아름다운 '피시헌터호', '태선호'여 ….

'명인스타호'의 선장 박영섭 씨는 16일 새벽 일찍 고기를 잡았다. '명인스타호'는 9.77톤의 낚싯배다. 그날 조업을 마치고 아침 바다 바람을 맞으면서 귀항 준비를 하고 있었다. 시장하다. 빨리 집에 돌아가 따스한 아침 식사를 먹었으면 ….

그때 무전신호가 울렸다. 아침 9시 3분에 수협 목포 어업통신국에서 긴급무전을 송신했다.

"여객선 세월호가 침몰 중임. 급히 가서 구조 바람!"

"병풍도 북쪽 1.5마일 해상에서 여객선이 침몰 중임. 급히 가서 구조 바람."

긴급구조 요청의 전문을 받은 박 선장, 집으로 가려던 뱃머리를 병풍도 쪽으로 급히 돌린다. 잡은 고기들을 배에 그대로 싣고, 쏜살같이 달렸다. 10시 30분쯤 사고 현장에 도착한다. 대한민국 최대 여객선 세월호가 침몰하고 있다. 그처럼 거대한 선박이 침몰 직전인데도 선박 가까이서 승객 구조를 하는 배는 몇 안된다. 많은 배들은 주변에 그냥 정지해 있다. 배가 침몰하기 바로 전이라 승객들이 바다로 막 뛰어 내린다.

박영섭 선장은 세월호 가까이로 배를 몰고 갔다.

주변에 다른 배들은 안전거리 유지하느라 침몰하는 배에 가까이 가지 않았지만, 그는 바닷물 속으로 뛰어드는 사람들을 보면서 가만있을 수 없다. 명인스타호를 세월호 바로 옆까지 몰고 갔다. 그는 바다로 뛰어 내린 사람들을 배 안으로 끌어올려 태운다.

물속으로 뛰어내린 사람들은 살고자 하는 본능으로 온 힘을 다해 배를 붙잡거나 배 가까이 다가왔다. 연세 드신 분, 남녀 학생들도 있다. 배 위로 올라온 그들 모두는 거의 제정신 아니다. 그들은 겁에 질린 채 추위에 벌벌 떤다. 아무도 입을 열지 않았다.

"파랗게 질린 사람들을 빨리 항구로 옮기는 것이 최상이다."

박 선장은 27명의 조난객을 태우고 전속력으로 항구를 향해 달린다. 한 시간 좀 지나 진도 팽목항에 도착했다. 아! 이제 이들은 그 무서운 '죽음의 배'에서 탈출해 육지로 살아 돌아왔다!

"아, 육지다. 이제 살았다!"

육지에 발을 딛고 나서야 그들은 비로소 울음을 터뜨린다.

'명인스타호' 박영섭 선장!

그는 물에 빠진 27명을 그의 배로 구조해서 한 시간 넘도록 배를 몰고 진도 팽목항까지 달려왔다. 그의 희생적인 노력으로 사람들은 이 땅 위를 밟을 수 있었다.

▌청와대와 중대본. 아! 어찌 이럴수가

아! 어찌 이처럼 처참한 비극이 벌어지나?

대형 여객선이 물속으로 가라앉고 있다. 그 배 안에 갇힌 사람들도 함께 가라앉는다.

'움직이면 위험하니 가만있으라'는 선내 방송이 반복되었다. 지금 배와 함께 침몰하는 사람들은 대부분 너무 착해 방송을 그대로 믿은 사람들이다.

도저히 상상 할 수 없는 대참사 ….

그 무엇이 이 참혹한 재앙을 불러일으켰나?

바닷물이 둔탁하고 무거운 소리를 내며 철썩인다.

땅과 하늘도 슬픈 빛을 드러낸다. 섬 마을에서 바다 새들이 피를 토하듯 울고 있다.

2014년 4월 16일 오전 10시,

사고 현장에서 생존자 구조 활동이 긴박하게 펼쳐졌다. 대형사고가 발생하자 대통령 박근혜의 지시가 민경욱 청와대 대변인을 통해 발표되었다.

"해군과 해경의 인력과 장비, 그리고 동원가능한 인근의 모든 구조선박 등을 최대한 활용해 구조에 최선을 다해주기 바랍니다!"

대통령의 지시다.

"여객선 객실과 엔진실까지도 철저히 확인해서 단 한 명의 인명 피해도 발생하지 않도록 하라."

대통령은 김석균 해양경찰청장에게도 전화 걸었다.

"해경 특공대도 투입해 선실 구석구석에 남아 있는 사람이 없는지 확인하시기 바랍니다."

뜻밖의 대형사고를 수습하기 위해, 박근혜 정부는 '중앙재난안전 대책본부'(중대본)를 구성해 가동한다. 생존자를 급히 구조해야 한다! 긴장감이 감돌았다. 안전행정부는 이날 오전 강병규 장관을 본부장으로 범정부 차원의 중대본을 가동한다. 중대본 차장은 이경옥 안행부 제2차관이다.

이날 중대본은 생존자를 긴급구조하고 참사 해결에 집중키로 했다. 제 1차 브리핑을 했다.

"현재 110명이 구조되었습니다. 사고 현장에 해군, 소방, 경찰, 해경 헬기 총 16대, 선박 24척이 급파되어 구조 작업을 하고, 주변 해상에서 조업하던 민간 선박들도 돕고 있습니다. 진도 팽목항에도 구급차량이 대기중입니다."

민첩한 대응이다. 이처럼 대응하면 구조 작업을 잘 해낼 것 같다.

2014년 4월 16일,

오전 10시 전후로 구조 작업이 숨가쁘게 펼쳐진다. 하지만 많은 승객들은 배 안에 갇혀있다. 타이타닉호 승객들이 거대한 배가 설마 침몰하리라고 전혀 상상 못 했듯, 세월호가 기울어도 설마 원위치로 돌아가리라 여겼다.

"승객 여러분, 가만 있으세요. 움직이면 더 위험합니다."

반복해 울리는 방송을 믿었다. 많은 승객들이 움직이지 않는다. 더욱이 출입문이나 비상구도 제대로 열리지 않고 창문도 깨지지 않는다. 배가 너무 기울어 이동 할 수 없다. 많은 사람들이 절박한 위기를 깨달은 그 순간도, 창문은 너무 두껍고 물은 차오르는데 비상구나 문은 안 열린다.

새장에 갇힌 새처럼 사람들은 세월호에 갇혔다. 그리고 단지 외부로부터 구조 손길을 애타게 기다릴 뿐... 탈출할 방법이 없다! 침몰하는 배 안에서 상호 위로하는 학생들, 다시 곧 제주도로 향할 것을 여전히 기대하면서, 침몰의 절망과 공포를 극복하려고 애쓰는 소년과 소녀들, 잠겨오는 물속에서도 살려고 몸부림치는 사람들, 누군가 배 안으로 들어와 곧 구해주리라 애절하게 기다리는 사람들...

하지만 그들의 열망과 달리 세월호는 복구되지 않는다. 누군가 그들을 구조하러 배 안으로 들어오지도 않았다. 시간이 흐를수록 배는 물속에 더 깊이 침몰하고 그들도 함께 침몰한다. 아! 어찌 이럴 수가...

그 부근 섬 주민들도 이상한 장면을 바라보며 눈을 의심했다. 이게 무슨 일이냐? 주민들은 이처럼 처참한 장면을 이전에 본 적이 없다. 지금 눈으로 바라보면서도 믿을 수 없다. 그들은 발을 동동 구른다.

"오매- 참말로 어찌 아쓰가다! 불쌍혀서."

"사람 몇 명 못 구하고 저 큰 배가 쑥 잠수해 버리네 …."

"음마, 음마, 큰일 났구마, 이거."

섬마을 어민들은 안타까워 어쩔줄 모른다.

"더 이상 안 가라 않겠소. 완전히 들어가겠소오."

"사람 거 헬기로 몇 명 구하고 나머지 싹 들어갔어. 오거 어치게 살아나 오겼어요. 아이고메."

침몰하는 배를 쳐다보며 발을 동동 구른다.

"나중에 안쪽에 몰려가지고 다 죽었는 감사."

섬 주민들은 상황을 이처럼 이끈 선장을 향하여 불만을 터뜨린다.

"배가 기울었으면 구명조끼 입혀서 딱 사람을 빠쳐 버려야지 물로다가. 선장이 뭐하는 것이여. 옴마 옴마, 다 죽고 못 구하네"

"진짜 오메. 사람 몇 명 구하고 말았것소. 오매."
그들은 침몰 광경을 바라보며 너무 기가 막힌다.
"이건 환장해 죽겠네. 들어가 분다. … 옴마 옴마."
"오메 오메 한 오백명이 죽어."
거대한 여객선과 탑승객들이 바다물 속으로 잠기는 것을 바라보는 섬 주민들은 탄식을 쏟아낸다. 상상을 불허하는 잔인한 광경에 가슴 떨린다.
대한민국에서 가장 크다는 여객선 '세월호',
그 거대한 선박이 섬들로 둘러싸인 다도해 해상공원 수심 30미터 정도 (배의 길이는 146미터)의 바닷물에 빠져 허우적거리다니 ….
거대한 배가 몸부림친다. 어쩌면 저 큰 배가 섬들로 둘러싸인 해상에서 저처럼 무기력하게 가라앉을 수 있는가?
저렇게 큰 배가 해상공원 수심 30미터 물속으로 침수 중이라니 ….
침몰하는 저 큰 배를 멈출 수 없나.
배와 함께 죽어가는 사람들,
배를 수심 얕은 데로 끌어온다면, 배를 가까운 섬으로 밀어보낸다면 ….
"왜 노후한 선박을 끌어내? 고선이라 물속에 없어져도 그만인데."
"사람을 구하려면 배를 섬 가까이 끌어와야 해."
청와대가 승객구조를 긴급명령하고, 중대본이 형성되어 본격적 구조 작업에 돌입했다. 국가는 위기에 빠진 국민들을 구조해야 한다. 해경, 해군, 국가기관 모든 인력, 시설, 장비들을 총동원해 구조 작업을 한다.

▎구조작전 살려달라는 외침들-

숲이 우거진 깊은 산 속에 호수가 있다.
이 호수가에 봄에는 연두빛 새싹들이 움트고 예쁜 꽃들이 피어난다. 여름에는 울창한 나무가 우거지고 청록색 잎들이 무성하다. 아름다운 꽃들도 활짝 만개한다. 이들 가운데 빨간 장미가 미소지으며 예쁘게 피어났다.

가을이 된다. 호수 주변은 온통 붉고 노란 단풍들로 절경의 극치를 이룬다. 겨울에는 생명이 얼어붙고 하얀 눈으로 덮였다.

이 호수에 작은 거북이 살고 있었다. 거북이는 호수 물속 다른 생명체들과 공존하면서 자신이 살고 있는 이 호수가 '우주의 전부'라 생각한다. 다른 세상은 없다. 오직 이 호수, 내가 거하는 '작은 호수'가 이 세상 전부다.

작은 거북이는 호수를 유유자적하게 헤엄치면서 항상 즐거웠고 부족함을 모른다.

아! 넉넉한 이 공간, 산속 깊이 작은 호수에서 자연의 변화를 따르면서 알고 배운 것이 우주의 전부로 알고 있었다. 다른 세상이 있을 수 없다. 그리고 다른 세상이 있을 필요도 없다. 그냥 내가 쌓아 올린 삶의 자리, 삶의 이야기, 내가 사는 호수에서 체험한 일들이 이 세상의 모두다.

어느 날 큰 나무 가지가 부러져 호수 위에 떨어지면서 거북이의 등을 때렸다.

"아얏!"

깜짝 놀랐다. 거북이는 재빨리 물속 깊이 도망쳐 내려간다.

"아휴, 아파, 누가 나를 노리고 때리나 …"

작은 거북이는 두려웠다. 무언가 큰일이 일어났다고 생각한다.

호수 위에는 바람이 씽씽 불고 있었다. 호수 안에 사는 거북이는 바람이 무엇인지 모른다. 바람이 왜 생기는지도 몰랐다.

무언가 자신의 등을 몹시 아프도록 때렸기 때문에 단지 물속 아주 깊숙한 곳으로 도망갈 뿐이다. 거북이에게 "그것은 바람에 떨어진 나무 가지였다"라고 설명할 수 없다. 거북이는 바깥 세상을 알 수 없기 때문이다.

자연은 너무 매력적이고 아름답다.

하나님이 창조하신 자연의 아름다움과 향기는 피조물인 우리 인간을 매료시킨다. 우리는 자연의 미와 그 향기로움에 흠뻑 도취되어 무한한 신비에 젖는다.

깊은 산 골짜기에는 옹달샘들이 바위 틈 사이로 졸졸 흐르고 그림같은 호수들도 여기 저기 보석처럼 박혀있다. 창조주 하나님이 지으신 지구(창세기 1~2장)는 무척 신비롭다. 그 깊이를 헤아릴 수 없는 '아름다움과 신비로움' 그 자체다!

깊은 산속 작은 호수들에 어떤 사람들이 산다. 그러나 그 작은 호수들이 이 세상 전부는 아니다. 사람들은 때로 자신이 거하는 호수가 이 세상 전부라고 생각한다. 하지만 사실은 다르다. 더욱 많은 호수들이 있으며 크고 깊은 호수들도 있다. 내 자신이 거하는 호수가 더욱 청정한 여러 호수들에 연결 될수록 호수는 활력있고 풍부해 진다.

물론 내가 거하는 생명력있는 호수가 다른 호수에 생명을 전하며, 다른 호수의 청신함과 풍요가 내가 거하는 호수에 청신함과 풍요를 더해준다. 상호 공유하면서, 건강하게 된다.

목련 꽃 피는 4월,

"침몰하는 세월호 안에서 함께 침몰하는 승객을 구조하라!"

대한민국 정부와 경찰과 군대와 기관에 '초긴급 과제'가 던져졌다.

그런데,

"어떻게 구조 할 것인가?"

어떤 방식으로 배에 갇힌 사람들을 구조 할 것인가?

생존자를 최우선으로 구조하려면 무엇을 서둘러야 하나?

구조 방법과 작전에 대한 치밀한 탐색없이는 실패할 수 있다. 긴급해도 차분한 구조기획과 작전이 필요하다. 생명력 지닌 여러 호수들이 연결되면 죽음의 퇴적층을 걷어내고 그 안에서 생명을 소생시키는 풍부하고 역동적인 힘을 발휘하게 된다. 그처럼 구조 수색 관련 분야들이 연결해 전문적인 실력으로 착수한다면, 저 어두운 장막을 걷어내고 죽음의 그림자를 몰아내고 쓰러져가는 생존자들을 구조해낼 수 있다.

거북이가 즐거워하는 호수가 이 세상 모두는 아니다. 호수들이 많다. 아름다운 호수, 생명이 풍부한 호수, 신비로운 호수가 있다. 다양한 크기, 다양한 모습의 여러 호수들이 있다. 둘레는 작아도 깊어 보석이 감추인 호수, 평범해도 무수한 좋은 자원들이 담긴 호수 … 생명력이 풍부한 많은 호수들이 있다. 이것 역시 창조주 하나님의 우리 인간을 향한 크신 사랑과 관심을 입증해준다.

　서로 연결된다면 질식해 죽이는 퇴적층들을 거두어내고 많은 생명들을 살리리라. 정부, 기관, 해경, 해군, 잠수사, 선박, 구조, 해양 전문가들이 연결된 강하고 생명력있는 에너지는 죽음의 장막을 거뜬히 걷어내고 어둠 속에 쓰러지는 생존자들을 구조해 낼 수 있다. 긴밀한 결속력으로 '생명구조'에 몰입해야 할 시간이다.

　배 안에서는 사람들이 아우성 친다. 창문을 두드리면서 부르짖는다.

　"살려 주세요! 구해주세요!"

　"죽기 싫어요. 나 살고 싶다. 살려줘!"

　"창문 깨뜨려 주세요. 구해주세요!"

　2014년 4월 16일 오전 10시 전후, 세월호 침몰에 맞선 구조 작업이 펼쳐졌다. 하지만 언론보도처럼 대규모의 대대적인 구조가 아니다— 참사현장에서 숨막히게 벌어진 생존자 구조 작업은 해경 함정과 헬기들, 어업지도선, 민간 어선들이 한 것으로, 대규모 아닌 소규모의 구조 작업이다. 그때도 선내 다른 방향의 객실에는 공포에 질린 '많은 승객들'이 구조를 기다린다.

　하지만 아무도 구조하러 배 안으로 들어가지 않는다.

　"웬일일까?"

　애타고 애타게 기다려도, 아무도 다가오지 않는다.

　객실문이 열리지 않고 비상구도 막혀 승객들은 갇힌다.

　어찌하나?

　'가만있으라, 움직이면 더 위험하다'는 방송만 믿고 가만있다. 그리고 방송이 틀림을 깨달을 때는 이미 나갈 수 없다! 철문이 굳게 닫히듯 밀려드는 물이 벽이 된다.

　방송대로 가만있으면서 희망을 품은 이도 있지만 방송도 끊겼다.

　"아! 이제 나는 죽는 걸까 …"

　"아무도 가까이 오지 않아…"

　선원이나 해경 누구도 다가오지 않는다. 파도에 섞인 사람들의 신음과 비명소리만 높아진다. 배 밖에서 사람이 유리창으로 들여다 본다. 그 사람이 손짓한다. 아마 뒤돌아서 문 열고 나오라는 것 같다. 하지만 여기 배안에서 그렇게 할 수 없다. 그래서 '그렇게 할 수 없다'고 손을 저었다.

"제발 그쪽 밖에서 유리창 깨주세요!"

온몸을 다해 소리쳤다.

"살려줘요, 밖에서 유리창 깨뜨려 살려 주세요!"

선실 창문을 계속 때린다.

아! 선실에 물이 가득 차온다.

아무도 안보인다. 더 이상 누군가 다가오는 소리는 더욱 없다. 쏴 쏴 … 철썩이며 물결이 사정없이 높아진다. 물소리 속에 비명이 섞인다.

"살려줘요!"

"아아악, 푸우 … 살려줘!"

다른 선실에서 영주와 친구들이 창밖을 내다본다. 작은 배들이 가까이 있는데 물에 빠진 승객들을 건져내고 있다. 큰 배는 보이지 않지만 몇몇 작은 배들이 세월호 곁에 다가와 탈출한 학생들을 배에 실어 나른다. 어찌하든 배를 빠져나간 사람들이 구조된다.

"지금 우리는 나갈 수 없다."

"우리는 갇혔어, 물이 들어 오는데 …"

"밖에서 유리창 깨고 구해 주세요!"

"해경님 제발 창문 깨고 밧줄 던져주세요!"

긴급하게 소리지르면서 유리창을 정신없이 때린다.

이제 공포와 절망감으로 몸부림 친다.

"살려 줘요! 살려줘!"

"무서워요, 살려 주세요-"

유리창을 깨뜨리려 의자를 휘둘러 던지고 집기를 세게 던졌다. 배 밖으로 나가려는 최후의 필사적인 몸부림, 창문이 모질다. 물은 점점 차 오는데 …

"아! 이제 숨쉬기마저 어렵다."

객실에 있는 물건들이 바닷물 속으로 들어가고 … 배가 뒤집어지고 회전하는것 같다. 어지러워 … 온 세상이 빙빙 돈다. 바닷물, 물, 물속으로 끌려드네.

"살려줘! 살려 주세요!"

객실 다른 곳에서 학생들은 차오르는 물로 공포에 질렸다. 물은 더욱 깊어지는데, 승무원은 보이지 않고, '이동하지 말라'는 방송도 끊겼다.

방송은 '움직이지 말라'는 내용을 2번씩 반복했었다.

"구명조끼 입었는데, 가만있으라니?"

"구명조끼 입었으면 탈출해야지. 왜 움직이지 말래?"

"이 배 너무 기운다."

학생들은 경악했다.

"아, 진짜 죽는다! 배가 뒤집혔어."

"배가 전복하는데 … 우리 죽는다. 정말 죽어."

무섭다!

두렵다. 이처럼 다가오는 죽음 앞에서 공포를 느끼고 떨어본 적이 없다.

고통스럽다. 기운 배에서 뒤틀린 자세도 고통스럽다. 거동도 못하고 육체에도 힘이 빠져 나가 정신이 희미해진다.

"애들아, 배가 뒤집혀 …"

"엄마! 아빠-"

배가 뒤집힌다.

지금 선실 밖에서 무슨 일이 일어나나?

아무도 제지하지 않는 죽음의 사자가 우리를 향해 시커멓게 다가온다.

"왜 아무도 구조하러 가까이 오지 않습니까?"

"우리는 그냥 버림받았나요?"

"정말 죽는구나 … 무서워."

나는 대한민국 국민인데…

우리나라 해경, 해군이 구하러 오겠지.

이 근처에 해경과 해군이 있고,
이렇게 큰 배를 모른 척 할 리 없다.
선박 회사도 힘쓰겠지.
용감한 특공대도 있어.

설마 우리가 죽도록 그냥 둘까?
우리나라가 구해 줄꺼야
용감히 들어와 우리를 구해줄 꺼야.
선장, 승무원도 오겠지.
그런데 다른 객실 친구들은 어찌 됐나
'애들아 용서해줘. 사랑한다!'

'너무 무서워, 무서워!'
'사랑하는 엄마, 아빠'
'오빠야, 언니야, 내 동생아 …'

해질 무렵 나무의 그림자가 길게 늘어지듯,
공포와 절망의 그림자가 점점 길게 느러져 덮친다.
"아! 이제 우리 정말... 정말로... 죽는 건가?"
"나는 살고 싶다!"
"죽기 싫어. 난 살고 싶어. 살고 싶다고..."
"엄마, 아빠 보고 싶어!"
"동생도 오빠, 언니 보고 싶다.
모두들 너무 보고 싶다."

우리는 어떻게 하나?
배가 뒤집혀 죽는 건가?

죽음... 죽음... 죽음이
죽음은 아직 우리와
거리가 먼 것으로 알았는데
우리는 아직도 살 날이 많은데
우리는 아직도 더 살고 싶은데
갑자기 죽음이 찾아오네.

우리는 아직 꿈을 꾸는데
우리는 아직 꽃봉오리인데
죽음이 문을 두드리면서
우리 앞에 검은 모습을 드러낸다.

우린 아직 준비가 안됐는데
우린 아직 더 살고 싶다!
엄마에게로 아빠에게로
우린 아직 돌아가야 해
사망의 공포와 마주하면
두려움에 가슴이 떨려

존재를 지우려는
잔인한 소멸은 가라!

우리는 살아 돌아가야 해

애들아, 우리 꼭 살아야 해

우리는 갈 길이 아직 멀다.
삶의 길이 끝나지 않았어!

우리는 종점에 서 있지 않아.
우리는 시작의 길목에 있어.

그런데 죽음이 문을 두드린다.
시커면 얼굴을 들이민다.
우리들 있는 여기에
지금 들어 오겠다고

우리들이 반대하지
오지 마라!
소멸이여.
문 밖에 그대로 멈추라!
우리는 돌아가야 해

다시금 돌아가야 해
우리는 돌아갈 줄 알았지.

죽음이 물결을 타고 스며 들어온다.
수마들이 우리를 둘러싸기 시작한다.
우리를 향해 잔인하게 다가오는 그 죽음의 수마들을 아무도 중단시키지 않는다.
우리를 여기서 끌어 내지도 않는다. 이제 우리는 숨쉬기도 어렵다.
잔인한 사망의 수마들이 넘실대면서 우리에게 검은 휘장을 휘두른다. 이제 캄캄한 암흑속에서 숨이 가쁘다. 정신이 혼미하다.
아, 무자비한 죽음의 마수가 아직 다 피지 않은 꽃봉우리들을 사정없이 휘감으려 다가온다.

교사들의 구조 작업

"탈출하라!"
"자신의 생명을 지키기 위해 탈출하라.
배에 남아 있는 자들은 죽을 것이다!"

자동차가 충돌해 고장나면 그 차에서 나와야 산다. 심하게 고장난 차 안에 계속 그냥 있으면 폭발이나 공기 부족, 고통을 겪거나 정지되어 죽는다. 어쨌든 '탈출해야' 사람이 산다.

세월호 탑승객 스스로의 판단과 힘으로 고장난 배 안에서 살기 위한 탈출전이 시작되었다. 배 밖에서 해경 함정과 헬기, 어업지도선, 민간 어선의 구조 작업이 진행되는 동안 배 안에서는 단원고등학교 선생님들이 학생들을 탈출시켰다.

강민규 교감 선생님은 당황했다.
"이게 어쩐 일인가... 도대체 어떻게 이런 사고가 일어날 수 있어?"
갑판을 왔다갔다 하면서 안절부절 한다. 무슨 문제인지 정황을 살핀다. 교감 선생님은 선장과 승무원실도 들여다 보았다.
"아니, 배가 어찌 이럴 수 있지요?"
교감 선생님은 교사와 학생들을 보호해야 한다고 느끼며 필사적이다. 평소에도 책임감과 윤리의식이 강해 선생님들과 학생들에게 존경받는 분이다. 배 안에 비상한 위기감이 돈다. 강 교감은 교사들에게 급히 메시지를 보냈다.
"침착하세요. 방송에 귀를 주목하고 학생들에게도 독려 문자를
보내세요."
교감 선생님의 지시 문자를 받은 교사들은 학생들을 점검한다.
선생님들은 침착하고 '방송에 유의하라'는 메시지를 학생들에게 보냈다. 각 반 선생님은 사랑하는 제자들을 위태한 상황에서 절대 안전하게 지키기 위해 최선을 다하고 있다.

세월호에 탄 단원고 교사는 14명이다. 5층에 전수영, 김초원, 이지혜, 최혜정, 유니나 등 여 교사 7명이 있고, 4층에 남윤철, 이해봉, 김응현, 박육근, 양승진, 고창석 등 남 교사 6명이 있다. 남여 학생들은 4층 객실에 자리잡았다. 선생님들은 학생들을 안전하게 탈출시켜야 한다는 일념에 사로잡혔다.

세월호가 50도 기울어 움직이기 어려운 상황, 그 지옥 같은 상황에도, 선생님들은 제자들이 있는 객실로 내려갔다. 학생들에게 구명조끼를 챙겨준다. 주저하는 학생들의 등을 떠밀어 탈출시킨다.

2학년 6반 담임 남윤철 선생님

선생님은 물이 가득찬 방으로 제자들을 찾아 들어갔다. 방송에서 가만히 있으라 하지만, 물이 차오르는 상황에서 가만있을 수 없다. 물속에서 제자들을 찾아 다가갔다.

"침착하라! 침착해 …"

선생님은 외친다. 학생 한사람 한사람 구명조끼를 채워 주었다.

"너희들 빨리 피해!"

어쩔 줄 몰라 무서워하면서 방송 지시대로 꼼짝 않고 있던 그들 … 그들은 선생님이 인도하는 대로 비상구를 통해 탈출한다. 배 난간에 현수가 위태롭게 매달려있다. 선생님은 그를 도와 안전하게 비상구로 인도했다.

선체가 급격히 기운 오전 10시, 선생님은 외쳤다.

"구명조끼 입고 빨리 나가!"

"빨리 나가! 빨리-"

그는 선실 비상구로 제자들을 이끌었다. 그리고 구명조끼를 하나 하나 챙겨주었다. 바닷물이 밀려드는 그 시간, 오직 제자들만 염려했다. 최후까지도 제자들의 탈출과 안전만을 생각한다. 비상구로 인도해 대피시켰다. 그리고 다른 학생들을 구하려 다시 들어갔다.

"마지막까지다 … 내가 할 수 있는 한,
 내 생명 바쳐 … 한 명의 제자라도 더 구한다!"

그는 입을 굳게 다문다. 그 자신의 안전은 관심 밖이다. 제자들을 구하기 위해 온 힘을 쏟아 안전하게 탈출시켰다. 하지만 정작 그 자신은 피하지 못한 채 밀려들어온 물살에 휩감긴다. 남윤철 선생님의 의식이 아스라해진다. 4월 17일, 선생님은 여객선 후미 쪽에서 싸늘한 모습을 드러낸다.

2학년 7반 담임 이지혜 선생님!

선생님은 사고가 발생하자 5층에서 아래층으로 학생들을 구하러 내려갔다.

배가 기울자 어쩔 줄 모르는 제자들, 그들을 향해 큰 소리로 외친다.

"갑판으로 대피해! 갑판으로 피하라…"

"빨리 빨리 대피해!"

그녀는 학생들이 구명조끼를 잘 입도록 챙겨주었다. 학생들이 탈출구를 통해 속히 빠져 나가도록 재촉한다.

그리고 그 자신이 입을 구명조끼마저도 자신은 입지 않고 제자에게 양보하였다. 이지혜 선생님은 사랑하는 제자의 생명을 한 명이라도 더 구조하려고 그 분 자신의 소중한 생명마저도 포기한다.

2학년 3반 담임 김초원 선생님

사고가 발생한 날이 바로 선생님의 생일이었다. 자정 지나 학생들이 열어준 생일파티에서 다들 활짝 웃으며 행복했다. 그런데 이 갑작스러운 비극이 일어났다. 선생님은 머무르던 5층에서 이지혜 교사와 함께 학생들을 구하러 4층으로 내려갔다.

학생들은 물이 차오는 선실에서 겁에 질린다. 선생님은 학생들을 안정시켰다.

"빨리 구명조끼 입어."

"속히 이곳을 탈출해야 해. 갑판으로 나가―"

선생님은 학생들이 구명조끼를 빠짐없이 잘챙겨 입도록 돕는다. 학생들은 이런 위기에도 방송대로 '가만있으면서' 아예 탈출할 생각을 안했다.

선생님은 탈출을 독려하면서 갑판으로 나가도록 이끌었다. 그러나 선생님 자신은 구명조끼를 입지도 않은 채 오직 제자들만 탈출시킨다.

2학년 9반 담임 최혜정 선생님

그녀는 올해 처음 교편을 잡고 교단에 선 새내기 교사다. 항상 밝은 미소로 친절하게 대해주는 최 선생님을 학생들은 누나처럼 언니처럼 따랐다. 때로 늦게까지 가르치며 교실에 있어도 피곤을 모르고 열정을 쏟았다. 최 선생님은 아래층에 있는 제자들에게로 내려갔다.
"구명조끼 입어!"
"구명조끼 입고 위로 올라가!"
그녀는 제자들에게 구명조끼를 하나하나 챙겨준다.
학생들은 어쩔줄 모르다 챙겨주는 구명조끼를 입고, 선생님이 떠미는 대로 올라간다. 위험한 선실에, 승무원이나 구조대가 아닌 오직 담임선생님이 구조하러 내려왔다! 선생님 자신도 무섭다. 하지만 제자들을 구하려는 사명이 공포보다 더 크다.
"선생님! 선생님도 올라오세요!"
올라간 아이들이 크게 소리쳤다.
"선생님도 구명조끼 입으세요! 나오세요, 빨리요!"
그녀는 대답했다.
"걱정하지 마. 너희부터 다 나가고 선생님이 나갈께..."
SNS로 응답하였다. 최 선생님은 제자들을 구하려 끝까지 힘썼다. 이제 물살이 밀려들며 드세다. 그녀는 사랑하는 제자들을 마지막으로 올려 보낸 뒤 선실 물속에서 쓰러진다.

2학년 5반 담임 이해봉 선생님

그는 사랑하는 제자들을 죽음에서 탈출시키기 위해 생명을 불사한다. 이해봉 선생님은 학생들을 구하려 자신의 몸을 투신하였다. 위기상황에서 구조사의 도움없이 제자들이 자력 탈출을 하고 있었다. 몇몇 학생들이 배의 난간을 붙들고 위태롭게 탈출을 시도한다.
 그들이 난간에서 곧 떨어질 것 같다.
 "앗! 위험하다. 그대로 있어!"
 "내가 갈게! 그냥 있어."
 소리를 지른 선생님은 무조건 난간으로 달려들었다. 아슬아슬한 위기 끝에 난간에 매달린 제자 10명을 가까스로 구조해 탈출 시킬 수 있었다. 하지만 선생님 자신은 선실에 갇힌 제자들을 구조하러 다시 침몰하는 배 아래로 들어갔다. 배가 죽음을 향해 달리는데 선생님은 사랑하는 제자들을 구조하기 위해 다시 죽음의 배 안으로 들어가고 있었다.

2학년 1반 담임 유니나 선생님

유 선생님은 사고가 일어나자 머물던 5층에서 제자들을 구조하러 위험한 아래층으로 내려갔다. 학생들은 온통 겁에 질려 어쩔줄을 모른다. 방송대로 가만있기만 한다.
 "모두 빨리 선실을 나가 – 갑판으로 피해."
 유니나 선생님은 겁에 질린 학생들에게 빨리 나가라고 재촉했다. 제자들이 메시지를 보낸다
 "선생님, 물이 차올라요."
 "선생님, 무서워요!"
 "걱정마, 선생님이 곧 그리갈게"
 유 교사는 응답하면서 학생들을 구하러 들어간다. 제자들이 우왕좌왕한다. 선생님은 통로로 올라가 속히 탈출하도록 이끌었다. 그리고 자신이 입은 '구명조끼를 벗어' 제자에게 건네주었다. 침몰 직전까지, 가족에게는 연락도 못했다. 오직 사랑하는 제자들을 탈출시키는데 전념했다. 카카오톡 대화를 나누면서 제자들이 무섭지 않도록 끝까지 지킨다.

인성 생활부 고창석 선생님

그는 위기에 처한 학생들을 죽음으로부터 탈출시켰다. 자신의 생명을

불사하고 제자들 구조에 힘썼다. 고창석 교사는 경황없이 머뭇거리는 학생들에게 다가가 신속히 탈출하도록 전력으로 돕는다.

"빨리! 나가라!"

"빨리, 빨리... 갑판으로 나가!"

선생님은 공포에 질린 학생들을 향해 소리, 소리 지른다. 목이 터져라 외쳤다. 머뭇거리는 제지들이 신속히 죽음을 탈출하도록 고함쳤다. 고 선생님은 자신의 생명을 지킬 구명조끼마저 벗어, 제자에게 입혀준다. 제자들을 살리기 위해 자신의 생명마저 희생시킨다. 제자를 살리려 자신의 살 길을 포기한 선생님... 그 자신은 바다 물살에 휩쓸려 다시는 돌아올 수 없는 길로 접어든다.

2학년 2반 담임 전수영 선생님

선생님은 제자들을 구하기 위해 4층과 3층으로 내려갔다. 얼마 전 엄마가 전화를 걸었다.

"수영아, 배 사고가 난거, 지금은 좀 어때? 지금 괜찮아?"

"엄마, 나 지금 아이들 구명조끼 입혀야해..."

전 선생님은 전화를 끊었다.

제자들에게 구명조끼를 챙겨 입혀주느라 분주하다. 구명조끼를 입지 않은 아이가 보였다. 선생님은 자신이 입은 구명조끼를 즉시 벗었다. 그 구명조끼를 학생에게 입혀 준다. 배가 점점 더 기운다. 상황이 절박하다. 아마 여기서 죽을지도 모른다. 죽음을 앞둔 이 순간, 그녀는 친구에게 메시지를 보냈다.

"배가 침몰해. 구명조끼 없어, 미안해... 사랑해!"

남자친구가 소스라치게 놀라 전화한다. 그녀는 대답했다.

"학생을 챙겨야 해..."

그리고 전화를 끊었다.

전 선생님은 끝까지 제자들에게만 관심을 쏟는다. 그리고 제자들을 탈출시켰지만 구명조끼를 넘겨준 선생님 자신은 물속으로 멀어지고 있다.

김응현 선생님과 박육근 선생님

선생님들은 학생들이 모여 있는 객실로 들어갔다. 기울어진 배 안에서 공포 속에 떨고 있던 학생들은 선생님이 자기들을 향해 다가오는 모습을 보았다. 선생님의 그 모습은 하늘에서 구원하러 땅위로 내려온 천사다.

"선생님이 오셨다. 선생님!"

"선생님 무서워요-"

온통 공포와 어두움으로 가득 찬 선실이 한줄기 빛으로 환하게 비쳐진다. 어두움이 비켜섰다.

"구명조끼입고 갑판으로 대피해!"

"빨리 빨리 나가라-"

김 선생님은 어쩔줄 모르는 학생들이 구명조끼를 잘입고 갑판으로 나가도록 이끈다. 박 선생님도 구명조끼 입은 학생들이 당황하지 않고 신속히 탈출하도록 이끈다. 두 선생님은 학생들을 신속히 탈출 시키면서 자신들은 물속에 그대로 남아 있다. 그리고 마지막까지 배에 남아 제자들을 갑판으로 대피시킨다.

양승진 선생님

선생님은 돌발적인 사고가 발생하자 학생들이 모여있는 객실로 들어갔다.

"갑판으로 나오라! 갑판으로 나와!"

"빨리! 빨리-"

선생님은 목이 터져라 외치면서 객실을 돌아다닌다..

"갑판위로 나아가!"

두려워 가만히 있던 학생들은 선생님의 재촉으로 갑판위로 나갈 수 있었다. 양 선생님은 자신이 입은 구명조끼마저 벗었다. 그리고 그 벗은 구명조끼를 구명조끼 없는 제자에게 입혀준다! 제자의 생명을 살리려 그분 자신은 생명을 포기했다! 양 선생님은 구명조끼도 입지않은 채 차오르는 물속에서 끝까지 제자들을 탈출시킨다.

이애란 선생님

　선생님은 4층으로 내려가 닫힌 선실문을 열려고 안간힘을 썼다. 문을 열어야 학생들이 나올 수 있는데, 열리지 않기 때문이다. 일부 비상구도 열리지 않았다. 이 선생님이 온 힘을 다해 문을 밀자 문이 '콰당'하고 떨어졌다. 그 영향으로 갑판으로 몸이 떨어지는 바람에 그녀는 다행히도 구조된다.

　침몰하는 세월호에서 단원고등학교 선생님들은 사랑하는 제자들의 생명을 구하기 위해 그 자신들의 생명을 드렸다. 사랑하는 제자를 살리려는 일념에 사로잡혔다. 선생님들은 입고있던 구명조끼마저 벗어 제자들에게 입혀주었다.
　'구명조끼 양보'는 "내 생명을 준다"는 뜻, 이보다 깊은 사랑이 있을까? 사람은 누구든지 살고 싶고 죽기 싫은 본능이 있다.
　생명은 소중한 것, 두 번 지닐 수 없는 인간 생명! 단원고등학교 선생님들은 그 소중한 생명마저도 제자들을 살리기 위해 주었다.

▌ 아, 강민규 교감 선생님!

　재빛 구름위에 또 흙빛 구름이 밀려든다.
　강민규 교감 선생님!
　공주사대 ROTC 출신으로 정직하고 과묵하며 후배 교사를 돕는 따뜻한 마음을 지녔다. 교장 선생님과는 한 고교에서 교사로 함께 근무한 적이 있다.
　강 교감 선생님은 교사 14명과 함께 2학년 학생 325명을 인솔해 제주도로 즐겁게 수학여행 중이었다. 갑자기 "꽝!" 소리가 났다. 배가 흔들리며 기운다. 깜짝 놀라 정신없이 학교에 위기상황을 알렸다.
　교사들에게 메시지로 지시했다.

"안전에 만전을 기하며 학생들을 잘 돌보세요."

교감 선생님은 학생들의 안전을 염려하면서 선실 밖에서 조급했다. 상황이 급박하자 교감 선생님은 직접 구조 작업에 나섰다.

"빨리 올라와, 빨리!"

"위험하다. 빨리 올라와!"

5층과 4층 사이 계단에서 갑판으로 속히 올라오도록 탈출을 독려했다. 교감 선생님은 학생과 시민 20 여 명의 탈출을 도왔다.

그처럼 탈출을 재촉하던 중, 선생님은 저혈당 쇼크로 정신잃고 쓰러졌다. 불행 중 다행히도 교감 선생님은 헬기로 구조되어 인근섬으로 옮겨졌다. 하지만 선생님은 침몰하는 배 안에서 죽어갈 제자들을 상상하면 가만히 있을 수 없었다.

"살려 주세요!"

"무서워요. 우리 살려줘요!"

배 안에서 고함소리가 쟁쟁히 들려온다.

교감 선생님은 몸도 매우 불편하나 벌떡 일어났다. 섬 마을 사람들의 고깃배를 얻어 타고 세월호 침몰해역으로 향했다. 구조를 지켜보며 재촉한다.

"빨리 구조해요!"

"왜 머뭇거려요. 빨리- 빨리 구조해요."

"더 빨리 합시다! 빨리요 빨리 …"

선생님은 발을 동동 구른다. 그처럼 불편한 몸에도 구조재촉을 한다.

선생님은 치료 받아야할 처지였다. 하지만 목포해양경찰서는 그날 교감 선생님을 경찰서로 소환했다. 그리고 장시간의 조사를 강행한다. 사고의 주범 선장이나 선원 조사는 안 하고 병원에서 치료와 안정이 필요한 피해자 교감 선샌님만 경찰서로 소환했다. 수사관은 질문한다.

"교감 선생님, 어떻게 수학여행을 가게 되었습니까?"

"교육청 공문에 청해진해운에서 운행하는 제주도 여행 코스도 소개 되어 있었어요. 정부의 선박여행 장려도 있고 아이들도 좋아해 … 배를 타는 수학여행을 결정했습니다."
"교육청에서 공문을 받았다고요. 선생님은 돈을 받지 않았습니까?"
"천만에요, 모든 일은 공적으로 질서있게 추진됩니다."
수사관은 무슨 비리라도 찾아내려는 듯 이리저리 둘러 질문한다. 계속해서 여러 질문들을 물었다. 교감 선생님은 아프고 불편한 몸이지만 생각나는 대로 사실 그대로 모든 상황들을 설명했다.
"안개가 많이 끼어 일기가 나쁜데, 굳이 배가 그날 출발한 이유가 무엇입니까?"
다른 수사관이 물었다.
"교감으로서 책임을 느껴 일기가 나쁜 그날, 밤늦게 수학여행을 출발해서는 안된다고 선생님들에게 말했습니다. 그날 수학여행 출발하는 것을 반대했습니다. 그런데 인천 터미널에서 갑자기 배가 곧 출발한다고 다시 방송하고, 그냥 배에 오르게 되었습니다. 원래 '오하마나호'인데 세월호로 배가 바뀌었어요."
"배가 바뀌었다고요?"
경찰은 여러 질문들을 쏟아 내었다. 몸이 불편한 교감 선생님에게 조그만 배려도 없다. 마치 범죄인 수사하듯 조인다. 경찰은 교감 선생님이 엄청난 피해자라는 사실을 전혀 망각한 듯 하다.
"배가 왜 침몰 했습니까?"
경찰이 물었다.
"제가 어떻게 압니까? 이런 일이 일어날 줄 정말 몰랐습니다. 배가 좀 불안전한 것 같은 느낌은 들었지만 … 갑자기 '꽝' 소리가 나고 배가 기울었어요, 물이 들어 오기 시작했습니다. 하지만 선장이나 선원은 상황설명이 없고 보이지 않았어요. 해경도 못보았고 아무도 구조하러 들어오지 않았습니다 "
"아무도 배 안으로 구조하러 들어오지 않았다고요?"
"그래서 배 안은 실로 지옥 같았지요, 누구 한 사람도 구조하러 오지 않으니…방송은 승객들에게 가만있으라 하고 …"

교감 선생님은 선장이나 선원들이 속히 대처방법을 알려주었어야 한다고 강조했으며 해경도 적극적으로 배 안으로 진입해 구조했어야 한다고 말했다. 배 안에서 죽어가는 학생들이 너무 불쌍하다고 말했다.
"선장은 어디 있습니까? 왜 선장이나 선원은 모습이 안보이나요? 아무런 사과가 없습니까? 선박에 문제 있는것 같아요. 배가 갑자기 그처럼 넘어갈 수 없습니다.
무슨 일일까요? 왜 그랬을 까요?"
강 교감은 질문했다.
"교감 선생님, 묻는 질문이나 대답하세요. 정부가 장려해서 여행을 했다고요. 그날 밤 11시로 지연되어 출발을 안하려 했는데, 갑자기 터미널에서 더 일찍 간다고해 출발하게 되었다고요? 책임을 피하십니. 교감 선생님의 잘못을 말하세요. 왜 학생들을 인솔해 제주도로 여행을 떠나게 된 것입니까? 선장이나 선원들이 지금 어디 있는지는 교감 선생님이 관심둘 일이 아닙니다. 수학여행 관련해 교감 선생님의 역할이나 말하세요. 정부나 해경에 대해 말하지 말고 …."
경찰은 언성을 높였다. 피해자로서 몸도 불편한 선생님을 마치 범죄인처럼 다룬다. 장장 7시간이 지나고 8시간이 넘도록 경찰 조사는 강행된다.
사고와 관련 영문도 모르는 선생님을 털어서 먼지내려는가? 때로 언성을 높였다. 무례한 수사관들은 피해자 선생님을 향해 언성을 높인다..
"바른 말해, 이 인간 잘못했잖아."
"저 자식, 바른 말해."
수사관은 마치 선생님이 사고의 주범인양 강압수사를 한다. 강 교감은 아픈 몸에 제자들을 걱정하면서 해경들의 공격적 수사에 불편하다. 더욱이 자신을 범죄자로 몰지 않는가?
부당하다고 느끼면서 아닌 것은 아니라고 극구 부인했다. 그리고 정황을 아는 대로 설명해 주었다.
장장 9시간이 넘도록 해경은 기본도 없이 몸이 아픈 교감 선생님에게 '비이성적 수사'를 강행한다. 반면 사고의 주범 선장과 승무원들은 해경 집에서 편히 쉰다.
　선생님은 지칠대로 지쳤다. 해경의 비정상적인 수사에 몸서리친다. 쓰러지지만 않았어도 학생들 구하러 배에 남았을 선생님 …
　정신을 잃고 쓰러졌기에 구조될 수 있었는데, 지금 해경은 모든 사고가 강 교감으로 인해 생긴 것처럼 짓밟지 않는가?
　세상에 이럴 수가, 경찰이 제정신 아니다. 선장과 선원들은 편안히 해경 집에서 쉬는데 …
　조사당하고 나온 선생님은 건강이 더욱 나빠졌다.
　"언젠가 진실이 밝혀지겠지 …."
　교감 선생님은 배에 갇힌 제자들을 생각하며 운다.
　"아이들이 지금 얼마나 고통스러울까
　아이들이 죽어가고 있어…"
　하염없이 눈물이 흐른다.
　몸이 아픈 교감 선생님을 경찰이 9시간 넘도록 조사했다.
　다시 죽으라는 말인가?
　추락한 비행기에서 선생님이 가까스로 구조됐다면, 치료하고 안정을 취하도록 해야 하지,
　"왜 비행기 사고가 났느냐?"
　"어떻게 살아 왔느냐?"
　아무리 질문해도 그 분은 알 수 없다. 그런 질문이 적당하지도 않다. 도대체 승객 중 그 누가 비행기 사고 원인을 알며, 사고에 책임있나?
　"왜 살아 왔어?"
　"왜 죽지 않고 혼자 살았나?"
　"왜 사고가 났지?"
　승객은 모른다. 아무 것도 모른다.
　왜 세월호가 침몰했는지 모른다. 사고에 아무 책임도 없다. 단순히 승객은 피해자다. 교감 선생님은 몸도 불편한 피해자다. 그럼에도 해양경찰서는 강압수사를 했다. 강 교감은 온몸이 아프고 모욕감마저 느낀다.

아! 또 하나의 슬픈 날!

단원고 교장 선생님과 교사들이 사고정황을 점검하고 학부모들을 위로하러 진도체육관에 왔다. 자녀들이 생사의 기로에 놓인 부모들은 조급하다. 마치 교사들이 사고 낸양 언성을 높였다.

"우리 아이 살려내라!"

"어떻게 그렇게 사고 날 수학여행을 보냈나?"

"지금 아이들이 저 차가운 바닷물 속에 잠겨있는 데…"

교감 선생님에게도 언성을 높였다.

"아이들을 남겨두고 혼자 살아오다니…"

선생님들 모두 죄인이다.

모두 무릎 꿇고 빌었다. 선사 측이나 선원도 아니지만 학부모들에게 빌었다. 하지만 선생님들 역시 너무 슬프고 고통스럽다. 그 누가 사랑하는 제자들을 갑자기 잃은 스승의 아픔을 알리오. 마음 아프고 슬프다.

학부모들은 선생님들을 맹비난한다.

그런데 비행기가 언제 사고날지 승객들이 어찌 알랴? 승객들은 모른다. 사고에 대한 책임도 없다. 배가 언제 사고날지 승객들이 어찌 알랴? 승객들은 모른다. 사고에 책임도 없다. 선생님들은 모른다. 선박 사고에 책임이 없다.

학부모가 강 교감에게 항의한다.

"뭐 하러 여기 있어요?"

"면목 없습니다. 죄송합니다."

교감 선생님은 사과했다. 교사들 모두 용서를 빌었다. 부모들은 선생님들을 원망했다. 학부모들과 교사들은 함께 운다.

진도체육관에 밤의 장막이 드리운다. 그날 밤 9시 지나 교감 선생님이 안보인다. 밖에 나가 안돌아 오셨다.

온 밤을 기다리고, 다음날 아침 지나 12시 넘도록 ….

"교감 선생님 어디 가셨지요?"

동료 교사가 4월 18일 오후 1시 경찰에 연락한다.

"여보세요. 경찰서지요? 여기 진도체육관입니다. 교감 선생님께서 지난밤 나가 안돌아 오십니다."
"교감 선생님이 안돌아 오신다고요?"
신고 받은 진도경찰은 체육관 일대에 대대적인 수색을 벌인다.
2014년 4월 18일,
아! 또 하나의 슬픈 날…
그날 오후 4시 좀 지날 무렵,
진도 실내체육관 뒤 야산에 바람이 스산하게 일고있다. 나무가지들이 부딛치며 일렁 일렁거린다. 소나무들이 몸들을 맞대고 흔들린다.
그런데 보아라! 한 소나무가지에 '무언가' 매달린 것 같다.
"무엇일까?"
무슨 보따리 처럼 보인다.
좀더 가까이 가서 쳐다본다. 사람옷이 걸쳐있는 것 같기도 하다.
"허수아비일까?"
조금 더 다가가 바라 보자 그것은 마치 사람처럼 보인다.
"앗, 사람이네. 사람이 왜 나무에 …"
"아, 아 …사람의 몸이다!"
"사람이 소나무 가지에 매달려있다?"
"사람이 달려 있다… 누가, 왜, 소나무에?"
도대체 누구일까? 누가 저렇게 홀로 매달려있나?
소나무 가지가 바람에 흔들리면 모습이 약간 감추이고, 바람이 쉬면 확연히 자태를 드러낸다. 성인 남자처럼 보인다.
누가 야산에 올라왔을까 … 누구일까.
조심스럽게 더욱 근접해 다가선다. 아! 그런데 교감 선생님 비슷하다. 설마 …
"그런데 정말 교감 선생님 같다 …"
강민규 교감 선생님!
아픈 몸으로 구조를 빨리하라 해경에게 재촉한 선생님 …

그 선생님이 소나무 가지에 매달려있다!
등산복차림인데 허리띠로 목을 매어 나뭇가지에 묶여있다.
"'앗! 이럴수가.'"
"어떻게 이런 일이?"
찬바람이 불어오는 야산 나무에 몸이 매달려있다. 배에 갇힌 제자들을 빨리 구조하라 재촉하던 선생님- 아픈 몸으로 경찰에 불려가 9시간 넘도록 조사당한 선생님, 학생들이 구조되고 정황이 밝혀지면 학부모들도 이해하리라 기대하던 교감 선생님, 제자들 구조를 손꼽아 고대하면 그 분이 매달렸다.
"간밤에 무슨 일이 벌어졌나?"
싸늘한 몸으로 매달려있다.
얼마나 고통스러우셨을까. 이 죽음에 이르기까지 두려움과 떨림, 흑암과 공포, 아픔과 고통으로 얼마나 힘드셨을까. 얼마나 무서우셨을까?
'구조 작업 지연'에 발을 동동 구르시더니 싸늘한 주검으로 발견되는가? 아! 이럴 수가 …
현장에 유서는 없단다. 그 이후 자필로 쓴 유서가 지갑에서 발견됐다고 경찰이 발표했다. 어떤 이는 유서가 바지 호주머니에서 발견됐다 한다. 자필로 썼다는 유서가 공개되었는가?
'교감 선생님 자살' 보도가 인터넷을 달구자 사람들은 궁금해 한다.
"선생님이 숨진 날이 사고후 3일 째 날인데, 그때는 생존자 구조에 희망 있었다. 그런데 왜 교감 선생님이 갑자기 자살을? 자살할 시기가 아니다."
그리고 생각한다.
"교감 선생님은 여행의 총 책임자이기에 배가 오하마나호에서 세월호로 바뀐 경위를 알고 있다. 해경이 강력히 부인한 '단원고 8시 10분 연락설'을 입증할 유일한 증인이다."
교감 선생님의 뜻밖의 죽음을 수상히 여긴다.
누군가 의문을 던졌다.
"교감 선생님의 죽음을 자살로 단정한 기사에 선생님이 경찰에 불려가

'11시간 정도' 조사 받은 것으로도 나왔다. 결국 자살할 수밖에 없도록 만든 것 아닌가? 경찰은 몸도 불편한 교감 선생님께 도대체 왜 그처럼 오래 조사했나? 조사 내용을 밝혀라!"

"검찰과 해경에서 교감 선생님은 강도높게 조사하고. 사고를 낸 선장은 해경 집에서 편히 쉬도록 했다. 그럴 수 있나? 그 이유를 밝혀라! 수상하다. 이상한 게 한 둘이 아니다."

강 교감 선생님의 부인 이미희 사모는 말했다.

"경찰의 강압수사를 남편이 내게 알려주지 않았어요. 그분은 그정도로 엄격하고 자존심 강한 분입니다."

그녀의 눈에 눈물이 맺히며 슬픔을 가누지 못한다.

딸 강민정 씨가 간절히 부탁한다.

"아버지가 원래 눈빛이 매우 선명한 분입니다. 그날 눈빛이 흐리셨어요. 초점도 아예 안 맞추시고 … 이미 수사 받으셨던 상태인데, 다음날 그렇게 되셨습니다. 우리 어버지께 무슨 일이 일어났는지 전부 꼭 밝혀 주세요!"

도대체 경찰은 왜 11시간 동안 무리한 조사를 했나? 한밤 중에 야산 숲속에서 교감 선생님께 도대체 무슨 일이 생겼을까?

자살에 대한 의심이 한심스럽다고 누군가 말한다. 선생님이 정말 자살했을 수 있다고... 하지만 이해 안되어 질문한다.

"그 소나무에 혁대로 묶어 자살이 가능할까? 가능하지 않을 것 같다."

"바로 화장한 것은 성급했다. 왜 하필 화장인가?"

"교감 선생님이 자신의 몸을 화장해 바다에 뿌리라고 유서에 남길 이유가 없다! 학생 구조를 독촉하던 그 분이 왜 갑자기 죽을 생각을 했단 말이냐? 더욱이 가족 이야기는 한 마디도 없고, 화장을 언급하니 말이 안된다!"

"행여 자살이 맞을 수 있다 가정하자. 그래도, 어떤 자살로 보이는 사건도 그처럼 빨리 처리 않는다. 일단 타살 의심을 하면서, 충분한 조사로 판명되야 하는 것이다. 왜 그리 서둘러 화장해 신체를 조사하지 못하게 만들었나?"

삼일장으로 바로 화장한 것이
별 의문 없이 지나가는데,
이건 중대한 문제다.
현장에서 익사채로 발견된 사람 아니기에,
일반 사건처럼 과정을 거쳤어야 마땅하다.
왜 그런방식으로 처리했나?
경찰이 그런 절차를 모르리 없다.
유족이 곧 화장한다해도 경찰은 절대로 허용 않는다
자살이 혐의없음이 확정되기 전에는
살인사건인 것이다.
흘러가는 상황을 볼 때,
의심스러운 게 있다.

(「Paxnet Community」, 자유게시판 2014년 5월 21일).

교감 선생님이 시체로 발견되자 사람들은 망연자실했다. 대충격에 휩싸인다. 아! 먹구름이 겹겹이 겹치듯 슬픔 위에 슬픔이 중첩된다.

선생님이 싸늘한 몸으로 소나무 가지에 걸려있다니…

실종자 가족들의 임시 거처가 마련된 공설운동장 뒤편 야산에 바람이 스산하다.

이 비극이 고려대학교 안산병원에도 전해졌다. 희생자 5명이 안치된 장례식장에서 비보를 들은 졸업생과 재학생이 통탄한다. 눈물의 연속이다.

또 한번의 비극이 학부모와 학교를 강타한다.

장례식장 로비에 있던 학생이 교감 선생님 죽음을 알리자 사람들은 멍하니 허공을 응시했다. 한 여학생은 일어서지도 못했다. 비극에 비극의 연속이다. 문병온 여학생들은 병원에서 부둥켜 안고 운다.

"선생님! 교감 선생님!"

"선생님마저 가시다니요 …."

학생들은 통곡한다.

이 비보를 듣고 단원고 3층 대강당에 있던 재학생과 가족 150명도 참담해졌다.

고개를 떨구고 어떤 이는 천장을 보며 눈물 흘린다. 어떤 이는 큰소리로 통곡한다.

"교감 선생님! 선생님…"

여기저기서 흐느낀다.

단원고등학교에 비보가 겹친다. 엄청난 이 비극을 어찌 감당하랴.

학생들이 배에 갇혀 죽어가는데 교감 선생님마저 …

하늘이여! 아는가?

땅이여! 보았느냐?

선생님이 소나무 가지에 매달리는 모습을,

그 누가 보았는가?

그 누가 선생님이 소나무에 매달려

고통당하는 모습을 보았더란 말이냐.

단원고 사고대책반은 교감 선생님 자살 관련 기자회견을 할 것이다. 경찰은 이후 지갑에서 발견했다는 유서 내용을 공개했다.

-유서-

200명의 생사를 알 수 없는데 혼자 살기에는 힘에 벅차다.

나에게 모든 책임을 지워달라. 내가 수학여행을 추진했다.

내 몸뚱이를 불살라 침몰 지역에 뿌려 달라.

시신을 찾지 못하는 녀석들과 함께

저승에서도 선생을 할까…

언론에 공개된 유서다.

이 유서는 선생님 글이 아닌 듯 싶다. 유서가 모든 책임을 강 교감에게 지운다. '내 몸뚱이를 불살라' 화장하라거나 '나에게 모든 책임을 지워달라'는 억지의 말을 지성과 판단력 있는 교감 선생님이 했을까?

아픈 몸으로 경찰에 불려가 11시간 동안 조사당하면서 많은 상황들을 설명하셨을 것이다. 그런 분이 어찌 이런 치우친 유서를 쓸까.

신속한 구조를 다구치느라 정신없는데 어찌 화장을 생각했으랴, 어찌 가족에 대한 언급이 전혀 없나?

불편한 몸으로 경찰에 불려가 11시간 조사 받는 동안 그 긴 시간 동안에 상당히 많은 진술을 하셨을텐데, 교감 선생님이 무슨 내용을 말했는지는 보도되지 않는다. 11시간이라는 그 긴 시간 동안 …

4월 15일부터 세월호 탈출까지 시간대별 정황을 적은 자필진술서 1부와 문답형 진술서 1부가 전부다. 경찰에 소환 당해 학부모나 기자들에게 사고를 설명할 시간도 없었다. 한편 제일 먼저 탈출한 선장은 아이러니하게 해경 집에 초청받아 편히 두 다리뻗고 잠 잤는데, 그곳 CCTV가 특정 시간대에 정지했다.

제3장

그대들 물속에서 기다리다
-침수하는 배 안에서-

"세월호, 이제 바다 속으로 사라지는가?"

하얗고 거대한 배를 검푸른 바다가 끄집어 내리고 있다. 세월호는 버둥거리고 저항하면서 물속으로 끌려간다. 그 배 안에 많은 생존자들이 있어 아우성이다.
"살려줘요, 살려줘!"
"무서워요, 제발 구해줘 -"
아우성이 천지를 진동시킨다.
'어떻게 구조 할 것인가?'
그날 오전 10시 반경, 구조에 경황없는 해경에게 청와대는 대통령 보고 영상을 독촉하였다. 그러자 해경은 애써 보트에 오른 학생을 바다로 보내 다시 올라타게 하는 연기를 하며 촬영한다.

▎늦게 도착한 구조대들

세월호가 자석에 끌리듯 물속으로 들어간다. 배가 전복하고 45분 흘렀다. 그날 오전 11시 지나 인명구조 '해경 특공대원' 7명이 도착했다. 배 안에서 사람들이 죽는데, 너무 늦었다.

그나마 늦게 와서도 인명구조는 하지 않는다. 웬일일까? 구조에 착수하지 않는다. "특공대는 배에 '부표'를 달려고 왔나?"

마치 배에 부표를 달려고 온 것처럼, 침몰 위치를 알리는 '부표'만 선수에 달랑 매단다. 세월호가 물속으로 그 큰 몸체를 점점 내리고 있다.

생존자 구조가 시급하다!

큰 함정들이 와서 배를 육지쪽으로 약간 이동시키거나 끌어올린다면 배 안 사람들도 살텐데 -구조가 쉬울텐데- 그럴 방법이 없나?

근처에 크고 작은 여러 섬들이 있다. 가까운 섬으로 배를 끌어가면 구조가 쉽겠다.

2014년 4월 16일, 오전 11시 18분

세월호는 선수만 남겼다. 거대한 몸을 움칠이면서 바닷물 속으로 점점 더 빨려들어 간다. 사고 초기 해경123함정장은 '122 구조대'가 급히 와 구조해야 한다고 요청했었다. 이제 목포 해경 전용 부두에 '122 구조대 10명'이 도착했다.

구조대는 왜 늦게 왔을까?

거기에는 이유가 있다. 일각일초를 다투는 구조 작업, 하지만 구조대는 비행기, 고속정, 헬기를 탈 수 없었다. 전용기들이 없기 때문이다. 그래서 긴급 상황에도 일상처럼 버스(전용버스)로 진도 팽목항까지 오고 그 다음도 어선,경비정을 번갈아 타면서 와야 했다. 결국 11시 25분경 도착했다.

늦게 와서도 구조 시도는 없다.

목포와 완도의 해경 특공대원들은 오후 3시 넘어 진도 서망항에서 배를 탔다. 사고 해역에 도착했지만 늦었다. 분초를 다투는 인명구조에 지각을 한 것이다.

해경 헬기 구조대들이 오전 10시 구조를 했다. 다른 헬기들도 이후 현장에 왔지만 이미 세월호가 침몰뒤 '헬기 이륙 지시'가 내려졌다.

해군 3함대 링스 헬기와 전남 소방청 헬기가 현장에 도착했을 때는 이

미 초동 구조 작업에서 172명을 구조한 이후다. 지각한 헬기들이 팽목항 주차장에 모여 있다.

▎본험 리처드함과 미국 구조선

본험 리처드함!

미 해군 강습함이다. 사고가 발생한 그날 미국 '본험 리처드(US Bonhumme Richard)함'은 사고 현장으로부터 약 118마일 떨어진 서해상에서 '한 미 작전'을 수행하고 있었다. 이 또한 얼마나 다행인가? 작전 중이던 상륙함은 비보를 듣자 즉시 응답했다. 구명보트 여러 개를 실은 'MH-60 헬기' 2대를 우선 현장에 급파한다.

하지만 엉뚱한 일이 생겼다.

본험 리처드함이 인명구조 책임을 지우고 급파한 헬기 2대가 허겁지겁 달려왔지만 대한민국 해군이 돌려보낸다.

국민들은 상상했었다.

"미헬기들이 줄을 내리고 군인이 배 안에 들어갈 것이다! 선실 문을 열고 안으로 들어가 승객을 구조해 밖으로 데리고 나오리라."

"선체 내 위험 정도를 조사해 본험 리처드함에 알리고 함께 생존자들을 안전히 구조 할 것이다."

그렇지만 의외로 급파된 헬기 2대는 구조도 못하고 되돌아갔다. 미 국무부 대변인이 16일(현지시각) 정례 브리핑에서 말한다.

"미국은 세월호 침몰 사고와 관련 깊은 애도를 표하며 필요한 어떤 도움도 제공할 것입니다. 세월호 침몰 사고 소식을 듣고 미 제 7함대 소속 본험 리처드함이 수색과 구조 활동을 위해 사고해역으로 즉시 이동했습니다."

주한 미 해군사령관 대변인 아브라함 중위도 발표했다.

"우리의 우방 한국의 요청이 있으면, 본험 리처드함 등을 통해 '수색과 구조 작업'을 적극 지원할 것입니다."

미국이 본험 리처드함을 통해 구조와 수색을 확실히 돕겠다고 선언했다. 본험 리처드함!

배수량 40,500톤, 전장 257미터, 폭 32미터의 '상륙 강습함'이다. 세월호의 배수량 6,835톤의 '6배' 정도나 된다! 더욱이 전투에 대비한 함대이므로 비상 잠수나 긴급구조와 수색도 할 수 있다. 먼저 온 헬기 2대도 긴급구조 실력을 지녔다. 초강국 미 해군의 장비의 도움을 받아 구조한다면 필시 성공할 것이다.

이 위급한 상황에 본험 리처드함이 잘해 내리라.

세월호와 123함정이 규모상 호'랑이와 고양이' 또는 '사자와 큰 병아리'의 대결이라면, 세월호와 본험 리처드함은 '큰 강아지와 사자'의 접전같다. 건장한 '사자'가 물에 빠져 죽어가는 '큰 강아지'를 건지러 오는 격으로 승산이 크다! 대 사자는 물에 빠져 가라앉는 큰 강아지를 능히 건져올릴 힘이 있다. 국민들은 기대에 부푼다.

미 해군과 국방부 공식 뉴스와 미군 신문 '성조기'(The Stars and Stripes)가 16일 사고 현장에 즉시 달려간 본험 리처드함과 MH-60 헬리콥터에 관해 보도한다. 구명보트를 장착한 헬리콥터가 출발했지만 바로 되돌아왔다고 했다.

본험 리처드함은 16일 밤 11시, 현장에 이르렀다.

인명을 구조하려 전속력으로 달려왔다. 그러나 함대는 승객을 구조하러 세월호에 가까이 갈 수 없다. 그 이유는 한국이 '허락하지 않기' 때문이다.

"우리는 '본험 리처드함'을 즉시 파견했는데 ... 사고 현장에는 없습니다."

미국 정부는 이상하다는 듯 말했다.

'본험 리처드함' 사령관 조이 타인츠(Joey Tynch)가 16일 저녁 페이스북에 글을 올린다.

"자정이 조금 지났을 때, 구조요청을 받고 즉시 침몰하는 배를 향해 전속력으로 방향을 돌렸습니다. 우리 대원들은 하던 일을 즉각 중지하고 구조 활동 실시를 위한 준비에 착수했지요. 우리 대원들은 이 비극의 '긴급성'을 알고 최고 전문가 정신으로 대응했습니다. 엔지니어들은 최고 속도를 내고 승무원들은 헬기 출발을 준비했으며, 신속하게 20인용 구명보트를 장착해 출발 준비했습니다. 의료팀도 즉각 준비상태를 갖추고... 오늘 우리 친구요 동맹인 한국에게 미국이 최선을 다하였습니다. 우리 '본험 리처드함'의 블루팀과 그린팀은 비극을 당한 친구들을 돕기 위해 상호 긴밀히 일했습니다."

그러나 웬일인가? 급파한 구조헬기는 본함으로 곧 회항되고, 본함 리처드함대도 바라던 대로 인명구조를 할 수 없다. 그 이유는 한국이 세월호에 접근을 막기 때문이다.

미국 백악관 대변인과 미 국무부 대변인이 미국의 '본험 리처드함'을 사고 현장에 '급파'했다고 발표했다. 그런데 급히 달려온 강습함은 사고 현장에서 멀리 떨어진 해상에 머문다. 지금 물속에서 승객들이 죽어가는데, 인명구조하려고 급히 달려왔건만, 구조를 할 수 없다 - 이 소식이 학부모와 국민들에게 알려지자 불만이 폭발했다.

"그런 처리방식을 도무지 이해할 수 없다."

"물속에서 지금 사람이 죽는다고 - 달려온 미 해군 함대가 즉시 구조하게 하라!"

가족들과 국민들이 거세게 반발한다.

"지금 아이들이 물속에서 죽어가는데 달려온 구조헬기를 돌려보내다니?"

"아이들이 죽는데, 구조하러 달려온 미함정의 접근을 왜 막나?"

"무슨 말이야? 왜 미 해군의 인명구조 작업을 허락지 않는가? 생존자들이 지금 죽고 있다고 …"

불만이 폭주한다.

국방부는 한미 간에 긴밀한 협조와 수색을 하고 있다고 말한다.

"무슨 한미 간의 긴밀한 '협조와 수색'이냐?"

"헬기 2대는 즉시 회항했고 '본험 리처드함' 역시 세월호 근처도 못가는데…"

참으로 어이없고 아이러니하다.

본험 리처드함은 참사 현장에 달려온 가장 큰 함정이다. 헬기도 많이 보유하고 의료시설도 충분해 '인명구조'에 '큰 도움'이 될 것으로 주목받았다. 국민들의 기대도 컸다. 그런데 이 함대는 다음날 17일 오전에도 '시호크 헬기' 두 대를 투입해 세월호에서 약 5~15해리(9~28킬로미터) 떨어진 해역에서 구조와 무관한 수색을 한다.

선박 침몰 사고로 죽어가는 사람들을 구조하기 위해 급히 달려왔지 않은가?

"인명구조하러 급히 달려온 함정에게 한국은 왜 먼 해역수색을 요청할까?"

미국도 그 이유를 모른다.

승객들이 분초로 죽는 위기에 미 함대가 생존자를 구조하러 달려왔건만, '세월호' 근처에도 못가고 멀리 떨어진 해역에서 '영문 모를 수색' 중이다. 혼연일채로 달려온 강습함은 20~25해리(37~46킬로미터) 떨어진 해역에 어리둥절하게 떠있다. 그 시각 아이들은 물속에서 '하나, 둘' 죽어가고 있었다.

물에 빠진 큰 강아지를 구하려 황급히 달려 온 힘센 사자!

그 사자는 강아지를 구하기 위한 접근조차도 금지되었다. 아! …

본험 리처드함이 세월호를 수심 얕은 곳으로 끌 수 있다면 강습함이 인명구조에 착수하면 123함정이 '가련한 전투'를 한 것보다 확실히 엄청난 효과가 있음이 분명하다. 그런데 왜 구조하러 달려온 함대를 먼 곳으로 밀어냈나?

혈맹미국이 '해난구조선'도 보내준단다. 미 국방성은 세월호 구조 작업을 신속히 도우려 해난구조선 'USNS 세이프가드(Safeguard)호'를 파견했다. 한국의 공식적 요청은 아니나 구조선을 이동시켰다.

태국에서 한국으로 이동중인 세이프가드호! 길이 78미터(255피트)의 구조전문 군함이다. 조난선박을 끌어올리고 잠수병력을 동원해 인명을 구할 수 있도록 설계되었다.

본험 리처드함은 세월호와 떨어진 먼 해상에서 '수색' 중이다. 이 강습함은 먼거리에서 일주일 정도 '영문모를 수색'을 하다 4월 22일 진도 해역을 떠난다. 이 자리에 미 해군 해난구조선 '세이프가드호'가 오게 된다.

미 구조함 세이프가드호가 29일 사고해역에 도착한다. 이 구조함은 3,300여 톤급, 길이 78미터, 속도 15노트, 승조원 100명 규모다. 감압장비인 채임버, 잠수장비, 고속보트(RIB) 등 수색에 활용할 첨단장비를 탑재했다. 우선 규모 면에도 해경 113정과 비교해 수색에 더욱 승산이 있다. 수색이 활발해 지리라.

태국으로 부터 수천 킬로미터를 달려올 미국의 '해난구조선'!

하지만 이 구조전문함 역시 임무를 수행할 기회는 없다. 빼어난 잠수병력의 선체진입도 불허된다. 왜일까? 정부는 기술자문만을 받는단다. 이 구조선 역시 방치되었다.

막강한 미군 함대들이 황급히 달려왔건만 ….

한국은 그들의 세월호 접근을 금지시켰다.

"왜일까?"

"왜 그랬을까?"

미국의 어떤 도움없이 한국 장비와 인력만으로도 충분히 구조해 낼 수 있다는 자신감일까? 정말로 미국의 도움없이 잘할 수 있는가?

학생 잃은 학교 자녀 잃은 부모

대한민국 온 산에 진달래꽃들이 붉게 물들었다.

목련 꽃 피는 4월에 복숭아꽃 살구꽃도 피어 울긋불긋 아름다운데 진분홍 진달래 꽃들이 온 산을 물들이고 은은하게 번져있다.

> 나의 살던 고향은 꽃피는 산골
> 복숭아꽃 살구꽃 아기 진달래 ….

꽃향기가 물씬 풍기는 봄, 나무는 나무에게 새 순을 돋아내 속삭이고 꽃은 꽃에게 꽃봉오리를 벌려 미소 짓는다. 새순이 돋아나고 꽃망울이 터지는 4월! 꽃향기 퍼지며 생명이 움트고 약동한다.

경기도 안산시 단원고등학교,
학생들이 수학여행을 떠난 학교는 화사한 계절에도 적막하기 그지없다. 이 학교의 2학년 학생 325명과 교사 14명이 4월 15일 제주도로 수학여행을 떠났다. 2학년 학생 대부분이 수학여행을 떠났다.

제주도로 향한 긴 여정에 특수학급 학생들은 안전을 고려해 배가 아닌 비행기를 타러 공항으로 가는 중이다.
"우리는 비행기 타고 수학여행 간다."
"비행기 타고 제주도로 여행간다…랄랄라."
학생들은 즐겁고 신났다. 공항으로 가는 중이었다.
학생들을 인솔해 공항으로 향하던 선생님에게 전화가 걸려 왔다. 선생님은 받았다.
"네. 배가 침몰한다고요? 학생들이 위험하다고요?"
"아, 세월호가 침몰하고 있다고요?"
전화를 받던 선생님이 소리쳤다. 그리고 얼굴 빛이 변했다.

갑자기 모두의 얼굴에 미소가 사라진다. 선생님과 학생들은 충격적인 소식에 흔들린다. 신나게 공항으로 향하던 발길을 돌려 조용히 귀가한다.

사고가 일어나고 30분이 흘렀다. 그때서야 9시 20분 YTN에서 '진도 부근 해상 500명 탄 여객선 조난 신고'라는 자막 뉴스 속보를 처음 내보냈다. 단원고는 교감 선생님으로부터 '위험한 상황' 보고를 일찍이 받았었다. 이어 9시 20분경 119로 부터도 사고연락이 왔다. 학교는 경기도 교육청에 사고내용을 전화로 급히 보고했다.

이제 학부모들에게 알려야 할 차례다. 그런데 어떻게 이 갑작스러운 사고를 알려야 하는가?
좀 더 구체적 정보를 기다려야 하지 않을까?
사고 현장에서 5명이 헬기로 구조됐다는 내용이 전달됐다. 9시 50분경, 학교는 학부모들에게 '세월호 침몰 사고'가 발생했다는 메시지를 발송한다.

학교로부터 연락받은 학부모들은 뜻밖의 소식에 놀랐다.

"아! 이게 무슨 소리야?"

"수학여행 선박이 사고났다고?"

"우리 딸 어찌 됐나, 어찌 되었어?"

충격받은 부모들과 학생들은 급히 학교로 몰려들었다. 부모들은 사고가 발생한 진도로 급히 달려갔다. 이 무슨 맑은 하늘에 날벼락이냐?

2014년 4월 16일

안산시 단원고등학교에 세월호' 토네이도'가 강타하였다.

목련 꽃피는 4월, 모든 것이 아름다고 핑크 빛이 감도는 은은한 교정에 강폭한 토네이도가 사정없이 휘감으며 몰아쳤다. 선생님들도, 학생들도 엄청난 강풍을 맞으며 쓰러지고 있다.

2014년 4월 16일

이날은 단원고등학교 학부모들에게 **'하늘이 무너져내린 날'** 이다.

세상에서 내게 가장 고귀하고 소중한 사랑하는 내 자녀가 한 조각 응시도 주지 못한 채 한 마디 말도 못한 채, 바다 밑바닥 어두운 죽음의 계곡 나락 아래로 떨어져 내려가고 있다. 어찌 이 땅위에 이런 비극이 일어날 수 있단 말이냐? 내 아이가 죽음의 차갑고 깊은 수렁으로 빨려 들어가다니...

2014년 4월 16일

이날은 단원고등학교 교사들과 학생들에게는 **'지구가 암흑에 잠겨버린 날'** 이다. 사랑하는 제자들과 친구들이 그토록 한 마디 말도 못한 채로, 어두운 바닷물 속 아래로 한없이 끌려들어가면서 비명을 지르고 있다. 어찌 땅위에 이처럼 잔인한 일이 벌어질 수 있단 말이냐? 내 제자들이, 내 친구들이 죽음의 어두운 물 깊은 구렁텅이로 한없이 끌려가다니 ….

모두들 울음 바다 속에서 학교에 모여 구조 소식을 손꼽아 기다린다. 여행을 떠난 2학년 각 반의 교실마다 칠판에는 애절한 마음을 표시한 글들이 빼곡히 써있다.

"꼭 살아 돌아오라!"

"꼭 살아 돌아와야 한다!"

"꼭 살아 돌아와!"

"친구, 반드시 살아 돌아오라. 꼬옥- 꼬옥 -"

학교는 임시 휴교를 발표하였다.

학교는 눈물의 바다이다. 교장 선생님과 선생님들은 대참사로 가눌 수 없는 충격과 애통 속에도 학부모와 학생들의 통렬한 슬픔과 고통을 달래주어야 했다. 교육청과 기관들의 연락과 쇄도한 언론들이 더욱 경황없게 만들었다.

부모들은 무너져 내린 하늘 아래 서 있다. 거기 벌어진 틈새로 먹물같은 어두움이 점점 파고들어 온다. 이 어두움은 짙은 흑암의 연기되어 부모들의 마음 속을 헤집으며 파고든다. 여기저기 희망잃은 먹구름들이 마음의 깊은 구릉에 몰려 뭉치고 자리잡는다. 제주도로 여행을 떠난다고 그처럼 행복해 하던 아이들, 그래서 덩달아 함께 기뻐 함빡 웃음을 터뜨렸던 시간들, 이 세상에서 가장 고귀한 내 사랑하는 아이가 지금 바닷물 속 침몰하는 배 안에 갇혀 깊은 수렁으로 떨어지고 있다.

부모들은 진도로 달려갔다.

사고가 발생한 날 아침 9시 30 분쯤 해경은 배가 침수중이라고 청와대에 보고 했다. 그날 11시경 '단원고 학생 325명 전원구조'라는 오보가 잠시 나갔다. 그러나 바로 오보임이 드러났다.

사고 발생 최초기에 선체로 뛰어내려 죽음을 불사하고 최초의 인명구조를 했던 해경 구조대원들은 모두 구조했다고 안도 했었다. 그 초기 구조된 172명 이름이 체육관 무대 오른쪽에 붙었다.

"아, 내 아이 구조 되었다!"

어느 부모가 기뻐한다.

"우리 딸 이름 어디 있나?"

"내 아들 이름 어딨지?"

부모들은 손을 짚어가면서 자녀의 이름을 찾아본다. 하지만 아무리 다시 읽어도 이름을 발견 할 수 없다. 많은 부모들이 울음을 터뜨렸다.

"여보세요! 우리 애 빨리 구해주세요!"

"제발, 빨리 살려 주세요!"

민간 잠수부들

바다를 꿈꾸고 바다를 사랑하는 잠수사들,

잠수사들은 초록빛 바다에 뛰어들어 형형색색의 물고기들과 푸른 해초들이 잔잔히 흔들리는 아름다운 해저 공간에서 신비를 느낀다. 바다는 늘 새롭다.

민간 잠수사 김영은 씨도 진도 앞바다 여객선 침몰 사건을 들었다. 후배 잠수사가 물었다.

"형님, 우리 그곳에 가야 되지 않을까요?"

"진도 앞바다라며, 뭘 육지에서 가까우니 괜찮아. 암초에 부딪쳤나, 곧 괜찮아지겠지."

선배는 대답한다.

뉴스 속보에서 '여인의 시신 한 구가 발견되다'라고 알린다. 김 잠수사에게 퍼뜩 떠오른 이미지가 있다.

"아! 침수되는 배 안에 사람이 많이 갇혀 있겠다."

잠수사들은 본능적으로 부랴부랴 준비를 하고 진도로 향한다.

그날 오후 4시경 진도에 도착했다. 그날에 해경청장이 사고 관련회의를 주관하기로 되어있다. 민간 잠수사들 역시 참석하기로 예정되었다. 하지만 해경청장은 약속대로 회의를 진행할 수 없다. 그 이유는 청와대 측에서

워낙 많은 전화를 하기 때문이다.
"해경청장이 회의를 주관할 수 없을 정도로 청와대에서 전화가 많이 왔습니다."
청와대는 청장에게 그 긴급 시간에, 많은 전화를 했다. 왜일까?
결국 청장은 잠수사에게 회의하자 제안해 놓고, 라면을 먹은 5분 후 그냥 나갔다.
침몰 소식이 방송되자 민간 잠수사들이 전국으로 부터 모여들었다. 사고일 오전 11시 전에 거의 40명이 급히 현장으로 달려왔다. 잠수 실력을 탄탄이 쌓아 온 이들이다.
잠수사들은 여객선 안에 속히 들어가 생존자를 구조하고 싶다.
"속히 배 안에 들어가 구조해야지!"
구조 작업을 열망하였다. 전남 목포시 특전예비군 윤부한 중대장은 민간 잠수사로 활동한다. 해군 특전사 707대대 '해난구조대'(UDT) 중대장을 지낸 그는, 이날 침몰한 세월호 근처에 가장 먼저 접근할 것이다.

4월 16일, 오전 11시경

'특전동지회' 전남지부에서 전화가 왔다.
"윤 중대장님, 지금 대형 여객선 세월호가 침몰하는데요, 승객들 구조가 시급합니다."
"세월호요? 달려가겠습니다."
참사가 발생했고 '승객구조'가 시급하단다. 세월호 참사 소식은 이미 언론을 통해 널리 알려졌다. 윤 중대장은 전화를 받고 곧 출발을 서둘렀다. 특전사 출신 잠수부 3명과 함께 곧장 진도 팽목항으로 향했다.
팽목항에는 이미 민간 잠수부 40여 명이 도착해 있다. 특전사와 해병대 출신 잠수부들만 먼저 출동하게 되었다. 오후 2시경, 중대장 일행은 '해병대' 출신 6명과 합류했다. 합류한 잠수부 10명은 해경경비정을 타고 사고현장으로 바로 직행할 수 있었다. 특전사 해난구조대 출신과 해병대 출신 잠수부들은 속히 사고 현장으로가 생존자를 구조해야 한다는 사명으로 긴장했다.

　해경 경비함 1509호로 옮겨 탔다.

　경비함 1509호는 침몰 중인 세월호와 2킬로미터 떨어진 위치에 있다. 급히 달려가는 이 구조 전문가 10명은 고통당할 생존자들을 생각한다. 촌각을 다투어 선내로 들어가 '한 명이라도 구조'하고 싶다. 수중장비를 갖춘 이들은 사고 지점까지 타고 갈 보트가 오기를 기다린다.

　하지만 보트는 오지 않는다. 아무리 발을 동동 구르며 기다려도 나타나지 않는다. 초초감이 엄습한다. 시계를 자꾸 들여다보았다. 해경은 '고무보트'가 곧 온다는 말만 되풀이한다.

　보트를 기다리며 어느새 1시간... 2시간이 지난다.

　"보트 오는가?"

　"보트가 왜 아직 안오지?"

　만반의 장비를 갖추고 보트를 몹시 기다린다. 그러나 보트는 나타나지 않고, 3시간 30여분이 흐른다. 생존자를 구조하려 달려온 그들이 물에 들어가지도 못한 채로 시간만 지나간다. 발을 동동 구른다. 결국 3시간 넘도록 경비정 안에 묶여있다. 침몰수역에는 갈 수조차 없다.

　저녁 6시 30분경 해경 경위가 다가왔다.

　"잠수계획 취소로 상황 끝! 저녁이나 먹고 가라."

　잠수사들은 모두 자신의 귀를 의심했다.

　한 사람이 중얼거린다.

　"상황 끝?

　어, 이게 무슨 말, 내가 잘못 들었나?"

　다른 사람이 응답했다.

　"정말, 어이 없다. 하지도 않고 상황 끝?"

　"잠수계획 취소라니?"

　해경은 이어 잠수부들에게 말했다.

　"경비정 없으니 알아서 돌아가요."

　이제껏 잠수하려 기다렸는데, 단정은 오지도 않고 끝이란다.

야릇한 냉대를 당한 잠수사들은 민간 어선을 겨우 얻어 타고 팽목항으로 되돌아 와야 했다.

온다던 해경보트가 왜 안왔을까?

특공대와 해병대 출신의 수중 구조전문가들은 이상한 상황에 화난다. 하지만 섣불리 항의해 보라. 해경에게 미운 털이 박히고 구조 활동에서 아예 제외될 수 있다. 이런 염려 속에 잠잠하다.

"이건 아닌데…"

"사람이 죽는데 이럴 수가 있나?"

서로 수군거린다.

그들 모두에게 '이럴 수 없다'는 생각이 자꾸 들었다.

어느새 사고 발생 후 이틀이 지난다.

생존자들이 죽어가는데 ….

해경으로부터 '구조 작업요청'을 기다렸지만, '배 안에 들어가 구조하라'는 연락은 오지 않았다. 이런 정황들에 부모들의 마음이 천갈래 만갈래 찢어진다. 잠수사들도 물에 들어가야 한다는 생각을 지울 수 없다.

4월 18일 오전 11시 30분,

윤 잠수사에게 '생존자 구조기회'가 다시 왔다.

그를 포함한 특전사 출신 7명이 인명구조를 위해 T 76 해경 경비정을 타고 3012경비함으로 급히 향했다. 그러나 그들을 태운 T 76 경비정은 인근에 정박한 3척의 해경 보급선에 부식을 분배하느라 바쁘다. 구조대원들을 태운 것을 잠시 잊은 듯, 부식을 분배하면서 '5시간 이상'을 돌아다닌다.

'5시간 이상'을 부식 분배하며 다닌다…!

사람이 죽어가는 위기에 … 특전사 출신 잠수부들은 경비정 안에 또 다시 5시간 이상 '발이 묶여' 있어야 했다. 왜 이번에도 또 이럴까?

저녁이 다 될 무렵 오후 5시 30분경, 겨우 경비함에 도착했는데, 1시간이면 충분한 거리를 '6시간'이나 걸렸다.

그 시각 즈음에는 유속이 매우 빨라졌다. 잠수부들은 수경이 벗겨지고 산소 호흡기가 빠질 정도로 물살이 드세 5분도 버티지 못 하고 철수한다.

그런데 어떤 설명도 없이 "끝"이라는 것이다. 그리고 더 이상 잠수할 기회가 주어지지 않았다.

특전사 출신 잠수사들은 '최고 실력의 해난 구조 전문가'이다. 특전사 중대장, 중사, 상사 출신 등으로 구성된 '베테랑'이다. 수중 구조 경력이 쌓인 '실전의 전문가'로서 왕성하게 활동한다.

그러나 현장에서 벌어진 일은 해경의 '구조 무관심'이다.

▌구조 작업은 없다!

세월호 사고 최초기에 해경 헬기 구조사들이 배 안에 진입해 목숨 걸고 승객들을 구조로 이끌었다. 해경 함정, 민간 어선, 어업지도선 등도 위험을 무릅쓰고 세월호에 접안해 사람들을 구조시켰다.

그 첫날의 사투를 건 초동 구조 작업 이후, 구조 수색이 전혀 진전되지 않았다. 이런 '비정상 사태'를 보면서 부모들은 애탔다. 불안에 떠는 가족들에게 김 서해지방해양경찰청장이 구조 관련 브리핑을 한다.

"금일 18시 기준으로 함정 164기, 항공기 24대, 특수 구조단 178명을 동원해 사고 현장을 집중 수색하고 있습니다..."

"청장이나 지방청장이나 목포 시장이 실제로 그걸 봐가면서 지휘를 하고 있고요, 학부모님, 구조에 최선을 다하겠습니다."

정부 관계자가 다짐했다..

바로 그 때다! 희생자 가족들 중 일부가 수군거리기 시작했다.

"세월호가 침수한 근처에 배도 안 보인데요- 정찰만 돌고 있고, 그런 것들 아무것도 없대요. 지금 잠수부 없고... 항공기 없고. 지금 그런 상황입니다."

그러자 흥분한 학부모들이 말했다

"우리 현장에 직접 가 봅시다!"

"누구 말이 맞는지 가서 확인해 봅시다."

학부모들은 팽목항으로 다들 함께 나갔다. 그리고 몇 명이 배를 구해 타고 세월호가 침수한 곳으로 향하였다.

진도 팽목항,

어두워지는 저녁 바다에 바람이 싸늘하다. 사고 현장에 접근하지 못한 학부모들... 멀리 현장을 향해 주시하면서, 그곳에서 구조의 반가운 소식들이 속히 들려오기를 두 손 모아 기도드리고 있다. 이들의 간절한 마음을 누가 알기라도 할까?

한탄과 고통이 서린 진도 앞바다! 찬바람이 불어온다. 진도 팽목항 앞바다에 적막한 암흑이 자리를 내리며 펼쳐 앉는다.

학부모들은 구조 소식을 고대하면서, 세월호가 물에 잠겨있을 맹골수도를 향해 강렬한 시선을 주고 있다. 발을 동동 구르면서 안타까워하는 이들과 함께 영아 씨도 암흑이 깃든 바다에 시선을 쏟고 있다. 영아 씨는 따스한 모포를 옆에 앉아있는 언니에게 둘러준다.

"아! 우리만 따스하면 어떡해? 저기 차가운 바닷물 속에서 아이들이 추위 떨고 있는데..."

언니는 울먹였다.

"우리가 밥을 먹고 있는 사이, 우리 아이들은 얼마나 무서워 떨고 있었을까..."

"이 밤에 아이들은 얼마나 공포와 추위에 떨고 있을까?"

캄캄한 배 안에서 물속에 잠겨있을 자녀를 생각하면 그대로 있을 수 없다. 물속에서 소리지르는 아이의 모습이 떠오른다. 그 때 학부모 중 누군가 또 다시 말했다.

"여기 거주하는 주민이 배타고 그곳에 갔는데, 지금 수색작업을 안한대요. 그대로 있대요."

"기자들, 현재 일어나는 상황을 좀 사실대로 알려주세요!"

이때 세월호 사고 현장을 직접 살펴보러 배를 타고 떠났던 가족과 친척이 현장을 확인한 다음 팽목항으로 되돌아왔다.

"어땠어? 어떻게 되었어? 어떻게 되었어?"

기다리던 학부모들이 다급하게 물었다. 현장에 갔던 그는 눈물을 뚝뚝 떨구면서 한탄 하였다.

"구조 작업 없어! 아무도 선박에 들어가지 않아..."

그는 외쳤다.

"배에 … 왜 배 안에 못 들어가? 민간인들은 배에 들어간다는 데, 경찰은 못 들어간대."

안타까움과 절망에 부딪치는 회한이다.

"낮에 민간 잠수부가 유리창이라도 깨고 들어가 유리창이라도 깨고 들어가 한 사람이라도 구조하려 들어가려니까, 경찰이 못들어가게 한대."

그는 피맺힌 절규와 원한을 토해낸다.

"민간 잠수부들이... 자기들은 이 정도면은, 자기들은 무조건 들어간데요. 그런데 경찰이, 경찰이, 못 들어가게 한대요."

이때 주위에 있던 언론사들 중에서 그에게 질문한다.

"선생님, 지금 어디까지 다녀오셨나요?"

"사고 현장 바로 배 옆에까지 갖다 왔어요."

"해경 배를 타고요?"

"아니요, 저희가 따로 배를 빌려가지고 어선을 타고 갖다 왔어요."

"지금 현장은 어떤 모습입니까?" 기자들이 질문하였다

"**현장은... 현장은... 아무것도 하는 게 없어요!**"

그는 두 주먹을 불끈 움켜쥐면서 기가 차서 대답했다.

마지막 말을 하고 나서 그는 점점 기력을 잃어가면서 땅 바닥에 쓰러져 주저 앉아 대성통곡을 한다. 땅 바닥에 두 주먹을 부둥켜 쥐고 무릎을 굽혀 떨어뜨리면서 한에 서린 모습으로 바닥을 치며 통곡을 한다. 곁에 있던 승현이 엄마도 또한 다른 사람들도 이 현장 소식을 듣고 모두 '어찌' 할 바를 모르고 땅바닥을 두드리며 통곡한다.

이 시간 즈음, 방송과 언론에서는 사고 현장에서 절박한 구조 작업을 돕기 위해 조명탄을 터뜨리면서 '구조 작업이 현재 대대적으로 진행 중'이라는 보도를 내보내고 있었다.

실종자 가족 김중열 씨와 학부모들은 팽목항에서 구조 소식을 기다리고 있다. 기다리고 또 기다리면서 발을 동동 구르다 그대로 있을 수 없어 이들 또한 학부모들끼리 십시일반 돈을 거두어 어선을 빌려 사건현장에 직접 가보기로 했다.

"정말 현재 구조가 이루어지고 있는가?"

근처 섬에 사는 주민들이 구조를 하지 않는다고 말하는데…

"'구조 안한다'는 어민들과 학부모의 말이 사실인가?

아니면 현재 '대대적인 구조 작업이 진행 중'이라는 정부 관련자와 언론 보도의 내용이 사실인가?"

도대체 어느 것이 진실이냐?

현장 상황이 어떻게 돌아가는지 궁금하다.

"현재 구조 작업을 하는가? 아니면 구조 작업을 안하는가?"

"이 절박한 위기의 순간, 정말로 구조 작업을 제대로 하고 있나?"

생존자들이 산 채로 수장되며 구조손길을 몹시 기다린다. **어두운 바닷물 속, 차가운 4월의 바닷물 속, 침몰한 배 안에서 다가오는 죽음의 수마와 싸우면서, 생존자들은 구조를, 구조를, 애타게 기다린다!**

"그런데 해경 해군이 지금 생존자를 구조하고 있나?"

부모들은 어선을 빌려 타고 사고 현장으로 향한다.

어두움이 뒤덮힌 다도해의 밤바다-

그들은 배를 타고 세월호가 침몰된 해역으로 가 바로 배 옆까지 접근한다. 그럼에도 아무도 접근을 제지하지 않았다. 아무도 구조 작업을 하지 않는다.

이것이 진실이다!

"침몰한 배 주위 '100미터 반경'으로 배가 '단 한 척'도 없다-"

생존자 구조 작업을 전혀 하지 않는다! 이것이 확연히 드러난 사실, '구조 작업은 없었다.'

"구조 작업은 없다!"

부모들은 가슴을 치면서 통곡한다.
주위 수 킬로미터 반경에서 조명탄만 바쁘게 터뜨린다.
"조명탄만 요란하게 쏘아올려."
"조명탄만 터뜨리면 뭐해? 배에 들어가 사람을 구해야지."
"빨리 구조해요, 제발 빨리요."
부모들은 몸부림치면서 소리지른다. 아이들이 물속에서 부르짖는 소리가 바다 물소리를 통해 울려온다.
"제발
구해 주세요!"
"너무, 무서워요!"
"숨이 막혀요, 물이 가득해요."
"빨리요. 빨리 구해줘요! 어두워요."
"우리 죽어요."
"나 죽어요. 살려 줘요."
"으악!"
진도체육관에 모여 있는 부모들은 어쩔줄 몰라 한다. 더욱이 사고 현장에서 '**구조 하지 않는다**'는 말을 전해 듣고 울분을 터뜨린다. 물속에 있는 아이들은 지금도 생존해 있어 육지의 부모들에게 연락이 오기도 하는데, 구조를 안하다니 ….
"그냥 죽으라는 말인가?"
어느 부모가 곁에 있는 이에게 말한다.
"다른 애들은 전화하거나 카카오톡 메시지를 보낸다는데, 우리 애는 내가 문자로 연락해도 대답 없어요."
"아! 얼마나 추울까."
"우리 아들은 여름에도 뜨거운 물로 샤워하는데, 저 차가운 물속에서 얼마나 떨고 있을까."
자녀들을 생각하면서 눈물에 젖는다. 부모 자신들이 물속에 빠져 있는 듯, 온몸이 춥고 떨린다.

'아! 너무 어둡고 추워 숨이 막힐 것 같아."

▎침몰한 배 안에서 오는 메시지 -

피어오르는 짙은 안개처럼 암울한 슬픔이 차오른다.

병풍도, 맹골도, 동거차도가 자리한 다도해 해역에 어둠의 장막이 내려진다. **침몰한 배 안에서는 생존한 학생들이 여전히 '카카오톡'이나 '문자메시지'를 육지에 있는 가족들에게 보내온다.**

언론은 '실시간 구조를 대대적으로 하는 중'이라 보도한다. 하지만 사실은 다르다. 사고 현장에 **구조 작업이 전혀 없다. 생존자를 구조하지 않는다.** 침몰한 배 가까이 아무도 없다!

그 소식을 들은 피해자 가족들은 말로만 선전하면서 국민을 현혹하고 실제로는 '구조하지 않는' 기관들에 어이가 없다. 원성이 사무친다.

"왜 구조하지 않는 거야?"

"아이들이 지금 물속에서 죽어가고 있다고..."

"지금 뭐하고 있는 거야? 왜 구조를 안하냐고? 왜... 왜... 왜...?"

부모들은 몸부림 친다.

마치 부모 그 자신들이 물속에 잠겨 구조를 기다리는 것 같다.

밤거미가 짙어온다. 냉랭한 바닷물결, **지금 아이들이 그 암흑의 배 안에서 점점 의식을 잃고 쓰러지는데, 점점 생명이 떠나고 있는데, 점점 우리에게 이별을 고하는데...**

"지금도 여전히 구조를 안 하나?"

부모들은 다급한 마음에 한밤중 다시 배를 타고 사고 현장으로 달려간다.

여학생 유예은의 아버지 유경근 씨와 학부모들은 마음이 조급하다. 세월호가 잠긴 곳에 이르렀다.

사고 당일 밤 11시,

물결은 굉장히 잔잔했다. 마치 잠자는 호수처럼 물살 하나 일지 않고 너무 평온하고 너무 고요하다. '잔잔한 호수' 그 자체다.

"'절호의 구조 시기'가 아니냐?"

창조주가 아이들을 구하라고 폭풍 속에도 이처럼 '잔잔한 호수'를 만들어 놓으셨나?

창조주 하나님이 우리를 사랑하고 돌보신다는 표시 아닌가.

그런데 **구조하는 배가 보이지 않는다**. 학부모들은 말했다.

"지금 뭐가 있어? 누가 어디서 구조한다는 거야?"

"누가 있어? 누가 수색을 한다는 거야, 누가 수색을 한다는 거야?"

"여기 아무도 없다. 아무도 구조 작업을 하지 않아."

눈으로 보아도 정말 믿을 수 없다!

어떻게 이럴 수 있나?

장비를 총동원해 구조 작업을 한다고 언론이 대대적 홍보를 해대건만, 사고 현장에는 아무것도 없다!

"바다가 이렇게 잠잠한데, 파도는 커녕 물결도 없는데도 아무것도 안 하네."

예은이 아빠와 다른 부모들은 화가 치솟고 기가 막힌다. 윤희 엄마는 가슴을 쳤다. 이들은 '구조 작업이 전혀 없는 현장'에서 한참동안 넋을 잃고 있다. 그리고 침수한 세월호 주위를 맴돌고 있었는데, 그때 큰 배가 정박해 있는 것을 보았다. 큰 배가 있었는데 사람들이 그안에 있었지만 수색은 안한다. 이들은 큰 배 가까이로 다가가 소리 지른다.

"아이들이 저 안에 살아 있어요!"

"구조- 구조 - 안 해요?"

"제발 한 사람이라도 살려 주세요. 살려 주세요!"

애가 탄 부모들은 더 큰소리를 지른다

"배 안에 생존자가 있다고, 왜 구조 안해?"

"아이들이 카카오톡을 한다고, 카카오톡이 왔다고... 왜 구조 안하냐고?"

"지금 이렇게 바다가 잠잠한데... 아무것도 안 하면 어떻해요?"

"제발, 한 사람이라도 살려 주세요!"

큰 배에 있던 한 사람이 손을 들어 보이며 대답한다.

"1시에 작업 할 것입니다."

부모들은 소리쳤다.

"왜 구조 안하냐고?

왜 아무것도 안 하고 있니?

너 뭐하고 있니?"

"왜요?

저 단정들은 빙빙 돌기만 하니?"

"배 안에 생존자가 있다고. 왜 구조 안해?"

아주 호수같이 고요한 바다인데도 … 아무도 없다.

아이들이 죽어가고, 비명소리가 들리지만, **구조 작업은 없다!**

사고가 발생한 16일 자정 무렵, 그날 밤-, 밤이 더욱 깊어 갈수록 진도 체육관에서는 부모들이 안절부절 잠을 못 이룬다.

"물에서 빨리 구해내야 살 수 있다!"

부모들은 소식을 안타깝게 기다린다.

"이 밤을 그냥 넘긴다면... 우리 아이는 죽을지 모른다."

자정 무렵 이평연 서해해경 안전총괄부장이 학부모들에게 들렸다. 불안한 마음에 잠 못 이루는 가족들은 불만이 가득하다. 왜 구조를 안 하는지 이해 못한다. 그래서 질문했다.

"구조를 왜 안 합니까?"

"아무도 배 안에 들어가지 않았어요."

부장이 대답한다.

"잠수부들은 엄청나게 많습니다."

가족들은 화를 냈다.

"성의를 보이라고, 가족들이 납득할 수 있게 구조 작업을 하세요. 현장에서 구조가 안 되고 있어요,"

"언론 플레이만 하지 말고 납득할 수 있는 구조를 하세요!"

"아이들이 지금 배 안에 살아 있다고요...!"
"아무도 구조를 안 한대요."
배에 갇힌 한 학생의 형은 '영상전화'를 통해 동생과 대화를 시작하였다.
"종규야, 너 지금 피해 선박 주변에 있는 것 맞지?"
"응..."
동생은 '침몰한 배 안에서' 대답하였다. 형은 또 물었다.
"구조하는 사람들이 거기 들어갔니?"
종규는 대답한다.
"누가 구조하는지 모르겠어. 경비선만 왔다 갔다 하지 아무것도 하지 않아. 아무도 구조 안해."
형은 재차 물었다.
"경비선만 왔다 갔다 하는데 아무도 구조 안해?"
"아무도 없어...!"
바닷물 속에 침몰한 배 안으로부터 종규가 대답하였다.
그리고 '침몰한 세월호 안'에서 '사진을 찍어' 보냈다.
종규의 형은 이 사진을 체육관 안에 모여있는 사람들에게 전시한다.
"내 동생이 지금 현장에서 찍어 보낸 사진이예요. 사람이 아무도 안 들어가고, 바다에 아무도 안 들어가고, 그냥 경비선만 왔다 갔다 하고..."
말을 하는 형의 눈에서 분노와 회한의 눈물이 왈칵 솟는다. 물속에 있는 동생을 생각하면서 가슴이 으스러지게 메어온다.
종규!
바닷물 속에 침수한 선박 안 캄캄한 구석에서 물결 위를 바라 보면서 두려움과 공포 속에도 손꼽아 '구조대원'을 기다리는 소년...
"행여 누가 들어오지 않을까?"
기다리고 또 기다리면서,
어둡고 희미한 바닷물 위를 연신 올려다보고 있는 소년!
육지에 있는 형에게 메시지를 보내고 사진을 찍어 보내면서 끝까지 '구조의 끈'을 붙잡기를 간절히 갈구하는 소년,

"누군가 구조하러 꼭 들어오리라."

그렇게 믿고 또 믿으면서 선실 밖 바다를 하염없이 주시하고 있는 소년, 물이 들이 찬 선박 안에서도 한 공간 구석에 '가까스로 유지해' 구조의 손길만을 기다리고 있는 소년 …

힘겹게 견디면서 추위와 공포와 싸우고 있는 소년 …

주변 친구들이 생명을 잃어가는 모습을 보면서 공포와 슬픔 속에도 '**구조'를 손꼽아 기다리는 소년**, 흑암 속에도 살기를 희망하는 소년,

"**누군가 다가오리라. 반드시 구조하러 내 가까이 오리라!**"

그런데 올려다보니 경비선이 도는 것 같은 모습만 보인다.

"아! 여기 사람 있다! 우리 손을 잡아요!"

"구조! 구조의 손 잡으세요!"

구조자들이 외칠 반가운 음성은 들리지 않는다. 구조대는 나타나지도 않고 차가운 물살만 쏴쏴 밀려든다. 종규의 정신이 희미해진다.

"이렇게 기다리는데, 왜 안 들어오고, 멀리 밖에서 돌기만 하나?"

종규!

최후의 마지막 순간까지 '**구조대'가 들어오기를 고대하는 소년!**

칠흑같은 암흑과 죽음에 직면해 사투를 벌이면서도 그곳을 필히 탈출하고 싶어하는 소년… 서서히 의식이 흐려져가고 죽음의 그림자가 덮치어 오는 것을 보면서도 꼭 살고 싶어 몸부림 치는 소년, **그래서 깊은 늪 바다 골에서 '구원'을 요청하면서 외롭게 육지로 '메시지'를 계속 보내는 소년**,

아!

종규야 …

자정이 넘었다.

해경과 해군은 가라앉은 세월호 안에서 승객들이 시체가 되어 나오기만을 기다리는 걸까?

아니, 설마, 그렇지 않을 지도 모른다.

2014년 17일, 0시 10분

경비정이 시신 2구를 건져낸다. 사망은 6명으로 늘었다. 이 중 단원고 정차웅, 권오천, 임경빈, 승무원 박지영 등 4명의 신원이 밝혀진다. 서해해양경찰청 정보수사과장이 진도 실내체육관에서 상황을 밝힌다.

생존자 아닌 사망자 소식을 듣는 부모들,
그들의 마음이 찢기어진다.

부모들의 거센 원성에 몰리면서 해경 상황실은 사고 현장을 지휘하는 목포 해경의 '3009함'에게 '잠수부 투입여부를 보고하라' 한다. 이에 3009함에서 바로 대답이 왔다.

"네, 여기 3009함, '물 때' 때문에 아직 입수는 안 하고 있습니다. 아직 구조 작업을 시작하지 않았습니다."

결국 아무도 이 때까지 물에 들어가지 않았다 —
파도가 잔잔한 물 때를 기다린단다.
그러나 '이미 파도가 너무 잔잔했던 시간'이 있지 않았던가?
그리고 그 시간은 흘러갔다. 서해 지방청 상황실은 지시하였다.
"청장 지시요, 즉시 입수하시오!"
이 지시에 바로 응답이 왔다.
"여기는 3009함, 현장조류가 너무 강해 입수가 안 되는 상태입니다."
"상황실에 해수부장관이 입장해 있으니 '액션'이라도 하기 바란다. 청장님 지시사항이다."
서해 지방청 상황실의 지령은 이어졌다.
"여기서 카메라로 보고 있다."
"즉시 입수하기 바란다!"

수차례 지시가 내려갔다. 학부모들의 원성이 너무 크기 때문에 무언가 더 이상 가만있을 수 없다. 이 시점에서 잠수사들은 결국 입수를 시도한다. 이로써 배가 뒤집어지고 침몰한 이후 물속으로 들어가는 작업이 처음 시작되었다!

그리고 이에 관해 언급된다.

"0시 30분쯤부터 해경 해군이 수중수색을 재개했다."

정부 중앙사고수습본부가 17일 오전 1시 넘어 발표했다. 호수처럼 잔잔한 바다에서도 전개되지 않던 수중 수색이 물 때가 아니라는 이 시각에 시작되었다! 이 수색은 성공적이지 않았다.

국무총리의 방문

"살려 주세요. 제발 살려줘요!"
"무서워요, 빨리 구해주세요!"
아! 생존자들의 살려달라는 비명소리가 파도를 타고 진동한다.

그들이 점점 의식을 잃어가고 있다. 속히 구조해야 한다. 늦기 전에, 늦기 전에, 그들을 빨리 구조해야 한다.

그 시기, 정홍원 국무총리는 총리로서 중국과 파키스탄을 순방 중이었다. 그가 태국 방콕의 수완나폼 공항에 착륙했을 때, 김동연 국무조정실장으로부터 사고소식을 들었다. 총리는 기내에서 즉시 '긴급 간부회의'를 소집했다. 또한 직접 항로 변경을 지시했다. 경기도 성남의 서울공항이 아닌 무안공항으로 귀국한다.

전날 밤 10시경 전남 무안공항으로 귀국한 정 총리, 그는 곧바로 목포의 서해지방해양경찰청에서 '긴급사고대책관계 장관회의'를 소집하였다. 총리는 회의를 주관하면서 말했다.

"많은 승객을 실은 대형 여객선이 침몰했다. 후진국에서나 있을 수 있는 일이 우리나라에서 일어나다니, 정말 안타깝고 너무 괴롭다. 무한 책임을 느낀다..."

그리고 관계부처에 지시하였다.

"구조 활동을 날이 샐 때까지 기다릴 게 아니다. **바로 즉각 시행하시오.**"

총리는 도저히 믿기지 않는 참담한 사고를 당해 마음이 미어지는 심정이다. 지금 현재로는 1분 1초도 주저할 시간적 여유가 없고 촌음을 아껴서 인명을 구조해야 한다고 지시하였다.
"해군과 군함을 포함 모든 인력과 장비는 물론 모든 능력을 총동원해서 구조 할 수 있도록 각 부처는 인력과 장비를 다시 한번 점검하고 현장에 투입하시오!"
이어서 해양수산부와 해경에 지시한다.
"소식을 기다리는 가족들이 얼마나 안타깝고 답답한 심정일까? 새로운 상황이 생기는 대로 바로 바로 가족에게 설명하도록 해주기 바랍니다."
"실종 인원과 명단을 파악하며 가족들이 불안해 하지 않도록 수시로 상황을 설명하고 구조상황을 충분히 알리도록 하시오."
안행부에도 지시를 내렸다.
보건복지부, 소방방재청 등에도 구조된 자의 '후송'과 '치료'에 소홀함 없도록 하라고 지시했다. 관계부처는 의료시설을 완전히 파악해 생존자를 구조하는 즉시 후송되도록 사전대비하라고 연신 강조하였다.
이 회의는 한 시간 반 가량 긴급히 진행되었다.
현오석 부총리 겸 기획재정부 장관, 해양수산, 문화체육관광, 교육, 보건복지부 장관, 해군참모총장, 소방방재청장, 해양경찰청장, 서해해경청장, 안행부 2차관 등이 참석했다.
정 총리는 회의를 끝내자마자 곧바로 대책본부로 향했다. 하지만 밤 12시 30분경 총리가 체육관으로 입장하자, 그의 일정을 전혀 모르는 학부모들, 정부의 구조 작업 지연에 불만이 가득 쌓인 가족들의 참고있던 분노가 폭발한다. 가족들은 고함을 질렀다.
"어디서 얼굴을 들고 오느냐?"
해외에서 돌아온 정 총리는 좀 어리둥절하다.
"잠수정을 왜 투입하지 않아요?
우리 아이들을 살려내라!"
"왜 잠수정을 속히 투입해 구조하지 않는 거야?"
"왜 아직도 구조하지 않아? 왜, 왜, 왜...?"

"왜 아이들이 죽어가는데 구조하지 않느냐구?"
"왜 구조 작업을 하지 않는가?"
절망한 부모들은 얼굴에 흐르는 눈물을 손으로 훔치면서 날카롭게 책망한다. 원통함을 누르고 있던 가족들은 폭발적인 원성들을 쏟아 부었다. 그들은 고성을 지르면서 정 총리 일행을 둘러쌌다. 자녀가 죽어가는 상태에 거의 정신을 잃은 어떤 이들은 욕을 하기도 했다. 자녀들이 물속에서 죽어가니 부모들이 제정신일 수 없다.

아! 얼마나 통한에 찼으면, 얼마나 참을 수 없었으면, 얼마나 뼈저린 아픔이었으면, 얼마나 고통에 사무쳤으면, 얼마나 원통했으면!

바닷 물결이 굉장히 고요한데,
바람 한 점도 불지 않는데,
침몰한 배 안에서 생존한 아이들이
육지로 메시지를 보내오고 있는데 …
아이들이 살려달라 외치는데
돛단배 놀이하며 빙빙 맴돈다.

구조를 전혀 하지 않는다. 단정들은 한가하게 뱃놀이 하듯 주위를 서성이기만 하고,
부모들이 어찌 용납하랴?
살려달라는 애원을 귀막고 외면하는 해경과 해군, 이나라마저 원망스럽다. 어떤 가족들은 털썩 주저앉아 엉엉 운다. 어떤 가족들은 화를 내며 두 주먹을 불끈 불끈 쥐고 흔든다. 너무 원망스럽고 너무나 원통하다.

해외에서 방금 돌아와 어리둥절한 총리는 구조 작업을 책임있게 잘하겠다고 약속하였다. 하지만 성난 가족들은 체육관 안을 둘러보는 총리에게 계속 항의한다. 가족들은 총리가 외국순방에서 돌아왔음을 알 리 없다.

정 총리가 체육관 밖으로 나가려 할때 일부 사람들이 막아섰다. 두 세 사람은 총리에게 생수를 뿌렸다. 총리의 머리와 어깨가 젖는다. 진도에

황급히 달려갔던 정 총리는 일단 서울로 돌아와 구조 활동을 지휘하기로 한다.

여객선 선체 수색작업이 자정 30분 넘어 재개된다. 학부모들의 원성에 떠밀리면서 한밤중 수색이 진행된 것이다. 해경은 물 흐름이 멈춘 정조 시간에 맞춰 해경 특공대와 해군 잠수부 8명을 구조 작업에 투입해, 선체 수색작업을 시작했다. 전날 오후 6시부터 50분간 선체 수색을 시도했지만, 시야가 흐리고 조류가 강해 상당히 어려웠다.

해경은 승객 대부분이 '선체 안에 있으리라' 추정하고 있다.

17일 오전 1시30분 기준으로, 6명 사망, 290명 실종, 179명 구조로 중대본이 잠정 집계하고 총승선 인원 475명으로 본다. 청해진해운에 비운이 감돈다. 김영봉 청해진해운상무가 17일 오전 5시 45분, 세월호 참사관련 브리핑을 연다.

"세월호에 탑승한 인원은 최종 475명으로 확인됐습니다."

탑승객 집계가 자주 바뀐다.

왜 일까?

그 이유는 발권된 선표 수와 탑승객 수가 일치하지 않기 때문이다. 처음에 477명이라 했는데, 승무원이 중복 계산되었다. 선표 발권 수는 476명으로 최종 집계된다. 하지만 일부 화물운전기사들이 선표없이 배에 올라타 명단파악이 안된다. 반면 선표를 끊어 놓고도 비행기 등 다른 이동수단을 이용한 이도 있어 혼선이 생긴다.

독도함과 탐색 구조단

> 우리는 해군이다 바다의 방패
> 죽어도 또 죽어도 겨레와 나라
> 바다를 지켜야만 강토가 있고
> 강토가 있는 곳에 조국이 있다

대한민국에 자랑스러운 해군이 있다. 그 이름도 잘 알려진 천하무적의 귀신잡는 해병대, 특공대, 막강한 해군들이 나라를 지켜준다.

육지의 전방에는 육군이 밤에도 잠자지 않고 참호에서 지키고 있다. 그래서 우리가 안전하며 두 다리 뻗고 편안하게 잠 잘 수 있다.

대한민국 해군과 육군과 공군, 얼마나 자랑스럽고 얼마나 고마운가!

3면이 바다로 둘러싸인 우리 조국은 이순신 장군이 왜구를 물리친 역사가 보여주듯, '일본의 잦은 침략'을 받았다. 지금도 일본은 침략하고 있다. '남북한 대립과 영구 분열'을 술책해 그사이에서 한반도 영토침략을 꿈꾸면서, 호시탐탐 눈독 드리고 있다. 일본은 '침략의 술책'에 능하다. 그래서 아직도 '독도'를 일본 땅이라 우긴다. '독도'를 빌미로 한반도 침략을 노리지만, 해군, 해경이 강력히 막고 있다.

넓은 바다를 지키는 고마운 해군이다. 해군 지휘부는 우리 군함 '독도함'을 세월호 사고 해상에 급파하였다. '독도함'이 해상탐색과 구조 작업을 수행한다. 해군은 이날 오전 6시 독도함에 '탐색구조단'을 설치하였다. 경험이 풍부한 해군 본부 김 인사참모부장을 탐색구조단장으로 임명해, 해상탐색구조작전을 진행중이다. 해군은 해경 잠수요원과 함께, 유속이 느린 오전 7시 20분 수중탐색을 재개했다.

사고 해역의 구조와 수색 업무를 위해 해군은 '독도함'(14,000톤), '청해진함'(3,200톤), '평택함'(2,400톤)등 함정 26척, 항공기 3대, 해난구조대(SSU) 92명, 특수전 전단(UDT/SEAL) 122명, 특전사 152명 등을 지원한다.

와! 이제야 구조 작업을 제대로 하는가?

오랜 시간이 흐른 지금, 배 안의 아이들에게서 더 이상의 연락도 끊겼다.

아이들이 무사하려나?

제발 모두 살아 있기를...

청해진 함에는 심해 잠수구조정(DSRV)과 19명까지 감압치료 할수 있는 감압장비(챔버)가 설치되어 있다. 군의관 1명도 있다. 평택함은 수상 구조함이다. 이 구조함은 '수심 2,500미터'까지 '잠수작전'을 지원할 수 있다.

그렇다면 수심 30미터 정도에 잠긴 세월호에 잠수작업을 지원하는 것은 그야말로 식은 죽 먹기 아닌가?

사고 초기 빨리 달려왔다면 … 이 구조함은 27톤의 견인능력과 270톤의 인양능력도 지녔다.

우리 혈맹 미국이 구조 작업을 적극 지원한다. '본험 리처드함'을 비롯, 국방부는 미 해군과 긴밀히 공조한다고 말했다.

미 해군은 언제든 구조작전에 나설 만반의 준비태세다!

우리 공군도 전날밤 CN-235 수송기 6대를 동원해 조명탄 600발을 발사하며 해상탐색을 지원했다. 침몰 여객선에 '공기주입'할 '컴프레서'를 긴급 지원하도록 국방부가 해군과 육군에 지시하였다.

황금의 구조시간이 지나간다.

오전 9시경,

잠수부들은 생명이 떠난 남자 1명과 성별이 불분명한 1명을 건저 내었다.

아!

구조를 기다리던 그들이 더 이상 살아 있지 않다는 신호는 아니겠지.

이제 사망 8명, 실종 288명이다. 세월호가 침몰한 바다 주변에 생명을 상실한 육체들이 부유한다. '살려달라' 몸부림치며 애원하던 사람들이 차가운 몸이 되어 물 위에 떠다니다니…

"생존자가 있을 거야 …"

생명 잃은 차가운 몸을 바라보면서 부모들은 통곡한다.

"시신말고 살아 있는 우리 아이 데려 와요!"

"내 아이가 죽어 오다니—"

"생존자를 구조해요!"

"우리 아이가 살아 있으면 지금 얼마나 무섭겠나?"

"생존자 있어요. 더 이상 견디기 어려워요. 제발 속히, 속히 구해 주세요!"

"아! 바닷물에 떠다니다니, 아 … 아!"

구조를 기다리다
이제는 차가운 물속에
파리한 몸으로 떠오르네
이 비통함과 원통함이여

내 마음 한이 되어 맴돈다.
수진아!
성호야!
내 아이야 -

바닷물결이 차갑고 슬프다. 둘러싼 섬들도 비애에 젖어 뿌연 이슬을 떨군다.
병풍도가 솟구치는 눈물에 잠겼다. 맹골도가 통곡을 한다. 동거차도가 울음을 쏟아낸다. 서거차도와 관매도가 어깨를 들썩이며 슬픔을 토해낸다. 다도해에 비애가 산처럼 첩첩이 쌓인다.

제2부

제4장
그대들 물속에서 기다리다
-지연되는 구조 작업-

제5장
한없는 눈물 흐르다

제6장
세월호야, 아! 세월호야!

제4장

그대들 물속에서 기다리다
-지연되는 구조 작업-

"엄마, 숨쉬기 어려워요. 제발 구해주세요!"
"나 꼭 살려줘요. 무서워요…."

사랑하는 이들이 절박하게 구조를 호소하며 기다린다.
바닷물 속 깊이 어두운 배에 갇힌 채, 어서 누군가 들어와서 구해주기를 고대한다.
사방이 어둡고 어슴프레하다. 물속에 잠겨 시야조차 흐리다. 검고 두꺼운 안개골에 떨어진 것처럼 모두 어둡고 흐리다.
산소가 거의 사라지기 때문일까?
숨쉬기가 점점 힘들어진다. 그런 정황이지만 물결을 몰아내면서 가까스로 정말 눈물겹도록 겨우 간신히 생명을 유지하고 있다.
그리고 믿고 기다린다.
"구조대가 배 안으로 들어와 우리를 구조할 거다."
그래서 희미해지는 의식을 모으면서 약해지는 '생명'을 지키고 있다. 시간이 느려질수록 생명은 죽어간다. 시급하게 생존자를 구조하라.
세상 그 무엇 보다 '생명 구조'가 가장 시급하지 않은가?

▌배 안으로 들어가라-

아! 늦기 전에, 더 늦기 전에,
너무 늦기 전에, 배 안으로 들어가라-
왜 아직도 배 밖에서만 서성이는가?
어서 생존자들을 구조해야한다. 구조의 황금시간이 달아난다. 어서 창문도 깨고 들어가라! 공포속에 떠는 생존자들을 구조하라!
해경과 해군은 사람이 죽어가도 배 안에는 결코 들어가지 않는가?
"창문이라도 깨고 들어가요!"
"배 밖에서 구경말고 배 안에 들어가요."
"생존자를 구조하러 즉시 배 안으 들어가라-"
부모들은 몸부림 친다.
배 안에 들어가지 않는 해경들은 주변만을 수색한다. 그 때 병풍도 섬 북쪽 3킬로미터 떨어진 해상에서 떠도는 한 육체를 발견했다. 해난구조대가 구조를 준비한다. 세월호의 대부분이 물속에 잠겼지만 선수 부분은 드러내고 있다.
이제 물속 시야가 탁하고 유속이 세서 작업이 어렵다. 게다가 오전부터 비가 내린다. 비가 오면 구조 작업은 더욱 난감하다.
생명 잃은 육체들이 바닷물에 부유한다. 그래도 승객 대부분이 배 안에 있을 것으로 예상된다.
본격적인 구조 작업이 시작되는가?
사고 이틀째인 17일 잠수인력 555명과 특수장비를 투입한다. 특히 해경 283명, 해군 229명, 소방 43명으로 합동잠수팀이 구성되어 수중탐색을 할 것이다.
아! 늦기 전, 더 늦기 전, 너무 늦기전에...
속히 구조하라! 지금 구조의 황금시간이 우리 곁을 빠져나간다. 도망가는 황금시간을 잡으라. 생존자를 구해야 한다고 우리가 그 황금시간을 정지시켜 놓을 수 없다. 사고 발생 이후 만 하루가 지났다. 시간이 이렇게 가건만, 아침 9시까지도 선체진입조차 하지 않은 것이 엄연한 사실이다.

"이럴 수 있나?"

해경과 해군들이 대대적으로 구조를 한다며 독도함, 청해진함, 평택함도 왔건만,

"왠 일일까?"

아무도 배 안으로 진입하지 않는다.

"아! 어찌 이럴 수 있나?"

"배 안으로 들어가 애들을 구해야지요-"

"즉시 배 안으로 들어가요! 모두 죽기 전에 …."

어처구니 없는 상황에 부모들은 울부짖는다."

부모들이 그처럼 발을 동동 구르고 언성을 높이지만 생존자 구조를 안 하는 상황이 계속 된다.

"생존자 모두 배 안에서 죽기를 기다리는 겁니까?"

"어서 들어가 구해야지요?"

"사람을 구하라고요. 배 안으로 들어가요 빨리-"

아! 안타깝다.

그들은 생존자들이 배 안에서 죽을 때까지 기다리는 걸까?

정말 믿을 수 없다. 부모들은 어쩔 줄 모른다.

그 많은 장비들과 구조대원들이 다 무슨 소용이랴?

생존자들이 갇힌 배 안에는 들어가지도 않고 배 밖에서 바닷물만 휘저으며 수색하는데 … 무슨 소용이랴?

아! 어찌 이럴 수 있나.

구조시간이 달아난다. 내부 잔류승객의 생존가능성이 의문시된다.

"생존자들이 살아 있을까?"

자정부터 새벽까지 구조팀이 수색작업을 5번 하기는 하였다. 하지만 선실에 진입하지 않고 수상구조함인 평택함이나 어떤 잠수정도 선체 진입을 위해 사용하지 않았다. 사람들이 배 안에서 죽는데 ….

살려달라 애원하는데, **배 안으로는 결코 들어가지 않는다.**

겨우 이제 배 안에 들어가는 '경로'를 확보한단다. 유리창을 깨뜨리거나 어찌하든 배 안에 들어가려는 시도가 없다.

"왜 그럴까?

왜 서두루지 않을까?"

부모와 친지들의 불만이 고조되자 해경장비기술국장이 해명한다.

"사고 초기는 해상구조를 우선시하고, 잠수부 투입에는 장비 등이 필요해 시간 걸립니다."

장비준비가 문제인가?

하지만 '만반의 장비'로 황급히 달려온 미 헬기와 본험 리처드함이 있었다. 왜 돌려보내고 함대를 먼 해역으로 밀어냈나?

바다는 배와 아이들을 삼키면서 싸늘하다. 검푸른 바다는 그처럼 무섭고 살벌하다. 그런 바다가 원망스럽다. 아니, 물속에서 죽어가는 생존자들을 외면하는 자들이 원망스럽다. 배 안에는 들어가지 않고, 바다 위만 맴도는 해경, 해군이 너무너무 원망스럽다.

크레인 3대가 내일 도착한다. 바다 물결이 으시시 흔들린다. 병풍도 북쪽 3킬로미터 해상에서 수색이 계속된다. 민간구조대원들이 해경경비정에 탑승해 침몰 선박 근처에서 함께 수색한다.

사고 발생 최초기 구조된 101명이 5개 병원과 수도권의 고대 안산병원, 아주대병원, 한강성심병원 등에 입원해 치료 중이다.

이제 실종자 295명, 생존자 172명이다. 밝혀진 사망자는 승무원 박지영(22), 교사 최혜정, 단원고 2학년 정차웅,권오천,임경빈,박성빈 등이다. 탑승자 476명 중 단원고 학생 325명, 교사 14명이 있다. 단원고는 교사 3명과 학생 75명, 모두 78명만 구조되었다.

지금도 생존자들이 배 안에 있는데...

어서 배 안으로 들어가라!

"살려 주세요! 살려줘요."

구조된 이들의 명단이 공개 되었다. 이들은 17일 오전 9시 각 병원에 배치되어 치료 중이다.

#구조자 명단

목포한국병원

윤호실(55), 권지영(6·여), 박은경(45·여), 강인한(57), 김규찬(61), 유호실(59).

진도한국병원

김소형(28), 전영문(61), 장은옥(50), 한승석(38), 구성민(17), 김정근(60), 김수빈(17), 김민경(18·여), 박승용(59), 강병기(41), 이준석(69), 신영자(71), 전영준(61), 손주태(58), 이한일(17), 웰리 갤리(45), 알렉스(40·여), 박기호(60), 이수진(88·여), 박솔비(17·여), 김도연(17·여).

해남한국병원

김정호(23), 구성민(17), 임대현(17), 권지혁(17), 김민찬(17), 한상혁(17), 고현석(16), 한의민(17), 이종범(16), 고영창(17), 김선우(17), 안민수(17), 김용빈(17), 박찬길(18), 한승석(38), 박호진(17), 송광현(16), 임현민(17), 김승재(17).

진도체육관

김도연(학생), 강봉길, 고성태, 고영광(학생), 고현석(학생), 구본희, 구성민(학생), 권상환, 권지혁(학생), 김계숙(62), 김관수(47), 김대현, 김도영(50), 김동수(49), 김민경(학생), 김민찬(학생), 김민철(학생), 김병규(53), 김병기(41), 김선우(학생), 김성묵, 김성면(학생), 김성민(37), 김소형, 김수빈(학생), 김승래(학생), 김승재(학생), 김승재(학생), 김승재(49), 김용빈(학생), 김유한(학생), 김정근(60), 김정호(23), 김종임, 김종황, 김주희(학생), 김채은(학생), 박기호(48), 박세웅, 박슬비(학생), 박승용(59), 박준혁(학생), 박준후, 박후진(학생), 변우복, 손지태(58·선원), 송광현(학생), 신영자(71), 안민수(학생), 양보성(45), 양인석, 오의준(21), 왕봉영,

이민서(학생), 이수진, 이영재(5), 이예련(교사), 이원일, 이종병(학생), 이종섭, 이준석(69), 이대주, 이한일(학생), 임대현(학생), 임은영(44), 임형민(학생), 장은복(50), 전병삼, 전영준(52), 정기상(56), 정영문(61), 정찬진, 조요섭(8), 차은옥, 최민지(학생), 최은수(41), 최은수, 최재영(50), 최찬열, 한상혁(학생), 한승석(38), 한승우(학생), 한희민(학생), 홍영대(42).

해남종합병원
최세영(49), 전현신(17·여), 이용주(70).

"더팩트 e뉴스팀", 4월 17일.

이날 11시,

이준석 선장이 목포해양경찰서에 2차로 소환되어 조사 받았다. 그는 사과한다.

"피해자 가족 여러분! 제가 잘못했습니다. 정말 죄송합니다."

세월호 엄청난 비극의 파장이 온 나라와 전 세계로 번진다.

전라남도 진도군 조도면 병풍도 해상에서의 대참사!

선장과 승무원에게 버림받은 승객들은 배와 함께 침몰한다. 생존자들이 배 안에서 '살려달라' 외치지만 구조하러 그들을 향해 가까이 가는 이가 없다-

"살려 주세요!"

바닷물결을 타고 희미한 소리가 들린다.

"배 밖에서 서성이지 말고 배 안으로 들어가라-"

"춥고 무서워요. 빨리 들어와 구해주세요!"

열리지 않는 암흑의 문

그대들 무서워 떨고 있는가?
차가운 습기와 어두움 속에 빛을 잃고 있는가...

푸르고 망망한 바다가 그 문을 열었다. 그리고 심연으로 세월호를 빨아드린다. 바다는 이제 두터운 문을 꽉 닫는다.
사람들이 '암흑의 문'을 열고 나와야 하는데, 그 죽음의 수렁에서 탈출해야 하는데, 그래서 사랑스러운 자태를 다시 세상에 내보이고 거닐어야 하는데,
'암흑의 문'은 열리지 않는다.
"너무 무서워- 살려줘요!"
"제발 들어와서 … 구해 주세요!"
꽉 닫힌 죽음의 문- 그 두터운 문을 열려고 온 힘을 다해 창문을 두드리며 소리지른다.
"제발 창문이라도 깨뜨려 주세요!"
"밧줄 던져줘요-"
"어서 구해줘요, 살려 주세요-!"
죽음의 흑마는 사람들을 영원히 흑암의 늪에 가두려고 사방으로부터 조여 오면서 기승을 부린다. 갇힌 이들은 어서 속히 늪을 뚫고 나가려 몸부림친다. 전세계가 이 모습을 주시하고 있다.
정말 놀랍다!
침몰 이후 이틀이 지나도 생존자를 구조하러 배 안에 들어가지 않는다. 결국 생존자 중 한 명도 구조 할 수 없었다.
세계가 이해 못할 일이다. 부모들의 원성이 하늘을 찌르고 이런 성난 원성에 밀려 잠수부들의 입수가 재촉된다. 해경 차장이 말했다.
"지금 구조하라! 구조 흉내라도 내라! 일단 배를 뚫는 흉내라도 내보라... 나중에 이런 것까지 해봤다는 것이 나을 것 같다."

흉내라도 내라 하는가?

부모들은 기가 막힌다. 그 시기에도 가족들은 '생존'에 대한 희망의 끈을 확실히 붙잡고 있었다. 그시각 온통 구조에 총집중해 한 명이라도 구조해야 하건만 ….

해수부 장관이 현장으로 온다. 장관은 11시 조금 넘어 출발해 오후 1시 반쯤 사고 현장에 도착했다. 이 때 가족들은 몹시 원망한다. 가족들의 원성에 밀려 구조대원들이 바다입수를 시도했다. 하지만 심한 조류 탓에 16분 만에 중단된다. 부모들은 점점 더 애탄다.

구조 작업이 지연되자, 배 안 생존자를 위한 '산소 공급' 과제가 생겼다.

산소 공급… 배 안에 산소가 모자라면 생존자가 죽기 때문에 주입해야 한다.

이 '산소 공급'이 연기된다.

이에 부모들은 반발한다.

"그동안 우리 아이들 다 죽으라는 말이냐?"

"아이들 죽으라는 것이야."

참으로 모를 일이다. 가족들은 또 한번 절망했다.

사고 첫날부터 절실한 '생존자 구조'를 안 하는 당국을 향해 분노와 실망이 폭발한다. 절망의 연속, 연속이다.

산소 공급이 오후 12시 반에서 5시 이후로 지연되고, 생존자를 구조하러 '암흑의 문'을 열고 진입 못한 채, 구조는 지연된다. 가족들은 분개한다.

"정부가 매번 우리에게 거짓말 한다."

"왜 우리들을 자꾸 속이나?"

"왜 우리들을 속여?"

"아이들이 죽어간다고 …."

분노하는 이들에게 박준영 해수부 어촌양식국장이 상황 설명을 한다.

"세월호에 공기주입할 수 있는 장비가 오후 5시경에 준비됩니다. 그래서 부득이 공기주입이 미루어집니다."

아직 장비 준비가 안되었다. 가족들은 반발한다.

그에 앞서 해수부와 해경청이 공기주입을 한다고 브리핑 했기 때문이다.
"세월호에 공기주입은 정조시간 오후 12시 반부터 시작됩니다. 공기주입으로 선체를 조금이라도 들어올려 실종자의 생존확률을 높입니다."
"사고해역에 공기주입 작업을 하는 팀들이 오전 8시 반부터 대기 중이고, 주요 장비 콤프레셔도 해군에서 배로 싣고 사고해역 1마일 내로 접근했습니다."
그런데 그 브리핑이 지금 공언이 된다.
생존자의 생존확률도 점점 감소된다. 정부에 대한 신뢰도가 또 떨어진다.
자녀들의 생사에 초조한 부모들이 어찌 참으랴?
"정부가 우리를 속이다니…"
"너무 분하고 원통하다."
"공기주입이 약속보다 4시간 반에서 9시간 연기된다고?"
"새벽에는 오늘 오전까지 준비한다고 했었다!"
"이제 와서 오후 5시로 연기되다니, 그 동안 우리 아이는 죽으라는 말이냐?"
"우리 아이들은 죽으라는 말이오?"
목 메인 원성이 쏟아진다.
"준비 시간까지 포함하면 밤 10시나 되야 산소가 들어가는 셈인데…"
"그 동안에 아이들은 다 죽으라는 거야? 도저히 참을 수 없다!"
"아이들 다 죽으라고? 참을 수 없다!"
화가 난 가족들은 해수부와 해경 관계자에 고성을 질렀다.
'흑암의 문'은 생존자들을 죽음의 늪으로 떨어지도록 굳게 가둔다. 하지만 이 문을 열고 들어가 생존자들을 구해내려는 시도가 전혀 없다.

대통령의 방문

박근혜 대통령은 참사 소식에 도무지 잠을 이룰 수 없다. 너무 염려된다.
"배 안에서 얼마나 무서울까. 가족들의 마음이 너무 아플텐데 …."
해경과 해군이 잘 구조하리라 믿고 있지만, 걱정이 된다.

2014년 4월 17일

대통령은 참사 다음날 세월호 침몰 현장을 직접 방문한다. 밤 동안 생존자 구조상황을 보고 받았는데 상황이 심각해지자 온 밤을 염려하였다. 노심초사하던 박 대통령은 17일 오후 1시 30분 진도 서망항에 도착해 사고 해역으로 직접 나섰다.

박근혜 대통령은 해경함정 갑판 위에서 침몰한 세월호를 잠시 지켜 본다. 그리고 파도와 조류, 군병력과 장비 등 구조 상황 등을 보고 받았다. 박 대통령은 말했다.

"인력과 장비가 총동원됐는데도 구조가 더디어 걱정이다."
"실종자 가족들이 얼마나 애가 타겠는가?"
대통령은 안타까워했다. 그리고 지시하였다.
"생존자에게는 1분 1초가 급하다. 구조 활동에 최선을 다하시오!"
날씨가 쌀쌀하고 물결이 높다.

잠수부들이 위험을 무릅쓰고 수색을 해야한다. 박 대통령은 추운 날씨와 거센 물살 등 악조건 속에서 구조 활동을 벌이고 있는 잠수요원들을 만나 격려하였다. 구조대원들의 안전에도 만전을 기하라고 당부하였다.

청와대는 현재 모든 일정을 취소한 채 '비상근무체제'를 유지하고 있으며, 사고 소식에 '밤을 지새운 대통령'이 오늘 오전 세월호 '침몰 현장 방문을 직접 결정한 것'이라고 밝혔다.

17일 오후 2시 반이 지난다.
하늘도 슬피 울어 눈물을 쏟아내려 한다.

높은 파도까지 일면서 원통함을 더욱 품어낸다. 사고 현장에는 드디어 '민간잠수요원' 3명이 '세월호 선체 진입'을 시도하기로 하고 물속으로 풍덩 뛰어 들었다. 하지만 그들이 거센 파도에 휩쓸렸다. 파도가 얼마나 강했던지, 저항할 수 없다. 다행히 잠수 요원들은 20 분만에 구조되었다.

수색작업에 투입되었던 헬기도 기상악화로 모두 철수한다.

생존자 구조를 속히 해야 하는데, 지금 일기가 사납다.

'전천후 구조 장비'가 없을까?

사고해역을 다녀온 박 대통령은 오후 4시 반. 실종자 가족들이 모여있는 '진도체육관'으로 발길을 향하였다.

"가족들이 얼마나 마음 조릴까?"

대통령은 안타까운 마음으로 걸음을 재촉하였다.

실내체육관에는 사고대책본부가 꾸려진 이후 가장 많은 '실종자 가족 600 여 명'이 모여 있다. 이들은 대통령에게 요청하였다.

"신속히 구조 작업에 나서 주십시오!"

"아이들이 배 안에 살아 있습니다! 속히 구해주세요."

이 해수부 장관 등이 대통령과 함께 동행하였다.

구조된 5살 권지영도 있었다. 지영은 오빠 권혁규와 함께 부모 곁을 떠나 놀고 있었는데, 오빠가 잠시 자리를 뜬 사이 혼자 복도에서 울다 구조됐다.

대통령은 아이를 안고 위로한다. 그리고 진도체육관 무대 위에 올라가셨다. 박 대통령은 가족들을 둘러보면서 말한다.

"지난 밤에 한 숨도 못 주무셨을 텐데, 얼마나 걱정이 크신지요. 뭐라고 위로의 말씀을 드려야할지 모르겠는데..."

모두들 슬픔을 억누른다.

"정부는 가능한 최대한의 지원과 편의를 아끼지 않을 것이며, 현재도 최선을 다해 구조 작업을 벌이고 있습니다."

대통령은 가족들을 위로하였다.

"희망을 잃지 말고 구조 소식을 기다리시기 바랍니다."

그리고 가족들에게 다짐을 주었다.

"있을 수 없는 일이 일어난 것에 대해 '철저한 조사'를 통해 원인을 규명할 것이며, 책임질 사람이 있다면 엄벌토록 하겠습니다."

그 때 울분하고 있는 가족들이 하소연한다.

"우리는 지금까지 속고 또 속았습니다."

"사고 현장에서 구조를 하지 않아요."

대통령은 대답했다.

"그럴 리 없다! 이 자리에서 나눈 이야기들이 지켜지지 않으면 해수부 장관은 물론 각 기관장들이 책임지고 물러나야 할 것이다!"

대통령은 단호히 말한다.

한 학부모가 요청하였다.

"말이 아닌 명령을 내려주세요."

박 대통령은 이에 즉시 답변하였다.

"이게 바로 명령이다!"

대통령은 생존자들이 있는지, 구조 수색은 어떻게 할 것인지, 그 과정 또한 상세하게 담당자들이 가족들에게 설명하도록 하겠다고 약속하였다.

"가족들이 가장 먼저, 가장 정확한 구조 작업 소식을 들을 수 있도록 현장에 책임자를 상주시켜 매시간 브리핑하도록 조치하겠다."

그리고 즉시 그 자리에서 실종자 가족들의 요구를 수용해 실내체육관 내에 구조현장을 실시간으로 확인할 수 있는 '상황판 설치'를 지시하였다. 승선자 명단도 원하는 가족들에 즉시 제공하라고 지시했다.

학부모들은 '신속한 구조'를 요청하였다. 대통령은 최대한 빠른 시간 안에 여객선에 '공기주입'을 하도록 하고, 실종자 가족들과 '신뢰 회복'을 위해 신속하고 정확한 구조상황을 전달하도록 하라고 지시하였다. 박근혜 대통령은 이런 뜻밖의 사고에 매우 놀랐으며, 이런 돌발적인 비극에 마음 아프다.

"물속에서 아이들이 얼마나 춥고 고통스러울까. 가족들은 얼마나 애타며 충격이 클까. 어쩌다 이런 비극이 …"

그때 어떤 실종자 가족들은 강력히 항의한다.
"정부가 이틀 동안 한 일이 무엇인가요?"
일각에서는 구조하지 않는 현상황에 불만이 가득차 고함과 원성을 지른다.
박 대통령은 관련자들에게 강조하였다.
"날씨 등 힘든 상황이지만 최선을 다해주길 바란다!
순간, 순간이 고통스러운 사람들이 실종자 가족들이라는 사실을 알아야 합니다."

어느 국민이 구조현장을 보면서 답답한 마음으로 글을 썼다.

> 선장의 책임이 크다.
> 자신의 소임을 다 했더라면
> 적어도 수많은 아이들이 더 살았을 것이다.
>
> 심각한 문제는 공무원들의 직무유기다.
> 선착장으로부터 불과 30분 거리에 있는 해경이
> 왜 뉴스가 나오고도 곧바로 출동하지 않았을까?
>
> 국립공원 꼭대기에 있는 등산객 한 명의 조난 요청에도
> 119는 출동한다.
> 배가 가라앉기 30분전까지 만이라도
> 가까운 항구에서 구조선이 전속력으로 출발했더라면...
> 북극의 타이타닉 침몰도 아니고 황당할 뿐!
>
> (어느 국민의 글).

▎청해진해운과 세월호

슬프다. 너무 슬프다.

대형 여객선 참사에 하늘도 통곡해 눈물을 떨군다. 우리들 모두 울음 바다에 잠겼다.

아!

꽃다운 아이들이 바다 깊숙한 곳에서 몸부림치며 떨고있다.

청해진해운 김한식 대표가 4월 17일 오후 9시, 기자회견을 열고 사과한다. 인천시 중구 항동 인천연안여객터미널 1층에서 그가 말한다.

"안산 단원고 어린 학생들,

뜻하지 않은 사고에 정말 안타깝고 또 안타깝습니다. 우리 해운이 죽을 죄를 졌습니다. 드릴 말씀이 없습니다…"

그의 말은 이어졌다.

"이번에 희생된 분들과 유가족 그리고 국민 여러분께 진심으로 사죄합니다."

그는 흐느꼈다.

김 대표는 기자회견 내내 연신 눈물을 흘렸다. 그리고 3차례 90도로 허리를 굽혔다. 그도 큰 충격을 받았다. 사고소식을 듣고 급히 현장으로 내려갔지만, 가던 도중 진도 인근에서 쇼크로 쓰러졌다. 그는 병원으로 옮겨져 치료받았는데 동맥이 부푸는 증세를 보였다.

청해진해운은 사고가 일어난 이후 전체 승선인원 수를 여러번 변경해 혼란을 주었다. 적재량을 초과해 세월호가 견디기 어려울 정도의 무겁고 과다한 양의 화물을 싣고 이를 속이기 위해 평형수마저 누출시켰다. 불쌍한 세월호는 힘에 겨워 헐떡거리고 균형을 잃은 채 기우뚱하게 움직인다.

그야말로 병들고 연로한 노예를 돈을 많이 벌어들이기 위해 무자비하게 혹사시키듯, 그녀는 너무 힘에 겨운 막중한 짐을 지고 평형수마저 누출시킨 비정상 사태에서 혹독하게 부림을 당한다.

비정상 상태가 된 그녀는 기우뚱해진 온몸으로 아프다고 신음소리를 내지만, 돈만 아는 냉혹한 이들은 그녀의 고통소리를 외면한다. 세월호 안에서 부상당한 학생들은 청해진 선사를 향해 분개하고 원망하였다.

"어떻게 배가 이렇게 사고나도록 만들 수 있냐?"

"이런 배를 어떻게 운항시키나?

이 배의 회사를 고발하겠다."

"승객이 왜 이런 참혹한 고통을 당해야 하나?

어떻게 이런 배를 운행하냐고?"

단원고 학생들은 몹시 기울어진 배 안에서 자세를 가누지도 못하고 쓰러진 채 선사를 향해 화를 내면서 원망하고 또 원망하였다.

아!

정말로 어떻게 이런 배를 운항시키나?

어떻게 이처럼 기울어진 배를 대한민국 해상에서 버젓이 운항시킬 수 있단 말이냐?

어떻게 대한민국 국민으로서 자존심 없이 일본이 폐기한 배를 수리 확장해 버젓이 이용하는가?

왜 일본에서 수명다한 폐선을 대한민국으로 끌어들이나?

더욱이 과적 화물을 적재하고 운항하는 세월호에 청해진은 관리마저 소홀히 하였다. 그냥 세월호가 겨우 몸을 지탱하고 바다 위에 뜨도록 신경쓰고 … 오로지 돈만을 중요시하였다.

세월호야 쓰러지든 아프든, 절름거리든, 영양부족으로 빈혈이 걸리든, 상관없다.

노예에게 단지 '노동'만을 강요하는 악랄한 주인처럼, 선박은 병든 몸을 겨우 겨우 일으켜도, 배가 쓰러질듯 비실거려도… 그녀에게 아름다운 화려한 옷을 걸쳐 입히고 바다 위에 내보내 떠있게 한다. 그리고 그 '화려한 겉모습'에 현혹되어 이끌린 사람들로부터 들어오는 수 많은 돈을 입수하면 그만이다.

뜨거운 태양빛 내리쬐는 목화밭으로 병든 노예를 내몰아 강제로 혹사시키듯, 세월호가 병들었든, 그녀가 비틀거리며 비명을 지르던, 아프다고 신음하던, 몸의 균형을 바로 잡지 못하고 기우뚱대든, 자꾸 자꾸 넘어지든… 상관 없다.

냉혹한 자들의 관심은 오직 '돈', '돈', '돈'이다. 몸이 아픈 그녀를 내보내 어찌하든 '돈'을 많이 가져오게 만들면 최상의 목적이 달성된 것이다.

비록 승객들이 불편하고, 설혹 바다 위에서 사고가 발생해 다치거나 죽을지라도 상관없다. 힘없는 노인이 된 그녀를 비싼 '생명보험'에 가입시켜 놓았기 때문에, 그녀가 바다 위에서 아파 쓰러져 죽어도 괜찮다.

그래서 나이들고 병들고 지친 배,

이제 지쳐서 물속에 가라 앉는 그녀를 바닷물 속에 그냥 쉽게 버릴 수 있었다. 그리고 선장과 승무원들은 '살려달라!' 아우성치는 승객들을 고스란히 남겨두고 똘똘 뭉쳐 탈출 할 수 있었다.

승객들의 비명이 그들의 귀에 들어오지 않는다. 상상 못할 최대비극이 발생해도, 그날 처음 승선한 1급 항해사와 기관장은 조타실 밖에서 담배 피우고 캔맥주를 마시면서, 한가롭게 담소할 수 있었다. 그날 처음 승선한 1급 항해사는 무엇을 했나?

배가 갑자기 정전되었다.

왜 갑자기 정전되었나?

1급 항해사, 기관부는 정전의 이유를 알았는가?

1급 항해사와 기관장은 승객들이 공포에 질려 '살려달라!'고 아우성치는 그때, 매우 여유있고 한가로왔다. 승객구조에 여념없는 게 아니었다.

"살려줘요, 무서워요 …."

"배가 침몰한다. 나 죽고 싶지 않아 … 살려주오!"

"구해주세요! 제발, 제발, 구해주오, 물이 들어와요."

겁에 질린 승객들은 울부짖으며 구조를 애원한다. 그러나 선장과 승무원들은 그 승객들의 절박한 애원의 소리와 울부짖음에 귀를 틀어 막았다.

청해진해운과 그들은 승객구조가 아닌 다른 일을 생각하나 ….

단원고 교사들은 제자들을 구하려 안전한 5층에서 일부러 위험한 4층으로 내려갔다. 선생님들은 자신들이 입은 '구명조끼'마저도 벗어, 구명조끼 입지 않은 제자들에게 입혀주었다! 선생님들은 자신들의 소중한 목숨을 바쳐 제자들을 살렸다. 학생들을 재촉해 갑판 위로 내보내고, 구명조끼를 벗어 제자들에게 양보하고, 배 안에 남아 학생들을 한사람이라도 더 구조하려고 애썼다. 자신들의 생명을 드려 물이 차오르는 위험 속에도 끝까지 제자들을 구조하는 단원고등학교 선생님들 ….

반면, 선장과 선원들은 승객들 대피에 완전 무관심이다. 아주 이상할 정도로 승객들 구조에 일말의 관심을 보이지 않는다. 승객들의 구조에는 전혀 무신경이면서, 그 처참한 상황 속에도 기관장과 1등 항해사는 배밖으로 나와 캔 맥주 마시고, 담배연기 휘날리며 무언가를 소근댄다.

선체 진입작전 시도

"왜 생존자를 구조하지 않는가?"
"바닷물결이 아주 잔잔해도 왜 구조하지 않았나?"

겨우 이제야 해경은 함정 171척, 항공기 29대, 잠수요원등 가용인력 512명과 필요한 모든 장비를 총동원해 수색과 '선체진입'에 나서려 한다. 거기에는 '수중수색 잠수부 해난구조대'(SSU) 요원과 '해군특수전전단'(UDT/SEAL) 요원 등 214명도 포함된다. '선체 진입용 로봇'도 사용될 것이다.

대비극을 서러워 하듯 해상에 비바람이 몰아친다.

빗물을 맞으면서 파고도 반동으로 높아져 간다. 배 안에 들어가는 일 자체가 쉽지 않아 잠시 수색을 중단한다. 생존자를 위해 선내에 산소를 공급하는 과제는 저녁 6시에도 시작못하고 있다.

참사 이틀째 날 밤 11시 반,

12명의 '생명 잃은 육체'를 건져내었다. 생명 떠난 이가 18명으로 늘었다. 하지만 생존자 구조는 단 한 명도 없다!

그 이유는 생존자를 구조하려면 배 안으로 들어가야 하는데, 아직도 배 안에 들어가지 않고 배 밖에서 바닷물만 수색하기 때문이다. 배 안에서 '살려달라' 외친다.

유전자 검사 등으로 신원이 밝혀진 생명 떠난 육체는 승무원 박지영, 단원고 2학년 정차웅, 권오천, 임경빈, 인솔교사 최혜정 등 5명이다. 나머지는 같은 학교 박성빈, 이다운, 교사 남윤철, 행사요원 김기웅 씨 등으로 추정된다. 그리고 9명의 생명 잃은 육체는 누구인지 알 수 없다.

일부 실종자 가족들이 이의를 제기했다.

그래서 사망자 신원을 확인하는 '유전자 검사'가 진행중이다. 사망자가 늘면서 실종자는 278명으로 줄었다. 이제까지 구조된 선원과 승객은 총 172명이다.

외국인 승객도 탑승했다. 필리핀 국적 카브라스 알렉산드리아, 마니오 에마누엘, 러시아인 학생 세르코프, 조선족 한금희, 이도남 씨 등이다. 필리핀 국적의 2명은 구조되었지만, 다른 3명은 생사를 모른다.

"배 안에 갇힌 승객들 살아 있을까?"
"그들은 살아 있다."
"배 안에 틀림없이 생존자가 있다!"
국민들은 생존자들이 배 안에 있으리라 생각한다.
그들이 살아 있다면, 얼마나 고통스러우랴?
어서 속히 구조하라!
"인력을 교대해 밤낮으로 구조하라!"
"모든 수단과 방법을 동원해 생존자를 죽음의 배에서 끌어내라-"
촌각이 급하다.
"수중 잠수요원도 더 투입하라."
해상에 6시간 주기로 만조와 간조가 바뀌는데, 잠수원들은 조류가 멈추는 정조시간에 집중 투입된다. 그런데 여전히 선내 진입을 안한다.
왜일까?
그 유명한 특공대 무엇하나?
선내 진입을 하지 않아 안타깝다.

"아! 평택함을 왜 사용 안하나?"

"잠수정이나 어떤 장비들 사용해 배 안으로 들어갈 수 없는가?"

엎친데 덮친 격으로 물이 탁하고 흐름이 세다. 물속 시야 10~20미터 이상을 내다 볼 수 없다. 잠수부들은 소경처럼 더듬거린다. 손으로 더듬거리고 헤집으면서 흐린 물속을 가까스로 헤쳐 나가야한다.

"선내 진입을 도울 '탐색선'을 설치할 것입니다. 시야가 확보되면 수중 카메라 역시 투입하려 합니다." 해경이 말했다.

부모들이 불만을 터뜨린다.

"왜 진작 설치하지 않았나요?"

"진작에 하지요. 왜 선내 진입을 않했나요?"

학부모들은 해경과 해군이 원망스럽다.

구조 작업에 문제가 여실히 드러났다.

참사 발생이후 긴 시간이 지나도, '생존자'를 구조하려는 긴급시도가 없다. 배 안으로 어찌하든 들어가는 긴급시도를 하지 않았다.

이것은 있을 수 없는 일이다.

시간이 얼마나 지났는데?

수심 30미터 정도, 더욱이 섬들로 에워쌓인 국립 해상공원이다. 북대서양이 아니다. 그 많은 인력과 장비들을 사용하며 왜 배 밖에만 있나?

"생존자 여러분! 배 안에서 … 계속 불편해도 고통 당하세요."

"생존자 여러분들 나올 생각마세요."

"우리는 침몰한 배 외부에서 수색하니까요…."

해경과 해군이 행동으로 메시지를 보낸다.

어두움이 큰 날개를 활짝 펼치고 다도해 해상공원에 서서히 내려온다.

암흑이 바다 위를 널리 널리 두른다. '생존자 구조' 없이 조명탄만 요란하게 하늘높이 쏘아 올려진다. '생존자 구조'를 '제외'한 희한한 야간수색이 집중적으로 진행중이다. 지금 하늘마저 원통하고 분노하여 얼굴을 찌푸린다.

세월호 침몰 원인들

"이런 엄청난 사고가 일어나다니 …."
사람들은 고개를 갸우뚱 거린다.
나라가 대 충격에 빠지고 세계도 놀랐다.
"생존자 구조는 왜 자꾸 지연되나?"
"왜 생존자를 구조하러 배 안으로 들어가지 않는거야?"
그리고 중요한 질문이 생긴다.
"왜 이런 사고가 일어났는가?"
참사 원인은?
그날 세월호 항해사나 조타수는 왜 갑자기 급격한 변침을 해야 했는가?
"도대체 어떻게 이런 처참한 참사가 일어났단 말이냐?"
국민들은 도저히 있을 수 없는 대참사가 발생한 것에 놀랐고 그 원인을 알고 싶어한다.
"그날, 왜 그런 '대비극'이 찾아왔는가?"
"그 이유가 무얼까?
그날, 왜 그런 처참한 비극이 …."
국민들은 그 이유를 알고 싶다.
"무엇 때문에, 왜?"
"급격한 변침이 사고의 원인입니다."
해경은 '급격한 변침'을 사고원인으로 본다.
급격한 변침을 했기 때문에 선체에 결박한 화물들이 풀려 그 풀린 화물들이 한쪽으로 쏠리면서 여객선이 중심을 잃고 순간적으로 기울었다고 설명한다. 선박자동식별 장치(AIS)의 항적분석에도 사고 직전 세월호의 항로가 갑자기 바뀐 사실이 보인다.
그런데 왜 항해사는 급격한 변침을 지시했나?
급격한 변침을 지시한 데는 그만한 이유가 있어야 한다.
외부에서 돌연히 무언가 배앞에 불쑥 나타났는가?

어떤 물체가 갑자기 눈에 보였나?

그리고 조타수는 왜 항해사의 지시보다 더 급격한 변침을 했을까?

경험많은 조타수의 실수인가?

아니면 조타기, 솔레노이드 벨브, 기계의 고장일까?

아침 8시 38분경 전원이 잠깐 꺼졌단다.

그런데 왜 전원이 꺼졌나?

"누군가 전원을 껐는가?"

잠시후(약 30초 후) 전원이 복구되었다.

"무슨 이유로 발전기의 전원이 꺼졌는가?"

항해사가 변침을 지시하고 조타수가 지시를 이행하는 과정에, 평상시와 다른 사태가 발생한 걸까?

"변침이 통제되지 않고 급격히 돌아가 조타수도 조절할 수 없었나?"

그렇다면 선박에 어떤 잘못이 생긴 것이다.

"몇시쯤 선체에 문제 발생이 시발되었나?"

"실제로 사고 발생시각은 언제인가?"

'꽝!' 소리가 나고 그 다음 배가 기울기 시작했다.

정부, 해경, 언론이 사고시간을 '신고된 시간' 8시 52분으로 보는 것 같은데, 사고는 신고 이전 발생했다. 사고가 오전 8시52분 보다 1시간 앞선 7시 40분에 일어났다는 증언도 있다. 그런 증언의 예로 보일러실 승무원 전 씨가 당일 겪은 체험을 이야기한다.

"저는 오전 7시 40분쯤 업무를 마치고 업무일지를 쓰고 있었어요. 그런데 갑자기 배가 기울었어요. 배가 기울어 창문이 박살나고, 사람들이 한쪽으로 쏠릴 정도였습니다."

그는 이전에도 유사한 경험이 있었다. 그래서 미끄러지지 않으려 신발을 벗고 맨발로 벽에 지탱한 채 밖으로 나왔다. 전 승무원의 증언은 근처 섬에 사는 어민들을 통해서도 뒷받침된다. 섬주민들은 말했다.

"세월호가 항로에 1시간가량 서 있었답니다."

"선박이 왜 움직이지 않고 그 자리에 서 있는지 참 이상했지요."

"무슨 일일까?"

세월호가 신고 시간보다 이미 1시간 전부터, 사고 해상에 떠있었다는 목격담도 나왔다. 사고 지점 인근에 거주하며 구조 작업에도 나선 어민이 증언한다.

"그날도 아침 일찍 미역 따러 바다로 나갔어요. 내가 바다로 미역을 따러 나가는 시간은 아침 6시 30분인데요. 바다에서 그 배를 본 때는 아마 7시에서 7시 30분쯤일 겁니다."

그는 말했다.

"푸른 바다 위에 커다란 하얀 배가 가만 떠있어요. 왜 그러나 궁금하고 이상해 자꾸 바라보았는데요. 하지만 별다른 특이한 점은 안 보여요. 그래서 그냥 마을로 돌아왔답니다."

어민은 말을 이었다.

"그런데 도착하자마자 9시 좀 넘어 이장이 구조 작업에 동참해달라는 방송을 내보냈습니다. 방송을 듣고 서둘러 나섰어요."

아침이면 조개들의 살갗이 문을 열고 새들이 아름답게 노래하는 천혜의 정원에 사는 사람들 … 섬 마을 사람들은 온순하고 정이 많다. 그들은 자연 그대로를 닮아 순수하고 정직하다. 우리의 고향같은 아름다운 정원에서 그들은 자연을 벗 삼아 인생이라는 노래를 매일 연주한다. 그들의 노래소리는 순결하고 아름다워라! 정이 많고 깨끗하게 살아간다. 푸른 바닷물처럼 맑고 깊이, 하늘처럼 푸르고 청순하게 삶을 연주한다.

구조 받은 사람들 중에도 증언이 나왔다.

그들 역시 8시 50분보다 1시간 전부터 배가 기울어진 상태였다고 말한다. 목포 한국 병원에 입원중인 승선원 송씨의 증언이다.

"승객 배식이 한창이던 때부터 배가 기울기 시작했어요."

그는 기억을 되새긴다..

"그 시간은 오전 8시 조금 전이었습니다."

승객 배식은 식당에서 오전 7시경부터 시작되며 그날 배식이 한창 진행 중이었다.

"꽝!"

평화롭던 여객선에 갑자기 울려 퍼진 폭음, 강력한 폭음이 사람들의 귓전을 때렸다. 사람들은 모두 놀랐다. 그는 말했다.

"'꽝' 소리가 나고 배의 좌현이 기울기 시작했습니다."

해경은 달리 주장했다.

"급격한 변침 때문에 화물이 한쪽으로 쏠리면서 배가 기울기 시작한 것이다."

하지만 대다수 승객들이 증언한다.

"'꽝!' 소리가 먼저 나고 그 다음 배가 기울었어요."

왜 거대한 폭음이 울렸을까?

변침말고 다른 원인이 있는가?

세월호가 다른 무엇과 충돌했나?

갑자기 선체 내에서 폭약같은 것이 폭발했을까?

해경이 사고 상황을 발표하고 교신내용 전문을 공개하였다.

하지만 7시 30분부터 8시 30분까지 상황이 불명확하다. 공개된 항로에 8시 30분 이전 상황이 불투명하다.

그날 해경은 진도 VTS에서 실시간 모니터링을 했다고 한다. 그렇다면 이미 7시경부터 진도 VTS 영역에 들어온 세월호를 모니터링 했다는 것인데, 사고를 감시하는 해경이 비정상적인 배를 한 시간 넘게 방치했는가?

하얀 배가 바다 위에 오래 머물러 있었다.

* * * * *

세월호!

"정말로 무슨 일이 일어났는가?"

"정말로 무엇이 문제였을까?"

서해지방청 수사본부에서 선장 등 승무원에 대해 수사할 것이다. 중대본 본부장 강병규 안전행정부 장관은 빠른 인명구조를 다짐하였다.

"전 부처가 협력해 인명구조와 수색, 선박 인양과 사고 원인 규명, 승선자와 가족 지원에 최선을 다하도록 하겠습니다."

장관은 가족들을 위로하면서 신속한 구조를 다짐한다.

도대체 왜 세월호 참사가 일어났을까?

그리고 왜 미연에 사고 방지를 못했는가?

왜 이처럼 큰 선박이 점점 침몰하는데, 속수무책으로 가만있었는가?

왜 생존자를 구조하지 않았을까?

해경은 말한다.

"사고 선박이 해수부의 권고 항로를 벗어나 운항하였다."

관제 센터 데이터가 그 근거가 된다고 한다.

고명석 장비기술국장이 부연 설명했다.

"세월호가 권고 항로를 벗어나기는 했지만 항로 이탈로 보기 어렵다."

해양, 선박 전문가들도 의견을 표명한다. 어떤 이는 주장한다.

"세월호 침몰 원인은 변침 구간에서 운항 미숙, 이로 인한 적재화물의 쏠림이다."

해경수사본부 역시 이 주장을 옹호한다.

"세월호가 뱃머리를 돌리다가, 선박 내 적재한 화물이 한쪽으로 쏠리면서 균형을 잃고 침수된 것입니다."

이런 주장에서는 "꽝" 소리를 외부 충돌 또는 내부 폭발로 보지 않는다.

목포해양대 해상운송시스템학과 임 교수가 제시한다.

"변침으로 인한 적재화물의 이동이 침수의 원인일 수 있어요. 특히 적재화물이 고정되어 있지 않았다면 물의 유입을 촉진시켰을 가능성이 큽니다."

해양수산부 선박모니터링시스템(AIS)에도 세월호가 신고보다 4분 빠른 16일 오전 8시 48분에 갑자기 급선회 한 것으로 나타났다고…

전문가들과 선박 관계자들이 의견을 제시하는데, 그중 어떤 이들은 노후 선박의 문제점들을 심각하게 지적한다.

"무엇보다 사고의 으뜸원인은 '졸음 운항'과 '불법 증축에 따른 선체 불균형'입니다."

"세월호 선박이 워낙 '고선'이라서, '폐선'을 가져다 '증축'한 것입니다. 여러 번 수리를 했음에도 불구하고 선체 자체가 안정적이지 못합니다."

다른 이들이 제시한다.

"선박이 '암초 충돌'이나 어떤 배나 '외부 충돌'에 따른 좌초로 보입니다."

항해사가 왜 갑자기 급변침했는가?

세월호가 갑자기 급변침해야 한데는 그만한 '이유'가 있었다는 것이다. 정상적인 상황에서 급변침을 시도할 이유는 없다. 그러므로 아마 '충돌 위기', 또는 '충돌'이 급변침의 원인이다.

어떤 이는 좀 다르게 주장한다.

"선박 내부에 어떤 이유로 '폭발'이 있었을 것입니다."

"세월호 선체 바닥에 있는 구멍들과 그 주변의 하얀 부분이 '수중에서도 기능하는 폭약'에 의해 녹아 구멍이 난 것으로 추측됩니다."

이런 구체적인 주장도 유튜브를 통해 전해졌다(「금TV」, 백철준).

영상에 보면 세월호 침몰시 폭발하듯 물줄기가 강력하게 치솟고 배 밑쪽 구멍 여러 곳에서 물줄기가 솟아오른다.

"왜 그랬을까?"

"이 현상을 어떻게 보아야 할까?"

많은 사람들이 의문을 갖는다.

세월호 침몰 사고 원인으로 지나친 화물 과적과 이에 따른 평형수 누출, 고선(폐선)의 중측에 따른 문제들, 선장과 승무원의 책임감 부족, 부주의한 선박 운행, 외부 물체와의 충돌, 조타기나 조타기 관련 기계의 고장, 갑작스런 정전, 고선인 선박 자체의 결함, 선체 내부에서의 폭발 등 여러 가능성들이 제기되었다.

한편 더욱 심각하게 비판적으로 사태를 평가하는 이도 있다.

"세월호 사고가 일어난 지점은 병풍도 부근이다. 그런데 왜 선박이 맹골수로에 가서 침몰하였는가?"

예리한 질문이다. 그는 의구심을 제기하면서 무언가 이 배를 물살이 센 맹골수도로 이끌고 갔다는 것이다. 병풍도 부근에 있는 세월호를 의도적으로 '맹골수도로 끌고 가' 침몰시켰다고 주장한다.

단 하나의 문제 아닌 여러 문제들을 사고원인으로 간주하기도 한다. 사고 초기부터 마지막 침몰까지 잠재되었던 문제, 선박 자체와 관련된 문제, 드러난 문제, 가장 직접적인 원인과 문제, 사고 이후 대응 방식의 무질서에 드러난 문제…

비밀이든 공개된 내용이든 세월호 참사의 원인은 중첩된 문제로 보인다. 참사의 문제점들이 너무 많다.

"누군가 이 고선을 의도적으로 침몰시키지 않았는가?"

그런 문제도 제기되었다.

세월호가 좌초 전까지 지그재그로 운항했는가?

사고 초기부터 여객선이 항로를 이탈해 운행했다는 추정도 있다. 선박이 침몰하면 일상적으로 승객들은 갑판으로 나온다. 그러나 세월호 승객들은 갑판으로 나가지 않고 그대로 선실에 남아 있다.

"승객 여러분 움직이지 마시기 바랍니다. 객실이 안전합니다."

침몰 직전 선내 방송에서 이 내용이 반복되었기 때문이다.

그런데 승무원은 왜 그런 방송을 반복해 내보냈나?

왜 복도에 나와 있는 이들도 객실이 안전하니 들어가라 했을까?

왜 승객들을 객실에 가만있으라고 강조하며 연속해서 방송을 내보냈을까?

생존자들은 순진하게 이 말을 믿고 선실에 갇혀 '구조'만을 간곡히 기다렸다. 하지만 객실에 갇힌 그들은 **'구조' 아닌, '죽음'을 기다린 것**이다. 바닷물이 배 안으로 사정없이 밀고 들어온다. 그래도 그들은 가만히 머물러 있다. 바닷물은 가득히 들어오고 이제 그들은 더 이상 피할 수 없다. **그들은 '죽음을 기다린 사람들'**이다. 아! 착한 학생들, 어진 사람들, 이제 그들은 더 이상 움직일 수 없다.

'객실에 가만있으라' 계속 방송을 내보낸 조치에 부모들은 분노한다.

"승객들이 긴급 상황에서 대피하려면 선상에 있어야 하는 게 상식이다."

"객실이 더 안전하다고 유도한 선내 방송을 이해 못한다-"
"승객들이 대피할 수 있도록 방송해야 하는 것 아닌가?"
전문가들 역시 강조하였다.
"선박에 비상상황이 발생할 경우, 선박 맨위 갑판, 즉 유보갑판으로 승객을 속히 대피시키는 것이 사고 대응의 매뉴얼이다."
"선장과 승무원은 그런 기본 매뉴얼도 몰랐다는 말이냐?"
아! 그날 아침, 바다 물결도 유유하였다. 그날 밤도 바닷물결은 고요한 호수처럼 잠잠하였다. 그런 잔잔한 바다 위에서 선장과 승무원들의 무관심과 오판이 비극을 더욱 불렀다.

▌구조된 학생들 '외상후 스트레스'

한 마리의 '새'가 하늘 높이 날고 있다. 날개를 활짝 펼치고 무한히 높은 창공을 향해 드높이 올라간다. 새가 높이 높이 날아간다. 가슴이 큰 새는 이처럼 높은 하늘을 품었다. 이제 무지개를 향해 더욱 날개짓 한다. 행여 하늘에서 폭우가 쏟아질지 모른다.
그렇지만 새는 더 높은 하늘을 향해 힘차게 힘차게 날아 올라간다.
소년과 소녀들은 하늘을 날고 싶었다.
무한한 우주 공간에 꿈의 씨앗을 뿌리며 저 높고 아름다운 별들의 숲 속에 그림 같은 집을 짓고 호수를 만들고 싶었다. 그리고 그 호수 안에 아름다운 꽃들이 피고, 금빛 반짝이는 물고기들을 바라보고 싶다. 무서운 폭풍이 몰려와 꿈의 날개를 꺾었다. 그들은 땅바닥에 떨어져 부서진 날개를 퍼드득 거린다.
생과 사의 극단적인 갈림길에서, 가파른 위기를 체험하고 가까스로 구조된 학생들, 이들은 상상못할 충격에 빠져있다. 견디기 어려운 공포와 불안이 엄습해온다. 더욱이 친구들이 아직도 저 어둡고 깊은 바다 속에 남아 있다. 그런 친구들의 모습을 생각만 해도 눈물이 앞을 가린다.

이런 상황을 감당하기 어렵다.
도대체 어쩌다 이 참혹한 사고가 일어났단 말이냐?
큰 충격을 감당하기 어렵다. 이들 중 영길이는 치료를 거부한다. 철수는 경련을 일으킨다. 정경이는 잠을 잘 수 없다. 사고 현장에서 벌어진 끔찍한 장면들이 자꾸 떠오르면서 나타나기 때문이다.
아직도 자신들이 물속에 빠져 허우적거리고 있는 것 같다. 밤 늦게 잠들었다가도 물속에서 헤엄치면서 "살려달라!" 외친다. 그처럼 꿈꾸면서 외치다가 눈을 뜬다. 병상에 누워 있는 영길이에게는 선박에서 탈출하지 못한 친구가 물을 잔뜩 뒤집어쓰고 찾아와서 '파리한 모습'으로 춥다고 말한다. 구조된 학생들에게 선박에서 아우성치는 사람들의 소리가 계속 들린다. 이들은 심한 외상후스트레스장애(PTSD) 증상을 보였다.
구조된 한 소녀의 아버지는 염려한다.
"딸이 어제부터 아무것도 먹지 않아요. 말도 하지 않습니다."
김양은 전날 오전 9시 바로 지나 침몰 직전 배 안에서 엄마에게 전화 했었다.
"엄마, 배가 기울고 있어. 살려줘!"
그 후 연락이 끊겼다. 엄마는 걱정하였지만 천만 다행스럽게도 극적으로 구조되었다. 그런데 너무 충격을 받아 구조된 이후 먹지도 않고 말도 하지 않는다.
부모들은 딸을 보며 염려스럽다.
구조된 한 소년은 고대 안산병원에서 치료 중이다.
"조카가 새벽까지 잠을 자지 못해요. 수면제 처방을 받고 겨우 잠들었습니다."
조카가 잠들지 못하고 괴로워하는 모습에 마음 아프다. 그래도 살아왔으니 정말 다행이다. 조카를 구조해준 사람들이 너무 고맙다.
"조카가 새벽엔 갑자기 경련 증세를 보여 가족들이 걱정하고 있지요."
어두운 지옥같은 죽음의 공포로부터 가까스로 구조 되었지만, 아직도 무섭다. 몸서리 쳐진다. 캄캄한 배 안의 공간이 떠오른다. 침몰한 배 안에서 매우 고통스러워하며 비명지르는 친구들도 자꾸 나타난다.

입원한 영우 학생은 식사를 하다가도 울먹거렸다. 울음, 울음을 멈출 수 없다.

그는 실종된 친구들의 이름을 계속 부른다.

친구들이 저 깊은 물속에 아직 잠겨 있다는 게 믿겨지지 않는다. 친구들이 죽을 것 같아 마음이 저며온다.

슬프다!

정말 어쩔줄 모르겠다.

밥도 넘어가지 않는다.

아! 목이 메인다. 눈물이 계속 흐른다.

죽음의 문턱에서 겨우 살아나온 사람들,

그들은 아직도 죽음의 사자가 그들을 향해 엄습하면서 손짓하던 그 순간을 잊을 수 없다. 난간에 매달려 힘이 다해 버둥거리면서 지쳐가던 그 때, 그 때를 잊을 수 없다. 깊은 물속으로 몸을 내던져지던 절박한 순간, 그 순간을 지울 수 없다.

차가운 물속에서 민간 어선이 던져 주는 줄을 붙잡고 겨우 겨우 헤엄쳐 배에 올라타던 그 순간, 그 일을 잊을 수 없다. 바닷물 속에 떨어져 허우적거리는 그들에게 손 내밀어 구조선으로 막 끌어올려준 바로 그 순간, '삶과 죽음'이라는 '갈림길'을 잊을 수 없다. 배에서 가까스로 나와 대기 중이던 작은 배로 옮겨 타던 그 순간, 해경 구조사들에 이끌려 정신없이 바스켓을 타고 헬기에 오르던 아슬아슬한 순간 … 그 위험스러운 순간을 잊을 수 없다.

아! 그런데 아직도 저 깊은 바다 속 선박 안에 갇혀 죽음의 마수들에게 할퀴면서 고통스러워 하고 있을 친구들의 얼굴이 떠오른다.

파리하게 질린 얼굴들이 자꾸 떠오른다.

▍현장의 구조 작업 홍가혜

"초록빛 바닷물에 두 손을 담그-면
초록빛 바닷물에 두 손을 담그면…"

잠수부들은 바다를 사랑했다.

많은 잠수부들이 어린 시절부터 바다와 친구가 되었다.

모래사장에 앉아 두 손을 파란 바닷물에 담구기도 하고, 두 발을 바다 모래 속에 몽땅 묻기도 한다. 모래성을 높이 쌓으며 손벽치며 기뻐하고, 바닷물이 밀려와 모래성이 허물리면 또 다른 성을 쌓는다.

잠수사들은 어려서 부터 바다와 함께 뛰어 놀고 이야기 하면서 바다와 함께 자랐다. 그리고 바다와 함께 어른이 되었다.

잠수사로서 바다에 들어가는 것은 언제나 신비의 영역에 들어서는 설레임이다.

바다 속에는 숨겨진 신비로움이 있다.

바다 생명체들의 싱그러움과 물속 깊이 감추인 풍요로움이 있다. 우리들에게 풍겨주는 물속 궁전의 오묘함과 풍성함이 담겨있다. 바다를 가까이하는 잠수부들은 그들 마음도 바다처럼 넉넉하다.

고갈을 모르는 바다 ….

언제나 그 자리를 지켜주는 바다.

언제나 풍부함을 주는 바다.

창조주 하나님이 지으신 자연은 늘 새롭고 아름답다. 창조주는 바다의 신비로움과 풍성함을 통해서도 우리 인간을 사랑하고 돌보신다는 지극한 관심을 보여 주신다. 우리는 하나님의 끝없는 사랑의 손길, 놀라운 신비로움으로 둘러 쌓여있다. 창조주 하나님이 우리 인간을 사랑하고 돌보시기에 우리가 이땅 위에 산다.

하나님이 지으신 늘 푸르고 변합없는 바다가 잠수부들의 친구이기에 그들의 마음은 항상 싱그럽고 든든하다.

하지만 바다는 때로 냉정하기도 하다.

허리케인이 불고 해일이 인다. 사나운 광풍이 몰아쳐 평화로움을 짓이기기도 한다. 때로 인간 생명을 사정없이 박탈해 바닥 깊은 곳으로 끌어내리기도 한다. 그렇다! 바다는 엄청 무섭기도 하다. 바닥 모를 심연으로 선박들을 빨아들여 사정없이 삼켜 버린다. 사람들을 죽음의 심연으로 끌어당긴다. 평화로운 바다는 때로 죽음의 험악한 바다로 그 얼굴을 바꾼다.

아! 지금 바다는 그 험상궂은 모습을 드러냈다.

바닷물 속 캄캄한 바닥으로 배와 사람들을 사정없이 끌어 당기고 삼킨다. 선박에 갇힌 사람들은 생명을 잃어간다. 잠수부들은 당황한다.

"당장 배 안에 들어가 생존자들을 지옥에서 끌어내어 살리자!"

잠수부들이 구조를 도우려 사방으로부터 사고 현장에 모여들었다. 민간 잠수사 홍가혜도 있다. 그녀는 벌어지는 일들을 목격한다. 그녀가 현장에 관해 전한 SNS 글과 인터뷰 내용이 큰 파장을 일으켰다. 그녀는 17일 저녁부터 자신의 SNS '카카오스토리'를 통해 전국 민간 잠수부들에게 '구조 작업의 도움'을 다급히 요청하면서 사고 현장 상황을 적나라하게 폭로했다.

"잠수부 500명이라고요? 이곳에 와보니 알겠습니다. 500명은 언론, 기자들이 합쳐 500명이겠지요. TV에 나온 잠수부원들 500명 투입은 다 사실이 아닙니다. 구조 작업을 위해 '민간 잠수부들'이 필요합니다."

홍가혜 씨는 18일 오전 카카오스토리에 글을 남긴다.

"내가 눈앞에서 시신 얼굴도 확인했지요. 그런데 경찰과 구조대원들은 시신이 몇 구인지도 모른다며 입을 닫아버립니다."

그녀는 말한다.

"해양경찰청장은 민간 잠수부들을 현장에 투입할 수 있게 배와 장비 모두를 지원하겠다고 말했습니다. 그런데 지원요? 나랑 장난합니까? 제발, 민간 잠수부들 투입될 수 있게 해주세요!"

그녀가 종합편성채널 MBN과 가진 인터뷰가 많은 이들의 관심을 집중시켰는데, 부정적인 현장 상황을 그대로 폭로했다.

"정부 관계자가 잠수하지 못하게 막아 서는 등 **14시간 이상 구조 작업이 중단되었습니다.** 또한 대충 '시간만 떼우고 가라'는 이야기를 들었습니다."

국민들은 격노했다.

"아니, 대충 시간이나 떼우고 가라고?"

'인명구조가 촌각을 다투는 시점'에 이 보도를 듣는 이들은 아연실색한다.

"아니, 잠수하지 못하도록 막아서 구조 작업이 중단되다니?"

사람들은 기가 막힌다. 절망하고 탄식하며 분노한다.

'민간 잠수부와 관계자 사이 비협조 문제'와 '장비지원이 되지 않아 구조 작업을 할 수 없다'는 현장 실상을 전했다.

"실제 잠수부가 배 안에 사람 있는 것을 확인하고 소리까지 들었다. 언론에 보도되는 것과 현지 상황은 전혀 다릅니다."

그녀는 말하며 울분을 토했다.

많은 잠수부들과 언론인들이 현장을 목도했다. 하지만 이처럼 실상을 알리지 않았다.

"구조 작업은 없다!"

현장에서 학부모들이 분개해도 국민들은 잘 몰랐다. 언론의 보도대로, 구조 작업이 한창이리라 믿었다.

그녀가 용기있게 거론하자, 분노한 사람들의 반응이 폭주했다.

"도대체 진실이 뭐냐? 인터뷰 진짜 잘했다!"

"구조하지 못하게 한다고?"

"대충 시간이나 때우고 가라고?"

"민간 잠수부가 구조하지 못하게 막다니-"

국민들은 언론이 진실을 바로 알려야 한다고 성토한다.

한편 그녀의 폭로를 비방하는 자도 있다. 해경과 관계자들은 사실이 아니라고 부인했다. 어떤이는 그녀의 사생활까지 들추어내 '홍가혜 몰아붙이기'에 열냈다. 입 다물고 잠잠해야 할 내용을 말해서 일까. 생존자를 구조하러 배 안으로 들어가려 하지는 않으면서 폭로한 홍가혜를 비난하기 바쁘다.
"정직성을 상실해서 일까?"
'인간 생명 구조'의 긴급 과제에 거짓과 사욕이 자리하면 생명 파괴를 부른다. 생명은 가장 소중한 것, '하나님의 선물', 거짓과 욕심으로 파괴해서는 안 되는 것!

인간 생명은 가장 고귀하다

'창조주 하나님'이 내려주신 '오묘한 생명' 앞에 우리 모두 '감격과 경이로움'에 떨게 된다. 하나님이 주신 생명은 무한히 신비롭다. 그처럼 무한히 오묘하다. 아! 생명은 참으로 신비롭고 오묘하다!

인간 생명에 경탄한다!

그 고귀함과 오묘함, 그 무한한 신비에 우리 모두 경탄한다!
생명은 창조주 하나님이 우리에게 내려주신 가장 고귀한 선물, 세상의 무엇과도 비교하거나 바꿀 수 없는 가장 소중한 것, 인간은 창조주 하나님으로부터 이 생명을 그냥 '선물'로 받았다. 내가 살아 있는 것은 하나님의 '은혜'다. 우리 모두 창조주 하나님이 허락하신 '생명'을 지니고 있기 때문에 살아 움직이고 활동한다. 다른 무엇으로 생명을 만들 수 없다. 생명은 '하나님이 우리에게 주신 가장 고귀한 선물'이다.

가난한 자나 부유한 자의 구별 없이 '소중한 생명'이 우리 모두에게 주어졌다. 물론 '정해진 시간' 동안 만이다. 하나님이 우리에게 생명을 '선물'로 주셨다. 경이로운 생명, 눈부신 생명, 가장 소중한 생명을 하나님이 우리 모두에게 '선물'로 내려주셨다.

우리가 우주 공간의 '지구'라는 동산에서 아름다운 산과 들과 바다를 보며 살 수 있는 것은 오직 '창조주 하나님'이 우리를 위해 이 아름다운 '지구를 만드셨기' 때문이다.

그런데 거짓으로 사익을 챙기면서 '생명'을 무시한다면, 창조주 하나님에 대한 모독이요 죄악이다. 인간 생명 무시는 살인을 부른다. 성서는 '살인하지 말라'(출애굽기 20:13; 마태복음 5 :21~22)고 경고하며 십계명 중 여섯 번째 계명이 '살인하지 말라!'다.

인간 생명을 경시하는 자는 결국 그 자신도 경시 당해 소멸된다. 남에게 해를 끼치면 부메랑이 되어 자신에게 해가 돌아온다. 타인을 학대하면 자신도 학대를 당한다. 약자를 탄압하고 욕심을 채우는 자는 그자신이 약자 되어 짓밟힌다.

인간 생명, 신비롭고 오묘한 생명이여,
아! 하나님이 창조한 '생명'이여,

꽃들이 화사하게 피어나 향기를 발하고 나무가지에 연두빛 쌔싹들이 움트는 봄,
자연 만물이 약동하고 생명의 제전이 화려하게 펼쳐지며 연주되는데,
아름다운 4월, 목련꽃 피는 4월, 생명의 밀애가 움트는데,

아! 저 동거차도 앞 바닷물 속 아래
꺾인 생명들이 흐느끼고 있다.
그 생명들을 향해 경애와 구조의 손을 내밀라!

홍가혜 씨의 현장 사태 고발로 국민들은 구조가 제대로 진행되지 않음을 알게 된다. 배의 침몰 이후 '살려달라' 아우성치는 생존자들을 한 명도 구조하지 않은 채로 어느새 3일이 지나간다. 생존자가 있으리라는 희망의 불씨가 작아진다.
"기적이 일어날 것인가?"
구조를 고대하던 가족들의 불신이 절정에 이른다.
"세상에 믿을 것 없구나—"
"해경도, 해군도, 정부도, 업체도 믿을 수 없어."
절규하고 또 절규한다. 생사를 모르다니—

"아! 내 아이, 어찌 되었나?"
"아직 살아 있어 선박 구석에서 구조를 기다리나?"
" 물속에서 호흡이 어려운데 …"
마음 아프다. 배 안에서 안타까이 구조를 기다릴 우리 아이-
"살아도 살아 있는 게 아닙니다."
부모들은 눈물 흘리며 절망한다.
정말이다. 지금 살아 있어도 살아 있는 게 아니다.
"왜 이제까지 한 명도 구조 안하나?"
"왜 창문이라도 깨뜨리고 배 안으로 들어가지 않느냐고?
왜 객실에 어찌 하든 속히 들어가 생존자를 구해내지 않나?"

해난구조대(SSU), 특수전 전단(UDT/SEAL)요원을 포함 민관 합동 구조 수색 잠수부 550여 명이 작업한다고, 유속이 느린 시간 하루 4번 잠수부들이 진입 시도해도 역부족이다. 물속 시야가 흐려 눈먼 장님이 되기 때문이다.

구조함과 선체를 잇는 생명선부터 설치해야 하는데 이일도 여의치 못하다.

크레인 3대가 오후에 도착했다. 인양작업이 거론됐지만 '에어포켓 보존'을 위해 착수는 미지수다. 배가 흔들려 선체 내 에어포켓이 사라지면 생존자들이 위험하기 때문이다.

세월호가 6,835톤이므로 대형 크레인 3천 톤급 여러 대가 함께 끌어올려야 한다. 잘못 인양하면 생존자에게 큰 위험이 된다.

배 안에서 소리치는 비명이 파도에 섞인다. 맹골도 차가운 물에 눈물이 흩어진다. 이별을 슬퍼하는 꽃망울들이 꺾이면서 비바람도 슬피 애통한다. 이제 바다는 더욱 냉혹하다.

"부디 살아 있어다오!"
"내 딸아, 내 아들아-"

바닷물에 떠도는 육체들

물 위에 나뭇잎이 떠돈다. 사랑하는 사람들이 떠돈다.

물 흐름이 바뀌었다. '생명 떠난 육체들'이 배밖으로 나온다. 가련한 그들이 유실될까봐 염려된다. 밤사이 생명 떠난 육체는 늘었다. 그 이유는 배 안으로 들어가 생존자들을 구조해내지 않았기 때문이다.

"18일 전날 저녁 6시부터 이날 새벽까지 수색대가 바닷물에서 '생명 떠난 육체' 16명을 건져냈습니다."

서해지방해양경찰청이 발표했다. 물속에 떠다니는 여성 10명, 남성 6명을 새로이 발견한다. 대부분 구명조끼를 입었다.

"탈출 방송을 기다리다 시간을 놓친 것일까?"

"통로나 로비를 통해 탈출을 시도했었나?"

이제 '싸늘한 몸'으로 물에 휩쓸려 나온 모습을 바라본 가족들, 마음이 천 갈래 만 갈래 찢어진다.

"탈출 방송을 기다렸을까?"

"얼마나 애타게 구조를 고대했을까…"

60대 여성은 자전거 헬멧을 썼다. 10대 소녀는 학생증을 지녔다. 살려고 몸부림쳤을 그들…

절규하는 비명이 쟁쟁히 들리는 듯하다. 하지만 이제 강물 위에 꽃잎 떠 있듯, 생명 잃고 부유하는 몸이 되었다. 가슴이 저미든다. 그대들 몸부림치면서 살기를 갈망했을 것이기에, 더욱 가슴 아프다.

구조대원들은 그들을 팽목항으로 옮겼다.

중대본이 해군 229명 등 잠수요원 512명을 현장에 투입해 수색하는 중이라고 강조한다. 파도가 거세어 작업이 완만하지 않다.

썰물 시간대 오전 8시경,

뱃머리 부분 1미터 가량을 물 위에 남기고 배는 모두 물속에 잠겼다. 물속에 몸 전체가 잠겨 조금내민 머리부분이 안타깝다.

"아! 갑자기 세월호가 불쑥 솟구치며 떠오를 수 있을까?"

강한 부력이 생겨 물위로 뛰어 오를 수 있을까?

그 웅대한 모습이 다시 물 위에 나타날 수 있다면,

"배 위에 그리운 이들의 탄성과 함성이 다시 들려올 수 있을까?"

불꽃놀이, 노래하고 춤추면서, 꿈에 부풀던 이들이 갑판 위에 나타나 우리를 향해 환호하며 소리칠 수 있다면,

우리를 향해 미소 지을 수 있다면…

조금 내민 뱃머리 부분은 선수 아래 볼록 튀어나온 곳이다.

생존자를 위한 선내 에어포켓이 있을 가능성은 적어졌다. 어저께는 썰물 기준으로 선수 부분이 약 2~3미터 수면에 나왔고, 비스듬히 뒤집혀 바닥에 박혀 약 20~30미터 길이로 선체 밑바닥을 드러내 보이지 않았던가.

이제 점점 모두 물속으로 사라지려 한다.

그 배와 함께 점점 멀어지며 떨어져 가는 사람들-

해경 경비정이 선수 앞부분 10미터에 있는 '방향 전환용 프로펠러' 홈에 '밧줄'을 매어 놓았었는데, 그 부분도 해상에서 사라졌다. 이제는 물이 가장 많이 빠진 시간도 선체 대부분이 물에 잠긴다. 선미 부분이 해저 펄에 박혔는지 비스듬히 섰던 선체가 기운다.

애타는 가족들 부모들-

해경과 해군은 생존자를 구조하러 배 안으로 들어가지는 않고, 배 밖에서 바닷물만 계속 열심히 수색한다. 매번 구조가 지연되자, 초조한 부모들은 체육관에 모여 '대국민 호소문'을 발표한다.

계속 지연되는 생존자 구조, 미숙한 재난 대처에 강력히 항의한다. 그들은 눈물을 머금고 전국민에게 호소한다.

#대국민 호소문

2014년 4월 18일 현 시점에서 진행되는 행태가 너무 분한 나머지 국민들께 눈물을 머금고 호소하려 합니다.

4월 16일 9시쯤 사고가 나서 놀란 가슴을 진정시키고 뉴스를 통

해서 진행 상황을 지켜보던 중, 12시쯤 '전원 구출'이라는 소리를 듣고 아이들을 보러 이곳에 도착했지만 실상은 너무 어처구니가 없었습니다.

생존자 82명, 학생 74명, 교사 3명, 일반인 5명.

도착한 시간 오후 5시 30분쯤 진도 실내체육관 비상상황실에 와보니 책임을 가지고 상황을 정확히 판단해주는 관계자가 아무도 없었습니다. 심지어 상황실도 없었습니다.

우리가 알고 싶은건 지금 현재 진행되고 있는 사안인데, 누구 하나 책임지고 말하는 사람도, 지시를 내려주는 사람도 없었습니다.

이 상황에서 아이들은 '살려달라'고, 차가운 물속에서 소리치고 있었을 겁니다. 학부모님들이 대책위원회를 꾸려 행복관, 체육관 두 곳으로 나눠 책임자들과 현장을 방문하고자 했습니다. 민간 잠수부 동원해 자원을 요청했지만, 배도 못 띄우게 하고 진입을 아예 막았습니다. 흥분한 우리는 소동을 피우고 난리쳐서 '책임질 수 있는 사람을 보내달라'고 했지만 아무런 대답이 없었습니다.

이 시간이 밤 10시가 넘었습니다. 그 시간에도 아이들은 죽어가고 있었습니다

16일 밤, 10시가 넘도록 구조 작업이 없었습니다. 계속되는 요청에도 "1시에 한다"고 말은 전달 받았지만 관계자는 여러 가지 이유를 들면서 "조류가 심하다, 생명이 위협받는다"는 말로 얼버무렸습니다.

우리나라 군 전체는 명령에 따라 임무를 수행하는 사람들입니다. 학부모와 민간 잠수부는 생명을 걸고라도 들어가겠다고 오열했지만, 받아 들여지지 않았습니다.

17일 어제 항의 끝에 겨우 현장을 방문했습니다. 인원은 채 200명도 안됐고, 헬기는 단 2대, 배는 군함 2척, 경비정 2척, 특수부대 보트 6대, 민간구조대원 8명이 구조 작업을 했습니다.

9시 대한민국 재난본부에서는 인원 투입 555명, 헬기 121대, 배 169척으로 우리 아이들을 구출하고 있다고 거짓말 했습니다.

> 국민 여러분 이게 진정 대한민국 현실입니까?
> 우리 아이들을 살릴 수 있도록 다시 한번 부탁드립니다. 도와주십시오.
>
> 「오마이뉴스」, 2014년 4월 18일.

바닷물 속 배에 갇혀 아이들이 시시각각 죽어가는 현실 앞에 애가 타는 가족들은 구조를 재촉한다. 발을 동동 구르면서 '생존자 확인'과 '공기주입'을 지체하지 말고 속히 하라고 강력히 요구한다.

"빨리 선체 수색을 하라!"

"어서 속히 산소를 주입하라!"

답답한 구조 작업을 보다못한 가족들이 초초함 속에서 대국민 도움마저 호소하기에 이르렀다.

"국민 여러분! 이게 진정 대한민국 현실입니까?"

"우리 아이들을 살릴 수 있도록 다시 한번 부탁드립니다. 도와주십시오!"

▌공기주입 시작

"우리 아이에게 신선한 공기를 들여보내라!"

"빨리 산소를 주입해 생존자들이 살게 하라."

오랜 시간 배에 갇힌 생존자들이 깨끗한 공기를 호흡해야 살 수 있다.

신선하고 깨끗한 공기, 오늘도 맑은 공기를 호흡한다.

인간은 매일 자연 속에서 발산되는 맑고 신선한 공기를 마시면서 산다. 하나님이 우리에게 자연법칙을 통해 제공해주는 신선하고 맑은 공기는 생존을 위해 필수다. 우리가 생존하기 위해서는 가장 기본적으로 또한 가장 중요하게 '산소'가 있어야 하기 때문이다.

원시림이 파괴되기 이전 지구상에는 산소가 매우 풍부해 인간과 동물들이 쾌적하게 호흡할 수 있었다. 산림이 울창하게 우거지고 실내외에 식물을 잘 키워 산소를 많이 조성하는 것은 인간 존속에 중요하다. 신선하고 맑은 공기, 산소 없이는 사람이 한 순간도 존재할 수 없기 때문이다. 깨끗한 '물' 없이 인간이 생존할 수 없듯, '산소' 없이 존재할 수 없다. 산소는 물보다 더 긴급하게 생존을 위해 필수다.

'인간의 삶' 그 자체가 산소 없이 있을 수 없다. 결국 창조주 하나님은 사람을 창조하시고 인간 생명이 존속할 수 있도록 모든 필수 요소들과 아름다운 자연들을 베풀어 주셨다(창세기 1~2장).

> 하나님이 자기 형상 곧 하나님의 형상대로 사람을 창조하시되
> 남자와 여자를 창조하시고
> 하나님이 그들에게 복을 주시며 하나님이 그들에게 이르시되
> 생육하고 번성하여 땅에 충만하라, 땅을 정복하라, 바다의
> 물고기와 하늘의 새와 땅에 움직이는 모든 생물을 다스리라
> 하시니라(창 1: 27~28).

창조주 하나님이 남자와 여자를 '하나님의 형상'(imgae of God) 대로 창조하시고 남여가 '결혼'하여(창 2:24) 자녀를 낳으며 번성하라고 말씀하셨다. 그리고 '하나님의 형상'을 지닌 인간에게 자연 만물을 다스리게 하신다.

창조주 하나님이 이처럼 베풀어주신 모든 자연법칙과 자연 만물의 혜택으로 사람들은 매순간마다 또한 매시간마다 생명을 유지해 생명있는 존재로서 호흡하며 살아가고 있다.

'산소'에 대해 생각해도 창조주 하나님께 너무 감사하다.

식물이 탄소동화작용으로 산소를 만들어 낸다는 신기한 자연법칙을 세우신 창조주 하나님!

그분의 세심함과 창조성이 얼마나 기묘하고 놀라운가!

그런데 우리 사람이 아무것도 없는 곳에서 스스로 '산소'를 만들어 낼 수 있나?

'물'을 만들어 낼수 있나?

사람이 무에서 유를 창조할 수 있는가?

산골짜기 바위 틈 사이에 졸졸 흘러내리는 옹달샘- 이 옹달샘은 인간을 사랑해서 우리에게 그냥 주는 창조주의 선물이다.

깊고 푸른 호수나 맑은 시내물과 강물, 출렁이는 망망한 대해의 물들도 모두가 우리 인간을 깊이 사랑하고 섬세하게 돌보는 하나님의 크신 선물이다.

옹달샘 물을 한움큼 떠마시면서, 하나님께 감사한다. 맑고 푸른 하늘 아래 신선한 공기를 들이 마시며 하나님께 어찌 감사하지 않으랴.

불어오는 싱그럽고 신선한 바람은 우리가 지치고 쓰러질 때 하나님이 소생시키는 사랑의 바람이다. 왠지 머리가 아프고 어지러울 때 깨끗한 물을 마시고 맑은 공기를 흠뻑 들이마시면, 오염을 떨어내고 다시 소생함을 느낄 수 있다.

따스한 태양의 빛은 우리를 건강하게 하고 푸르른 숲과 산과 들과 바다는 창조주 하나님이 우리를 사랑하고 세심하게 돌보신다는 무한한 관심을 보여 준다.

그 사랑, 그 사랑에 감격하지 않을 수 있을까?

하루, 하루, 하나님이 창조하신 이처럼 광대한 우주와 오묘한 지구의 혜택을 맘껏 누리면서, 우리 사람들은 살고 있다. 정해진 기간 동안만이다. 우리 모두에게 각기 정해진 기간 동안에는 자연과 지구와 우주의 모든 혜택은 우리 것이다. 창조주 하나님이 선물로 주신 놀라운 혜택이기 때문이다.

우리 인간은 '무'에서 '유'를 만들 수 없다. 우리가 창의적으로 만드는 모든 것은 이미 있는 것들로부터 조합하거나 분해하여 또는 변형시켜 만들어낸 것이다. 오직 하나님께서 '무에서 유를 창조'하셨다.

창조주 하나님은 너무 많은 귀한 것들을 우리에게 모두 그냥 주셨다. 얼마나 감사한가! 창조주는 생명을 번성시키기 위해 산소를 신비스럽게 조성시킨다. 땅 위에 거주하는 우리는 한번도 산소가 없어 구하러 간다거나 다른 곳에서 산소를 끌어와 가까스로 호흡해야 하는 사태를 경험한 적이 없다.

창조주는 이처럼 자상하시다. 자연법칙과 자연만물을 통해 매우 세밀한 관심으로 우리가 지구상에서 존재할 수 있도록 보호해 주시고 받쳐주신다. 독일 히틀러 시대 나치들이 유대인을 대학살할 때, 하나님이 인간에게 허락한 산소를 인위적으로 박탈하고 독가스를 유입해 의도적으로 생명을 살해했다. 잔악한 히틀러는 러시아 군에게 패망한 뒤 비참하게 죽었다.

산소가 없다면 그 누구도 존재할 수 없다.

사고를 당해 하나님이 베푸신 자연환경이 박탈당하고 물과 산소가 없을 때, 인간은 죽는다. 자연환경이 박탈당할때 '인간 생명'은 떠난다. 하나님이 지으신 자연환경은 인간존속에 가장 기본이고 중심이며 무한히 필수적이다.

세월호 안에 갇힌 사람들은 이 '필수적 자연환경'을 박탈당했다. 그들이 있는 물속은 태양의 빛도 없고, 신선한 물도 공기도 없다. 온통 염분이 가득한 바닷물과 해저의 그림자들과 어두움, 혼탁함이 두룰 뿐이다.

생존자에게 산소가 필요하다.

이 지구상에서 산소는 식물의 잎에서 수분, 공기(이산화탄소), 햇빛을 통해 자연히 생성된다. 창조주의 자연법칙(창조법칙의 일부) 이다. 인간은 아주 미세하고 상세하게 생명이 지켜지도록 보호함 받은 최고 존재다. 우리 모두는 하나님의 지극한 돌보심과 사랑을 듬뿍 받았다.

자연환경이 박탈당하고 사방이 바닷물벽으로 막힌 세월호 안에 공기주입을 해야 생존자가 산다. 산소 없이 생존할 수 없기 때문이다. 그래서 산소 주입이 급하다. 이산화탄소나 질소는 해롭고 녹슨 쇠나 상한 나무의 공기는 유해하다.

2014년 4월 18일, 오전 11시경

겨우 '공기주입'이 시작된다. 잠수부들이 수차례 시도한 열매다 이 작업을 위한 잠수부들의 각고의 노력 끝에 오전 11시 반쯤 드디어 선내로 공기주입을 할 수 있게 되었다.

　잠수부들이 물속에 들어가 3층 레크리에이션 룸에 '지름 19밀리미터' 호스를 밀어넣었다. 이 호스는 바지선에 있는 공기주입기에 연결되어 호수를 통해 공기가 들어간다. 참사 발생후 50시간이 지나서야 겨우 '지름19미리미터' 호수를 이용해 배 안에 공기주입이 시작된다.

　"우선 잠수부가 들어가 공기주입할 수 있는 구멍을 찾게 되죠. 그런 구멍을 찾아서 공기를 주입해 주면 선내에 공간을 통해서 공기주입을 계속하는 겁니다."

　해경 장비기술국장이 설명했다.

　"지금 3층으로 '공기주입'을 계속하는 중입니다."

　호수를 통해 '산소'를 공급함으로써 생존가능성을 높여준다. 그리고 배를 약간 들어 올리는 효과도 기대한다. 선체 내 공기주입도 효과있지만 생존자가 있을 곳으로 추정되는 에어포켓을 찾아 직접 공기를 넣어 주는게 가장 중요하다고 전문가들은 강조한다.

　공기주입이 시작되자 모두 '희망'을 품는다.

　"공기가 배 안에 들어가면 생존하기 편해지겠지. 쓰러진 아이들도 다시 소생시켜 줄 수 있을 거야 … 신선한 산소는 시드는 생명을 다시 살릴 수 있다."

　가족들은 기대하였다.

　그런데 의외의 문제가 터졌다.

　공기주입에 투입된 장비 논란이 거세다. 사용된 장비가 소형 '공업용 공기압축기' 란다. 이럴 수 있나…

　'덴요 180'이라는 기계다. 이 장치는 건설 현장에서 주로 쓰는 '소형 공기압축기'로 분당 5.3세제곱미터의 공기를 생성해 낸다. 국내에 쉽게 이동할 수 있는 '대형 공기압축기'가 많은데 해경은 소형 1대만 투입했다.

　공기압축기 전문가는 어이없어한다.

　"선박은 침몰 상태라 물의 압력까지 계산하면 '대형 공기압축기' 여러 대가 필요 한데요, 어떤 판단으로 소형장비를 투입했는지 의문입니다."

"더욱이 '덴요 180'은 건설 현장에서 흔히 쓰는 '공업용 공기압축기'라서 그 공기로 사람이 호흡하기에는 '매우 부적절'하지요."

뉴스타파가 이 문제를 지적했다. 게다가 일본에서 제조한 '덴요 180'에서 나오는 공기 품질은 어이없게도 공업용 압축기 중에도 '하위등급'이다. 국제 압축공기 품질 기준에 따르면 0~7등급 중 '6위 등급'으로 공기의 질이 나쁘다(「뉴스타파」, 2014년 6월 27일).

"공기의 질도 나쁜 '소형 장비' 하나를 대형 여객선에 달랑 투입하고 생존자의 수명을 연장시킨다고?"

공업용 공기압축기 판매업체 대표가 놀랐다.

"덴요180을 넣었다고요?

누구 놀리는 겁니까?

그건 너무 적잖아요?

덴요180은 비교하면 자전거예요. '자전거 바퀴바람 넣는 걸'로 그 큰 6,000톤급의 세월호에 공기를 넣었다면 장난하는 거지 그게-"

공기압축기를 통해 들어간 나쁜 산소를 생존자가 직접 마신다면 무슨 일이 생길까? 질나쁜 공기로 호흡 곤란을 겪을 것 같다. 국내 질좋은 '대형 공기압축기'를 무시하고 해경은 왜 일본산 '덴요180'을 사용할까?

일본 제품들이 문제를 일으킨다.

세월호도 일본 고선이고, 공기압축기도 일본 제품이다.

결국, 너무 '작은 공업용 장비'를 설치해 호흡에 부적합한 '불량공기'를 주입한다. 그러면서도 마치 최선을 다한 듯 진지하게 발표했다. 생명 구조 '골든타임 70시간'은 이처럼 허비된다.

그런데 이 부실한 장치마저 제대로 작동되지 않는다. 압축기가 워낙 작아 실제 공기가 많이 투입되지도 않은 데다 중간에 고장나 잠수부가 물에 들어가 엉뚱한 데 공기를 넣고 나오기 때문이다.

공기주입이 시작되고 2시간여 지났다.

"배가 약간 솟아오를까?"

아니, 그 반대 현상이 일어났다. 세월호 뱃머리 부분마저 물속으로 푹 잠긴다.

2014년 4월 18일, 오전 11시 50분
한 많은 세월호는 뱃머리 부분마저 완전히 가라 앉다.

그녀는 몸을 뒤틀며 물속에 전부 침몰하지 않으려 애썼다. 침몰을 거부하면서 … 상처난 몸으로라도 견뎌 내려 했다.

공기압축기를 이용한 공기주입으로, 배를 들어올리는 효과도 일부 기대했건만, 그 반대 현상이 일어났다. 이제 선박 전체가 잠겼다!

이날 아침 썰물 시간대 8시경에도 뱃머리 부분 파도 저항을 줄이기 위해 볼록하게 튀어나온 뱃머리 하단 1미터 가량 물 위에 나와 있었다. 전날까지도 썰물 기준, 선수 부분이 약 2~3미터 나와 있었고, 약 20~30미터 길이로 선체 밑바닥이 희미하게 물 안에서 보였지만, **이제 모두 사라졌다-**

대한민국 최대 여객선, 배수량 6,835톤, 전장 145미터, 선폭 22미터의 세월호가 국립공원 다도해 해상 수심 30~40미터 바다 속으로 완전 침몰했다. 한 점의 모습도 없다.

구조 손길을 애타게 기다리던 생존자들처럼, 그녀는 구조를 몹시 기다리다 결국 구조받지 못하고 사라졌다.

구조대는 결코 배 안에 들어가지 않는다! 민간 잠수부는 창문이라도 깨고 들어가려 했지만 금지당했다. 그 많은 시간들이 흘러도 배 안으로 들어가려는 진지한 시도가 없었다.

"왜 일까, 왜 그럴까?"

"왜 자꾸 선내 진입을 하지 않으면서 시간만 지연시킬까?"

중대본이 발표한다.

"드디어 잠수사들이 오늘 선체 내 진입에 성공했습니다."

"아! 드디어 배 안으로 들어가게 되었구나!"

사람들은 생각했다.
그런데 얼마후 해경에서 정정보도를 내보낸다.
"잠수사가 선체 내에 진입했다는 것은 사실이 아닙니다."
"사실이 아니라고?"
국민들은 갈팡질팡한다.
해경은 중대본의 발표를 부인하였다.
사고 이후 3일이 지나도 세월호가 무슨 '금단구역'이라도 되는 듯 가까이 다가가지 않고 여전히 배 안으로 안들어간다. 아! 어찌 이럴 수가?
"해경, 해군, 특공대, 구조대는 어디서 무엇 하나?"
이처럼 생존자 구조에 전혀 무관심하면서 무능력을 보여 주어도 국민에게 괜찮은 걸까?
해경이 선내 진입을 부인하자 중대본은 '선내 진입 성공'을 '선내 진입 실패'로 정정하여 발표하였다.
"해경은 왜 자꾸 선내 진입을 지연시키는가?"
해경청은 잠수부들이 오후 3시에 선내 진입을 시도할 예정이라고 밝힌다.
차가운 바다,
태양은 해양 너머로 피를 토하며 기운다.
또다시 흑암이 큰 날개를 펴고 소망의 자락을 억누르며 내리 덮친다. 암흑이 쌍쌍이 겹쳐오고 꿈을 품은 여린 꽃망울들이 딛고 일어설 틈은 없다. 밤바다의 한기어린 소리만 멀리 퍼진다.
사랑하는 사람을 상실하는 아픔 속에 가족들의 눈에 이슬이 맺힌다. 공기주입으로 잠시 안도하던 이들, 이제 점차 흐느낌으로 변한다. 자다가도 벌떡 일어나 아이 이름을 부른다. 꿈속에서 자녀를 만나 손을 꼭 붙잡는다.
한 부모가 말했다.
"어제 밤 꿈에 아들 승인이가 살아 돌아왔어요. 내가 집 마당에 서 있는데... 아이가 '엄마! 아빠!' 부르면서 뛰어 들어왔어요."

다른 부모가 대꾸했다.

"나도 꿈을 꾸었네. 꿈속에 우리 딸이 친구들과 놀고 있어요. 얼마나 재미있게 놀던지... 놀다가 나를 바라보더니 '엄마!' 부르면서 활짝 웃었어요. 아! 우리 딸 아직 저 물속에 살아 있나봐. 거기서 친구와 함께 있나봐."

이야기를 서로 나누는 그들의 눈에 애절함이 고인다. 말을 제대로 잇지 못하고 얼굴을 두 무릎 사이에 묻으면서 흐느낀다.

기다림... 기다림... 애타는 기다림,

시간이 지나갔지만 자녀가 살아 있으리라는 희망의 끈을 여전히 쥐고 있다. 비록, 아주 가냘퍼도 그 끈을 놓지 않는다. 희망의 끈을 꼭 붙잡고 간절하게 기다리고, 또 다시 기다린다.

> 죽음은 이별을 가져와요. 우린 아이와 헤어지고 싶지않아,
> 헤어질 준비를 못했어요. 사랑하는 아이도 헤어질 준비가 안 되었어요.
> 가족의 품으로 무척 돌아오고 싶을거예요. 분명 살아서 꼭 돌아오겠지요.
> 꼬옥...

눈물이 한없이 흘러내린다. 그러다 엉엉 울고 만다.

▌선내 첫 진입

시간은 사람을 기다려 주지 않는다.

아무리 황금시간도 흘러가면 그만이다. 다시 돌이킬 수 없다. 우리가 아무리 그 시간이 거기서 멈추고, 정지해 있기를 바랄지라도 우리 소원대로 시간이 정지해 주지 않는다.

시간은 영원에서 와서 영원으로 돌아간다. 어쩌면 우리가 느끼는 시간의 흐름은 인간의 제한성 때문에 생긴 것일 수 있다. 시간은 영원에서 영원으로 펼쳐있는데 우리가 그사이에서 잠깐 머무르다 가면서 그 시간이

지난다고 느끼는 것일 수 있다.

　구조의 황금시간은 달아났다. 지금도 중대한 시간이 잡히지 않고 빠져나간다.

　사고가 발생한 이후 정말 많은 시간들이 속절없이 지났다.

　정상적인 사고로는 도무지 믿을 수 없는 사태들이 벌어진 것이다. 거대한 배가 수심 30미터 다도해 해상에서 점차 침몰하는데, 그리고 많은 생존자들이 배 안에서 '구해주오!'

　아우성 치는데, 육지로 메시지를 보내면서 '살려 주세요!'

　애절하게 몸부림치면서 매달리는데, 그 많은 시간이 지나도록 배 안으로 들어가려 하지 않았다. 배 밖에서 바닷물만 수색하였다. 그래서 단 1명의 생존자도 구조하지 못했다는 '기막힌 사태'가 일어난 것이다.

　급격히 기울어지고 침몰해 물속으로 점점 들어가는 배 안에서 울부짖는 생존자들을 단 한 명도 구해내지 못했다! 구하려는 노력을 처음부터 접었다.

　슬프다- 이제 물속에 떠도는 '생명 떠난 육체'를 건져올리며 우왕좌왕하는 사이 구조의 시간은 또 속절없이 멀어진다.

　시간은 자신의 속도대로 날아간다.

　시간과 유수는 우리를 기다려 주지 않는다. 우리가 아무리 멈추어 달라고 말하고, 아무리 떠나지 말라고 외쳐도, 근원으로부터 오는 시간은 시공간이 제한된 우리 인간에게는 소우주의 운동을 따르면서 그냥 달아날 뿐이다.

　아! 행여나-

　아직도 저 침몰한 선박 어느 구석에 살아 있는 이들이 쭈그리고 있어 구조를 기다리고 있을까?

　이 시각에서야 잠수부들이 정말 배 안으로 들어가려 한다는 것이다.

　침몰 시작 이후 그 긴 시간 흘러도, 아직 배 안에는 안들어갔다.

　아!

　이제서야- 세월호 안에 첫 발을 디딘다.

2014년 4월 18일, 저녁 6시 30분

이제서야 배 안에 들어가려고 처음 시도를 하는 중이다. 잠수요원들이 여객선 2층 화물칸 출입문을 처음 열었다.

"그런데 왜 하필 화물칸인가?"

곧 바로 객실 진입이라면, 창문을 깨거나 갑판으로 객실 진입을 시도했다면, 객실이 아닌 화물칸 문을 열었으니 사람은 없고 화물만 꽉찼다.

너무 많은 짐들이 쌓여 있어 들어가지도 못하고 곧 나왔다. '처음 진입'이다. 이후 선체 외부와 연결된 가이드라인이 끊겨 14분만에 철수했다. 오랜 시간이 흐른 후 처음 시도한 여객선 진입은 '화물칸 짐들'을 잠시 들여다 본 것 ….

생존자들이 생명을 힙겹게 유지하며 구조를 기다린들 무엇하랴?

그들이 겨우 살아 하루, 이틀, 사흘, 버티면서 기다린들 무엇하랴?

엄습해오는 비존재의 위협과 죽음의 그림자를 쫓는 사투에서 가까스로 버틴들 무엇하랴. 아무도 배 안으로 안들어 오는데 ….

해경은 뱃놀이하고 마치 아무 일도 없는 듯 여유롭다.

"살려줘요! 살려주오-"

생존자가 고함친들 무엇하랴?

"빨리 구해요, 애들이 죽어요!"

부모들이 발을 동동구르며 애원한들 무슨 소용이랴?

다들 귀를 꽉꽉 틀어 막았는데- 생존자를 구조하러 절대로 배에 접근하지 않는데, 남의 일처럼 외면하는데 …

"초긴급- 배 안에 들어가 생존자를 구조하라-"

비상사태를 즉각 선포하고 곧바로 배 안으로 들어 갔었다면?

생존자들이 살려달라 외치는데 귀를 막았다.

비명을 지르는 사람들이 그냥 그대로 죽으라는 건가?

이제서야 접근하는 중이다. 민간 잠수부, 해경특공대, 해군잠수요원 21명이 2인 1조로 수색하며 밤에도 이어진다.

그대들
깊숙한 바닷물 속
캄캄한 세월호에서
사정없이 공격해 오는
죽음의 마수들을
겨우 피하고 있었나?

그대들
물에 잠기면서도
엄습하는 고통중에도
사망의 파고를 헤치며
온 힘으로 공포를 밀쳐내고
애타게 구조를 기다리는가

그대들
배 안 어느 모퉁이에서
죽음의 마수와 싸우면서

우리를 애타게 기다리나?

그대들 사랑하는 그대들
아직도 우리를 기다리나…

▍실적 가로 채기

민간 구조업체 '언딘'이 구조 작업에 등단한다.
이 업체가 침몰한 세월호의 선주 '청해진해운'과 계약을 맺고 구조업무에 착수한다. 학부모와 국민들은 사고 초기부터 오직 '생존자 구조'에 전심해 주기를 갈망하였다.
"산 사람이 죽어가요. 구해주세요."
"선체 내 인명구조를 속히 하오."
"우리 아이 어서 구해 주세요!"
구조 작업이 늦자 불안한 부모들은 재촉한다. 저 바닷물 속에서 신음하는 소리가 들리는듯 하다. 아이들은 점점 의식이 흐려진다.
"사랑하는 내 딸아!"
"사랑하는 내 아들아!"
"애들아, 춥고 컴컴해 무서워도 꼭 살아 있어다오."
애들아! 살아야 돼. 부디 꼭 돌아와!
아! 시급하다.
우리 모두 알고 있다. 더 이상 지연하면 안 된다는 것을 ...
이제는 시간이 없다. 아마 '생명 구조'의 '마지막 열차'다. 이제 이 마지막 열차가 떠나면 다음 열차는 없다.
"그래, 이 열차에 올라타 꼭 죽어가는 생명을 구조해야 해."
"최선을 다해주오!"
2014년 4월 19일 새벽 4시가 지난다.
가족들은 살아돌아오기를 애타게 기다리고 기다린다. 하지만 슬프게도 물에서 건져낸 '생명 떠난 육체'를 목도한 순간, 그들의 마음은 찢겨진다. 하늘이 잿빛으로 변했다.
무너지는 비극의 연속이다.
그런데 수상한 말이 떠돈다. 언딘 업체가 민간 잠수사 실적을 가로채고, 구조에 무관심하며, 시신 인양과 수색까지 지연시킨다. 소문이 산들바람에 날린다.
언딘은 왜 생명 구조에 무관심한가?
"저 여객선 어느 구석에 생존자가 버티고 있다면 …"
이번이 '최후의 구조'일 것이다.

"기적! 기적이 일어나기를-"
우리 모두는 기적을 기대한다!
그래서 저 침몰선 에어포켓 어느 구석에서 생명을 가까스로 유지한 생존자들이 우리를 향해 해맑은 모습을 드러내며 다가오기를 기다린다.
내 아들과 딸이, 내 누이와 동생이, 우리 제자들이, 내 친구들이 죽음의 늪을 벗어나 그 자태를 보여 주기 고대한다.
어찌 사라지려는 생명을 외면할 수 있나?
가만있을 수 없다!
더욱이 꽃망울들이 꺾이어 떨고 있는데 ….
잠수사들은 구조 작업에 몰입한다.

4월 19일 새벽 4시 20분

'민간 잠수사들'은 몸을 돌보지 않고 구조에 돌진했다. 본래 침몰 초기부터 유리창을 깨고라도 배 안으로 들어가려 했었다.
"이 정도면 우리는 생존자를 구하러 배 안으로 바로 들어간다."
"배 안으로 들어가려해도 해경이 못들어 가게 막는다."
"아이들이 '살려달라!' 외친다. 우리는 지금 들어갈 수 있다."
민간 잠수사들은 발을 동동 굴렀었다.
이제 그들은 그처럼 원하던 대로 '세월호 선체'로 접근할 수 있다. 잠수사들이 물속의 선체로 가까이 다가가 4층 객실 유리창을 들여다 본다. 그 안에 3명이 있다. 이제서야, 이제서야, 객실 창문에 접근해 사람을 본다.
침수 이후 처음으로 객실 안 승객을 발견한다. 슬프게도 생존자는 아니다. 처음 배에 진입하려 화물칸 문을 열때, 쌓인 짐짝들만 보았다. 하지만 이제 처음으로 객실 유리창을 통해 사람을 본다.
그날 아침 7시 언딘의 고위 간부가 해경 지휘함에서 민간 잠수사 배로 건너왔다. 그는 요구한다.
"시신을 언딘이 발견한 것으로 해야 합니다."
이어서 말했다.

"시신을 지금 인양하면 안됩니다."

잠수사들은 귀를 의심했다. 자기들이 발견한 것을 언딘이 한 것으로 해야한다면서 시신 수습도 나중에 하란다.

무슨 말인가?

"이대로 시신이 인양되면 윗선에서 다칠 분이 너무 많고, 그래서 지금 인양하면 안됩니다. 해경이 나흘동안 수색했는데, 이 상황에, 민간 잠수사가 먼저 시신 인양을 하면 해경 구조 능력에 비판이 나올 수 있습니다."

잠수사들은 당황한다.

JTBC <뉴스9>가 이 정황을 전달했다.

범정부사고대책본부 대변인이 19일 공식 브리핑에서 묘하게 밀한다.

"세월호 선체 안에서 시신 있는 것을 처음 발견한 건 민간잠수업체다. 이 부분은 언딘이라는 잠수업체인데."

민간 잠수부의 업적을 언딘 잠수업체의 공로로 돌린다.

언딘 측이 민간 잠수사에게 '직원으로 계약해주겠다'면서 '모든 일은 비밀로 한다'는 조건을 제안했다.

'구조 수색'에 탁월한 전문가 민간 잠수사들은 제압받는 상황들이 답답하기만 하다. 언딘과 계약된 사람만 수색할 수 있다고 불평한다. 해경이 초기부터 민간 잠수사들을 적극 지원했으면 좋았겠다.

구조가 시급해도 잠수사가 활동할 수 없다. 언딘은 구조 작업을 지원하던 바지선 대신, 그들의 바지선을 투입해 논란을 더했다.

교육부 장관의 방문

"제발, 살아 돌아와요."

"우리 아이 얼마나 추울까. 숨쉬기도 어렵겠지-"

부모들은 마음졸인다. 구조가 지연되면서 불안하고 두려워 어쩔 줄 모른다.

사랑하는 자녀가 속수무책으로 죽어가는 현장, 그 현장을 바라보면서 몸부림치는 부모들의 고통을 어찌 헤아리랴?

상상할 수 없는 처절함을 겪으면서 눈물이 골을 이루고 아픔이 점철된다.

아! 이런 무자비한 일이 일어나다니 ….

아름다운 꿈을 지닌 내 아이가 한 마디 말도 못하고 … 죽음이라는 영원한 이별의 길로 떠나고 있다!

엄청난 비극 앞에 가족들은 몸부림 친다. 수심 깊지 않은 해상에서 '사람이 비명지르며 죽어가고 있는데' 왜 구조하지 않았나?

오랜 시간 버티면서 구조만을 고대한 생존자들을 왜 '외면' 하였나?

이제 생명 떠난 몸이 되어 육지로 돌아온 이의 얼굴을 보는 가족의 마음은 찢어진다. 생존자들을 죽음의 세계로 몰고간 자들이 너무 원망스럽다.

단원고 학생 이 군의 빈소가 안산에 마련되었다. 서남수 교육부장관이 수행원 3~4명과 함께 그곳을 방문한다. 수행원 한 명이 몇 걸음 먼저 빈소 앞으로 나아가 울고있는 유족들에게 알린다.

"교육부 장관님 오십니다."

그는 유가족들에게 입구 쪽을 가리키며 귓속말 한다.

슬픔에 넘어질듯 벽에 기대있던 유가족들이 울부짖는다.

"어쩌라고?

장관이 왔다고 유족들에게 뭘 어떻게 하라는 뜻이냐?"

구조를 외면한 정부 기관들에 대한 불신과 불만이 또 폭발한다.

서 장관이 가까이 와서 엄숙히 조문한다. 유가족은 통한에 젖는다.

"겨우 겨우 가슴에 묻으려고 우리가 이처럼 애를 쓰는데… 우리더러 뭘 어떻게 하라고요."

이 군은 새벽에 사고 해역에서 숨진 채로 발견됐다.

가족들은 한없는 슬픔에 운다.

울고 또 울어도 내 아이가 죽었다는 것이 믿기지 않는다.

"이것이 정말 사실인가?

꿈을 꾸는 것은 아닌지?"
"아! 도대체 어찌 이런 일이 일어날 수 있단 말이냐?"
그들은 왜 잔잔한 바다에서도 생존자를 구조하지 않았나?
마음에 응어리가 박힌 가족들은 장관이 조문하는 동안 수행원을 몰아붙인다. 빈소 앞으로 유족과 조문객이 하나 둘 모여든다.
"왜 속히 구조하지 않았나요?"
"지금, 우리더러 어쩌란 말입니까?"
"죄송합니다. 제가 대신 사과하겠습니다."
조문을 마치고 나온 서 장관이 고개를 굽혀 유가족을 위로하였다. 장관 일행은 간단히 위로의 말을 전하고 장례식장을 떠났다.
그러나 유가족은 분노했다.
"어딜 가오. 말을 똑바로 하고 가시오."
물속에서 생존자들이 죽도록 '외면한 자들'에 대한 분노가 치솟아 원망이 더욱 높아진다.
"세상에, 어찌 이럴수가?"
어떻게 '살려달라' 그처럼 긴시간 몸부림치는데- 배 안으로 진입조차 안 했단 말이냐?
왜 하루 이틀 사흘 지나도록 생존자를 구조하지 않았나?
장관 일행이 떠나도 가족들은 분노에 차있다. 장례식장 입구에 경기도 교육청에서 파견 나온 직원이 입구에 서 있다 서 장관을 보자 인사했다.
부모들의 원성속에 장례식장을 나온 서 장관은 나무란다.
"우리가 자녀 잃은 가족의 고통스러운 마음을 더욱 깊이 헤아려야 할 필요가 있습니다. 얼마나 마음이 아프실까요,
그 아픔을 우리도 느낄수 있어야지요."
장관의 불시방문을 받은 유가족은 다시 아픈 상처로 괴로워한다.

선장과 승무원 심사

"꽈꽝! 꽝 –"
고요하던 북대서양에 고성이 퍼진다.

세계에서 가장 호화스럽고 웅장한 타이타닉호가 한밤중에 대서양에서 몸을 움찔한다. 맨눈으로 식별할 수 없는 대 빙산과의 충돌로 배의 선체가 파손되고 선박 안으로 엄청난 양의 물이 밀려 들어온다. 그 물줄기는 더욱 커지고 배가 침몰하기 시작한다. 물결이 고요하고 이상할 정도로 잠잠한데, 망망대해 수심깊은 북대서양에서 돌발적인 비극이 급습했다.

아! 어찌 이럴수 있는가?

그 엄청난 위기 순간, 타이타닉호의 선장과 승무원들은 어린 아이와 여인들을 보호하면서 가장 먼저 탈출시켰다. 스미스 선장은 승객들을 탈출시키고 최후 순간 무렵 선원들에게도 명령했다.

"이 배를 포기한다! 모두 배를 떠나라–"
"선원들은 각자 살 길을 찾으라!"

그러나 선장 자신은 침몰하는 타이타닉호에 끝까지 남아 마지막 순간까지 배를 조정하고 있었다.

세월호 선장과 승무원들은 전혀 다르다. 상상을 초월하는 움직임을 보여 주었는데, 급박한 위기에 승객들이 아우성치고 비명을 지름에도, 배 안에 그대로 머무르도록 유도한다. 더 나아가 침몰하는 배 안에 승객 모두를 버려둔 채, 그들 자신만 몰래 가장 먼저 탈출한다.

그 이해할 수 없는 선장과 항해사 등 3명에게 구속영장이 청구된다. 선장에게는 비상시 긴급 대응과 배에 남아 승객 대피를 총지휘해야 하는 책임이 있다. 하지만 임시 선장은 그 의무를 전혀 수행하지 않았다. 아우성치는 승객 304명을 침몰하는 배 안에 그대로 남겨둔 채 도주한 혐의다.

사고 당시 선박을 운항한 항해사 2명도 수사본부가 같은 혐의로 구속영장을 청구하였다.

"선장과 항해사는 비상시 긴급대응에서 '승객이 모두 탈출할 마지막 순간'까지 배에 머무르면서 총지휘할 의무'가 있다. 그러나 그들은 그런 의무를 전혀 이행하지 않았다. 승객들을 대피시키라는 관제센터의 지시도 불응했다."

수사본부는 사흘째 소환해 조사중이다.

광주지법 목포지원에서 이준석 선장이 19일 새벽, 영장실질심사를 받았다. 월급 270만원을 받는 임시선장은 사고 당시 침실에 잠깐 가 있었으며 술은 마시지 않았다고 진술했다.

판사가 질문한다.

"배가 침몰하는 위기에 왜 '퇴선 명령'을 내리지 않았는가?"

그는 어설프게 변명했다.

"빠른 조류로 인해, 또한 구조선이 속히 오지 않아서, 퇴선 명령이 늦어졌습니다."

조타수 조 씨는 평소보다도 자신이 조타 회전을 많이 한 잘못도 있다고 인정하면서도, 그가 돌린 것보다도 키가 더 크게 돌아갔다고 밝힌다.

선장 대신 어려운 항로 지휘를 맡았던 박한결 3등 항해사,

그녀는 얼굴을 가린 채 온몸을 떨면서 울음을 터트렸다. 울음으로 대답하는 그녀- 그녀는 그냥 계속 울기만 한다. 그리고 이전과는 달리, 어떤 변명이나 말을 하지 않는다.

그녀는 왜 서럽게 울기만 할까?

왜 이전과 달리 어떤 변명이나 말을 하지 않고 침묵하는가?

분명히 할 말이 있을 터인데 …

영장 실질심사업무를 담당한 광주지법 목포지원은 검경 합동수사본부가 청구한 구속영장을 발부했다. 선장에게는 '도주 선박선장 가중처벌' 조항과 유기치사, 과실 선박매몰, 수난구호법 위반, 선원법 위반 등 5가지 혐의를 적용시켰다.

3등 항해사 박 씨와 조타수 조 씨에게도 구속영장이 발부되었다.

그들은 좁은 항로를 운항하면서, 속도를 줄이지 않았다. 무리하게 변침 선회를 함으로써 세월호를 매몰하도록 만들었다. 더욱이 승무원으로서 선

박 사고시 대피에 필요한 조치를 전혀 취하지 않음으로써 승객이 숨지고 다치게 한 혐의를 적용시켰다. 재판부는 증거 인멸과 도주 우려가 있어 구속한다고 밝혔다.

법원 심사에서 침몰 당시 상황이 재조명된다.

세월호 침몰 사고가 일어난 4월 16일 오전,

선원들이 조타실에서 구조되는 모습이 나온다. 조타실 바로 옆에 구명벌이 14개 그대로 싸여있다. 그들은 구명벌에는 전혀 시선을 주지 않는다. 그런 시도조차 없다. 어찌하든 자신들끼리만 똘똘 뭉쳐 가까스로 세월호에서 빠져나오고 있다. 해경이 구명벌 2개를 바다에 던지는 모습이 오른쪽 사진에 나온다.

왼쪽 사진에는 세월호의 한 선원이 손에 워키토키 무전기를 들고 있다.

합동수사본부는 선원들끼리 무전기로 상황을 공유하면서 탈출했는지를 수사한다. 진정 무엇때문에 그들은 그처럼 급히 탈출했을까?

기막히게도 그들은 '선장과 승무원으로서의 임무'에 관한 교육조차 제대로 받지 않은 것으로 드러났다. 이 선장은 바지 선장이고 선장과 승무원들 모두 위기시의 메뉴얼을 제대로 아는 이가 한 명도 없다!

죽음의 공포에서 살고 싶다는 욕망이 솟구쳐 이성을 상실했던가?

아니면 이미 알려지고 예견된 대로 세월호의 불확실한 운항노선지침에 따른 것일까?

그들은 어떻게 그처럼 일치단결해 가장 빨리 탈출할 수 있었을까?

승객들을 배 안에 남겨두었다.

"살려달라! 제발 살려줘—"

"구해줘요, 살려 주세요!"

"죽기 싫어요. 구해줘, 살려줘!"

울부짖으며 고함치는 사람들…

선장과 승무원들은 애원하는 이들을 모두 고스란히 등졌다.

"우리는 구조에 애썼습니다."

한 승무원이 억지 변명을 한다.

유기치사 혐의로 구속영장이 청구된 기관장 박 씨, 1등 항해사 강 씨와 신 씨, 2등 항해사 김 씨 등 4명은 고개를 깊이 숙인다. 누군가 질문을 던졌다.

"구조에 최선을 다했습니까?"

"응급처치 의무를 못했으나 퇴선해서 해경구조정에 탑승해 함께 구조 활동을 했습니다."

2등 항해사 김 씨의 대답이다.

구명정에 관해서도 변명하였다.

"구명정을 펼치려고 했습니다. 배가 너무 기울어 미끄러져 구명정 근처까지 갈 수 없었습니다."

"배가 기울어지고 브리지(조타실)에 모여 복원을 시도했지요. 하지만 여러 장치가 제대로 작동되지 않았습니다."

승객을 침몰한 배에 버려두고 탈출하였다.

진도체육관에서 가족들은 빠른 구조를 요청한다. 최 해양경찰청 차장이 오전에 브리핑했다.

"가족 여러분! 얼마나 초조하십니까?

지금 구조 수색에 최선을 다하고 있습니다. 어제 오후 5시, 오늘 오전 4시와 5시 사이 집중 수색했어요. 집중 수색에서 선내 안쪽 멀리까지 들어가지 못했지만, 오늘 오전 5시 50분께 4층 객실로 보이는 데서 시신 일부를 확인했습니다."

생존자 아닌 시신이라니- 가족들 가슴이 무너진다.

그는 이어 말했다.

"구조대가 3층에서 4층 올라가는 계단 통로를 확보하는 과정 중인데, 그 때 유리창을 통해 4층 객실 안에 구명조끼 입은 사망자 3명을 발견했습니다. 2명은 확실히 보이고 1명은 희미했습니다."

구조대가 망치로 유리창 깨고 들어가려 했지만 유리창이 단단해 깨지지 않는다. 물속에 오래 머물 수 없어 일단 나오고 최대한 빨리 들어가서 유리창을 깨고 수습할 것이라고 한다.

아!-

이제 생명 떠난 육체가 더 보이기 시작한다.

이 절망감-

"단 한 명의 생존자도 구조 못했다."

생존자는 이제 없다는 걸까?

제발 그렇지 않기를- 우리는 단 한 명이라도 살아 돌아오기를 갈구한다. 조류 영향을 받아 육체들이 바닷물에 유실될 우려가 커지자 이를 방지하기 위해 해경은 이날부터 사고 해역주변에 '그물망'을 설치한다.

"가여운 육체들마저 파도에 밀려 떠나 버리면 어찌해…"

사고 해역에서 먼거리도 '그물망'을 설치한다. 해경은 이날 군,경,민으로 팀을 나누어 수색에 총력을 쏟는다. 한편 오전 9시부터 공기주입이 재개된다.

이날 오전 5시 40분, 11시 10분, 오후 5시, 물흐름이 멈춘 정조시간에 해경은 선체 진입을 적극 시도한다. 밤새 잠수요원이 수색하여 여성 1명을 발견해 사망자는 29명이 된다.

이날 오전까지 탑승자 476명 중 172명 구조, 29명 사망, 275명 실종이다. 사고 발생 4일째 새벽 6시경, 해경은 사고 해역 주변에 사망자 유실방지용 '그물망 설치'를 끝내었다.

아! 얘들아, 살아 돌아오라.

제5장

한없는 눈물 흐르다

눈물이 흐른다. 한없는 눈물이 흐른다.

애타게 구조를 기다리다 이제 '생명 떠난 육체' 되어 물 위에 떠도는 모습들을 바라보면서 하염없는 눈물이 흐른다. 가족들의 마음이 무너져 내린다. 눈물이 쉴새없이 흘러내린다. 회한의 구름이 짙게 덮쳐온다.

사랑하는 내 딸, 내 아들, 내 가족이 깊은 바닷물 속 배에 갇혀 홀로 몸부림치며 저항하다 어쩔수 없이 생명을 빼앗기는 장면이 떠올라 몸서리친다.

생명을 떠나 보낸 육체들 ….

바람에 흔들리는 낙엽처럼, 흩어진 꽃잎처럼 떠돌고 있다.

이제 내 아이들은 다시 살아 돌아오지 못하나?

내 사랑하는 이는 이 지구 상에 이제 다시는 만날 수 없는가? .

▌어두운 하늘에도 무지개는 뜬다

하늘에 구름이 애타게 손짓하며 흘러간다.

바람에 밀리며 흘러가는 구름은 흩어지면서 안타까운 시선을 보낸다.

바다도 슬퍼 눈물을 흩날리며 애절하고 비통함을 온몸으로 토로하며 일렁인다.

한창 피어나는 꽃봉오리 소년 소녀들이 무참하게 꺾이고 짓밟히는 흑암의 덫 장막 아래, 끝 모를 죽음의 심연이 온갖 기회를 노리듯 점점 다가온다.

생명 구조의 시간이 사정없이 달아났다.

이제 생존자가 있으리라는 희망의 불씨가 사그라질 대로 사그러진다. 하지만 행여 아직도 '기적'이 남아 있을까?

"우리 아이가 배 어느 한 공간, 물이 아직 스며들지 않는 곳에서 웅크리고 쭈그리고 겨우 겨우 살아 있을 거야 ···."

"그곳에서 구조를 기다리고 있겠지. 우리 아이가 구명조끼를 입고 배 안 어느 좁다란 곳에 걸려 살아 있을 거다."

사랑하는 자녀에 대한 애절함과 기다림은 끝이 없다. 그들의 안타까운 기대는 어두운 밤을 향해서도 한 줄기 빛을 찾아내려 주시한다. 망망한 바다 칠흙 같은 어둠이 밀려오면 올수록, 무지개를 찾으려는 애타는 마음들이 그 어두움 속에도 높은 하늘을 향해 눈길을 쏟는다.

저기 먹구름 넘어 파란 하늘이 있고
그 하늘 위에 무지개가 걸려 있으리.

무지개를 바라본다. 비록 캄캄한 구름 속에도 무지개를 그려본다. 그리고 그 무지개를 지나 황금빛 하늘나라(kingdom of heaven)가 있으리라!

가족들의 간절한 소원대로 잠수부들은 선체 내 수색에 몰두하였다. 수색에 전념하던 그들은 세월호 4층 계단 통로에서 객실 안쪽에 보이는 3명을 발견한다.

그들은 아직 살아 있을까?

아! 그러나 가엾게도 이미 생명 떠난 육신처럼 보인다.

그런데 그들을 처음 발견한 후에도 18시간 지나가도록 그곳에 그대로 두었다. 오랜 시간이 흐른 후 겨우 4월 19일 밤 자정무렵, 잠수부가 특수

제작된 손도끼로 '철옹성'같은 유리창을 깨뜨릴 수 있었다. 추위와 어둠을 헤치고 차디찬 바닷물에 뛰어들어 노력한 결과다. 잠수부들은 자신을 돌보지 않고 하루 40여 차례 넘게 바닷물 속을 드나들었다.

잠수부들이 선체까지 연결된 가이드라인을 잡고 물속으로 내려간다. 바다 밑으로 내려가 어두운 수중 속에서 손전등을 켜고 힘겹게 선체를 향해 다가섰다. 바닷물이 흐려 한 치 앞을 볼 수 없다. 하지만 칠흑같은 어두움 속을 더듬거리면서 선체 가까이로 다가선다. 이처럼 컴컴한 밤바다에서도 잠수부들은 '채낚기 어선'과 '조명탄 불빛'에 겨우 의지해 필사의 구조 작업을 벌였다.

4층 객실에서 발견된 세 사람은 구명조끼를 입었다.

그들은 순박하게 끝까지 선내 방송만 믿고 기다리고 있었나?

물길이 사정없이 덮쳐올 때 얼마나 숨막히며 고통스러웠을까?

죽음의 덫을 피하려 얼마나 몸부림 쳤을까-

높은 파고로 잠수부들이 어려움을 겪는다.

그럼에도 불구하고 사람 생명을 소중히 생각하고 극진히 사랑하는 잠수사들은 구조와 수색의 열정으로 가득하다. 구조대는 4층 객실에 확보한 통로로 계속 수색을 넓혀간다. 선체 내 수색에 숨통이 열렸는데, 2개이던 가이드라인이 지금 5개로 늘었다. 함수와 함미, 중앙의 세 갈래 길이 드디어 생겼다.

잠수사도 한번에 7~10명씩 들어가게 되었다.

조류의 흐름이 잠잠해지자 수색에 속도가 더해진다. 그래서 16명을 더 발견할 수 있었다. 그러나 아! 제발, 생존자여 나오라!

"생존자, 생존자, 생존자는 어디 있을까?"

세월호 안에 생존자가 아직 있으리라는 '희망의 불씨'가 극도로 희미해진다. 그래도 부모들은 사그러져가는 불씨를 계속해서 애써 쓸어 모으면서 자녀들을 에타게 기다리고 있다.

"하나님, 내 아이를 지켜주시고 꼭 살아서 부모 품으로 다시 돌아오도록 도와주세요."

"내 아이야, 꼭, 꼭, 살아서 돌아와 다오."
"내 아이가 돌아올 때까지 이 희망의 불씨를 결코 결코 끄지 않으리라."
해경청 장비기술국장이 잠수사를 최대한 투입해 구조 작업을 수행 중이라고 보고하면서, 잠수사를 더 투입할 수 있도록 가이드라인도 추가로 여러 개 설치 중이라고 강조하였다. 때 늦은 구조 아니기를-

▌민간 잠수사 철수

아! 다행인가?
아니면 너무 늦었는가?
선체 안으로 들어가 구조와 수색을 할 수 있게 되었다.
침몰 초기부터 구조팀이 배 안으로 들어가 생존자 구조를 해주기를 우리 모두 얼마나 열망했던가?
이제서야 배 안에 들어갈 수 있다. 수색이 진행되면서 더욱 많은 가이드라인이 설치 중이다. 그리고 더욱 많은 잠수사들이 배 안으로 들어가 수색할 수 있게 되었다. 지금이야 말로 잠수부들이 마음놓고 활동할 수 있는 시점이다.
그런데 왠일인가?
뜻밖의 소식이 들린다. 민간 잠수사들이 떠난단다.
이 전환적인 국면에 곧 철수할 것이라 한다.
"갑자기 왜 그럴까?"
그들은 왜 이제서야 마음놓고 일할 시점에 떠나려 하는가?
민간 잠수부들은 침몰 초기부터 배 안에 들어갈 수 있으며, 유리창 깨고라도 들어가 생존자를 구해야 한다고 강조하지 않았던가?
해경이 못 들어가게 하는 것을 답답해 했다.
"우리는 저 정도면 무조건 들어간다-"
"우리는 배 안에 들어갈 수 있다. 해경이 못 들어가게 한다."

해경은 잠수사들이 선박 안에 들어가지 못하도록 했다.

수심 30미터 정도 해상에서 위험하다고 느꼈나?

해경과 해군과 특공대들이 배 안에 접근하지 않으면서, 민간 잠수부의 진입 역시 막았었다.

"바닷물이 고요하고 잔잔한 때에 즉시 생존자를 구조하러 배 안으로 들어가지 않는다"는 규칙이라도 세운 듯, 배를 멀리 했다.

저녁에도 애타게 기다리는 생존자를 구조하러 배 안으로 들어가지 않았다. 그런 시도조차 없었다. 평택함이나 잠수정을 이용하지도 않았다. 침몰하는 배에서 304명이 비명을 지르며 죽고 있건만 … 해경과 해군은 넉넉한 여유를 즐겼다.

언론에서 대대적으로 진행중이라 보도하는 구조 작업을 확인하러 학부모들이 배를 타고 직접 침몰 현장으로 갔을 때, 구조는 없었다!

배가 침몰한 근처에는 아무도 없다- 해경의 배들마저 사고선박 근처에서 떨어져 있었다.

학부모들이 탄 배가 모습을 보이자 멀리 있던 해경 배들이 침몰선 가까이 와서 주변을 맴돌았다. 그 배들은 세월호 주변을 단지 선회하기만 한다. 학부모들의 배가 진도를 향해 돌아가기 시작하자, 그 배들도 다시 본래 있던 곳으로 되돌아갔다. 이 광경에 학부모들은 할 말을 잃었다.

구조 작업은 없다! 침몰한 배에서 죽어가는 승객들 스스로 빠져나와 헤엄쳐 오라는 '암시'만 있을 뿐이다.

세월호!

이 큰 배는 수심 수천 미터의 대서양에서 침몰한 것이 아니다.

전라남도 진도군 조도면 병풍도 북쪽 해상 3킬로미터 지점, 수심 30미터 정도에서 침몰했다. 이 해역은 국립해상공원이다. 사고 지점은 사방이 섬들로 에워 쌓였다. 병풍도가 제일 가깝고 북쪽으로 동거차도가 있다. 그리고 동거차도 주위에 송도, 거차군도, 서거차도가 포근히 있다.

동거차도는 사고지점에서 4킬로미터 정도다. 서쪽으로 맹골도가 있다. 맹골도 주위에 곽도, 맹골 군도, 죽도 등의 섬이 있다. 맹골도는 병풍도에서 5킬로미터 정도이고 곽도는 더 가깝다.

세월호가 최초 위치한 남쪽 병풍도에서 동쪽에는 관매도가 있다. 관매도는 병풍도에서 대략 7킬로미터이며 주위에 황도, 청동도, 각홀도가 감쌌다. 세월호가 침몰한 해역은 사방이 크고 작은 섬들로 둘러싸인 근해다. 그럼에도 불구하고 대형 여객선 사고 이후, 선내 진입을 하지 않았다.

왜일까?

이제 선내 수색이 진행되면서 잠수사의 활동을 기대하는데 이 중대한 시점에서 그들은 왜 철수하려 하나?

민간 잠수부들이 일주일 동안 구조 수색에 전력투구했다. 그들이 사투를 걸고 작업하는 동안, 해경, 해군의 쌀쌀한 태도를 체험했다.

"민간 잠수사들은 배 안에 들어가고 싶어해요. 그래서 세월호에 접근하려 할때 해경 관계자가 폭언을 했답니다. 왜 그런 심한 폭언을 했는지, 그 이유나 어떤 해명도 듣지 못했답니다."

한국수중환경협회 대전본부장이 당시 일어난 정황을 알려 준다.

위험을 무릅쓰고 배에 접근해 구조하려는 잠수부에게 왜 폭언을 했을까?

왜 배에 접근해 생존자를 구조하도록 도와주지않고 접근을 금지시켰나? 배에 접근하면 안되는 이유라도 있는가?

민간 잠수사들은 미운 오리새끼였을까?

마음에 상처 입은 잠수사들이 떠난다. 진액을 쏟아 공들여 작업하던 현장을 등지고 떠난단다.

해경은 그들을 밀어내려 폭언했나?

오후 4시쯤 민간 잠수부의 수색참여가 중단된 상태다. 미운 오리새끼들은 이처럼 서러움을 당하고 더 크고 더 깊은 호수를 찾아 떠나고 있다.

잠수사 이야기

바다는 푸르고 싱그럽다. 무한한 보화가 감추인 듯 바다는 늘 풍성하다.

그 바다에 민간 잠수사가 활동한다. 바다를 사랑하고 바다에 익숙한 사람들이다

그들은 대참사가 발생하자 일을 중단하고 장비를 챙겨 부랴부랴 사고 현장으로 달려왔다. 자신들의 몸을 사리기보다, 생명 구조를 위해서라면 위험속에도 몸을 던진다.

가족들은 이런 잠수사들에게 한가닥 '희망'을 걸었다. 그들이 전문실력을 발휘해 생존자를 구조해 주기 바랬다.

조정현- 그는 민간 잠수사다.

그날도 깊은 바다 속에서 바라 보았던 일들을 떠올리고 있었다. 푸르고 넓은 바다는 참으로 신비하다. 바다 아래에는 온갖 생명체들이 화려한 모습들을 뽐내면서 오고 간다. 바닷물 속에 들어갈 때마다 그는 생명체들의 신비로움에 가슴 설레인다.

온갖 생명체가 은은한 음악을 연주하는 바다-

그런 바다를 생각하는 때는 즐거운 시간이다. 세월호 참사가 일어난 그 날이다. 그에게 한국해양구조협회에서 구조 작업을 요청하는 연락이 왔다. 그는 이 연락을 받자마자 급히 허둥지둥 장비를 챙긴다. 그리고 사고 현장으로 급히 달려갔다.

사고 해역에 다다르자 이튿날부터 바닷물 속에 풍덩 뛰어들었다. 동료 안길필 잠수사와 둘이 짝을 이루어 구조 작업을 한다.

이 두 사람이 얼마나 구조 작업에 심혈을 쏟았던가?

밤낮을 가리지 않고 바닷물 속에 뛰어들어 열심히 작업한다. 해양구조협회 황대식 본부장은 이 두 잠수사의 뛰어난 활동을 크게 칭찬했다.

"조 씨와 안 씨 두 잠수부가 한 팀되어 발견한 희생자 수가 25일 현재, 전체 288명 중 10퍼센트를 넘고 있습니다. 이것은 전체 잠수사들 중 손꼽을 성과입니다."

조 잠수사는 '수십 차례'를 잠수하면서 구조 작업에 선두를 달렸다. 그는 '머구리' 방식의 잠수사다. 외부의 공기 공급장치에 연결된 '공기 공급선'을 입에 물고 물속으로 들어간다(공기통을 메는 것이 아님).

침몰한 '세월호' 선수 가까이 정박한 배 위에서, '생명줄'을 물고 바닷물 속으로 뛰어 들었다. 바닷물 밑으로 내려간 그는 가라앉은 선박 상태를 상세히 점검해 살펴보고 다시 물을 헤치고 쏜살같이 위로 올라온다. 그리고 관계자들에게 '손짓과 고성'으로 바다 밑에서 조사한 '상황들'을 자세하게 설명하고 알려준다.

조류가 너무 세면 수색작업도 큰 난관에 직면한다.

그런데 잠수사들이 가라앉은 선박을 좀더 오래 조사하고 배 안에 들어갈 수 있도록 잠수정이나 잠수함으로 지원할 수는 없나?

조-안 잠수사 팀은 잠수 작전이 난관에 부딪칠 때마다, '탁월한 실력'으로 '새 돌파구'를 열어놓았다. 두 잠수사의 수색 작전을 지켜본 이는 매우 자랑스러워한다. 이 두 사람은 실종자 구조에 전심을 쏟는다.

둘이 팀을 이루어 물속에 들어간다. 물속에서 배 안에는 주로 조 잠수사가 들어가고, 안 잠수사는 '공기 공급호스'가 꼬이지 않도록 잡아주었다. 호스가 꼬이면 공기 공급이 차단되어 호'흡이 막힐 수' 있다. 그러므로 매우 조심해야 한다. 잠수사들이 지켜야 하는 '잠수 원칙'이 있는데, 물속에 한번 들어가면 '24시간 쉰다'는 원칙이다. 하지만 이런 잠수원칙을 어겨가면서 처음에는 하루 '세 차례' 물속에 들어가기도 했다.

조정현 잠수사,

그는 아버지도 잠수사다. 그래서 어린 시절부터 잠수복 입은 아버지를 곁에서 항상 보면서 자랐다. 아버지를 따라 바다에 즐겨 들어갔다. 사촌형 두 명도 잠수사다. 그야말로 잠수사의 명문가다. 잠수사인 아버지로부터 고등학교 때 처음으로 잠수를 배웠다. 그 이후 20년 가까이 잠수 일을 하고 있는 명실공히 '최고 실력자'다.

그의 단련된 잠수 실력은 수색작업에도 드러났다. 참사 이후 나흘째 되는 날 새벽, 잠수부들은 이날도 '실종자 수색'에 나섰다. 이때 세월호 유리창 안쪽에서 사람을 발견했다. 유리창을 깨려 했으나 너무 단단하다.

이때 바지선 위의 조 잠수사가 이 소식을 들었다. 그는 바지선에 있던 네모난 금속 한쪽을 잡고 날카롭게 갈기 시작한다. 그리고 그 금속을 쇠막대에 용접시키는 기지를 발휘한다. 단 10분만에 '손도끼'를 만들어냈다!

그 도끼를 들고 동료 안 잠수사와 바다속으로 뛰어들었다. 그들은 선체 유리창을 깨고 배 안으로 들어가 세 명의 몸을 수습할 수 있었다. 최초 시신 인양이다.

이 두 잠수사는 해경, 해군보다도 더 먼저 '수색작업'에 뛰어든다.

그래서 바지선과 세월호를 연결하는 '가이드라인'을 '처음으로 설치'하였다. 이 두 잠수사가 '선체 진입로'를 확보시켜 놓았다. 그리고 한 달 동안 온갖 위험을 무릅쓰고 수중 수색에 전심을 다했다. 그 노력의 결과로 생명 떠난 30명의 육체를 건져 올릴 수 있었다.

조 잠수사는 수색하면서 사촌 동생을 떠올린다. 물속에 잠긴 학생들이 마치 동생 같다.

"안산에서 다른 고등학교 다니는 사촌 동생 얼굴이 자꾸 떠올라요… 그래서 더 간절히 아이들을 구하러 한번이라도 물속의 배 안에 더 들어가야 한다는 생각뿐이었습니다."

깊은 물에 뛰어드는 위험한 잠수-

그러나 그에게는 아버지로부터 이어받은 천직이다.

그는 잠수사로서 긍지가 대단하다.

어떤 때는 공기호스가 장애물에 걸려 잠시 숨이 막힌 적도 있었다. 그럴 때면 질식할 것처럼 온몸이 비틀거린다. 세월호 수색에서 잠수 시간이 많아지고 시간이 흐를수록 정신적 후유증 같은 것도 생겼다.

미지의 깊은 바닷물 속으로 뛰어드는 잠수-

잠수 … 잠수란 정말 안전을 장담할 수 없다.

깊고 광대한 바다에서 인간이 장비에 의존해 잠수할 때 예기치 못한 위험이 언제든 발생할 수 있다. 그리고 바닷물 속 깊은 곳은 항상 새로운 미지의 영역이다!

바닷물은 머물러 있지 않다. 밀물과 썰물이 오가고, 항상 새로운 물결이 일어나고 나가고 밀려들어 온다. 그래서 새로운 위협과 위험이 언제나 더욱 도사리고 있다.

그럼에도 잠수사가 푸른 바닷물 속으로 뛰어들 때,

새로운 미지의 세계를 향한 도전으로 언제나 가슴 설레인다. 더욱이 세월호 수색작업을 하면서는 지금 위험에 처한 사람을 구조한다는 긴급한 사명을 느꼈다.

그는 배 안에 단 한 명이라도 생존자가 있기를 간절히 바라지만, 불행하게도 단 한 명의 생존자도 만날 수 없다.

물속 깊이 잠긴 배 안에 들어가 수색을 하면서 생명 떠난 육체들이 바닷물에 흐느적거리는 모습을 발견 할 때마다 마음이 미어진다. 때로 물속에 들어가면 찾아낸 희생자 얼굴이 환영처럼 나타나 놀라기도 했다.

"살려줘! 살려줘!"

그는 바지선이 전복되어 바다에 빠져 허우적거리면서 외치기도 한다. 꿈을 꾼 것이다. 꿈 꾸는 잠수사, 그는 꿈 속에서도 잠수사다.

날씨가 매우 사나워졌다. 바다에 높은 물결이 뛰어오른다. 기상악화로 사흘 동안 구조 작업이 중단되었다. 그는 잠수사 아버지와 함께 세월호 안에 들어가려고 물속으로 풍덩 뛰어들었다. 그리고 배 안에 들어가 '살아 있는' 승객을 발견하고 구조해 데리고 물밖으로 나왔다! 얼마나 생존자가 있기를 바랐던가! 그는 너무 기뻐 탄성을 터뜨렸다.

"여기 사람이 살아 있다! 산 사람이 있어-"

"드디어 생존자를 구조했다!"

큰 소리로 외쳤다. 그리고 사방을 둘러보았다. 그런데 사방을 둘러보려고 눈을 치켜뜨다 눈이 떠졌다! 그것은 꿈이다.

너무 피곤해 자신도 모르게 잠시 잠 들었나보다. 꿈 속에서조차 그는 '생존자'를 찾아 구조하였다! 얼마나 원했으면 …

그 꿈을 꾼 이튿날 수색에서 '두 명'을 찾아냈다. 그는 천생의 잠수사다.

냉랭한 바다에 깊이 잠긴 배를 수색할 때, 특이한 일이 일어난다. 이런 부류의 일은 다른 잠수사들 역시 종종 체험한다. 그 중 특히 단원고 학생 시신을 수습할 때 일어난 일이다. 배 안을 수색하면 어딘가에 걸려 나오지 않는 친구들이 있다. 그런때 그들을 향해 부드럽게 속삭인다.

"애야, 아저씨가 엄마 아빠한테 데려다 줄께. 어서 가자-"

아주 신기하게도 그 친구들이 스스로 나온다.

"그들은 살아서 가족을 그리워하듯, 죽어서도 가족 품안으로 무척 돌아가고 싶어해요."

이야기하는 두 눈에 눈물이 글썽인다.

곁에 있는 사람들도 눈시울이 뜨겁다. 생명이 떠난 차가운 몸을 부여잡고 통곡하는 부모들, 그 눈물, 그 아픔, 하늘이 빛을 잃은 절망감…

비극, 또 비극, 마음을 파고드는 고통과 비통, 우리 모두 울고 있다.

"우리끼린 '달랜다'고 말하죠."

너무 안타깝고 슬프다. 갑작스러운 배의 전복과 침몰로 고통스러운 상처와 한을 품고 그대로 죽음의 길로 들어서야만 했던 억울한 사람들-

한마디 말도 못한 채, 한 조각 시선도 주지 못한 채, 원통하게 죽은 이들은 눈도 제대로 감지 못했다.

잠수사들은 그들의 '억울하고 아픈 마음'을 달래주려 하였다. 그래서 죽은 자를 향해 '산 사람에게 말하듯' 소근댄다.

"친구 잠수사는 그처럼 달래어 무거운 자판기 밑에 깔려 꼼짝 안하던 친구를 데리고 나왔어요."

눈물 고인 그의 눈이 다시 바다로 향한다.

구조 수색을 하면서 어느새 한 달이 된 16일, 그가 잠수를 마치고 감압 체임버에 들어갔다 나왔다. 그때 갑자기 세상이 빙빙 돌면서 손이 마비된다. 그는 이튿날 헬기에 실려 병원으로 이송되었다.

배 안에 있는 장애물들을 치우려 너무 힘을 쏟아서일까?

깊은 바다에서 지나치게 힘을 쓰면 산소 필요량이 갑자기 늘어 '잠수병'에 걸릴 수 있다. 모든 잠수사들이 겪는 하나의 고통이다. 그는 일주일 동안 하루 4시간씩 '고압 산소치료'를 받으면서 서서히 회복되었다. 앞으로

3주 동안 몸을 돌보고 쉬어야 한다고 병원은 말한다. 가족들도 염려스러워 그를 바라본다.

"당신, 위험한 물속에는 그만 들어가요."

사랑하는 아내가 이제 나서 말린다.

그녀는 남편의 건강이 염려스럽다. 6살된 어린 딸이 너무 귀엽다. 그는 사랑하는 아내와 딸을 볼 때마다 샘솟는 기쁨과 행복을 느낀다.

조 잠수사는 유일하게 '빨간 잠수복'을 입은 사나이!

사랑스러운 '딸이 생긴 뒤부터' 눈에 잘 띄는 예쁜 '빨간 잠수복'을 입는다. 잠수복에 이름과 전화번호도 적어 두었는데, 만일 잠수했다 사고 나면 금방 발견되도록 하기 위함이다.

바닷물 깊이 뛰어드는 잠수-

사람들의 경탄을 자아내지만, 위험한 직업이다. 깊은 바닷물 아래 어떤 위험이 도사리는지 아무도 모르기 때문이다. 그럼에도 불구하고 그는 진도로 다시 잠수하러 간다고 굳게 다짐한다.

슬픔에 잠긴 대한민국

우주가 한없이 넓다.

우리는 시작과 끝을 모르는 채로 지구라는 행성에 속해 살아간다.

갓 피어오른 꽃망울처럼 수줍고 어여쁜 소녀들,

생명 움트는 봄에 연녹색 잎새처럼 푸른 꿈을 지닌 소년들,

잔잔한 바다 위 달리는 배 안에서 낭만에 잔뜩 부풀어 노래하고 춤추던 우리 소년과 소녀, 그리운 이들-

가족과 함께 제주도로 삶의 길 찾아 떠나던 이, 다사로운 일로 꿈의 섬 제주도로 향하던 사람들-

그들은 지금 어디에 있나?

목메어 불러보아도 해맑은 그 모습, 그리운 그 음성 들을 수 없구나.

어두운 밤하늘에 별들이 반짝인다.

밤바다 위 아주 아스라히 높은 곳에서 별들은 무리지어 바다를 향해 감시의 눈빛을 내려 보내고 있다.

물결에 꽃망울 같은 소년 소녀들이 휩쓸릴까봐 …/

그렇게 우주는 캄캄하다.

오늘도 어두운 밤은 그 긴 터널을 늘어뜨리면서 슬픔에 잠긴 다도해 연안에 자리잡는다. 총총이는 선박들의 불빛을 투영해 내면서 암울한 바닷물결은 슬픔을 비추어 내고 오열한다.

우주가 한없이 넓다.

우리는 시작과 끝을 모르는 체 이 방대한 우주의 아주, 아주 조그마한 지구라는 행성에 속해 이 세상에 태어나 살게 되었다. 지구 상에 수많은 나라들이 있지만 대한민국이라는 아주 아름다운 영토 더할 수 없이 좋은 나라에서 태어났다.

봄, 여름, 가을, 겨울의 사계절이 뚜렷하고 신선한 바람, 청명한 하늘, 푸르고 광대한 바다, 드높은 산, 넓은 들, 자연의 절경과 맑은 물이 샘솟듯 펑펑 솟아나는 '삼천리 반도 금수강산'의 축복받은 대지 그리고 철따라 아름다운 하늘과 자연, 푸른 물결이 넘실대는 바다를 선물로 받았다.

봄이 되면 새싹이 움트고 자라나듯, 그래서 입이 자라 꽃봉오리가 맺히듯 우리는 그처럼 성장해서, 또 하나의 꽃들이 되어, 한 그루의 나무가 되어, 이 땅위에 잠시 거주하게 되었다. 그러나 이제 영롱한 꽃망울을 터트리지도 못한 채로

울창한 가지를 뻗어 내지도 못한 채로

사랑하는 사람들은 바닷물 깊은 수렁 죽음의 골짜기에 갇혀 이제는 더 이상 빠져 나올 수 없다는 말인가?

아! 슬픔과 아픔이 저며온다.

대한민국이 온통 비애에 잠겼다. 어린아이로부터 어르신네에 이르기까지 모두 웃음을 잃었다. 길거리 거리마다 슬픔에 젖은 사람들로 가득하고

상점 상점마다 비애가 감돈다. 가정 가정마다 눈물이 어려있다. 국가와 기관과 단체도 비통함을 달랠 길 없다.

난 돌아올지 알았어요
친구들과 선실에서 미소지으며
사랑과 희망에 들떠 있었네

삼다도인 제주도 한라산에 올라
출렁대는 바다와 대지를
용솟음치는 폭포의 물줄기를
한 없이 바라보며 서 있으리

아름다운 서귀포 들판에
피고 또 피는 유채 꽃들
그 속에 묻혀 고향 그리며

푸른 하늘이 끝없이 응시할 때
살포시 기대고 싶었지
꽃향기를 감싸 전해주고 싶었는데

난 돌아갈 지 알았어요
우리 수학여행 끝나면
내 사랑 가정의 보금자리로
내 정든 선생님과 학교 곁으로

난 돌아올 지 알았어요
내 그리운 친구들 웃음 속으로
내 조국 대한민국 품안으로

끝 모를 대해의 물속으로 흩어지는 그대들
서글픈 꽃망울들이여!
돌아와 주오.
아! 그리운 사람들이여,
정말로, 정말로 꼭 돌아와 주오!
 구슬픈 빗방울들이 바닷물 위로 뚝뚝 떨어진다. 해상에 파고드는 희뿌연 슬픔이 우리 마음속을 적시며 파고든다.
 비애가 거대한 날개를 펼치고 웅좌한다. 그리고 그 안으로 우리를 끌어들인다. 경기도 내 공연 행사가 멈추었다. 판교 테크노밸리 공공지원센터에서 예정된 '경기도 과학기술정책 심포지엄'이 미루어지면서 '알림글'을 내보낸다.
 "여객선 침몰 사고로 큰 슬픔 속에 계신 유가족께 깊은 애도를 표하며, 탑승객의 무사 귀환을 간절한 마음으로 기원합니다."

 용인시와 용인신문사가 주최하는 '2014 용인마라톤대회'가 잠정 중지된다. 안양문화예술재단도 4, 5월 '공연과 문화행사'를 중단하면서 깊은 애도를 표했다. '시니어 무지개 극장', '평촌 아트홀 노래교실 프로그램' 등이 열리지 않는다. 5월에 예정된 제22회 '연천 전곡리 구석기 축제'도 미루었다. 사람들의 마음 속에 슬픔과 비통이 파고든다.
 눈물과 비바람 그칠 새 없어라.
 사랑하는 사람을 기다리는 가족과 친지들- 아직도 한 가닥의 기적을 바라는 간절한 눈망울들이 애처롭다. 그들 중 바다에 시선을 못 박은 채로 하나님께 간곡히 기도드리는 사람도 있다.

  세상을 만드신 창조주 하나님, 우리를 지으신 하나님이시여,
  우리에게 자비를 베푸소서- 꼭 바닷물 속에 있는 아이들이 이땅으로 다시 돌아오게 해주소서, 꼭 부탁드립니다.
  하나님, 창조주시여, 절망한 우리에게 소망을 내려주소서...

진도군 팽목항에 '임시 시신안치소'가 설치되었다. 사고 해역에서 건져 올린 생명 잃은 육체를 먼저 이곳으로 운구해 올 것이다. 그리고 가족들의 협조를 받아 사망자의 신원을 확인하게 된다.

'실종자 가족대표단'이 팽목항에서 브리핑을 열었다. 죽음의 원인이 정확하게 무엇인지를 알고 싶어하는 사람들에게 부검을 원할 경우 신청받기로 했음을 알린다. 단순 익사로 간주하기에는 의심스러운 면들이 있기 때문이다. 그래서 사망 원인을 면밀하게 조사해 의혹을 풀고자 한다.

세월호!

국립공원 해상에서 비록 상처난 몸이라도 침몰하기 싫어 발버둥치던 세월호- 그녀는 때로 온몸을 움직이고 뒤틀면서도 침몰하지 않으려고 기를 썼다. 그래서 장시간 물 위에 계속 자태를 드러내고 있었다.

오랜 시간 물 위에 버티면서 구조를 기다렸건만, 누구도 그녀를 수렁에서 끌어내려 하지 않았다. 그녀 안에 갇힌 304명의 승객에게도 아무도 눈길을 주지 않았다. 비명 지르는 생존자들을 긴급구조해야 할 당국자들은 멀뚱이 보고만 있다.

해경이 유람선 위에서 즐기듯 주변을 빙빙 돌기만 하고, 아주 잔잔하고 고요한 바다 위에서도 구조는 이루어지지 않았다. 그들은 구조 할 생각을 않했다. 죽어가는 자녀들의 고통을 떠 올리면서 부모들은 몸부림 쳤다.

"아! 왜, 왜 그랬을까?"

"아! 왜, 왜 그럴까?"

"왜 초기에 생존자 구조를 않했나?"

"왜 초기에 생존자를 구조하려는 시도를 안했는가?"

우리는 그 이유를 알고 싶다.

유병언과 청해진 세월호

"왜 아이들이 죽어야 했나요?"
"그처럼 불안정한 배를 어떻게 운항시킵니까?"
선박 교통사고가 나면 생존자 구조가 우선이다. 하지만 세월호 침몰시 생존자들이 있어 배 안에서 오랜 시간 구조를 고대하며 버티었지만, 한 명도 구조받지 못했다. 그들은 침몰한 배 안에서 쓸쓸히 외롭게 죽어갔다.
"왜 그럴까?
왜, 왜, 도대체 어찌하여?"
"그 이유가 무얼까?"
선박은 잘 관리되고 자주 '안전상태'를 점검받아야 할 필요가 있다. 해상에서 사고나면 사람들이 죽고 그 피해가 크며 복구가 어렵기 때문이다. 세월호는 자주 안전을 점검하고 잘 관리되어 운항되는 선박이 아닌 것으로 드러났다.
왜일까?
세월호를 운영하는 청해진해운은 이 배를 운항시키면서 자금을 아꼈다. 이 배를 운항하는 주요 목적은 일본에서 퇴역한 그녀에게서 '최대한 많은 돈'을 우려내는 것이다. 늙은 사탕수수의 단물을 우려내듯, 노후한 대선박을 노예처럼 부리면서 그 달콤한 물을 상당히 흡수하려는 것이다.
나이들고 지친 배는 몸이 아프다고 신음소리 내며 …
주인에게 자주 호소하고 말했지만, 청해진은 응급처치만 하고 바다라는 노동현장으로 그녀를 사정없이 내몰았다. 마치 잔인한 주인이 병든 노예를 사정없이 뙤약볕 내리쬐는 목화밭으로 내몰듯, 힘없는 그녀를 몰아세웠다.
청해진해운의 실소유주는 유병언이다.
그를 회장으로 불렀다. 그는 전 세모그룹 회장이며 구원파로 알려진 '기독교복음침례회' 지도자다. 지난 15년 동안 세월호와 관련된 상표권, 수수료 등 1,000억원을 이미 받았단다. 그 외 한 달에 1,000만원씩 받는다.

직접 배를 운항한 선장은 얼마나 적은 월급이던가?

그는 재력에 눈돌려 부자다.

유병언 가족 그룹은 해외에 자금을 투자해 재산을 불렸다.

홍콩, 미국, 프랑스 등 주요 국가에 진출해 13개 해외법인을 설립했다(「연합뉴스」, 4월 22일 참조). 이들 해외법인 자산은 그당시 270억 원으로 추정된다. 그 자금으로 부동산 투자를 했다. 미국에 법인 '하이랜드 스프링스'(Highland Springs), 프랑스에 '아해 프레스 프랑스'(Ahae Press France)를 설립했다.

또한, 계열사 세모가 세계에 8개 현지법인을 운영 중이다. 계열사 다판다와 문진 미디어는 퍼시픽 홀딩스(Pacifica Holdings), 큐브 런닝 시스템(Cube Learning System), 큐브 올개닉스(Cube Organics)를 설립한다. 법인과 부동산 투자로 자산이 천 억원대 이상이란다.

세상에서 누구를 믿으리오?

결국, 유 씨 자신과 차남 혁기 씨가 중심되어 자산을 꾸린다. 그들은 부를 누리면서 종교라는 이름 아래, 세월호처럼, 타인의 희생을 요구한다.

그는 해외 화가로도 활동했다.

2012년 프랑스에서 '한 마을'이 매물로 나오자 프랑스 남부 '한 마을'을 법원경매로 7억원에 구매한다.

미국 캘리포니아 라벤더 농장, 하이랜드 스프링스 리조트도 소유하고 뉴욕시 근교 40억원대 고급 저택, 맨허튼 고급 아파트, 로스앤젤레스 근교의 주택 등에 투자한다.

홍콩에는 세모법인이 있다. 홍콩은 세계에서 조세 피난처 중 하나로 거주자도 국내소득만 세금을 낸다.

유 회장은 1990년대 세모그룹을 설립했다. 한강 유람선 사고 이후 재정이 어려워 부도가 났지만 다시 '청해진해운'을 설립한다. 그는 32명이 집단 자살해 사회를 경악시킨 '오대양 사건'으로 재판 받았다.

"집단 자살이라 …."

얼마나 끔찍한가.

'올바른 종교', '올바른 교회'를 잘 선택하는 것이 우리에게 매우 중요하다. 이단성이 강한 집단, 종교의 탈을 쓴 잘못된 집단들은 한 인간의 삶은 물론 가정마저 파괴하는 잔인성을 보이기 때문이다. 구원파 지도자인 그는 두 아들과 함께 많은 재산을 모았다.

정말 놀랍다.

세월호 운항 사고 당일 그 큰 배의 운항 총 책임자 선장은 '한 달에 270만원' 받았다.

"그럴 수 있나?"

"어떻게 가정을 이끌라고…"

그처럼 큰 배를 운항한 선장의 월급이 한 가정을 꾸리기에도 모자라는 금액이라는데 우리 모두 놀랐다. 더욱이 임시직 고용이다. 이런 어이없는 일이 여기 저기 있다. 적은 금액에 너무 큰 책임이 강요된다.

그 금액은 막 노동자의 것보다도 적지 않은가?

게다가 임시직이다.

대형 선박의 선장이 되려면 많은 전문 지식과 훈련이 필요하고 선장이 되기 위해 공부도, 수련도 많이 했으련만, 더욱이 큰 배의 선장은 선망직종 아닌가?

그런데 어이없는 대우를 받는다.

'구원파'라는 종교의 회사에서 그런 혹독한 처우를 당했다.

"'임시직', 싫으면 '그만 두라', 너 아니어도 일할 사람 많다.

일자리가 없지, 일할 사람이 없나?"

악한 경영에 울며 겨자먹기로 임금을 착취당한다. 종교를 빌미로 희생을 강요당한다. 임시직을 빌미로 임금은 적게 주고 혹사시킨다.

유병언과 가족은 재산을 '산더미'처럼 쌓놓고 있다. 하지만 그 험난한 파도를 헤치고 망망대해를 항해하는 선장은 '임시직'이라는 타이틀이 붙여진 채로 한 달에 고작 '270만원' 받는다.

선장은 슬펐다.

"나는 왜 임시직이라는 타이틀에 적은 돈을 받아야 하나?"

"나는 왜 직장에서 안정되게 승진할 수 없을까?
우리 가족을 늘 불안에 떨게 해야 하나.
왜 그런 불안감으로 살아야 하나?"
자주 서글픈 생각이 든다.
대선박 세월호를 운행하는 선장의 임금이 왜 그리 야박한가?
고용을 미끼로 타인의 능력을 값싸게 이용해, 오직 자신들만의 부를 축적하는 악한 사람들 틈바구니에 있기 때문일까.
종교의 가면을 쓰고 사람을 이용해 부와 출세만을 노리는 악한 자에게 휘말렸기 때문일까?
타인의 지식을 착취해 부귀와 명예를 꿈꾸는 늑대들이 득실거리는 곳에 있기 때문일까?
우리는 성실한 사람들 속에서 살고 싶다. 선한 사람들 속에서 살고 싶다. 착한 마음을 지니고 꿈을 이루기 위해 정직하게 땀흘리며 타인을 존중하는 예절 바른 사람들 속에서 살고 싶다.
인간은 너와 나 모두 하나님이 창조한 존재이기 때문이다. 사람은 누구든 '하나님의 형상'(image of God)을 따라 그 형상대로 지음 받은 '최고 존재'다.
왜 인간이 여기 있는가?
하나님이 우리 인간을 창조하였기에 땅위에 존재한다.

> 하나님이 자기 형상 곧 하나님의 형상(image of God)대로 사람을 창조하시되 남자와 여자를 창조하시니라(창 1: 27).

다른 사람이 나보다 못하지 않다.
좋은 환경에서 태어나 공부 많이 하고 성공했음이 다른 사람보다 우월하다는 의미는 아니다. 깊은 산골짜기에서 태어나 자연을 벗삼아 성장했거나, 너무 가난하게 태어나 아무 배경없이 자란 정황이 '하나님 형상'을 지니고 태어난 인간의 존엄성을 덜하게 하지 않는다.

가진 자들은 풍부함을 열어 가난한 사람들을 돌볼 의무도 있다. 예수는 항상 가난한 자들에게 깊은 관심을 보였으며 가난한 자들을 축복하였다. 그리고 가난한 자와 나누라고 강력히 말씀하셨다. 부자가 천국에 들어가기 어렵다.

> 낙타가 바늘귀로 들어가는 것이 부자가 하나님 나라에 들어가는 것보다 쉬우니라(눅 18: 25).

타인을 착취하는 부자는 찬국에 들어가기 매우 어렵다.
사람은 '하나님 형상'(image of God)을 지닌 고귀한 존재로 지음 받았다. 이 '하나님 형상'이 인간과 동물을 구별시킨다. 오직 인간만이 '하나님 형상'을 지녔다. 그러므로 사람은 '거룩'(The holy)을 사모하고 추구하며, 성스러움을 높이고 존중한다. 고귀한 특성을 지녔다.
인간이 '성스러운 삶'을 추구할 때 동물과 구분되는 인간의 특권을 가장 잘 누리며 인간다워진다. 오직 인간만이 전능하신 창조주, 온 우주의 최고 통지자 '하나님의 형상'대로 지음 받았기 때문이다. .
하지만 인간은 자주 창조주를 떠나 탐욕과 죄악에 끌린다. 욕심을 부린다. 비윤리의 늪으로 빠져든다. 소돔과 고모라처럼 동성애(homosexuality)를 범하고 무모하게 성전환(transgender) 수술을 강요하면서 인간이 지닌 '하나님 형상'을 지워버리려 한다.
오늘날 하나님이 창조한 '인간 존재' 그 자체를 파괴하는 소위 '성전환 수술'은 잔인하고 끔찍한 방식인데, 그런 파괴적인 수술을 정상이라 우기면서 '죽음의 늪'으로 끌고간다. 미국의 부도덕하고 비인간적이며 반기독교적 친이슬람 정치지도자 버락 후세인 오바마 전 대통령이 유별나게 동성애 성전환 수술을 몹시 지원하고 확산시키며 부추겼다. 너무 부추겼다.
그는 집권 기간 8년 동안(2009~2016) '동성애', 소위 '동성결혼', 그리고 소위 '성전환 수술'을 미국 군대와 유치원생에게 마저, 유엔과 한국 포함 세계 80국가들(주로 기독교 국가들)에 경제와 정책들로 강요하면서 지나치게 동성애 성전환을 확산시켰다. 집권 기간 8년 동안 미국과 서구, 한국과 유엔 세계에(주로 기독교 국가) 동성애, 동성결혼, 성전환 수술을 너무 퍼뜨리고 강행시켰다. 한국도 오바마로 인해 퀴어 축제가 열리고 6월에는 미국 대사관들이 미국 국기 성조기와 동성애 깃발을 나란히 게양했다(트럼프가 금지시킴). 미국과 미국 국기를 모독하는 처사다.

그가 미국과 서구, 기독교 국가들의 문명과 인간 존재를 직접 변질시키고 파괴하기 시작한 것이다(『트럼프 대통령의 새시대와 동성애: 굿바이 오바마의 동성애 성전환!』, CLC 刊). 돈을 넉넉히 풀었다.

모든 부모들과 지도자들은 그의 청소년 파괴 정책, 가정과 국가와 인간 파괴 정책, 친이슬람 정책을 경계하고 강력히 거절해야 한다.

벼락 후세인 오바마의 동성애, 성전환 수술 등을 거부하는 것이 청소년들과 우리 자녀들, 우리 가정, 우리 민족, 우리나라를 수호하고 지키는 길임이 분명하다.

오바마의 LGBTQ 확산 정책은 인간 존재 그 자체를 파괴하고 말살시키는 악한 정책이다. 성전환 수술을 받은 조지아텍 대학생이 죽었다(『트럼프 대통령의 새시대와 동성애: 굿바이 오바마의 동성애 성전환!』).

인간이 타락하고 욕심 부리며 동물처럼 살기 시작하는 경향은 창조주를 외면하고 성서를 왜곡해 무시하는 데서 시작된다. 쾌락과 욕심과 이기심에 가득 차서 바른 방향성을 상실하고 자기 만족만을 추구해 비자연적(또한 부도덕한) 생활을 하며, 부당한 착취로 동료 인간들의 행복을 빼앗아간다. 그래서 그들에게 새겨진 '하나님의 형상'마저 파괴하는 방식으로 움직인다. 사기치거나 도둑질하고 남을 짓밟으며 임금을 착취한다.

하나님이 창조한 으뜸 존재 사람은 '선한 목적'으로 땀흘리고 성실함이 아름답다. 자녀들에게 선한 목적과 선한 행실을 알려준다.

회사는 번창할수록, 인간을 존중한다. 회사 구성원은 노동력 착취 대상이 아닌, '하나님 형상'을 지닌 고귀한 존재이기 때문이다.

직원들이 노력할 때 기업은 번창하며 기업은 그런 노력에 상응해 넉넉한 보수를 지불하면 가족들이 즐거워 환호한다. 힘들게 일해도 가정에 돌아갈 때 넉넉해, 맛있는 치킨, 케이크 등을 사들고 들어간다면, 아이들은 기뻐 환호하리. 가족을 행복하게 할 급료를 지불한다.

하지만 유병언의 청해진해운은 잔인했다.

회장과 가족은 돈을 산더미처럼 쌓고 그 많은 돈으로 해외 재산 축척에 열을 올린다. 호화로운 생활을 마음껏 즐긴다. 미국, 프랑스에 외국인들의 부러움을 살만큼 호화 부동산들을 사들인다. '가진 자'의 삶을 추구하면서 부의 여유로움을 최고로 만끽하려는 그들 마음에 '가난한 선장'이나 '가난한 선원들'은 자리하지 않는다.

그 기업에서 선장이나 선원은 타인이다. 오직 관심을 두는 것은 어찌하든 노동을 착취해 '많은 돈'을 끌어모으는 것 ….

임시직 선장은 적은 급료를 받고 벅차는 일을 한다. 그런 큰일을 감당해도 가족의 생계마저 불안하다. 청해진해운은 선장과 선원들을 희생시켜 기업주의 부만을 축척하는 듯, 잔인성을 보였다.

세계적으로 유명한 삼성, 현대, LG 등 대기업들은 앞서기 위해 연구하며 진액을 쏟는다. 과학자들은 밤잠 설치며 원자핵 에너지를 연구해 대한민국을 세계 제1위 원자력 국가로 올려 놓았다. 대한민국은 부강해졌다. 중소 기업들도 번영을 위해 땀흘린다.

좋은 기업은 좋은 대우를 한다. 사장과 간부의 자녀가 귀한 만큼 사원들 자녀도 귀하다. 정당한 대우를 보장해, 가족을 행복하게 한다.

구성원들의 빈곤 없이 행복하게 하자. 때로 부당한 대우가 부당한 인간을 만든다. 노동자의 너무 적은 임금은 일가족을 죽음으로 내 몰 수 있다. 한편, 회사가 좋은 대우를 해도 나쁜 사원이 있는데, 시간만 때우는 인간성 자체의 문제도 있다.

세월호 선장은 예상 밖의 매우 부적절한 행동을 취했다.

"왜 그랬을까?"

적은 월급이 영향을 미쳤을까?

선장과 승무원들은 위기상황에 처해 어떻게 하는지 메뉴얼조차 몰랐다.

"어찌, 그럴 수 있나?"

낡은 배의 보수와 개선을 위해, 또한 선장과 선원들의 처우 개선과 교육을 위해, 넉넉한 재정을 투입했어야 하건만, 청해진과 유병언은 꺼렸다.

세월호를 노예처럼 혹독히 부리면서, 돈을 정신없이 쓸어 담는다. 병들고 지친 '세월호'가 힘에 겨운 무거운 짐을 날마다 짊어지고 바다 가운데서 비실거리며 폭주하다 쓰러지도록 그들은 잔혹할 정도로 그녀를 혹사시켰다.

슬픔이 눈물 되어

"아들아! 우리 아들- 누가 데려 갔나?"
한 사람이 슬픔을 억누르지 못한다. 아! 너무 슬프다
경기도 안산시 단원고등학교 정문 앞에서 어깨를 들썩이며 슬피 울고 있다…

"얼굴이 이처럼 깨끗한 걸 보니, 엊그제까지 살아 있던 게 분명해. 어제까지 살아 있었어… 아들아! 우리 아들, 우리 아들을 누가 데려 갔나?"
그는 애처롭게 통곡한다.
얼마 전 생명 잃은 몸을 건졌다는 소식이 날아들었다.
구조 소식을 애타게 기다리는 부모들의 마음은 비통에 잠긴다. 슬픔에 지친 몸을 이끌고 한달음에 달려갔다. 싸늘하게 식은 내 아들!
아! 그처럼 건강하고 명랑했던 내 아들, 내 아들이 싸늘한 몸으로 우리에게 돌아왔다. 그는 더 이상 말을 잇지 못한다.
"아! 내 사랑하는 아들아! 나에게 말 좀 해봐… 응, 어서 말을 좀 해봐."
"눈을 좀 떠, 아버지 여기 있어. 이 아버지를 좀 쳐다 보아-"
아버지는 아들의 몸을 부둥켜 안고 대성통곡한다. 다른 가족들도 고개 숙인 채 한없이 운다. 정 군의 고모부 박 씨도 5대 독자 처조카의 시신을 확인하는 순간 말을 잇지 못했다. 이별의 혹독한 아픔이 온몸에 저며든다.

정 군의 어머니는 15년 동안 신부전증으로 누워있다. 엎친데 덮친격으로 최근에는 합병증으로 시력을 80 퍼센트 상실했다. 이제 어둡고 희미한 눈으로 세상을 보아야 한다. 그녀는 방안에 누워 잘 보이지도 않는 TV화면을 바라본다. 행여 아들이 구조됐다는 소식이 들리지 않을까?

그녀는 하염없이 기다린다.

삼촌은 이런 처남댁이 충격받을까봐 말도 못하고, 몇 시간을 고민한다. 그리고 결국 비보를 알려야 했다. 어머니는 눈물 흘린다.

"내 아들아! 내 아들아-"

그녀의 얼굴에 피눈물이 흐른다. 그칠 줄 모르고 눈물이 쏟아져 내린다. 삼촌의 마음도 찢어질 듯 아프다.

"한없이 착하기만 하던 내 조카야-"

삼촌은 중얼거린다. 그 나이에 친구들과 어울리기 바쁜데도, 1주에 두 번 꼭 엄마를 부축하여 병원으로 신장 투석 받으러 다닌 조카의 모습이 선명하다.

"내 조카, 정말로 착한 효자였는데."

삼촌은 울었다.

정 군의 아버지는 의지 할 곳을 잃었다. 날개 부러진 새처럼 희망이 사라진 절벽에서 몸부림치고 있다. 그는 사랑하는 아내가 병에 걸리자 입원비 마련이 시급했었다.

"우선 사람을 살려야지. 내 아내 병을 가장 먼저 치료해야 해."

그래서 평생 다니던 회사에 7년 전 사표내고 퇴직금을 받아 아내의 치료비로 지출했다. 그 이후 그는 막노동을 하면서 생계를 유지해야 했다. 가족들을 위해 힘겨운 노동을 하다 2010년 불행히도 허리마저 다쳤다.

5대 독자 정 군은 집안 살림을 도우려 아르바이트에 나섰다. 하지만 아들이 오직 공부에만 전념해 열심히 해주기를 바란 아버지-

아버지는 아들이 일하는 것을 결사반대했다. 일하면 학업에 방해가 된다면서 아들을 달래어 공부하라고 학교로 보냈다

"아들아, 내 몸이 부서지도록 일해도, 너는 공부만 해! 공부를 열심히 해서 부디 성공해다오!"

아들을 훌륭하게 키우고 싶은 아버지 마음...

"부디 공부만 열심히 해다오!"

그 자신은 불편한 몸을 추스르면서 힘겨운 일용직 막 노동을 가리지 않고 해 왔다. 아버지는 자신의 몸을 혹사 하면서까지 사랑하는 아들이 오직 공부에 전념하기 바랬다. 그처럼 소중하게 키운 외아들이 싸늘한 시체로 돌아오자 아버지는 아들의 몸을 끌어안고 절규한다!

"어떻게 키운 내 아들인데-"

"얼마나 소중하게 키운 우리 아들인데, 이렇게 싸늘해."

그에게 피눈물이 솟구친다.

"이대로는 억울해서, 억울해서, 못보내겠어. 못 보내겠다-"

아버지는 싸늘한 아들의 몸을 끌어안고 절규한다.

막노동을 하면서도 오직 희망이 있는 이유는 '아들'이 있기 때문이다! 때로 온몸이 너무 아프고 몸을 가누기 어려울 정도의 혹독한 노동을 해도 '아들'이 있기 때문에, 희망을 지닐 수 있었다!

그런데, 오직 유일한 희망인 그 아들이 … 이제 아버지 곁에 없다.

삼촌도 가슴치며 운다.

"형편이 부족해도 늘 미소짓던 조카야,

이게 웬말이냐?

아! 하늘도 무심하시지."

자식잃은 부모에게 온 세상이 어둡다.

천지가 캄캄하고 단지 절망, 절망의 먹구름이 몰려든다.

세월호를 타고 수학여행 떠난 단원고 교사 14명과 학생 339명 중 고작 77명이 살아 남았다. 66명이 죽고 196명이 바다속에 실종된 상태다.

이 비극적 참사로 숨진 학생들을 위해 임시 '합동분향소'가 설치된다. 경기도 안산 올림픽 기념관에서 2014년 4월 23일부터 시민들이 분향하고 참배할 수 있게 되었다.

그러나 유족들은 희생된 교사와 학생들을 한자리에서 추모하고 싶어하며 그런 분향소를 원한다. 그래서 초지동 화랑유원지에 '합동분향소'가 설치된다. 거기에는 분향소를 위한 넓은 공간이 있고 주차공간도 넉넉하다.

축제 없는 암울한 5월

꽃이 피고 신록이 펼쳐지는 5월,
가정의 달 5월은 희망과 기쁨이 가득한 달이다.
수목이 자라고 꽃들이 피며 푸르고 화창하며 아름답다.
그러나 2014년의 5월은 세월호 참사로 시름에 잠긴다.
대한민국 국민들은 슬픔의 늪으로 빠져 들고 모이는 장소에서 미소와 웃음 소리가 사라졌다.
화창한 봄에 사람들은 산이나 바다로 여행도 떠나고 학교는 수학여행도 가지만 금년 5월에는 여행자들의 발길이 뜸해졌다. 국립공원도 덩그러니 그림자만 지키고 있는데, '세월호 비극' 이후 학교의 수학여행이 중단되었기 때문이다. 세월호 비애의 구름이 5월 하늘을 암울하게 덮었다.
동해안 관광지에 적막감이 떠돌고 대표적 여행지 강릉 오죽헌도 정적만 감돈다. 슬픔을 위로하는 애도 분위기가 점점 확산되는 반면, 강원 지역의 축제와 행사가 사라지고 있다. 매년 진행되던 축제나 행사가 중단되고 5월에 열기로 한 행사도 기약없다.
비애가 사람들의 미음을 파고 들어 자리 잡는다.
"아! 우리 아이들 -"
아직도 저 '차가운 바다 속에 있는 아이들'을 생각한다.
아직도 저 어둡고 쌀쌀한 배 안에서 추위와 공포에 떨고 있을 아이들-
영월군은 제48회 '단종문화제' 규모를 줄였다.
속초시가 '2014 전국 생활체육대회' 축전을 무기한 연기하고 원주시도 지역 고교 '연합체육대회'와 '새마을회 체육대회'를 미루었다.

춘천지검은 '법의 날' 관련 행사를 생략하고 기념식만 했다. '5월 가정의 달' 축제 공연과 체육 행사도 열지 않거나 미룬다. 춘천 인근 인공호수에서 낭만적으로 열기로 한 '강원 4대 호수 물레길 페스티벌' 축제도 기약 없다. 강릉 커피 박물관에서 예정된 '커피나무 축제'도 한 달 미룬다. 동해 문화예술센터에서 열릴 '해군 군악대연주회'는 아예 취소됐다.

화창한 5월,

'어린이날', '어버이날'이 있어 축제로 흥겨울 달이지만 2014년의 5월은 깊은 우수에 잠긴 초승달처럼 잔뜩 움추러 들었다. 마음을 헤집고 파고들며 저며오는 쓰라린 이별의 아픔과 눈물이 뒤범벅되어 비애에 젖은 가족들, 그들을 바라보는 이들에게도 5월은 한없이 슬프다.

인제군이 '2014 용대리 황태축제'를 연기한다. 봄의 내음이 물씬 풍길 '진동리 산나물 축제'도 열지 않는다. 강릉의 '율곡대기 전국 유소년 축구대회', 인제의 '전국 유소년 야구대회', '국무총리배 전국 게이트볼 대회' 등이 취소나 무기한 연기다.

반면에 참사 피해자들을 애도하고 실종자의 '무사 귀환'을 염원하는 '촛불기도회'가 춘천 명동과 강원도 도청 앞 소공원에서 열린다. 피해자 가족들을 돕기 위한 성금이 모이고, 기관, 단체, 개인의 성금이 전국적으로 답지한다.

가족들의 아픔이 깊은 골을 이룬다.

돌연히 사랑하는 사람을 영영 잃어버리는 고통이 살을 에이듯 파고 들면서 애통의 눈물이 흐르고 아픔의 골은 점점 깊어진다. 시간이 흐른다.

침몰 9일째인 4월 24일,

이날은 물살이 약해지는 '소조기' 마지막 날이다. 상처를 달랠 길 없는 실종자 가족들의 분노가 또 다시 극한에 달했다.

날씨는 구름 한 점 없이 맑다.

수색을 하기에 아주 적절한 기후임에도 불구하고, 겨우 소수의 몇몇 사람이 선체를 수색한다. 소수의 사람이 수색을 하니 성과가 적다. 기다리고 또 기다리면서 마음 졸이는 가족들은 드디어 참지 못하고, 진도 팽목항 가족대책본부에 몰려와 최 해양경찰청 차장에게 항의한다.

"왜 선체 수색을 서둘러서 제대로 하지 않습니까?"

"배 안에 무슨 비밀이 있을 것도 아니련만..."

"아이들이 죽고, 죽어가고 있는데 왜 빨리 수색을 하지 않아요?"

무엇 때문일까?

무슨 영문인지 '구조와 수색'이 정상대로 이루어지지 않는다.

배가 침몰한 첫 날부터 '구조 작업'은 하지 않고 무언가 자꾸 자꾸 지연시킨다는 인상을 풍겼다. 날씨가 청명하면 집중수색을 해야 그나마 간신히 생명을 유지할지 모를 극소수의 인명이라도 구조 할수 있을텐데,

왜 이리 자꾸 자꾸 지연, 또 지연 시키면서, 여유를 보이나?

"그런데 '특공대'는 무엇 하나요?"

"왜 이처럼 더딘가요?"

특공대, 해경, 해군은 어디서 무엇하기에 수색이 지연되기만 할까?

사람이 모두 죽어가고 있다.

"사람이 죽어가면 만사를 제쳐두고 '즉각 구조'가 인류 아닌가?"

"왜 이처럼 여유를 보이나요?"

참다 못한 가족들은 팽목항을 찾은 이 해양수산부 장관과 김 해양경찰청장을 앉혀놓고 연좌 농성을 벌인다. 가족들은 극렬히 항의한다.

"수색을 빨리해라!"

"민간 잠수부를 투입해라!

왜 수색을 안하나?

수색 끝날 때까지 민간 잠수사를 투입해 총력전을 펼쳐라!"

부모들은 분노로 가득해 고함친다.

"빨리 수색해요!"

"이 수색 끝나기 전에는 못 돌아갑니다."

"우리랑 함께 있어야 해요."

몸부림치는 가족들에게 청장이 설명한다.

"현재 설치된 6개 가이드라인으로 수색하고 있습니다."

"인원이 몰려 있는 것으로 추정되는 선미 쪽 구조가 복잡하고 진입로가 좁아 어려움 있어요. 실시간으로 수색상황을 설명드리도록 하겠습니다."
하늘에 밤그림자들이 웅어리지어 몰려들고 있다.
가족들의 실망과 분노가 하늘로 솟구친다. 어두운 구름이 열을 지어 대지를 덮으려 내려온다.

노란색 리본 달기

"애야, 이제 돌아 왔니?"
문을 열고 밖을 내다본다. 하늘 높이 초승달이 핼쑥한 얼굴을 내민다.
나무에 달린 노란색 리본들이 바람에 흔들리고 있다.

노란색 리본!
사람들이 '노란색 리본'을 달기 시작했다.
온 국민이 슬픔에 젖어 안타까워할 때, 경기도 부천시 전직원이 노란색 리본과 검은색 리본을 달았다. 참사를 '애도'하고 실종자의 '무사생환'을 염원하기 위함이다.
부천시는 일반 시민도 조의를 표하도록 시청사 1층 로비에 '합동분향소'를 마련하였다. 부천 시민 중 세월호에 승선한 이는 7명이다. 그 중 2명이 구조되고 1명은 죽었으며 4명이 생사를 모른다.
노란 리본-
슬픔과 안타까움이 온 나라를 빗물처럼 적셔 오면서 '노란 리본 달기 운동'이 널리 확산되고 있다. 대전시 서구 도마동 거리에서 의경이 교통정리를 하는데 대신고등학교 학생이 그에게 노란 리본을 정성껏 달아준다. 대비극을 애통해하는 사람들이 점점 더 가슴에 '노란 리본'을 달면서 희생자를 추모하고 실종자의 '무사 귀환'을 염원한다.
'노란 리본 달기' 캠페인이 국내뿐 아닌 국외에도 펼쳐진다. 미국, 프랑스, 독일에도 '노란 리본 달기 운동'이 일어나고 온라인을 넘어 오프라인으로 빠르게 퍼진다.

노란 리본-

1960년대 포성이 울리면서 평화로운 월남에 피흘리는 전쟁이 발발했다. 전쟁은 잔인했다. 마을과 도시는 전쟁터로 변하고 평야는 포성과 화염으로 얼룩졌다. 수많은 사람들이 부상당하고 쓰러진다. 수많은 군인들과 주민들이 죽임을 당하며 집들이 폐허가 된다. 살아 있는 서로 사랑하는 사람들끼리도 뿔뿔이 흩어졌다.

전쟁은 잔인하다. 전쟁 앞에 인간의 존엄성이나 가치는 없다. 서로 간에 증오와 죽이고 죽는 치열한 파멸만 있을 뿐 … 전쟁은 용서가 없다. 상대를 추적해 사정없이 파괴시킨다. 어떤 이유든 일단 전쟁이 발발하면, 거기에는 지옥같은 파멸이 있을 뿐이다. 침략과 불의를 저지른 사람들이야 지옥의 입으로 떨어져도 무방하지만, 착한 사람들에게 전쟁이 던져주는 파멸은 부당하고 잔혹하다.

예수는 말씀하셨다.

칼을 쓰는 자는 칼로 망하느니라(마 26:52).

일본이 1876년 강제로 조선과 '강화도 조약'을 맺었다. 조선의 지배를 둘러싸고 청과 일본 두 나라 사이에 전쟁이 발발했으며 '청일전쟁'에서 청나라가 패하자 일본은 조선에 대한 '침략의 이빨'을 사정없이 드러냈다.

그때 국가의 위기를 느낀 '명성왕후'는 '러시아' 세력을 끌어드려 일본세력을 몰아내고자 했다. 그 일을 눈치챈 잔악한 일본은 독립국가 조선의 궁궐에 '자객'을 드려보내 '1895년 을미년'에 조선의 국모 '명성왕후 살해'를 범하였다.

일본의 이 잔악무도한 '조선 왕비 살해'는 '을미사변'으로 불리면서 우리 민족의 역사에 일본이 얼마나 동물보다 악랄하고 잔악한 짓거리를 저질렀는지의 한 본보기를 보여 주고 있다.

일본이 칼을 써서 우리나라를 침략해 왕비를 시해하고 1910년 강제로 '한일 병합 조약'을 맺어 조선을 식민지화 하였다. 조선의 수많은 여성들을 성노예로 동원해 학대하며 죽이고, 수많은 사람들을 학살하였다. 독립국가인 조선의 땅과 사람과 자원을 파괴하고 죽이며, 약탈하고 도저히 상상하기 어려운 끔찍한 만행을 저지르자 일본은 결국 '초강국 미국'의 원자탄 포격을 받고 항복하게 되었다.

독립국가 조선을 침략해 무자비한 만행을 저지른 일본에 대항해 '하나님을 사랑하는 나라', '민주주의와 인권 존중의 모형국가 미국'이 '정의의 검'을 뽑아든 것이다. 누구든지 칼을 써서 남의 영토를 침략했거나 남의 나라 국민을 학대하고 약탈하며 죽인 자들에게는 무서운 최후 멸망이 기다린다.

'정의의 나라 미국', '하나님의 군대 미군'은 침략자들과 학살자들을 심판하였다. 침략자 일본에게 피해당하고 살해당하는 조선 나라와 백성을 구해 주었다. 칼을 쓰는 자는 누구든 칼로 망한다.

칼을 쓰는 자는 칼로 망하느니라(마 26:52).

우리 민족은 일본에게 36년간 나라를 빼앗겼었다. 일본은 무력으로 우리나라를 침략해 점령했으며 식민지화했다. 우리 민족은 영토와 주권을 일본에게 영원히 빼앗길 뻔한 것이다. 하나님은 그때 우리 민족에게 '천사'를 보내셨다. 바로 '미국'이다. 기독교 국가 '미국의 도움'으로 우리 남북한은 일본에 빼앗긴 나라와 영토를 다시 찾을 수 있었다.

미국이 개입해서 일본의 항복을 받아내지 않았다면 지금 남북한은 존재하지 않을 것이요 우리는 나라도 민족도 없고 일본만 있을 것이다. 일본의 그 침략은 아주 오래 전이 아닌 '얼마 전'의 일이다.

그 역사적 비극이 결코 되풀이돼서는 안된다. 그런 민족의 수치와 비극을 막으려면, '미국과 동맹을 굳게 함'이 중요하다. 미군이 한반도에 항상 주둔하는 한, 일본, 중국은 감히 남북한을 침범하지 않을 것이다. 이 경우 일본이나 중국의 남북한 침입은 곧 초강대국 '미국과의 전투'이기 때문이다.

남북한은 역사를 기억해야 한다. 일본 중국이 역사상 계속 남북한의 영토를 침입했으며, 오직 '미국'이 우리 민족과 영토를 지켜주었다는 '엄연한 사실'을 항상 기억하자. 역사란 되풀이 되고 역사를 망각한 민족은 파멸당할 수 있기 때문이다.

또다시 침략국 일본이나 중국에게 우리나라를 빼앗길 수 없고, 또 다시 동족 북한의 6.25 침공을 당해 피비린내 나는 남한이 될 수 없다. 우리가 역사의 교훈을 망각한다면 비극은 '반복' 된다. 미국의 버락 후세인 오바마 전 대통령은 박 대통령을 통해 일본과 정보 협정을 하도록 유도했다. 일본이 다시 일어서도록 힘을 실어주는 반면 남북한은 서로 대결해 '전쟁을 일으키도록' 이끌었다.

백악관을 떠나기 전 오바마는 남북한 전쟁을 일으키려 했다. 하지만 미국 공화당이 반대했다. 오바마가 백악관을 떠나고 트럼프가 대통령이 되어 백악관에 들어오자 트럼프는 오바마의 남북한 대결구도를 깨고, 그야말로 역사적인 "미북 정상회담"(2018년, 2019년)을 두 번이나 개최하였다.

트럼프는 북한과 대화하면서 남북 간 대립이나 전쟁이 아닌, '한반도 평화'를 정착시키려 노력하였다. 오바마처럼 일본을 남한에 연결시켜 '남북한 영구 분열'과 '일본의 한반도 영토 침략의 발판'을 놓아주는 정책을 하지 않았다. 트럼프는 역사적인 '미북 회담'을 최초로 열면서 전쟁 아닌, 진정한 남북한의 평화와 화합을 원했다. 그리고 진주만까지 폭격한 일본이 침략국가라는 것을 아는 듯 했다.

전쟁은 어느 곳에서나 잔인하고 끔찍하다.

참혹한 전쟁을 피하기 위해서 강력한 '평화주둔군 미군'이 항상 상주함이 너무 중요하다. 침략국 일본은 '제외시켜야 함'이 기본이다. 더욱이 일본은 과거 잘못을 사죄하지 않고 독도를 일본 땅이라 하며 '영토 침입'을 무단히 해오고 있기 때문이다. 남북한 우리 민족은 중국과 일본으로부터 영토침략을 지속적으로 당해 왔는데, 중국과 일본이 우리나라 영토를 계속 침공하고 약탈하였다.

　이 쓰라린 역사를 기억하자. 일본이나 중국은 지금도 한반도 영토침략과 약탈을 노린다. 대한민국 영토 독도를 일본이 자기네 땅이라 계속 우긴다. 일본 중국은 전투력을 키우는데. 이것은 남북한 우리 민족에게 큰 위협이다. 남북한은 힘을 합해 역사적으로 계속 침략해온 중국과 일본을 분명하게 경계하고, 남북한 우리 영토를 수호해야 한다. 미군이 항시 주둔하게 하고 미국과 힘을 합쳐 중국에게 빼앗긴 만주 등 우리 옛 영토들을 다시 찾게 하자. 트럼프 시대에 가능한 그런 일이 항시 가능하다면 ….

　남북 영구대결을 조성해 한반도 영토침입을 호시탐탐 노리는 일본, 중국에 남북한 우리 민족은 결코 결코 속으면 안된다. 남북 대화를 자주 자주 하자.

　베트남에도 한국전쟁처럼 참혹한 전쟁이 일어났다. 가족들과 친지들은 서로 간에 생사를 모른 채 포격에 밀려 쫓기고 도망치거나 치열한 전투에서 생명을 잃었다. 사랑하는 가족들이 기다리는 그 대상들이 한 명씩 때로는 여러 명이 한꺼번에 무더기로 포염 속으로 사라졌다.

　전쟁은 그야말로 인간 생명을 초토와 같이 짓밟고 짓이기면서 계속 치열해져 갔다. 전쟁이 스치고 지나간 자리에는 폐허와 죽음의 시체들이 나뒹군다. 누구인지도 알려지지 않은 수많은 주검들이 여기저기 널려있다.

　포염아래 벌어지는 죽음, 납치, 폭행, 달아남, 숨음, 방황, 탈출, 속아서 집으로 다시 돌아오지 않는 사람들은 행방 불명 상태가 되었다. 그들을 그리워 하는 가족과 친구들은 나무 위에 '노란 리본'을 묶어 놓고 행방불명된 사람들이 집으로 다시 돌아오기를 손꼽아 기다린다.

　그들이 얼마나 간절하게 기다리고 있었던가?
　기다리고, 기다리고, 또 기다려도, 돌아오지 않는 사람들,
　행방불명이 된 사람들,
　살았는지 죽었는지도 이제 어느 곳에 있는지 조차 알 수 없는 사람들 …
　"아! 내 사랑하는 아들이 지금 어디에 있을까?"
　가족과 친지들은 어디 있는지 모르는 이들을 애절하게 기다린다.

노란 리본을 나무가지 여기저기에 묶어 두었다. 그리고 전쟁터에 나가 다시 돌아오지 않고 소식조차 알 수 없는 사람들을 기다리고 또 기다린다. 해가지고 어두워지면 행여 밖에서 발자국 소리가 들려오기를 숨죽이면서 고대한다. 가족들은 애타게 기다렸다.

그때 갑자기 밖에서 누군가의 발자국 소리가 들려오는 것 같다. 모두들 숨을 죽이고 그 소리에 집중하였다. 그리고 발자국이 점점 가까워지는 듯 하자 방문을 활짝 열었다.

"얘야, 이제 돌아왔니?"

황급히 문을 열고 밖을 내다본다.

어두운 밤하늘 드높이에 홀로 뜬 초승달이 멀리서 가만히 눈빛을 적시고 있다.

그리고 커다란 나뭇잎들이 서로 몸을 부딪치며 소리를 자아 내고있다. 덩그마니 커다란 나무 잎들이 몇 개 떨어져 부딪치며 집 마당 위에 뒹굴었다.

발자국 소리를 내며 지친 몸을 힘겹게 끌고 돌아온 줄 알았던 사랑하는 아들은 거기 서 있지 않다. 진한 그리움 속에서 적막함이 울리고 쓸쓸한 바람소리들이 스산하게 밀려든다.

시간이 흐를수록 그리움은 더해 간다. 다음날 가족과 친구들은 나무 가지들에 '노란 리본'을 더욱 많이 달아 놓았다. 그리고 한-없는 기다림 속으로 빠져 든다.

'기다림'은 끝이 없다.
만날 때가지 끝이 없다.
사랑하는 사람이 제발 무사히 돌아와 주기만을 …
간곡히 두손 모아 간곡히 기도드린다.

노란 리본!
노란 리본은 베트남 전쟁 때 발생했던 이런 '애타는 기다림'에서 유래했으며 사랑하는 사람의 '무사 귀환'을 간절히 바라는 의미가 담겼다. 대전시 서구 복수동 한 어린이집 앞도 노란 리본이 달려있다.

글귀가 눈에 띤다.

"살아서 돌아오세요!"

글과 함께 노란 리본이 수북하게 매달려있다.

어린이집 교사들이 글을 쓰고, 귀여운 3~ 4살 어린이들이 아롱다롱 색깔을 칠했다. 어린이 경아는 집에서 텔레비전을 보다 배가 가라앉는 장면을 보았다. 엄마가 보면서 곁에서 눈물 흘리며 운다. 자기도 슬퍼져 엄마를 따라 울었다.

어린이집 이부형 원장은 실종자들의 무사 귀환을 간절히 기원하였다. 그 간절한 염원을 어찌하든 표현하고 싶어 아이들과 함께 노란 리본을 달기로 했다.

대전시 도마동의 한 거리-

학생들이 시민들의 가슴에 '노란 리본'을 달아준다. 바로 대신고등학교 학생들인데, 세월호 희생자를 애도하고 무사 귀환을 위해 노란 리본 달기 운동을 전개한다. 그들은 재료를 사다 수백 장의 노란 리본을 직접 디자인해 만들었다.

"우리 학생들이 희생자들을 위해 무엇을 할 수 있을까?"

심민규 학생회장은 생각했다. 그러다 문득 임원들과 '노란 리본 달기 운동'이 떠올랐다. 이 노란 리본은 희생자 가족에게 '애도의 마음', 구조 활동하는 잠수사에게 '감사의 마음', 실종자에게 '무사 귀환'을 바라는 간곡한 마음의 표시다.

충남 금산 중부대학교 학생들도 '노란 리본 달기 캠페인'을 벌인다. 대학 정문 앞에 희망을 적는 노란 리본 게시대도 설치했다. 게시대에 여러 글귀들이 빼곡히 붙었다.

'돌아와라! 동생들아'

'기적을 믿습니다'

'제발 살아만 돌아와라!'

천안시 신세계 백화점 조각공원과 세종시 조치원역 광장, 공주시 신관초 네거리도 매일 저녁 "촛불집회"가 열렸다. 이 촛불집회에 모여 사람들은 희생자들을 추모하고, 실종자들의 '무사 귀환'을 기원한다. 청소년, 대학생, 중년, 노년에 이르는 시민들이 촛불집회에서 서로의 가슴에 '노란 리본'을 달아준다.

세월호 수색이 너무 느리다. 모인 이들은 느린 구조를 개탄하면서 정부의 신속 대응을 촉구한다.

"실종자 가족들의 안타까운 상황을 보면서 정부의 무능력한 대처에 그냥 분통이 터집니다!"

한 사람이 울분을 터뜨렸다.

구조 작업의 지연이 통탄스럽다. 매우 더딘 구조 작업에도 불구하고 기적이 일어나기를 염원한다. 실종자들의 '무사 귀환'을 바라는 소원이 담긴 '노란 리본'을 유치원생에서 노년까지 널리 달고 있다. 사랑하는 이들이 배 안에 갇혀 있다. 국민들은 '노란 리본'을 달고 사랑하는 이들의 '무사 귀환'을 고대한다. 많은 시간이 흘렀지만, 기적이 꼭 일어나, 그들이 살아 다시금 육지로 발을 딛고 꼭 돌아오기를 …

"꼭 살아 돌아와 주오!"

배가 침몰하고 한 명의 생존자도 구조하지 않고 지연된 상태에 원성이 가득하다.

"아이들이 죽을 때 까지 기다리는 겁니까?"

"죽어가는 사람을 왜 빨리 구조하지 않나요?"

"깊지도 않은 바닷물인데, 왜 이처럼 희생자가 많아요?"

세월호의 구명뗏목(구명벌) 조차 긴급상황에서 기능하지 못했다. 구명벌은 경사가 심할 때 사람이 펼치기 어려우므로 급격히 기울어 침몰하는 과정에는 자동으로 펼쳐진다. 하지만 세월호 구명벌은 펴지지 않았다. 침몰에서 구명벌 단 하나도 자동으로 펴지지 않았다.

배가 침몰할 때 '생명 구조'의 핵심장비가 구명벌이다. 배가 침몰하면 수압으로 자동 팽창되는 튜브식 구조 장비로 상자의 잠금 장치를 풀어 수동으로 펼 수 있다. 구명벌 입구를 닫아 해수를 막으면 수일간 바다 위에서 버틴다. 세월호는 25인승 구명벌 46개를 갖추어야 하나 44개를 지녀 1,100명이 탈 수 있다. 하지만 세월호 취항 준비 보고서에 '구명벌 설치 작동 여부' 점검이 빠졌다.

'노란 리본'이 점점 널리 확산된다.

아!

사랑하는 사람을 애타게 기다리면서 노란 리본이 온 나라와 세계에 퍼진다.

▎눈물 흐르는 진도 앞바다

"너무 슬퍼요-"

진도 앞바다에 눈물이 흐른다.

그 눈물이 빗물되어 줄줄 흐른다.

망망한 바닷물처럼 아픔의 눈물이 한없이 흘러내린다. '살아서 돌아오라'고 그토록 눈물로 애원- 했건만, 사랑하는 사람들이 거의 숨을 멈춘다. 그리고 우리와는 다른 또 하나의 세상을 향해 그들은 점점 멀어져가고 있다. 아니, 그들이 이 세상으로 다시 돌아오지 못하도록, 이 세상이 그들에게 문을 닫았는지 모른다.

세월호 안에 수색작업이 한창이다. 안타깝게 사망자의 수가 늘어난다. 사망자 신원을 파악하기 위해 범대본은 DNA 검사 결과를 24시간 내에 받도록 추진한다. 그런대 발견 이후 4일이 지나도록 누군지 모르는 사망자도 있다. 불평이 일어났다. 옷차림으로 보아 여학생 같은 시신 2구는 목포 한국병원과 기독병원으로 각기 보내졌다.

대책본부는 DNA 검사가 24시간 내 속히 되도록 경찰과 소방헬기로 국립과학수사연구원 장성지원까지 DNA 샘플을 이송한다.

수색작업이 또 지체된다. 이에 실종자 가족들은 진도군청에 마련된 범정부사고대책본부 상황실을 방문해 항의한다. 세월호가 전복될 때까지 첫날 초동구조를 제외하면, 배에 갇혀 구조를 기다렸을 생존자들 중 단 한 명도 구조해 내지 못한 것!

"어찌 어찌 그럴 수 있나?"

수심도 깊지 않고 섬으로 둘러 쌓인 근해에 304명이 배에 갇혀 '살려달라!' 외치며 구조를 기다렸다. 그러나 단 한 명도 구조하지 않았다. 생존자들이 '속수무책으로 죽는 최악의 상황'이 벌어진 것이다. 가족들은 울부짖는다.

"왜 구조를 안합니까?"

"배가 완전히 가라앉기 이전, 선내로 들어가 구조했다면 생존자를 구출했을 것 아닙니까?"

수중 구조 작업이 엉망이다. 해경과 해군은 304명의 생존자 중 단 한 명도 구조하지 않았다. 구출하려는 시도를 하지 않았다.

"특수부대 요원들이 레펠을 타고 배 안으로 들어가 선박 안에 갇힌 승객들을 용감하게 구조해 내리라."

이런 장면을 상상하던 많은 국민들은 배신감과 절망에 빠진다.

그들의 상상과 판이한 일이 벌어진다. 수백 명을 태운 배가 침몰해 승객들이 '살려달라' 외치지만, 해경 해군은 그냥 바라보고 있다. 그들은 생존자를 구조하러 배에 다가가지 않는다.

"왜일까?"

"왜 배와 거리를 두나?"

'국민안전'은 국정의 '최우선'이다. 해경 해군은 참사 직후 제 기능을 발휘못하고 허둥거렸다. '중앙재난안전 대책본부'도 유사하다.

"정부가 '컨트롤타워'이기를 포기했나?"

가족들과 국민들은 불신에 휩쌓인다. 불만과 비난이 봇물터지듯 한다. 해경, 해군, 해난구조대, 구조업체 등이 단 한 명도 구조하지 않았다! 구조한 것이 없다. '총체적 대응 실패'라는 비판이 인다. 우리 마음이 쓰리다.

구조를 몹시 기다렸을 그들을 생각하면 마음이 아프고 슬프다.

"아직도 저 배 안에서 사랑하는 이들이 숨쉬고 있나?"
"누군가 배 안으로 들어와 구조해 주기를 여전히 기다릴까?"
'불가능해 보이는 기적'을 기대할 수 있다면 ….

> 사랑은 기적을 기다린다.
> 그리운 사람을 포기해야 하는 상황에도
> 포기할 수 없는 것이 사랑이다.
> 사랑은 포기를 모른다.
> 포기할 줄 모르고 한없이 기다린다.

진도 앞바다에 눈물이 흐른다. 그 눈물이 빗물되어 줄줄 흘러내린다.
사랑하는 이들을 찾으려 수색작업이 계속된다. 어제 잠수 요원 81명이 투입되고 오늘 3층, 4층 다인실 중심으로 수색이 이어졌다. 선수 부분은 민간 잠수부와 문화재청 수중발굴단이, 중앙 부분은 해양경찰청과 소방방재청이, 선미 부분은 해군이 수색한다.
잠수사들은 깊은 수심에 '머구리 방식'으로 얕은 수심은 '스쿠버 방식'으로 이원화 되었다.
사고 발생 이후 열흘 이상이 지났다.
대책본부는 선체 3, 4층에 수색을 집중시킨다. 사고 지점에서 길이 2킬로미터, 폭 50미터 범위의 '기름띠'가 형성된다. 이 기름띠들이 여기저기 바다 위를 둥둥 떠다니며 북서방향으로 이동하고 있다. 대책본부는 방제정 등 31척의 선박을 동원해 방제를 한다. 동거차도 해안가에 간헐적인 해안 오염이 발생했는데, 이를 염려하는 섬 주민들의 협조로 오염을 제거 중이다.
미국, 네덜란드, 영국, 일본 구조 전문가들이 구조현장을 지켜보면서 진행 중인 작업에 조언을 해준단다.
일본은 없어야 좋겠다.
독도를 일본 영토라 우기는 일본이 우리나라 위해 좋은 일할까?

파도가 넘실넘실대며 조류가 유동한다. 이제 파도가 굽이치면서 '육체들'이 휩쓸려 떠내려 갈까 봐 걱정이다. 사고대책본부는 유실방지를 위해 저인망 어선 8척, 채낚기 어선 10척 등 36척의 배를 사용한다. 또한, 13킬로미터에 이르는 연안 닻자망 그물도 활용한다.

2014년 4월 26일

미국 해군구조함 '세이프가드호'가 도착했다. 이 구조함은 3,300여 톤급이며 장비와 실력 모두 뛰어나다. 탁월한 '구조단'도 있다. '수색'에 직접 함께 참여하려 급히 달려왔다. 하지만 초기 전속력으로 달려온 '본험 리처드함'이 현장에서 멀리 떨어져 영문 모를 수색을 하듯, '세이프 가드호' 역시 거리가 떨어진 후방에서 시신 유실방지 작업에 배치된다.

가족들의 강력한 항의를 받은 해수부 장관과 해경청 차장은 팽목항 현지에서 실종자 가족과 함께 수색 상황을 보고받으며 현장 지휘를 하기로 했다. 그처럼 갈망했지만, 생존자는 보이지 않는다.

차가운 육체들이 선박 구석 또는 바다에 휩쓸리며 부유한다. 침몰 이후 240시간이 지났다. 생존자가 있으리라는 희망이 거의 사그라지는 걸까.

"'생존자'가 있다는 그런 기적을 아주 가냘프게나마 … 기대할 수 있을까?"

그렇다!

거의 절망으로 보이더라도 우리는 여전히 '생존자 구조'를 기다린다. 우리는 꺼져가는 희미한 불씨를 완전히 끄지 않았다.

가족 품안으로 돌아오는 차가운 몸들-

그들은 차마 눈마저 제대로 감지 못했다.

급격히 밀려오는 물속에서 숨을 헐떡거리면서 얼마나 몸부림쳤을까 …. 육지로 돌아온 육체는 억울함을 호소하는 듯하다. 얼마나 탈출하려 몸부림 쳤을까.

손톱에 피멍이 들었다. 손등에 상처들이 가득하고, 절망에 젖은 얼굴에 원망스러운 표정, 두려움이 역력하다. 죽음의 수렁이 입벌리고 그들을 향해 덮쳐올 때, 얼마나 '살려달라' 소리치면서 발버둥쳤을까. 사망이라는 야수가 손을 뻗쳐 끌어가려 할 때, 얼마나 가지 않으려 몸부림치면서 소리소리 질렀을까.

"살려줘!"

들려오는 소리들,

"엄마! 살려줘—"

"아빠! 나 살려줘—"

"나 죽기 싫어! 제발 살려줘!"

넘실대는 죽음의 발톱은 전후옆 사방에서 사랑하는 이들을 할퀴면서 사정없이 공격했다. 그들은 구조의 손길을 목 놓아 기다렸었다.

그토록 구조의 손길을 고대했건만, 아무도 들어오지 않는 흑암의 장막 안에서, 사망의 검은 갈퀴는 아이들을 '마음대로' 할퀴고 있었다.

비명을 지르면서 아이들은 암흑의 늪으로 떨어져 간다. 여기저기서 그들을 휘감는 죽음의 마수들에 거역하는 거센 부르짖음이 들린다. 그 큰 비명들이 구조없는 암흑 공간에서 점차 서서히 줄어들고 있다. 시커먼 악마들과 사투를 벌인 사랑하는 이들의 '생명'은 그처럼 치열한 투구 이후 차가운 물속에 사랑하는 이들의 육체를 남겨 둔 채로, 이제 그들 곁을 떠나고 있다.

우리 아들과 딸들과 사랑하는 사람들은 우리에게 몹시 돌아오고 싶어했다.

"살려줘요! 나 살고 싶어요."

"무서워요! 살려줘—"

아우성 치면서 가족에게로 몹시 돌아오고 싶었다. 그리운 사람들은 육지로 돌아오려 몸부림 치면서 애원하였다. 하지만 이제 암흑의 대 장막이 그들과 우리 사이에 가로놓이고 있다. 아! 완전히 늦기 전에,

사랑하는 사람들의 차가운 몸이
우리에게 돌아 왔을 때,
그나마 우리는 함께 있는 것일까.
생명을 떠나보낸 그들의 몸이
우리에게 돌아 온 것이
그나마 함께 연결된 것일까...

눈물, 눈물이 소낙비처럼 흘러 내린다.

슬픔이 온 땅을 내리 덮었다. 우리가 넋을 잃고 슬퍼할 때, 정부는 합동 분향소 운영과 장례절차를 지원하기로 했다. 안전행정부, 교육부, 경기도 등 12개 기관이 참여해 '세월호 침몰 사고 장례지원단'을 안산시 올림픽 기념 체육관에 꾸려 가동에 들어갔다.

선박 사고원인을 조사 중인 검경합동수사본부가 기관사 손 씨 등 4명을 추가 구속한다. 구명조끼와 구명벌 등 침몰 후 선체 주변에 떠오른 표류물도 수집해 분석한다.

인천지검은 세월호 실소유주 비리를 수사 중이다. 기독교복음침례회(일명 구원파)와 청해진해운 관계사 간의 자금 흐름을 추적한다. 교회 헌금과 오용 가능성을 탐사한다. 국세청과 관세청도 유 전 회장 일가와 전 계열사의 은닉 재산, 탈세를 추적한단다.

사랑하는 학생들 '25명의 장례식'이 합동으로 거행되었다.

견디기 어려운 비극 앞에 부모들은 몸부림친다. 갑자기 이 세상을 떠난 이들을 마음 아파 하면서 사람들은 경건하게 추모한다. 안산 올림픽 기념관 실내체육관에 설치된 '임시분향소'에 4만 명 넘는 국민들이 조문하였다.

그들의 눈에 눈물이 어린다.

제6장

세월호야, 아! 세월호야!

"살려주오!"
"구해줘요! 살고 싶어요-"

생존자들이 물속에서 절박하게 외친다.
그러나 이 세상은 그들을 외면했다.
어두운 바다 아래 잠기는 배 안에서 희뿌연 물위를 올려다보며 이제 '누군가 구조하러 다가오겠지' 손꼽아 기다린다. 하지만 아무도 오지 않았다. 이 세상은 생존자들을 철저히 외면하였다. 이 세상은 침몰하는 배 안에서 죽어가는 304명의 아우성과 부르짖음에 귀를 꽝꽝 틀어막았다.
해경단정은 돛단배 놀이하듯 침몰하는 세월호 주변을 빙빙 돌기만 하고 어둠이 내려둘린 밤에는 멀리서 조명탄만 요란하게 쏘아올렸다. 그러나 그들 중 누구도 죽어가는 생존자를 구하려 배에 접근하지 않는다.
이제 그처럼 '버림받은' 사랑하는 이들은 하나씩 둘씩 우리와는 다른 저 세상으로- 영원히 떠나가 버린다.

아!
그러나 행여, 아직도 살아 있는 이들이 있을까.

아!

어떻게 하면 깊은 바닷물 속 배에 갇힌 사람들을 속히 구조해 끌어 낼 수 있나?

어떻게 해야 하는가?

▎다이빙벨

"왜 이처럼 수색이 더딘가?"

"다이빙벨을 투입하라."

학부모들이 열화같이 요구하였다.

세월호 사고 발생 열흘째 날, 다이빙벨이 사고 해역으로 향한다. 다이빙벨이 인천으로부터 4.5톤 트럭에 실려 팽목항 부두에 이르렀다. 해경이 논란하던 '다이빙벨', 학부모들의 성화에 밀려 수색에 사용하기로 결정했다. '다이빙벨'(잠수종)은 이름 그대로 큰 종처럼 생겼다. 이 종처럼 생긴 장치에 잠수사들이 탑승해 바다 밑 수십 미터 지점에서 구조 작업을 한다. 김석균 해경청장이 알파잠수공사 이종인 대표에게 휴대전화를 걸어 요청했는데 '다이빙벨'과 함께 산소통 10여 개, 밧줄 등 잠수사들이 쓸 장비도 함께 가져간다.

이 대표는 30년 넘게 해난구조를 지휘했다. 1990년 '알파잠수공사'를 설립해 세계 최고 산박검사 감정 등록기관 '로이드 선급협회' 인증도 받고, 가장 우월한 '노르웨이선급협회'와 '미국선급협회' 인증도 받았다. 그가 다이빙벨을 제작했다(2,000년도). 그것은 4톤 규모의 '구조 장비'로 최고수심 70~100미터에서 20시간 연속작업 하도록 개발되었다.

그는 공인받은 해난구조의 프로다.

"'다이빙벨'이 왜 필요할까?"

잠수사가 깊은 물에 들어가면 물속에서 오랜 시간 버틸 수 없는데, 다이빙벨은 이런 단점을 보완해 고안되었다. '다이빙벨'을 타고 잠수사 3~4

명이 한 팀으로 바다 밑 수심 수십 미터 깊이에 내려가 오랜 시간 일할 수 있다.

지난 4월 21일, 그는 이 장비를 들고 참사현장으로 허겁지겁 달려왔었다. 서둘러 '생존자 구조'에 참여하기 원했다. 하지만 해경은 방해된다며 금지시켰다. 다이빙벨은 그냥 돌아갔다. 그런데 이제 '구조 지연'에 불만을 터뜨린 가족들의 요청으로 다시 왔다.

다이빙벨이 물에 들어갈 때 알파공사 소속 다이버 8명, 민간 잠수사 등이 참여한다. 이 대표가 지휘하고 해경, 해군의 참여 요청이 있으면 합동작업도 하기로 했다. '실종자 가족 4명'도 '다이빙벨'이 실린 바지선에서 지켜 볼 예정이다.

"아직 살아 있을꺼야. 빨리 구해야지."

이 대표는 상황이 허락하면 계속 수색에 몰두하고 싶다.

"현재에 하고 있는 구조 방식은 '실제 구조'에 도움이 별로 안돼요. 지금 깊은 물속으로 '침몰한 배 안'에 사람이 '갇혀 있는 상황'이라고요. 그런데 그런 훈련을 받지 않은 구조대가 모여 있어, 숫자만 화려할 뿐 실제성과가 없습니다."

그는 명석히 말했다.

'다이빙벨의 진실'이 방송된다(「고발뉴스」, 5월 5일). 고발뉴스에서 목숨 걸고 찍어 만들었단다. 팩트 TV에도 방영된다. '다이빙벨을 저지하는' 해경의 행동이 방송으로 알려진다.

사고 발생 나흘째 날, 팽목항에 이 대표가 도착했다.

"다이빙벨을 투입하면 아직 세월호 내부에 '살아 있는 사람들'을 구출해 낼 수 있습니다!"

그는 긴급히 주장했다.

"지금 안됩니다. 위험합니다."

해경은 안전사고 위험이 있다는 이유를 들면서 한사코 저지했다.

그는 인천으로 되돌아가야 했다.

그 이후 피해자 가족들이 강력히 다이빙벨 투입을 요청해 이제 사고 현장에 다시 오게 되었다. 다이빙벨 사용은 '합의'로 결정되었다. 하지만 언딘이 지연시키고 보이지 않게 '방해'한다는 말이 떠돈다.

이 대표 바지선에 승선한 실종자 가족이 목격한 상황을 전한다.

언딘에서 소리 지른다.

"가까이 접근하지 마시오!"

가까이 오지 말라며 언딘 쪽에서 큰 소리치고 방해하는데, 기업 차원의 어떤 비리가 연상된다. 언딘이 '구조 수색'을 방해하고 사고 현장에서 컨트롤타워로 텃세하려 한다는 소문이 돈다.

두 사람이 고발뉴스 측에 충격적 정보를 알렸다.

"구조당국이 첫날에는 이종인을 사고 현장으로 들여보내지 않을 것이래요."

"재차, 삼차 피해자들의 요구대로 세 번째로 그가 현장에 방문하면, 그때는 위해를 가한답니다."

고발뉴스 측은 이 대표에게 말해주었다. 그는 그런 상황을 아는 듯... 혹독하게 추운 겨울처럼 분위기가 차다. 얼음 위를 거닐다 잘못 밟으면 물속 깊이 빠져내리는 것처럼, 위태한 분위기에도 그는 출항한다.

이미 2주 지났으나 작업을 망설이지 않는다. 작업이 더딘 선수 쪽을 원해서 그렇게 내정되어 있었다. 하지만 현장에 도착하니 해경 측이 이미 선수측에 가있다. UDT 동지회 김명기 잠수사와 한국 잠수협회 허철 잠수사가 다이빙벨에 함께 탑승해 물밑으로 내려갔다. 그런데 해경이 준 도면이 잘못돼 헛고생했다.

1차 투하에서 주어진 도면대로 갔지만 선미부 후면이 나오지 않는다. 하루 반나절을 헤맸다. 그 때 언딘 바지선의 해군 중령이 지금 작업하는 곳은 배 '중간 부위'라고 말해주었다.

"해경이 방향을 속였나?"

"아니면..."

독자적으로 삼십 분만에 통로를 개척해 한 시간 지난 오후 3시 45분, '다이빙벨'을 재투입했다.

하지만 이게 웬일인가?

"공기 케이블에 구멍이 뚫렸다!"

"구멍이 뚫리다니, 큰일이다."

"오늘은 더 이상 투입할 수 없구나."

내일 2차 투하를 해야 한다. 세월호 침몰 16일째인 5월 1일, 새벽 3시 20분경, 다이빙벨이 2차 투입된다.

새벽 3시 40분께 민간 잠수사들은 이 대표의 지시를 따라 4층 중앙복도를 통해 좌현으로 잠수하였다. 기존 구조 작업팀이 설치해 놓은 가이드라인들이 엉켜있다. 정리하는 데 시간이 걸린다. 잠수부들은 작업을 마치고 5시 21분, 다이빙벨로 무사히 복귀했다.

조류 때문에 사용 못 한다던 다이빙벨!

그러나 무려 '2시간 동안' 잠수에 성공했다!

순수 작업시간 '53분'의 쾌거다.

이제 잠수사 교체 인력이 필요하다. 그런데 이 절실한 시기에 민간 잠수사들은 떠났다. 해경과 언딘의 냉대 때문에 떠났다. 결국 교체 인력이 없어 다이빙벨 투하를 계속 진행할 수 없다. 함께 탔던 잠수부가 알려준다.

"물속에서 '한 시간 이상' 수색할 수 있고, 다이버 몸에 이상도 없어요. 지상과 계속해서 통신을 교환할 수 있는 것도 큰 장점입니다."

그는 이어 말했다.

"지금 교체 인력이 절실해요. 해경이나 언딘 쪽에 인원이 많은데, 다이빙벨 교육을 시켜 인력을 최대한 활용해야 합니다."

해경은 다이빙벨이 성공할 때 잠수 인력을 투입하겠다고 약속했지만 성공하자 약속을 어긴다. 더욱이 다이빙벨이 상승할 때, 경비정이 고속으로 '접안'해 다이빙벨을 위태롭게 했다.

"접근금지!"

"접근금지! 위험하다-"

다이빙벨 팀은 외쳤다. 이종인의 알파 팀은 경비정의 접안 위치에 강력히 항의했다.

"다이빙 중 '접근금지'는 국제 룰인데, 어찌 이럴 수 있나?
해경이 '국제 규칙'도 어긴다는 말이냐?"
이 대표는 소름이 돋는다.
"아! 더 했다가는, 죽겠구나."
"실적이라도 건져온다면 막장으로 갈꺼야. 이 세력에 맞댔다가는 죽겠다."
"무섭다."
적대감이 느껴진다.
"당신의 일에 생명 보장을 안 할 것이다."
협박하듯 경고한다. 해경들의 시선이 겨울 바람처럼 차게 느껴진다. 왜 그럴까?
이 대표는 으스스한 위협을 느낀다. 그래서 급히 인터뷰를 하고 구조 작업에서 철수하기로 했다. 다이빙벨을 타고 내려가 함께 작업했던 김명기 잠수사와 허철 잠수사는 철수가 아쉽다.
"다이빙벨이 성공해서 참 기뻤어요.
아! 이처럼 수색하면 곧 끝낼 수 있겠다 생각 했는데-"
알파 잠수사는 1991년부터 국내외 중요한 '해난 구조' 업무를 잘 수행해 왔다. 그 중 이라크 정부 초청으로 이란-이라크 전쟁 침몰선 28척 가운데 11척에 대한 조사 작업을 수행해 '구조 가능성'을 검사했다(1997년). 선박끼리 충돌해 침몰한 2,400톤급 중국 화물선의 '실종자 수색'과 '화물 및 선체 인양'을 성공적으로 했다(2012년).
20년 연륜이 쌓이고 국내외에서 '해난 구조 전문가'로 실력을 인정받으며 발전했다. 그는 천안함 사건 때 구조 전문가로서 말했다
"구조 작업이 속히 시행되었다면, 더 많은 국군 장병을 살릴 수 있었습니다!"
천안함 당시 언딘은 '구조 실패'했다.
천안함 구조를 위해 4억 5천만원 받았다는데, 단 한 명도 구출 못 했다. 어떻게 설명하랴.

세월호 참사 여파

"첨벙!"
누군가 무거운 돌을 물 위에 던졌다
호수 물 위에 큰 돌이 떨어지자 파장이 일렁이며 일어난다.
크고 넓은 호수에 겹겹이 일어나는 물결의 파장이 호수가 모래 풀위에 다다르기까지 번져나간다. 물결이 사방으로 흔들리며 번진다.
세월호 참사가 던져준 비극의 파장이 전국적으로 크게 번져 나간다. 어린이날 행사마저 줄줄이 취소나 연기되었다. 반면 처참한 사고로 생명 잃은 희생자들을 위해 안산 올림픽 기념관에 마련된 임시 '합동분향소'로 조문하는 시민들이 몰려든다. 이른 아침부터 조문 행렬이 길게 줄 서 있다.
전국 각 지자체, 문화계, 대기업도 피해자와 가족을 위로하고 실종자의 '무사 귀환'을 바라면서 예정된 행사들을 중단시켰다. 단원고등학교가 있는 안산시의 하늘은 울음을 터뜨리는 먹구름으로 가득차고 거리마다 직장마다 비통에 잠긴다.
단원고 주변에서 '붕어빵' 제과점을 하는 이성진 씨, 학생들이 무사히 돌아오기를 간절히 기원하고 있다. 즐겁게 떠들면서 모여들던 아이들- 그처럼 활발하던 모습들을 생각하면 너무 슬프다. 그 슬픔을 견디기 어렵기 때문에 당분간 쉴 생각이다. 깊은 슬픔을 누를 길 없어 모임에도 안 나간다.
침몰한 세월호 승객의 70퍼센트 이상이 단원고 학생과 교사다. 수학여행을 떠난 2학년 학생 '325명 중 76명만 구조'되었는데, 학생 '245명과 인솔교사 11명'(2명 구조)은 사망이거나 생사를 모른다.
세월호 토네이도가 단원고를 강타했을 때, 76만 안산 시민은 그 끔찍한 참사로 대 충격에 빠졌다. 너무 큰 충격 때문에 시민들은 생업마저 중단, 약속도 취소한다. 학교 근처에서 '슈퍼마켓'을 경영하는 윤해순 씨, 수학여행 다녀온다고 즐겁게 말하면서 건빵을 사간 단골 남학생의 생사가 무척 걱정스럽다. 너무 염려되어 도저히 일이 손에 잡히지 않는다.
"영호 학생은 살았을까?

어찌 되었나?

아! 제발 꼭 살아서 돌아와야 하는데…"

그녀는 안절부절 어쩔 줄 모른다.

고잔동 '조기축구' 회원 구근희 씨, 아침 일찍 축구할 기분이 도저히 생기지 않는다. 차가운 바닷물 속에 잠겨있을 학생들을 생각하면 염려가 되고 가슴이 미어진다. 아침에 늘 하던 축구를 할 수가 없다. 단원고등학교에서 1킬로미터 정도 떨어진 곳에서 '학원'을 운영하는 김기택 과장, 그도 비애에 빠졌다.

"단원고 참사는 1986년 안산시가 출범한 이래 최대 비극입니다."

"너무 슬퍼 어찌해야 할지 모르겠습니다."

그는 이 엄청난 비극이 가져온 애통과 슬픔을 달랠 길이 없다.

안산 '상공회의소'가 축구대회를 열지 않기로 결정했다. 축구대회를 열어 응원하며 함성을 지를 분위기가 아니다. 축제도 열리지 않는다.

"슬픔이 큰데 어찌 축제를 열 수 있나?"

안산시도 '튤립축제'와 이와 비슷한 축제, 체육행사, 사할린 동포 '고향마을 어르신 잔치' 등을 모두 중단하였다. 5월 5일 호수공원에서 열릴 '어린이날 대축제'마저 취소된다. 귀여운 어린이들에게 미안해도 도저히 축제 열 분위기가 아니다.

수원시는 '어린이 어울림 한마당'과 '체육대회'를 미루었다. 용인시가 시청앞 광장에서 어린이 1만 여 명을 초청하려던 '어린이날 대축제'를 그만둔다. 여주시는 '어린이날 기념행사'를 연기했다. 부천시도 '어린이날 행사'를 중지하고 예술제는 6월로 미룬다.

용인 포은 아트홀과 문화예술원도 어린이를 위한 공연들을 미루고 군포문화재단도 6월 예정된 공연을 취소나 연기한다. 삼성전자 수원 디지털시티가 어린이날 행사를 열지 않는다. 여주시와 이천시도 도자기축제를 미룬다.

대한민국이 비극적 재난을 당한 상황에서 놀고 떠드는 행사를 개최할 수 없다는 분위기로 암울한 안개와 구름이 널리 서린다. 슬픔이 강물처럼

흐르고 굽이 돌며 출렁거린다. 비애의 물결이 사람들의 마음을 온통 적시며 밀려들고 있다. 대한민국이 눈물에 젖는다.

"기다릴게!"

"우리 기다릴게, 꼭 돌아와!"

시민들이 만든 '촛불글자'가 멀리까지 환하게 빛을 발한다. '실종자 무사 귀환'을 염원하는 '촛불문화제'가 충북 청주시 성안길 입구에서 열렸다.

"그래! 우리 국민들은 기다린다."

우리는 차갑고 깊은 바닷물 속에서, 흑암에 둘러싸여 묻혀가는 이들이 그 죽음의 장벽을 뚫고 나와, 우리에게로 다시 다가와 주기를 고대하면서 기다리고 있다!

"기다릴게-"

갓 피어난 꽃망울 같은 꿈을 지닌 소녀들,

푸른 나무가지처럼 강렬히 돋아나 꿈을 꾸던 소년들,

우리가 몹시 그리워하는 사람들!

이들이 사망의 늪에서 머리를 들고 헤치고 나와,

육지로 다시 돌아오기를 기다린다.

"그래! 우리는 정말로 차가운 물속에 가라앉은 사랑하는 이들이 다시 살아서 돌아오기를 두손 모아 기다린다!"

우리는 기다린다. 끝없는 기다림이다. 한없이- 기다린다 ….

"기다릴게!"

학생, 직장인, 주민 100여 명이 충북 시민사회단체 연대회의가 준비한 '문화제'에 모여 촛불로 어두운 밤을 밝힌다.

"학교에서 수업받고 있어야 할 친구들이 춥고 어두운 바다에 갇혀 얼마나 무섭겠어요?

상상조차 할 수 없어요."

촛불을 밝힌 윤아가 말했다.

"실종된 사람들이 부디 무사히 돌아와 주기를 기도드리고 있어요."

어두움 속에서 촛불을 든 한 주민이 말한다.

"우리가 지켜주지 못해 미안하다."

"핑계만 가득한 어른이 되지 않겠다."

"쪽지만 쓰고 있어 미안해요."

애타는 마음을 담은 글귀들이 게시판을 메운다.

초등학생의 손목을 잡고 참석한 어머니는 눈물을 흘리며 아이 손을 꼭 쥐었다. 대학생 아들을 둔 어느 아버지는 시민들이 남긴 글들을 읽어 본다. 그는 눈물을 머금고 한동안 말을 잇지 못했다. 모인 사람들은 어둠 속에 촛불을 밝히면서 눈시울을 뜨겁게 적셨다.

"기다릴게!"

"친구들, 꼭 꼭 꼭- 돌아와..."

임시 '합동분향소'가 마련된 올림픽기념관에서 고대 안산병원까지 추모 행렬이 길게 줄을 이었다. 그래서 도로가 혼잡하므로 이 혼잡을 막기 위해 고잔초등학교가 운동장을 개방했다. 추모객들의 행렬이 끊임없이 이어진다.

가족들의 슬픔을 위로하려고 박근혜 정부가 '17개 광역시와 도청 소재지'에 세월호 참사 '합동분향소'를 설치하는데 28일부터 각 지역 주민이 방문해 분향할 수 있다. 안행부가 국무총리 주재로 관계 장관 회의를 열어, 분향소 전국 확대 설치를 결정함으로써 설치된 것, 안행부는 각 시도에 지역단위 '합동분향소'를 설치하는 공문을 보냈다.

시민들은 임시 합동분향소에서 분향하고 추모글을 남긴다. 이 곳의 운영은 안산 지역 '합동영결식' 당일까지 지속된다. 이 분향소는 17개 시·도청의 청사 내에 한 곳씩 설치되었는데, 불가피한 경우 근처 공공기관의 실내 공간도 활용할 수 있다.

슬퍼하는 국민들은 각 시 도 지역 단위로 설치된 합동분향소를 찾아갔다. 그들은 분향소에서 엄숙하고 경건하게 희생자를 추모했다. 분향소에는 관계 공무원 등이 근무하면서 적극 지원한다.

귀여운 5살 꼬마 권서연 양이 아빠 손을 잡고 흔들며 집을 나섰다. 아빠와 함께 경남 창원시 의창구 용지동 주민센터로 찾아왔다. 꼬마는 노란 리본이 묶인 묵직한 '돼지저금통'을 들고 들어왔다. 저금통에는 동전이 가득한데, 꼬마 서연은 세월호 사고로 희생된 언니와 오빠를 돕기 위해 저금통에 든 9만 5천 원을 전달한다. 메모지에 삐뚤빼뚤 글을 쓴다.

"언니 오빠들 힘내세요!"

사고 당한 언니와 오빠, 그 가족들을 도우려고 아빠와 함께 와서 저금통을 기탁 하였다. 주민센터는 이 기부금을 경남 사회복지 '공동모금회'에 전달하기로 결정했다.

피해자들을 돕는 성금이 전국에서 답지한다. 국민들은 피해자 가족들을 위로하면서 함께 슬픔과 아픔을 나눈다. 호수에 육중한 돌이 떨어져 물결이 번져 나가듯 세월호 비극의 아픈 파장이 온 땅으로 번진다.

▎미국 대통령의 목련 기증

"미국이 느끼는 깊은 연민을 전달합니다."

미국 대통령이 슬픈 표정으로 말했다.

세월호 비극의 파장이 대한민국 뿐 아닌 전세계 나라들로 번진다.

미국 언론(CNN)도 이 사건을 집중 보도하였다. 침몰 사고의 정황과 자료를 분석하면서 이 참사에 세심한 관심을 보여 주었다.

이 비애의 시기에 미국 버락 후세인 오바마(Barack Hussein Obama) 대통령이 한국을 방문했다. 대통령은 평소와 달리 검은색 양복을 입었다. 애도를 표시하는 검은색 양복에 남색 줄무늬 넥타이 차림의 미국 대통령은 평소처럼 미소를 띠거나 웃지도 않고 엄숙한 표정을 지었다. 수행원들도 검은색 옷을 입고 근엄한 표정으로 조의를 표하였다.

2014년 4월 25일

청와대에서 '한미 정상회담'이 열렸다. 오바마 대통령은 슬픔을 표시했다.

"한국의 동맹국으로서, 친구로서 세월호 참사로 인해 큰 희생자와 사망자가 생긴 것에 대하여 깊은 슬픔을 느낍니다."

그는 정부보다도 엄숙하며 더 적극적으로 회담에 앞서 묵념을 제안하였다.

"정상회담에 앞서 우리 다같이 세월호 희생자들을 생각하면서 잠시 묵념을 하겠습니다."

청와대에서는 한-미 정상회담에 앞서 세월호 참사 희생자들을 기리는 묵념 시간을 가졌다. 두 정상과 참모진들은 30초 동안 고개 숙이고 희생자들을 추모하였다. 미국 대통령은 '위로의 마음'을 담은 '징표'로 세월호 참사일인 4월 16일 백악관에 게양됐던 '성조기'를 박근혜 대통령에게 건네었다. 단원고등학교에는 백악관의 '목련 묘목'을 전달하였다.

4월에 활짝 피어나는 눈부시게 화려한 목련꽃!

'목련꽃 그늘 아래서'를 노래 부르듯 향기 은은하고 희망을 불러 일으키는 이 꽃은 백악관 뜰에 환상적으로 퍼져 있다. 이 아름다운 목련 묘목에는 오랜 세월의 사연이 담겼다.

백악관에 목련을 처음 들여온 이는 미국 7대 대통령 앤드루 잭슨(1829. 3~ 1837. 3)이다. 그는 매우 어질고 성실한 남편이었다.

사랑하는 아내가 먼저 세상을 떠났다. 그에게 세상이 온통 어두워지면서 슬픔이 물밀듯 밀려들었다. 온 세상이 텅빈 그림자로 다가온다. 아내가 없는 세상은 몹시 추운 겨울이다. 사랑하는 이의 모습을 볼 수 없고 그 음성을 이제 들을 수도 없다. 사랑하는 아내와의 이별이 주는 아픔이 마디마디 저려온다.

대통령은 먼저 하늘나라에 간 아내를 몹시 그리워하면서 이전 집에서 아내와 함께 바라보던 목련을 가져와서 백악관에 옮겨심었다. 목련꽃이 피면 아내와 함께 바라보던 그 시절로 되돌아가 아내와 함께있는 듯 느끼면서 흠뻑 향기를 마시며 꽃을 바라본다.

"아내가 목련꽃을 무척 좋아했는데 …."

사랑하는 아내가 너무 그립다. 대통령은 아내가 보고 싶을 때면 목련나무 곁을 돌면서 사색에 잠겨 산책하며 아내와 함께 보낸 시간을 떠올린다.

그 이후 목련은 사랑하는 이를 잃은 사람에 대한 '위로'와 봄마다 다시 피어나는 '부활'의 뜻을 담게 되었다. 그 당시 목련은 백악관 남쪽 잔디밭에 심겨졌으며 '잭슨 목련'으로 불렸다.

"이 목련은 '아름다움'을 뜻하고, 봄마다 새로피는 '부활'을 의미합니다. 그 모든 학생들과 의미가 같습니다. 이 목련을 통해 가족과 사랑하는 이들을 잃은 분들에게 미국이 느끼는 깊은 연민을 전달하고자 합니다."

미국 대통령은 위로를 표시하면서 '목련 묘목'과 함께 단원고등학교에 '메시지'도 전달하였다.

2014년 4월 16일 세월호 사고로 목숨을 잃은 수백 명의 학생들과 선생님들을 애도하면서 희생된 학생들 대다수가 공부하던 단원고등학교에 백악관의 목련 묘목을 드립니다. 이 목련 묘목으로 이번 비극으로 인해 가족과 사랑하는 사람을 잃은 분들에게 미국이 느끼는 깊은 연민을 전달하고자 합니다.

미국 대통령은 또한 미국 국민을 대표해 '성조기'를 우리 대통령과 국민에게 전달하였다. 정상회담 뒤 '대한제국 국새' 등 '문화재 9점'을 우리나라에 돌려주는 행사도 열렸다. 이 행사에서 미 대통령은 말했다.

한국전 당시 한국의 인장과 옥새를 미국 해병대 병사가 가지고 돌아갔는데, 그 병사가 아마 문화재의 역사적 중요성을 몰랐던 것 같습니다. 나중에 미망인이 중요성을 깨닫고 돌려주겠다는 의사를 밝혔지요. 이것은 미국이 한국과 한국 국민을 존경한다는 의미이기도 합니다.

북한이 돌발적으로 남한을 침공한 6.25 전쟁 때 참전해 얼굴도 잘 모르는 우리 민족과 우리나라를 위해 미국의 젊은이들을 희생시키면서까지 우리나라를 구해준 우방국 미국, 고마운 미국의 세심한 관심과 배려에 다시금 뜨거운 온정과 감사를 느끼게 된다.

미국 대통령이 전해준 백악관의 목련 묘목은 실의에 빠진 단원고등학교에 전달되어 교정에 정성스럽게 심겼다.

"어제 저녁 외교부에서 미국 측으로부터 받아 보관한 '잭슨 목련 묘목'이 오늘 오후 3시쯤 단원고 측에 전달되었습니다. 단원고등학교는 사람들이 잘 볼 수 있는 학교 정문 부근에 목련 묘목을 심었습니다."

청와대 대변인이 브리핑에서 밝혔다. 단원고등학교는 이 목련이 전달된 의미를 담은 푯말도 설치하였다.

단원고야, 슬픔을 딛고 일어나라!
교장 선생님, 선생님, 학생 여러분, 학부모님,
이제 모두 절망과 아픔을 딛고
목련꽃처럼 아름답게 활짝 피어 부활하소서!

▍진정 구조할 수 없었더냐?

"왜, 배에 들어가지 않나요?"
"왜 배에 진작 들어가 아이를 구해주지 않았습니까?"

슬픔과 노여움이 산같은 파도되어 일어난다.

아이들이 죽어가는 위기에서 구조 작업 없는 현장을 목격하였다. 솟구치는 억울함과 분노로 절규하는 부모들, 부모들의 그 고통과 울분이 시간이 흐를수록 더해간다.

"살려줘요, 죽기 싫어요!"
"엄마, 살고 싶어요. 너무 무서워 … 구해 주세요!"

생존자들이 소리치고 애원한다. 하지만 아무도 그들을 구조하러 가까이 가지 않는다. 생존자들을 구조하려 다가 가지 않는다.

사방이 섬으로 에워쌓인 국립 다도해 해상공원, 그 바다 위에서, 수심도 깊지 않은 그곳, 거기에서, 진정 구조 할 수 없었더란 말이냐?
"거기서 정말로, 그처럼 구조를 할 수 없었던가?"
해경과 해군, 진실을 말해보라!
"구조 할 가능성은 처음부터 전혀 없었는가요?"
"정말로 국립공원 다도해 해상 수심 30미터 정도에서 한 명도, 단 한 명도 구조 할 수 없었습니까?"
그날 대형 여객선 세월호는 왜 하필 그 장소에서 침몰해야 했을까?
거기서, 왜 생존자 구조를 '즉시' 개시하지 않았는가?
왜 구조를 계속 지연시키기만 했단 말이냐?
어찌하여 구조의 황금시간을 허비해야 했단 말인가?
그날, 침몰한 선박 안에서 아이들이 "살려달라!"고 육지로 메시지를 보내오며 애원하는데, 왜 해경과 해군은 귀를 꽉 틀어막고 구조 할 시도조차 하지 않았단 말이더냐?
왜, 왜요?
"살려달라!" 애원하는 생존자들을 그처럼 냉혹하게 외면했는가?
어찌하여 배 안에는 처음부터 들어갈 생각조차도 하지 않았더냐?
왜 미군 함정이 세월호에 접근하여 구조하지 못하도록 먼 해역으로 밀어냈는가?
왜, 배 안에 사람들이 살아 있는데도, 배 밖의 바닷물만 열심히 수색하면서, 생존자들이 다 죽도록 만들었는가?
왜, 왜? 왜-?
세월호는 일본에서 수명이 다해 운항 정지된 고선이다. 그 폐선을 구입해다 수리 확장해 운항시켰다. 그러므로 불안정한 위험요소들이 내제한다.
배 자체가 안정적이지 못한데, 선사는 배의 운영과 관리마저 꼼꼼하게 제대로 하지 않은 것으로 드러났다. 그날 배를 책임지고 운항시킨 선장과 선원들의 구성도 비정상이다. 세월호는 노후한 선박이므로 고장날 우려가 항상 있다. 그리고 기계 조작과 실수, 인위적 기계 조작, 또는 다른 어떤 사고 유발의 가능성들도 있다.

그런데 왜 구조 작업은 그처럼 무질서하고, 시간만 때우려 했는가?

구조 작업의 문제점들과 허점들이 여실히 보였다.

"왜, 다도해 해상에서 해경과 해군은 단 한 명의 생존자도 구출해 내지 못하고 침몰한 선체 내에서 모두 죽도록 버려두었을까?"

왜 생존자들을 배 밖으로 데리고 나와 구출하려는 노력 그 자체를 처음부터 3일 동안 전혀 하지 않았나?

"왜 해경과 해군은 생존자들이 '살려달라' 애원하는데, 철저히 외면했습니까?"

"도대체 수심 30미터 정도 바닷물에서 생존자를 배 밖으로 구출해 내지 않는 것, 그런 일이 일어나도 괜찮은 건가요?

그런 일은 일어나서는 안되는 것이오. 일어날 수 없는 일 아닙니까?"

정상적인 사고로는 도무지 이해할 수 없는 너무 어이없는 비극이 일어났다.

기관, 기업, 단체, 돈에 눈먼 자들이 부와 이익만을 계산하면서 생존자 구조는 아예 망각해 버렸는가?

처음부터 '생존자 구조'는 아예 제외시켰는가?

사람 목숨보다 오로지 돈, 돈, 돈버는 방식에 관심을 집중시켰나?

이에 더하여 행여 누군가 선박 안에 무언가를 감추기 위해 배 안으로 들어가지 못하도록 조치했을까?

해경, 해군, 구조업체, 잠수사들 간에 생존자 구조를 하기 위해 상호 연결되고 결속하는 아름다운 모습을 보여 주지 않았다. 해경, 언딘, 잠수사 사이 갈등이 생기고 민간 잠수사들은 현장을 떠났다. 침몰 사고를 대하는 상부 지도자들의 허술한 판단력과 안일한 사고 방식, 무책임한 일처리로 더욱 위기가 악화 되었을까?

사고 현장 담당자들의 용기 부족 , 사명감과 소신 부족 등이 구조를 더욱 지연시켰는가?

눈치를 살피면서 최선을 다하지 않는 자들, 그저 윗사람의 지시에 의존해 스스로의 창의력과 책임성을 저버린 자들도 문제였을까?

집단의 이기심도 문제였던가?

생존자들을 무시하는 그들은 인간 생명을 구해내는 것보다 더 중요한 무엇이 있다고 간주했는가?

그들에게는 사람 아닌, 돈, 돈이 최고인가?

거기에 무언가 우리가 파고 들 수 없는 사연들도 숨겨 있을까? …

"왜, 배 안으로 안 들어가요?"

"생존자를 구조 할려면 속히 배 안으로 들어가야지요."

참사 현장에서 적나라하게 보여 준 장면들이 떠오른다.

그것이 정말로 대한민국 해경과 해군의 진짜 실력이었을까?

수심 30미터 정도의 바닷물 속도 뛰어 들지 못할 정도의 '나약함', '미숙함', '용기 없음' 말이다. 수심 30미터 정도에 가라앉은 대형 여객선 안에 들어가 304명의 생존자들을 전혀 구출해 낼 수 없다는 무능력과 허약함과 비겁함.

잠수사와 특공대들을 배 안으로 들여보내 오랜 시간 구조하도록 지원할 장비, 구조함, 잠수정 등도 전혀 없는 걸까?

평택함은 왜 사용되지 않았는가?

이것이 선진국임을 자랑하는 대한민국 해경과 해군의 시설이고 장비인가?

이것이 그처럼 용감하다는 그래서 국가와 국민을 안전하게 지킨다는 대한민국 해경과 해군, 특공대의 본래 모습이던가?

그들은 인간 생명을 구조하기 위해 수심 30미터 정도의 바닷물에서 '침몰'하거나 '침몰' 중인 선박 안으로 '결코' 들어가지 않는다! 그리고 해경과 해군은 잠수사나 특공대들이 구조 작업을 할 수 있도록 도울 적절한 잠수정 또는 유사한 장비 등도 전혀 없다.

어떤 방법들을 동원해서도, 세월호 창문을 깨뜨려서라도, 어찌하든 배 안으로 들어가, 죽어가는 생존자를 한 명이라도 더 구조하려는 시도를 그처럼 전혀 할 수 없었다는 말인가?

그것이 우리나라와 국민을 안전하게 지킨다는 해경과 해군의 본래 모습일 수 있을까.

"하루 지나가고 이틀이 지나 또 사흘이 지나도록- 배 안에서 '살려달라' 아우성치는 생존자들을 구조하러 결코 수심 30미터 정도 물속으로 뛰어들지 않는다!"

바닷물 속에서 생존자들이 아우성치며 지금 죽어가도- 바닷물 위에서 하루, 이틀, 사흘, 그냥 단정으로 주변을 빙빙 돌면서 돛단배 놀이하며 즐기는 것이 최선의 구조다.

사고 현장에서 좀 떨어진 곳에 큰 배를 세워 놓고, 작은 단정으로 물속 아닌, 물위를 그냥 여유있게 서서히 맴도는 것이 최고의 '구조 방식'이다. 물위, 물위, 물위가... 바다속 보다 또한 침몰한 배 안으로 들어가는 것보다 훨씬 더 안전하기 때문이다.

그럴 수 있는가?

"세월호에 갇힌 생존자들은 구조대가 배 안으로 들어가 구조하지 않아도, 아마 그들 스스로 배 밖으로 나와 헤엄쳐 보트에 올라올 것이다."

"그때를 기다리자. 생존자들은 그들 스스로의 힘으로 배를 탈출해 바닷물 위에 거뜬히 올라올 것이니, 그런 사람들만을 그냥 배 위에 '올려 태우는 것', 그것이 최선의 '구조 방법'이다."

"살려 주세요!"

"어둡고 무서워요, 숨이 막혀- 살려줘!"

바닷물 위에서 여유있게 맴돌기만 하는 구조대가 속히 배 안으로 들어와 '구조해 달라'고 생존자들이 몸부림치며 애원하고 소리친다. 하지만 해경과 해군은 귀를 꽉 틀어 막았다. 한없이 망설이고, 또 망설이며, 그냥 가만히 있기만 한다.

"물속으로는 결코 들어가지 말자! 함부로 잘못 시도하거나 잘못 건드리면 상황이 더욱 악화된다."

"'그들을 그냥 물속에 그대로 두자', 그것이 더욱 안전하며 최상의 구조다."
해경과 해군, 기관과 업체가 '해난 구조'에 정말로 전문성 있는가?
천안함 사건 때도 실종자 중 단 한 명의 생존자도 구하지 못했단다. 세월호 참사에도 첫날 초동구조를 제하면 3일이 지나도록 다도해 해상 침수하는 배 안에서 단 한 명의 생존자도 구출해 내지 못했다. 이런 어이없는 사태에 국민들은 큰 충격을 받는다.
생존자를 어찌하든 구출해 내려는 노력이나 시도 그 자체를 아예 하지 않는다.
"왜 일까? 왜 그럴까-"
"왜 그처럼 구조하려는 시도 자체를 안 할까?"
그들은 3일 동안 배 안으로 들어가지는 않고 배 밖에서 생존자 없는 바닷물만 열심히 탐색하며 수색한다.
만일 고위관직이 그 안에 갇혀 있다면, 그래도 배 안으로 들어가지 않고 바닷물만 맴돌고 열심히 수색하면서 시간을 끌까?
원통하고 가슴 아픈 시기에 청와대 대변인이 진지하게 해명을 내보냈다.
"청와대 국가안보실은 재난과 관련한 분야의 '컨트롤타워'가 아닙니다."
국민의 생명이 풍전등화보다 더한 위기 속에 놓여 304명의 생존자가 죽어가고 있는데, '청와대는 재난의 컨트롤타워가 아니다'라는 입장을 자칫 오해스럽게 내놓았다.
과연 그 누구가 나서 죽어가는 304명의 국민들을 구조 할 것인가?
"무서워요, 살려줘!"
"죽기 싫어요. 제발 살려주오!"
비명과 고함소리가 여전히 온 바다를 진동시킨다. 그리고 온 세상을 뒤흔들면서 하늘 공간 위로 높이 치솟아 올라가며 퍼진다.
"아! 그 누가 진정 나서서 그들을 구조해줄 것인가?"
피해자 유가족들이 2014년 5월 9일에 세월호 '침몰 이후 7시간' 동영상을 공개하였다.

"이것이 4월 16일 오후 6시 38분 세월호가 가라 앉았을 당시 동영상입니다."
학생들의 휴대전화에서 복구한 동영상 5개 중 하나다. 영상 속에서 울먹이는 소리가 들린다.
"구조해 달라",
"무서워",
"엄마! 보고 싶어",
"살려줘!",
"구해 줘요!",
"아, 나 죽기 싫어. 살고 싶어-"
단원고 학생들이 침몰한 배 안에서 울면서 소리지르고 있다. 사망자와 실종자 가족들은 또 다시 오열을 터뜨린다.
"아침에 사고가 났는데도 저녁 때까지 한밤중 까지도, 해경이나 해군에서 한 사람도 잠수를 안했다.
이럴 수 있나- 이럴 수 있느냐고?"
이러한 무책임한 행동들에 모두 격앙한다. 국민들의 분노가 하늘을 찌른다.
"도대체 이 나라는 누구를 위한 나라입니까?"

박 대통령의 해양 경찰 해체

"고심 끝에, 해경을 해체하기로 결론을 내렸습니다."
박근혜 대통령은 고뇌어린 표정으로 선언한다.

잔잔한 바다 위에서 작은 배들이 유유히 떠다니고 있다.
호수처럼 맑고 고요한 바다 위에서 돛단배 놀이를 한다. 그들은 한가롭게 다니는 나그네처럼, 단정을 타고 한가로이 맴돌았다. 그들은 죽어가는 생존자들을 구조하지 않았다. 구조 작업은 첫날부터 관심 밖의 일이다. 그들이 유유자적하게 배 위에서 여유를 누리는 동안, 그들이 탄 배 아래서 생존자들이 비명지른다.

"살려줘!"

하지만 구조는 오늘도 내일도 시급하지 않다. 그들이 그처럼 넉넉한 여유를 보이기에, 그처럼 구조자는 단 한 명도 없다!

가족들과 국민들의 불신이 쌓일대로 쌓였다.

해경과 해군, 언딘, 정부 기관의 모든 구조 작업을 믿지 못할 지경에 이르렀다. 해경과 언딘의 구조 작업에 불만이 컸다. 이제껏 보여 준 미심쩍은 구조 행위들, 이런 정황들을 목격한 증인들과 언론들의 보도를 통해, 해경과 언딘, 해군, 정부를 향한 국민들의 불신은 점점 깊어지면서 극에 달했다.

2014년 5월 19일!

우리나라에 참으로 엄중하고 종잡을 수 없는 일이 선포되었다.

박근혜 대통령의 담화발표가 있었다. 청천벽력 같은 선포가 떨어진다. 국민들 그 누구도 예상치 못한 일이다. 박 대통령은 서두를 열었다.

"이번 세월호 참사에서 해경은 본연의 임무를 다하지 못했습니다. 사고 직후 즉각적이고 보다 적극적으로 인명구조 활동을 펼쳤다면, 인명 희생을 크게 줄일 수도 있었을 것입니다."

대통령은 상당히 바른 지적을 했다. 가족들의 원통함을 이해하셨다.

대통령의 비판은 구조 작업 전반에 대한 것이지만 그 속에는 항공구조대도 포함되는 말처럼 들린다. 또는 그 이상을 넘어 해경 전체의 즉각적 대응을 가리켰을 것이다. 목포해경 소속 항공구조팀장 박훈식 경위, 그는 참사가 발생한 첫날 온갖 위험을 무릅쓰고 가장 먼저 세월호 선체에 내려갔다. 위험을 감수하고 목숨 걸고 승객을 구조해내었다.

대통령의 담화에는 세월호 사고 발생 최초기 해경 함정과 헬기 구조사들이 목숨 걸고 한 구조 작업에 관한 언급이 빠졌다. 그래서 대통령의 담화는 마치 모든 해경이 인명구조 활동을 전혀 하지 못했다는 말처럼 들리기도 한다.

"그러므로 해경의 구조 업무가 사실상 '실패한 것'입니다."

맞는 말이다. 선박 침몰 이후 해경의 구조 업무가 믿기지 않을 정도로 빈약해 생존자들이 물속에서 죽어야 했다. 그말을 듣는 박 경위는 움찔한다. 자신의 생명바쳐 인명구조에 혼신을 쏟은 그는 조심스럽게 귀 기울인다.

"아, 우리는 목숨 걸고 침몰하는 배 안으로 들어가, 생존자들을 구조해 냈는데, 한마디 언급 없나."

침몰 최초기 목숨 걸고 배 안에 들어가 승객을 구조한 해경과 구조사들에게 격려 말이 아직 없다.

대통령이 격려 말을 할 것인가?

"우리들은 정말 목숨 바쳐 많은 사람을 구출했는데…."

대통령이 사고 최초기에 해경 함정, 해경 헬기 구조사들의 희생적인 구조 활동을 잠깐 언급할 것인가?

그런데 그게 아니다. 더 큰 충격파가 그를 때린다. 아니 전체 해경을 강타했고, 나아가 전 국민을 놀라게 했다. 대통령의 '돌발적인 선언'이 터진다.

"그래서 고심 끝에 해경을 해체하기로 결론을 내렸습니다."

박 대통령은 엄숙하고 결연하게 "해경 해체"를 선언한다.

세상이 핑그르르 돈다.

박근혜 대통령의 이 갑작스러운 발표에 국민들은 놀랐다. 해경 항공구조팀장 박 경위, 사투를 벌이면서 초기 구조 작업을 성공적으로 수행한 해경구조사들, 해경함정, 그들은 모두 귀를 의심한다.

"어! 무슨 말이야, 뭐, 뭐, 뭐라고?"

"해-해경을 … 해경을 해, 해체한다고?"

"무슨 말이야, 왜 해경을 해체해?"

"설마, 아니지. 그럴 리 없다."

"우리는 목숨 걸고 침몰하는 배 안으로 들어가 승객들을 구출했다."
"그런데 왜 해경을, 우리를 해체해?"
아마 잘못 들었을지 모른다. 그들은 의심하면서 어안이 벙벙하다.
그런데 여러 차례 확인해도 잘못들은 게 아니다. 사실이다.
"그래서 고심 끝에 해경을 해체하기로 결론을 내렸습니다."
'해경 해체'가 순식간에 나왔다. 생존자들의 어이없는 죽음에 크게 분노한 박 대통령이 구조 실패의 총체적 책임을 물으면서 해경 전체를 해체한다고 엄격히 선언하였다. 국민이 크게 분노하는데, 대통령도 당연히 크게 분노한다. 결국, 해경의 전반적 '구조 실패'에 대한 절망과 분노가 대통령에게 '해경 해체'를 선언하도록 이끌었다. 국민의 분노가 하늘을 찌르는데, 대통령도 분노가 솟구친다. 해경의 수중 구조는 대실패다. 단 한 명도 구조하지 못했다.

사고 최초기에 물에 잠긴 배 안으로 목숨 걸고 들어가 승객들을 구조한 '용감한 해경들'이 있다. 하지만 침몰 이후 수중 구조는 믿기 어려울 정도로 엉망이다.

그 많은 생존자 중 단 한 명도 구조해 내지 않았으니, 이런 상황을 도대체 어떻게 설명하랴?

국민의 분노가 폭발하자 대통령도 분노한다. 도저히 있을 수 없는 일이 일어나다니. 너무 큰 분노로 해경 전체가 무 토막처럼 잘렸다.

그런데 질문이 생긴다.
"해경 중 어떤 이들이 총체적 구조 실패에 주된 책임이 있는가?"
가장 초기에 승객 172명이 구조되었다.
"어떤 이들이 승객 구조에 공을 세웠는가?"
이제 '해경 해체' 이슈가 등장해 급박해졌다.
세월호 침몰 이후 해경과 해군이 보여 준 행위는 상상을 초월할 무능력과 무관심이다. 그런데도 침몰 최초기에 달려온 해경들, 해경 구조사들은 매우 용감했다. 목숨 걸고 물에 잠기는 배 안으로 들어가 승객들을 구출해 내었다!

박 경위는 동료들에게 미안하다.

"우리 해경 구조단 모두는 생명 바쳐 사람을 구조했다. 물속에 침몰하는 세월호 안에 들어가 죽음을 무릅쓰고 구조해 내었다."

"해체라니, 아니, 왜 우리를 해체해?

상을 주지 못할망정 왜 우리를 처벌하나."

"그래, 우리는 해경으로서 극심한 위험을 무릅쓰고 죽음을 각오하고, 사람들을 구조해 내었다. 그런데 해체라니?"

박 경위와 해경 구조대원들은 '해경 해체'가 너무 불공평하다고 생각한다.

박 경위는 '해병대 부사관'을 거쳐 '해경특공대'로 '바다를 지킨다'는 자부심을 지니고 살았다. 사명감에 불타는 그는 죽음 직전에 놓인 많은 사람을 구조했다.

'위기에 빠진 사람'을 구하는 일은 '목숨을 건 사투'지만, 언어로 표현 못 할 얼마나 소중한 일인가!

그는 뿌듯한 사명감으로 최선을 다해 왔다. 사랑하는 아내는 병으로 이 세상을 떠났다. 아내 역시 남편이 해경으로 바다를 지키는 일을 매우 자랑스럽게 여겼다.

"얼마나 많은 사람을 구조했던가!

내 목숨 위험을 무릅쓰고, 무수히 많은 사람을 구해 주었지. 내 삶에 죄 안 짓고, 위기에 처한 사람들을 살렸다고-"

그는 허공을 향해 독백하면서 불공평한 세상에 항의한다.

"내 생명 드려 사람을 구출했다. 우리 구조대원들 모두 그렇다."

사고 최초기에 목숨 걸고 배 안으로 들어가 사람들을 구조해낸 해경 함정과 해경 헬기 구조대원들은 슬프고 억울하다. 대통령의 분노한 해경 해체 선언에 온 국민들이 놀란다.

잠수사의 비밀서약

하늘에 태양과 구름이 떠있다.

구름은 태양의 열을 받아 우유빛처럼 퍼지거나 황금빛으로 변해 하늘에 찬란한 광채를 펼쳐 보인다. 그 하늘에서 때로 태양이 사라지고 구름이 먹물처럼 캄캄해지면서 차가운 빗물이 쏟아져 내리기도 한다.

검은 구름이 세상을 에워싸며 굵은 빗줄기를 세차게 떨구듯, 우리를 어둡게 하는 이야기들이 연속적으로 밀려와 큰 비애의 눈물을 떨군다. 실종자 수색에 암울한 구름이 밀려든다.

배가 침몰한 이후 수중 구조 작업이 없었다. 사고 발생 첫날부터 생존자를 구하러 물속으로 뛰어들어 선체 내로 들어가고 싶어 한 민간 잠수사, 그들은 창문이라도 깨고 들어가 생존자를 구조하겠다고 적극적으로 나섰다. 하지만 해경은 반대했다. 해경의 그런 반대에도 불구하고 생존자를 구조하러 배 안으로 들어가고 싶어 한 민간 잠수부들, 그런데 해경이 그들에게 '비밀서약'을 받았단다.

세월호 침몰 이후 마냥 '지연되는' 구조 작업에 의아심이 생겼다.

"도대체 왜 그리 구조 작업이 더딜까?"

일반상식으로 도저히 이해할 수 없는 일이다.

물에 빠져 죽어가는 사람은 '다급히 건져내는 것'은 상식이기 때문이다.

침몰 첫날부터 '구조' 아닌 '인양'이 목적이었다는 이야기가 나돈다.

"인양이 목적이라고?

아! 그래서 구조하지 않았구먼. 사람이 죽어가는데 구조는 하지 않고 인양할 생각만 했나?"

승객을 '구조'해야 한다는 초점이 처음부터 없다. 바람에 뿔뿔이 흩어지는 연기처럼 중점 없는 수색이 여기저기 행해진다. 침몰 초기부터 생존자 구조에는 관심이 전혀 없었다. 민간 잠수사 신동호 씨가 JTBC와 인터뷰(2014. 6. 11)에서 전한다.

"지난 5월 16일 사고 현장에 투입될 때 그 이전에 언딘 바지선에서 비밀서약을 작성해야 했습니다."

잠수사들에게 강요한 비밀서약이다.

"세월호 수색 과정에 일어난 일을 발설할 때 5년 동안 민형사상의 책임을 져야 한다는 것입니다."

세월호 수색 과정에 있는 모든 일이 비밀로 유지되며 어떤 내용도 말하면 안 된다. 모든 일을 비밀로 하며 부적절한 일, 억울한 일도 이야기할 수 없는 함구령이다.

함께 있던 잠수사 8명, 다른 잠수사들도 썼다. 해경이 서약을 받았다. 언딘 바지선에서 썼으며 언딘 측도 안다.

"그 당시는 구조하려는 생각에 가득 차 경황없이 사인했지요. 그런데 지금 돌이켜 보니 현장에서 이뤄지는 해경의 무능, 우리가 알 수 없는 어떤 이해관계 등 때문에 함구하라는 것 같습니다."

그는 분노한다. 각서를 되돌려 받으러 진도로 내려갔다. 범정부사고대책본부 상황실에 가서 청구했다.

"지난번에 제출한 각서 돌려주십시오."

"각서요?

잘 모르겠는데요. 그런 것이 있었나요?"

담당자가 물었다.

"각서를 제출했는데, 모르시다니요."

"그래요?

한 번 찾아보지요."

담당자는 알아보겠다고 대답한다. 신동호 잠수사가 각서를 돌려달라며 울분을 터뜨린 데는 이유가 있다.

"민간 잠수사 이민섭 씨가 사망했습니다. 잠수사가 두 번째로 사망했어요. 사람이 죽었다고요. 그런데 사람이 죽었는데도 이 사건을 수사하지 않는 것 같아요."

그는 계속 말한다.

"이 사건은 명백하게 과실치사라고요! 안전장치를 하지 않고, 안전준비를 하지 않고, 절단하는 바람에, 가스가 고여 폭발한 사건입니다. 그래서 각서 쓴 사실을 공개하게 된 이유입니다."

잠수사가 두 번째로 죽었다.

당연히 진상을 상세히 조사해야 했건만, 사람이 죽었는데도, 사건을 제대로 수사하지 않는 것이 매우 못마땅하다.

도대체 그들은 '한 사람의 생명'을 어느 정도로 간주하나?

죽은 사람이 '내 가족'이 아니라 조사 안 하는가?

각서를 폭로한 잠수사는 동료 잠수사의 죽음에 분개한다.

"'인간 생명'을 보호하고 지켜야 해요.

이 세상에 무엇이 사람 목숨보다 귀하단 말입니까?

사람 목숨보다 더 귀한 것은 없어요. '인간 생명'을 보호하고 지키는 것이 어떤 작업에도 기본입니다."

그는 강조한다.

"제가 여기 와서 수색하고, 일련의 돌아가는 과정들과 해경들이 하는 행동들을 보았을 때 저는 나름대로 생각해요. 인양에 목적이 있었던 거다. 애초부터 '생존자 구조'나 실종자 수색은 전혀 뒷전이었습니다."

신동호 잠수사는 분통을 터뜨렸다.

"사람의 목숨을 대수롭지 않게 여기는 그들에게 화가 치밀어요. 저 바닷물 속에서 생존자들이 '살려달라' 외치는데, 구조 할 생각이 없어요. 생존자 구조나 실종자 수색은 뒷전입니다."

그는 이어 강조한다.

"사람이 중요해요! 인간 존재가 가장 중요합니다. 생존자를 구조하고 실종자를 수색하는 것이 무엇보다 중요하단 말입니다!"

다시금 외친다.

"사람이 중요해요! 사람의 생명이 무엇보다 가장 중요하다고요. '생존자를 구조하고 실종자를 수색하는 것'이 가장 최우선입니다."

그가 외치는 소리가 바닷물을 진동시키며 하늘 높이 올라간다.

"사람이 중요해요. 인간을 가장 먼저 구조해야 합니다."

그 소리가 메아리 되어 돌아와 온 세상에 퍼진다-

"사람이 중요해요. 사람 생명이 이 세상 무엇보다 가장 중요합니다!"

"사람이 가장 중요해요! 인간 생명 구조가 최우선입니다."

사람이 가장 고귀하고 중요하다. 이 세상에 그리고 온 우주에 사람보다 더 고귀한 피조물은 없다. '하나님의 형상'(image of God)을 지닌 인간은 한 트럭의 금이나 다이아몬드보다도 훨씬 고귀한 존재다.

인간 존재, 인간 생명이 우주에서 가장 고귀하고 소중한 것임이 분명하다. 대 우주의 조그만 행성 지구(the earth) 위에 거주하는 인간은 이 광대한 우주(the universe)에서 가장 으뜸가는 고귀한 존재다.

왜, 인간이 그처럼 고귀할까?

인간, 즉 사람이란 무엇이기에 그처럼 소중한 '으뜸 존재'일까?

우리 인간 모두는 바닷물 속의 물고기나 하늘을 나는 새가 아니다. 또한, 우리 인간은 수풀 사이를 기어다는 뱀이나 산 중에 돌아다니는 사나운 늑대 또는 사자가 아닌, '사람'(human being)이다.

만물 중에 오직 유일하게 '하나님의 형상'(image of God)대로 지음 받은 가장 유독하고, 가장 소중하며, 가장 독특하고, 가장 고귀한 존재다.

우주 만물 중에 가장 으뜸 존재로 하나님이 사람을 창조하셨다. 인간은 모든 피조물 중에 '하나님의 형상'대로 '하나님의 모양'(likeness of God) 대로 하나님이 창조하신 '유일한 존재'이다. '하나님 형상'을 지닌 인간만이 창조주 하나님을 닮아 생각하고 판단하고 새로운 문화와 문명과 역사를 창조하며 이루어 낼 수 있다. 미지의 세계를 향하여 끝없이 탐색하고 연구할 수 있다.

오직 하나님을 닮은 인간이 창조주 하나님께 '예배'하고 기도할 수 있다. 이것은 오직 '인간'만이 갖는 '특권'이다.

인간이 다른 모든 동물과 특별히 구별되는 점은 무엇일까?

다른 모든 동물도 생명을 지니며 귀하다. 그런데 왜 인간만이 가장 으뜸이고 고귀한가?

인간이 개나 고양이와 다르고 그들보다 더 귀한 이유이다.
왜, 인간이 모든 다른 피조물들 위에 있는 으뜸 존재이어야 할까?
그 이유를 말해보라.

> 하나님이 이르시되 우리의 형상을 따라 우리의 모양대로 우리가 사람을 만들고 그들로 바다의 물고기와 하늘의 새와 가축과 온 땅에 기는 모든 것을 다스리게 하자(창 1:26).

창조주 하나님은 우주 만물을 창조하시면서 마지막 날에 사람을 지으셨다. 우주에 '인간'이라는 존재가 처음 등장하게 된다.
인간은 왜, 또한 어떤 모습으로 지구상에 출현했을까?
어떻게 인간 존재가 지구상에 나타날 수 있었나?
우리 사람은 누구인가 … 우리 사람은 개, 돼지, 고양이, 뱀이나 다른 모든 동물과 완연히 구별된다. 사람이 개로 변할 수 없으며, 개가 사람으로 태어날 수도 없다. 사람은 매우 독특하고 구별되는 유독하고 고귀한 존재다.
하나님은 5일 동안 창조하시고 마지막 날 즉 6일째 되는 날, '창조의 클라이맥스'로 바로 '하나님의 형상'을 지니고 '하나님의 모양'을 지닌 사람을 지으신 것이다. 우리 인간은 다른 모든 피조물과는 달리, 창조주를 사모하고 자연 만물과 미지의 영역을 향해 도전하면서 발전한다. 우리는 모든 피조물 중 유일하게 '창조주 하나님'을 높이고 '예배'한다.
이것이 사람이 지닌 '숭고한 차원'이요 '특권'이다. 우리는 예수 믿는 믿음을 통해 '영원한 생명'을 지니게 된다(요한복음 3:16). 이 땅에서 죽어도 다시 살아, 즉 죽음에서 부활하여 '하나님 나라'(kingdom of God)에서 영원히 산다.
이 세상의 삶이 전부가 아니다. 우리는 모두 단지 정해진 '시간 동안'만 이 땅 위에 산다. 그리고 이 땅, 이 세상은 변하고 사라질 것이지만, '하나님 나라'는 영원한 나라다. '하나님 나라' 또는 '천국'은 우리가 이 세상을 떠나게 되면(사람은 누구나 이 세상을 떠난다) 궁극적으로 들어가게 될 '영원한 나라'다. 무한히 신비롭고 아름다운 나라, 거기서 우리는 다시 죽음이 없는 '영원한 삶', 즉 '영생'(eternal life) 을 누리게 된다.

우리가 이 세상에 태어날 때, 하나님의 '창조법', 그 창조법의 일부분인 '자연법' 속에서, 우리 자신도 모르게 지구 위에 존재하게 되었듯, 우리는 또한 하나님의 '창조법' 그 일부인 '초자연 법' 속에서, 우리 자신도 모르게 '하나님 나라'에 영원히 살게 될 것이다. 예수 믿는 믿음을 통해서(요한복음 3:16) 우리는 영원한 생명(영생)을 지닌다. 이 세상 아무도 자신의 생명과 영생의 근원을 마음대로 조절할 수 없으므로, 인간의 '삶'과 '죽음', 죽음 넘어 '영생'의 문제는 전적으로 '창조주 하나님께 속한 전권'이다. 오직 하나님만이 우리에게 영생을 주실 수 있다.

하나님은 '하나님의 형상'(image of God)대로 사람을 창조하셨다. 사람은 하나님이 지으셨기 때문에 존재가 시작되었다. 이 세상에 우연히 생긴 존재는 없다. 모든 존재나 물체는 반드시 존재하도록 유발한 '원인'이 있다. 즉 '존재의 원인'이 있다. 여기 책 한 권이 있음은 우연이 아니다. 누군가 책 한 권이 우연히 만들어져 책상 위에 있다 주장한다면, 그는 터무니없는 주장을 하는 것이다. 여기 책 한 권이 책상 위에 있음은 반드시 그 책을 만들어 여기 갖다 놓은 '사람'이 있기 때문이다.

인간도, 동물도, 식물도 다른 모든 피조물도 마찬가지다. 우리 인간이 지구 위에 있다는 것은 반드시 창조주가 계셔 인간을 만들어서 지구라는 정원 놓아두셨기 때문이다. 모든 존재나 물체는 결코 그들 스스로 존재할 수 없다. '우연히 존재한다'는 진술은 비과학적이며 비논리적이고 일반상식에도 어긋난다. 그러므로 우리는 우주와 지구와 우리 인간을 창조하신 하나님이 계심을 더욱 분명히 확신하고 알 수 있게 된다.

> 창세로부터 그의 보이지 아니하는 것들 곧 그의 영원하신 능력과 신성이 그가 만드신 만물에 분명히 보여 알려졌나니 그러므로 그들이 핑계하지 못할지니라(롬 1:20).

우리가 아름다운 자연을 바라본다면, 로마서의 말씀처럼, 신비롭고 아름다운 자연 만물을 바라보면서, 창조주 하나님의 위대한 솜씨를 느끼지 않을 수 없다. 아름답게 피는 장미꽃 한 그루가 저절로 우연히 거기 생겨났다는 것은 있을 수 없는 일이며, 과학적으로도 전혀 불가능하다. 아주 섬세하고 신비한 생명체들은 사람이든, 식물이든, 동물이든, 산이든, 바다이든, 하늘이든, 우주이든, 창조주 하나님의 놀라운 능력과 솜씨를 분명히 드러내 보여 주고 있다.

우연히 생명체가 탄생하지 않는다. 매우 오묘하고 신기한 인간 존재, 소우주처럼 위대하고 복잡하며 매우 미세하고 섬세하며 생명을 지닌, 신비로운 인간 존재가 우연히 만들어질 수 없다. 원숭이는 만년이 지나도 그 정도의 지능을 지닌 원숭이로 남아 있지 사람이 되지 않는다. 세월이 흐른다고 뱀이 사람으로 바뀌지 않는다. 하나님은 모든 만물과는 구별되게 오직 '인간'만을 '하나님의 형상', '하나님의 모습'을 따라서 창조하셨다.

결국 '하나님 형상'을 지닌 인간을 바라본다면, 하나님이 어떤 분인지를 일면 알 수 있을 것이다. 그 이유는 사람이 '하나님 형상', '하나님 모습'을 지니고 있기 때문이다. 우주 안에서 다른 물체나 생명체와는 달리, '하나님 형상'을 지닌 인간만이 이성과 감성, 지성과 영성을 지니고 새로운 문화와 문명을 일으키면서 높은 수준으로 발전시켜 왔다.

'하나님 형상'을 지닌 인간이 일으킨 인류 역사와 문명의 발전은 참으로 놀랍다. 원시 시대 사람은 도구도 없이 동굴이나, 나무 위, 골짜기, 바위 틈 등에서 바람을 피하면서 살았다. 21세기 오늘날 우리는 고도로 발달한 문명과 문화 속에 살고 있다. 그리고 '하나님 형상'을 지닌 인간을 통해 문화와 문명은 중단없이 계속 발전해 가고 있다. 창조주 하나님이 새로운 창조를 매 순간 일으키시듯, '하나님 형상'을 지닌 인간도 새로운 창조를 계속 이루어내는 것이다.

인간은 각기 모두 우주에서 가장 고귀한 존재다.
'사람 위에 사람 없고, 사람 아래 사람 없다.'
인간은 모두, 가난한 자나 부유한 자나, 하나님 앞에 고귀한 존재로 지음 받았으며, 이 땅 위에 모두 평등하게 태어났다. 인간 생명을 '구조하는 것', 이것이 가장 '긴급 과제'다.

자녀들의 생명이 물속에서 점점 죽어가는 현장을 두 눈으로 보면서 몸부림치는 부모들- 시간이 점점 더 흘러 이제 생명 떠난 차가운 육체로 되돌아온 자녀들의 몸을 껴안고 넋을 잃고 통곡, 또 통곡한다.

생명은 하나님이 주신 가장 고귀한 선물!

"생명이 스스로 만들어질 수 없다."

풍경화가 스스로 그려질 수 있나?

세종대왕 동상이 우연히 거기 서 있을 수 있는가?

어떤 작품이든 그 작품을 그리거나 만든 작가가 있듯, 하나님이 우리 생명을 만드셨다. 하나님이 우리 사람을 만드셨다. 하나님이 우리 자녀에게 생명을 주셨다. 모든 작품에 그것을 만든 제작자가 있듯, 인간 생명을 일으킨 하나님이 계시다.

사람이 스스로 만들어질 수 없음은 너무 자명하지 않은가?

하나님이 사람을 창조하시고 사람에게 '생명'을 주셨다. 그 무엇과 바꿀 수 없는 소중한 생명! 우주보다도 값진 생명! 우리가 생명을 지닌다는 사실, 그것은 우리가 하나님의 한 없는 '축복' 속에 있다는 것이다.

'생명'의 '신비로움'과 생명의 '오묘함' 속에 우리가 있다.

이 신비로움과 고귀함은 다이아몬드와 비교할 수 없는 찬란한 '생명의 광휘'를 발휘한다. 생명이 발하는 그 광휘로움, 그 영롱함, 그 고결함, 그 오묘함과 아름다움과 신비로움이여!

이처럼 고귀한 생명이 바닷물 속에 잠겨 꺾이어지면서 '살려달라' 울부짖고 애원하였다. 침몰한 세월호에 들어가 수색하던 잠수사들이 죽었다. 그런데 그 고통스러운 절규, '살려달라'는 애절한 절규를 외면하는가?

그들이 강제로 죽음의 심연 깊숙한 늪 아래로 떨어지도록 만들었나?

우리 곁을 떠나가도록 만들었는가?

그리운 사람들이 물속에서 부유하다 그곳을 벗어나 겨우 차가운 몸으로 우리에게 돌아왔다. 하지만 생명 잃은 몸으로라도 귀환하지 못한 육체들이 저 어두운 밤바다 깊숙이에서 한없이 헤맨다. 가족이 기다리는 세상으로 다시 돌아오고 싶지만 돌아올 수 없는 불쌍한 이들, 물속에서 하염없이 - 헤맨다.

▌교장 선생님이 해직당하다

"교장 선생님, 호두 파이 사 왔어요."
"고맙다. 우리 같이 나누어 먹자꾸나."
여행을 떠나기 전 교장실에 들어왔던 발랄한 여학생들의 환한 미소들이 떠오른다. 교장 선생님의 눈에 눈물이 핑 돈다.
"어쩌다 이런 비극이 일어났는가."
교장 선생님은 통한의 한숨을 내뿜으며 나지막이 되뇌었다.
그런데 슬픔에 잠긴 단원고등학교와 학부모에게 그 슬픔을 추스르기도 전에 달갑지 않은 소식이 연이어 전달된다. 세월호 토네이도가 강타한 단원고등학교 … 이 거대한 피해를 가까스로 헤쳐 나가려고 모두 허우적거리는데, 이 학교를 향한 구조와 지원은 거의 진행되지 않았다. 오히려 그 반대다.

2014년 6월 17일
경기도 교육청이 세월호 참사의 도의적 책임을 묻겠다면서 단원고등학교 김진명 교장 선생님을 오늘 날짜로 '직위 해제'한다고 발표한다.
"이 무슨 이해 못 할 무자비한 발표냐?"
전혀 예상치 못한 교장 선생님 해직 처리에 학교와 학부모들은 반발한다. 모두 너무 놀랐다. 이와 관련, 교장 선생님 직위 해제가 적절치 않다는 불만들이 봇물 터지듯 쏟아졌다.
"생존자들의 구조를 위해 아무것도 하지 않은 정부와 교육청을 대신해 왜 교장이 희생양이 되어야 하는가?
이해하기 힘들다."

단원고 1학년 학부모 문 씨는 경기도 교육청 누리집 '열린 광장'에서 거세게 항의한다.

"단원고 교장 직위 해제라니?

반대한다!

세월호 사건의 '진실'이 규명되지 않았다. 처벌받아야 할 사람은 아직 처벌 받지 않았다.

교장 선생님이 특별히 무슨 잘못이 있나?

이런 도의적 책임을 최고 책임자에게 물어야 한다면, 경기도 교육감님, 박근혜 대통령님 다 책임지고 물러나셔야 할 것입니다."

다른 사람들도 반대한다.

세월호 토네이도 속에 지탱하기 위해 안간힘으로 버티는 단원고등학교, 이 학교를 향한 따스한 도움이나 손길은 없다!

오히려 합당하지 않은 냉혹한 질책만을 사정없이 가한다.

누리꾼 '워니'가 6월 18일 아고라에 '단원고 교장 직위 해제 반대서명입니다'라는 청원 글을 실었다. 서명 목표는 7월 18일까지 2,500명, 마감 날짜까지 3,289명이 서명하여 32퍼센트 초과 달성이다. 대 성공! 서명자들은 글로 생각을 남겼다.

김 교장 선생님이 세월호 사고에 '어떤 책임도 없다'는 글이 많다. 맞는 말이다. 학교에 계신 교장 선생님이 바다 위에 항해하던 선박 운항사고에 무슨 책임이 있나?

만일 학생들을 태운 비행기가 추락해 계곡으로 떨어졌다면, 그래서 수학여행 가던 학생과 승객이 죽었다면, 그 때문에 학교에 계신 교장 선생님을 책망할까?

항공사가 관리하는 비행기에서, 기장이 일으킨 사고 때문에, 학생들이 죽었다. 교장 선생님은 아무 책임 없다.

정부의 지시로 교육청이 학교에 공문을 보내 선박 여행을 장려하였다.

대한민국 정부에서 청소년들에게 넓고 푸른 바다처럼 '대망을 품으라'는 뜻일까?

학교는 수용했다.
"돌발적 참사를 누가 예상했으랴?"
학교의 교장 선생님, 교감 선생님, 선생님들은 세월호 상태를 잘 아는 청해진해운이나 선원들이 아니다. 세월호 사고에 아무 책임 없다. 선생님들은 선박 사고나 교통사고 아닌, 교육에 책임있다.
사랑하는 제자들과 선생님들이 고선 세월호의 침몰로 죽어갔다. 교장 선생님과 선생님들, 학생들과 학부모들도 눈물 속에 아픔을 누르고 있건만 ···.
너무 슬프고 고통스럽다.
"이 슬픔과 아픔은 끝이 없는가?"
슬픔과 아픔이 계속 태산처럼 밀려든다. 학교가 세월호 토네이도에 휩쓸렸으며, 아니 무너진다. 동료 교사들이 당한 불의의 참사, 사랑하는 제자들의 불시 죽음, 친구들의 처참한 사망 소식, 학교로서는 감당해 낼 수 없다. 그냥 스스로 지탱하고 서 있기에도 비애와 고통이 너무 크고 쓰리다.
그 아픔과 상처와 피해를 누가 보상해줄까?
"누가 그 아픔과 피해를 보상해 줄 것인가?"
가해자들의 뼈를 깎는 사과와 보상이 학교의 고통을 조금이라도 덜어줄까. 교장 선생님과 학교를 향한 위로와 지원과 보상이 절실한 시점인데, 그 시점에서 해직이라니 말도 안 된다.
"정부와 교육청은 교장 선생님께 직위를 돌려드리고 사과해야 합니다."
해직 반대 서명자가 요구한다.
한편 경기도와 안산시가 조급한 발상을 한다. 세월호 참사 관련 지원정책을 펼친다고 하면서, '단원고'를 '공립 외고'로 전환하겠다는 생소한 발표다. 이 또한 충격적인 발표였으므로 논란이 거세다.
"졸속 대책."
"막장 드라마."
비판이 거세게 일었다. 이 발표에 못마땅한 사람들이 들썩이면서 항의한다.
"학교 전환이라니요, 시선을 딴 데로 끌려는 겁니까?"
"교장 선생님이 왜 여객선 사고에 책임을 져야 합니까?"
"왜 학교와 교장 선생님의 아픔을 조금도 헤아리지 못합니까?"
"일 처리를 그처럼 즉흥적으로 합니까?"
"단원고등학교의 전통을 그처럼 간단히 없애도 그만인가요?"
분노하는 학부모들과 국민은 생각한다.
"교장 선생님은 아무 잘못 없으시다. 교장 선생님 직위 해제는 말도 안 되는 발상이다."
비행기 사고가 났다 해서 학교에 계신 교장 선생님을 해직시킨다는 발상은 도저히 있을 수 없는 일!
"교장 선생님 해직, 부당한 조치를 당장 멈추라!"
"고통당하는 교장 선생님께 해직이 웬 말인가?
위로해 드리라!"
"교장 선생님 해직은 너무 잘못된 조치다. 당장 철회하시오."
그렇다! 김진명 교장 선생님은 추락한 비행기 때문에 해임돼야 할 이유가 없다!
부당한 조치를 곧 취소하고 교장 선생님을 위로하자. 세월호의 비극 속에 울고 있는 학교 선생님들, 학생들, 학부모들께 위로와 힘이 되는 정책이 절실하다.

민간 잠수사의 죽음

촛불을 켜고 사랑하는 사람을 기다린다.
비가 와도 바람이 불어도 하염없이 기다린다.

사랑하는 사람을 애타게 기다리는 마음,

시간이 흐를수록 더해간다. 저 높은 하늘에 별들이 무리지어 반짝이는데, 그 별을 찾아 끝 모르는 밤하늘로 뛰어들듯, 어느 곳이라도 내 사랑하는 사람을 찾으려 뛰어들고 싶다.

잠수부들은 사랑하는 가족을 찾는 절박한 심정으로 수색한다. 애타게 자녀들을 기다리는 가족들을 위해 많은 잠수부가 물결이 거센 대조기에도 사투를 벌이고 있었다. 그런데 세월호 참사 21일째 2014년 5월 6일, 사고가 발생한다.

민간 잠수사 이광욱 씨

그는 새벽 6시 조금 넘어 세월호 수색을 위한 '가이드라인 설치'를 하려고 물속으로 뛰어들었다. 차가운 바닷속에 뛰어들어 선체로 향하는 중이다. 그런데 갑자기 숨을 쉴 수 없다. 호흡이 막혀온다. 마스크를 통해 산소를 마실 수 없다.

"헉! 허억!"

이 잠수사는 허겁지겁 막힌 숨을 쉬기 위해 몸부림친다. 허리에 찬 납 벨트를 풀었다. 그리고 호흡을 하기 위해 물 위로 급히 올라가려 발버둥쳤다. 잘되지 않는다. 숨이 점점 막혀온다. 세상이 어지럽게 돌면서 의식이 몽롱해졌다.

그의 통신이 외부와 단절되었다. 바닷물 속 수심 24미터 지점에서 벌어진 이 정황은 매우 위험한 징조다. 사고를 직감한 해군 잠수 요원들 - 이광욱 잠수사를 구조하러 즉각 물속으로 뛰어들었다. 그들은 아침 6시 반경 의식 불명 상태에 있는 이 잠수사를 수심 22미터 물속에서 발견한다.

풀페이스 마크를 연결하는 줄들이 꼬여 있다. 그로 인해 공기 공급이 안 되었을 터인데, 잠수 도중 장비에 이상이 생긴 것이다. 이 잠수사는 물속에서 공기 공급이 잘 안 되자 호흡하기 위해 즉시 마스크를 벗고 납 벨트를 푼 후 비상탈출을 시도하였다.

해군 구조팀은 그를 바다 위 바지선으로 급히 옮겼다. 생명이 촉각을 다투는 순간- 어이없게도 '응급조치를 취할 의료진도 의료장비'도 없다!

이 잠수사는 아직 '살아 있는 상태'인지라 전문 의료진의 긴급 응급조치를 받아야만 한다. 하지만 그런 중요한 응급조치를 받을 수 없다. 생명을 살릴 수 있는 '황금의 10분'이 지난다. 그 이후 '청해진함'의 군의관이 와서 인공호흡을 시켰다.

이 잠수사의 생명을 좌우할 시간은 서서히 통과하고 있다. 오전 6시 44분경, 그의 몸은 3009함에 대기 중인 헬기에 탑승되어 목포 한국병원으로 긴급 이송된다. 그의 생명은 기름이 다한 등불처럼 가물거리고 있었다. 결국, 그날 오전 7시 반 지나 그의 생명이 멈추었다.

"그를 죽인 건 바다가 아니다. 이 씨가 생사를 오갈 때 정부가 그를 위해 준비해 놓은 것이 없었다. 이광욱 잠수사를 죽음으로 내몬 것은 바다뿐 만이 아니다"(「정략인 닷컴」, 5월 7일 참조).

이광욱 잠수사!

평생을 바다와 함께 산 사나이!

그의 아버지는 UDT로 제대한 이후 잠수사로 수십 년 동안 활동하였다. 아버지를 이은 2대 잠수부다. 그의 나이는 53세, 잠수사로 30년 정도 일해 왔다. 그야말로 '바다의 사나이', 잠수 실력이 최고인 '베테랑 잠수사'-

안산 화력발전소, 청평댐 수문 교체, 화천댐 비상방류 관수로 설치 등 성실하게 경력을 쌓았다. 또한, 최근에 '제주 해군기지 건설'에도 참여했다. 잠수사로서 큰 꿈을 품고 얼마나 성실하게 살았던가!

베테랑 잠수사의 죽음에 가족들은 오열한다. 동료 잠수부들도 충격이 크다. 이날 세월호 수색 관련 정례 브리핑이 있었다. 진도군청에서 열렸고 범정부사고대책본부가 현황을 발표한다.

"세월호 안에는 모두 111개 공간이 있습니다. 이 공간 중 승객이 있으리라 추정되는 장소는 64개의 객실이며, 이 객실들의 문을 오늘 모두 열었습니다. 그리고 수색을 하는 중입니다."

민관군 합동구조팀은 진입로와 장애물들 때문에 '3층 중앙부 좌측 객실 3곳의 문'을 열지 못했었다. 하지만 이날 오전에 그 문들을 성공적으로 열었다. 구조팀은 오는 10일까지 객실, 화장실, 로비, 매점 등 공용 공간 47

곳을 수색한다.

비극은 끝이 없는 걸까?

세월호 참사 45일째 2014년 6월 30일,

수색작업이 한창이었다. 두 번째로 민간 잠수사가 죽는 참극이 벌어진다.

민간 잠수사 이민섭 씨

그는 배의 우현 4층 '외벽 절개작업'을 맡았다. 수색작업이 한창 진행 중인 6월 30일 오후 1시 50분쯤, 그는 작업을 위해 '선체 절개작업'을 담당한 민간업체 '88수중 개발' 바지선에서 바닷속으로 첨벙 뛰어들었다. 선체에서 '가로 4.8미터, 세로 1.5미터 출입구'를 만드는 작업을 하고 있다. 가로 절개는 다 되었다. 이제 세로 절개만 마무리하면 완성, 그는 온몸에 땀을 흘리며 절개작업에 온통 집중한다.

동료 잠수사와 함께 2인 1조로 들어간 그는 '산소 아크 절단봉'으로 전력을 다하여 '선체 절개'를 하고 있다. 작업에 온 힘을 쏟으면서 30분 정도 흘렀다.

"펑! 퍼엉 …!"

갑자기 요란한 폭음이 울리면서 폭발한다.

"앗, 아얏!"

이 잠수사가 몸을 움찔하며 비명을 지른다. 별안간 화염과 연기가 폭발하면서 주변에 가득 차올랐다. 숨이 막히고 눈앞이 잘 보이지 않는다.

"으윽-, 으악-"

그는 앓는 소리를 냈다.

이 소리가 잠수사의 헬멧과 연결된 통신선을 통해 '88수중 개발' 바지선 작업 본부 스피커에 전달된다. 함께 물속에 들어간 동료도 '펑'소리를 들었다. 그 순간 오른쪽 얼굴에 충격을 느꼈다. 그런데 둘러보니 동료 민섭 씨가 안 보인다.

"앗, 사고다! 사고 … 사고 났다!"

폭발과 앓는 소리를 듣고 바지선에 있던 잠수사들이 이 잠수사를 구조하려 물속으로 뛰어들었다. 급히 뛰어든 잠수사들은 20분이 지나 2시 40분쯤 이 잠수사를 수면 위로 가까스로 끌어올릴 수 있었다. 그는 입안에 피를 머금고 있다. 코와 눈에도 출혈이 생겼다. 급하게 응급조치를 받았다. 서울대 병원 응급실장 서길준 교수가 그를 돌보고 처음 상태를 말해준다.

"이민섭 잠수사의 동공이 풀려 있고 입 안에 피가 고여 바로 삽관을 할 수 없었습니다."

해경 헬기가 혼수 상태에 있는 그를 태워 목포 한국병원으로 급히 이송한다. 그런데 헬기 안 의료시설은 열악하다. 의료시설이 전혀 없어 병원으로 가는 30분 동안 아무 처치도 할 수 없다.

그날 오후 3시 반 이전 이 잠수사가 병원에 도착했을 때, 호흡과 의식이 거의 없다. 병원에서 그는 '심폐 소생술'을 받았다. 하지만 이민섭 잠수사는 끝내 숨진다. 도착한 지 10분 지나 최종 '사망 판정'이 내려진다.

수중의 선박 안에서 작업하던 이민섭 잠수사에게 도대체 무슨 일이 일어난 걸까?

'가스 폭발' 소음이 강렬히 진동하면서 울렸다. 이 잠수사는 극도로 심한 충격과 상처를 입었다.

"외부의 큰 압력에 의한 폐 손상이 사망 원인으로 추정되며, CT 촬영을 통해 보면 민섭 씨의 폐와 뇌와 심장에 공기가 다 찬 상태였어요."

목포 한국병원 박인호 원장은 검진 상태를 알렸다.

아! 또 한 명의 잠수사가 이처럼 생명을 잃고 우리 곁을 떠나다니 ….

이민섭 잠수사,

잠수 경력 20년의 베테랑 잠수사,

그가 며칠 전 형 승엽 씨에게 전화를 걸었다.

"형, 나 세월호 현장에 파견되어 나가요."

"민섭아, 부모님이 염려하신다. 가지 마라."

형은 동생을 만류한다.

그런데도, 동생은 세월호 현장으로 달려갔다. 형은 동생의 갑작스러운 죽음을 도저히 믿을 수 없다. 가족들의 눈에 피눈물이 서린다. 잠수사가 숨지는 사고가 두 번째 발생하다니 …

참사 피해자 가족들은 잠수사의 죽음에 모두 망연자실한다. 이제는 잠수사마저 죽었다.

"아! 지난 번도 잠수사가 죽었는데 … 또 죽다니."

"이민섭 잠수사가 왜 죽었어요?

무슨 이유로?"

충격을 받은 사람들이 수군거린다.

이 잠수사는 물속 깊이 잠긴 세월호 선체 안에서 '산소 아크 절단법'을 사용했다. 그는 안전을 고려한 어떤 설비도 지니지 않았다. 더욱이 당시 물속에 긴긴 시간 잠긴 선체 안의 실제 조건이나 상태에 대한 분석도 선행되지 않았다. 그냥 육지에서 일하듯 평상시대로 그 동일한 방법을 사용했을 것이다. 안전장치 착용을 제대로 받지 못했다.

"'산소 아크 절단법'이 위험하다는 지적이 몇 차례 제기됐어요. 그런데도 작업을 강행시켰지요."

잠수부들이 말한다.

"산소 아크 절단법은 전극봉을 통해 수천 도의 고온을 발생시킨 뒤 고농도·고압의 산소를 분사하는 '절단 방법'입니다."

한국해양구조협회 황대식 본부장이 설명했다.

"이런 절단법의 특성상, 전기 분해된 '수소'가 선체 안쪽에 고여 있다 폭발했을 가능성이 있습니다."

산업 잠수전문가들은 '산소 아크 절단봉' 사용으로 생기는 '감전사'의 가능성은 매우 낮다고 한다. 그런데 밀폐된 공간에서는 '폭발 가능성'이 있다. 반면 외부작업을 할 때 폭발 가능성은 작다.

바닷물로 밀폐된 공간이라 폭발했는가?

바닷속 깊은 수중에서 아마 거품이 터졌을 수 있다고도 한다.

수중 배 안 공간이라는 현장이 위험한가?

긴 잠수 시간에 비교해 원활하지 못한 산소 공급과 더불어 어떤 끔찍한 일이 발생했나?

안전 점검 부족과 장비 미숙이 사고를 재촉했을까?

사망 소식을 들은 '세월호사고 가족대책위원회'가 발표한다.

"이민섭 잠수사님과 그 가족들께 깊은 애도를 표합니다."

그리고 '깊은 애도'를 표시하기 위해, 위원회는 '세월호 진상 규명과 특별법 제정을 위한 천만 서명 운동'을 일시 중단하기로 하였다.

민간 잠수사들!

수중 구조와 수색을 하기 위해 '목숨 걸고' 깊은 바다에 몸을 던지는 사람들-

잠수사들은 목숨 걸고 구조와 수색을 한다. 하지만 그들이 발붙이고 일하는 '작업 현장'은 참으로 처참하고 애처롭다.

실종자를 수색하기 위해 바지선 위에서 생활하는 잠수 요원들 … 그들은 또 하나의 '생명이 위협당하는 공간'에 놓인 사람들이다. 언딘의 바지선 '리베로'에는 '수면실'이나 '조리실'같은 숙식을 위한 기본시설이 전혀 없다. '응급치료실'도 '응급설비'도 없다.

차디찬 물속에서 고된 잠수하고 바지선으로 돌아오면 지치고 피곤하다. 하지만 그들은 '컵라면'을 먹는다. 컵라면이 맛도 있고 괜찮기는 하다. 그런데 그들은 컵라면으로 끼니를 때운다.

덮고 잘 이불 하나도 없다. 그래서 종이 상자를 깔고 마치 노숙자처럼 바지선 위에서 쪽잠을 잔다.

생사를 건 구조 수색에서 체력이 소모되는 잠수부들이 왜 잠도 불편하게 자고 컵라면만 먹나?

보급품을 실어나르던 배가 기상 악화로 출항하지 못해 라면을 먹는다. 지금은 남은 컵라면으로 끼니를 때우나 이마저도 아껴야 할 처지 …. 민간 잠수사들은 열악한 대우를 받으며 잠도 제대로 못 자고, 음식도 제대로 못 먹으면서, 수색작업에 사투를 벌이고 있다. 실종자 가족들을 생각하며 목숨 걸고 사력을 다하는 그들에게 바지선 현장은 또 하나의 위협이다.

더욱이 목숨 걸고 세월호 수색에 참여한 민간 잠수부들에 대한 '정부와 기관의 무관심과 가혹한 처우'는 상상을 넘어선다.

"어찌 이처럼 비인간적일까?"

"세월호 수색 현장을 방문한 결과, 수색 활동에 참여하는 '잠수사들이 두 달 동안 임금을 받지 못한 것'을 확인했습니다."

세월호 국정조사특위 야당 간사 김현미 의원이 2014년 6월 16일, 기자회견에서 폭로하였다.

아! 어찌 이럴 수 있나?

참으로 이해할 수 없는 기막힌 현실-

"아! 어찌 이처럼 가혹한 대우를 하나?"

"현장의 한 잠수사는 '생업을 포기하고 두 달 가까이 수색하는데 임금을 준다는 소리를 보름 전부터 했지만 누가 어떻게 준다는 건지 모르겠다. 밥 먹는 것도 밀린 적이 있어 유가족이 모아서 준 적도 있다'라고 증언했습니다"(「오마이뉴스」, 2014년 6월 16일).

바지선 위에서 잠수사가 쪽잠을 자면서, 바닷속 배 안으로 들어가 목숨 걸고 수색을 한다.

하지만 생활비를 안 주어 먹을 음식도 없다니, 잠수부와 가족들마저 굶어 앙상해지라는 말인가?

사람은 밥을 먹는다. 음식을 먹지 않으면 생존할 수 없다. 잠을 자지 않아도 생존할 수 없다. 우리는 가장 단순하게 '살기 위해' 음식을 먹는다. '살기 위해' 잠도 잔다. 창조주 하나님으로부터 부여받은 내 생명, 즉 내 존재를 유지하기 위하여 음식을 먹는데, 음식을 먹지 않고 생명을 계속 유지할 수 있는 다른 방법은 없다.

그래서 임금을 제때 지급하지 않는다면 사람을 쓰러뜨리는 것이다. 가족들이 굶주려 허기지게 된다. 반드시 큰 사고 아닌, 임금을 제때 지급하지 않거나 청해진해운처럼 너무 적은 급료를 지급하는 것도 인간 생존을 위협하므로 악이다.

정부는 여러 상황에 대처한 다양한 정책들을 수립해 고용주와 피고용인 모두 인간다운 '행복한 삶'을 살 수 있도록 도울 수 있다. 국가가 존재하는 이유는 국민을 안전하게 보호하고 행복하게 잘 살 수 있도록 하기 위함이다. 인간다운 삶을 살도록 좋은 정책들을 만들고 시행함이 필수다.

길거리, 시장, 산속, 동굴, 다리 밑, 땅속, 들판, 기차역, 공원, 공항 등에 국민이 거주하지 않도록 주거를 지원, '복지 제도'를 잘 구축하고 시행해야 함이 매우 중요하다. 국가는 '사회안전망'을 잘 구축할 의무가 있다.

인간이 동물보다 열악한 생활을 한다면 … 부잣집 강아지는 호사스럽게 사는데, 가난한 집 아이는 먹을 것 없어 생명마저 잃을 수 있다면, 국민 중에 너무 가난해 굶주리는데 정치가만 담장을 높이 쌓고 즐기면 될까?

침몰한 배 안에 들어가 목숨 걸고 수색하는 잠수부들에게 '2달 동안' 임금을 지급하지 않았다!

더 무슨 말을 할까.

세월호 십자가 행진

'십자가'를 보라!

저녁이 되면 어두운 거리에 온통 교회마다 '십자가' 불빛이 환히 밝혀진다. 우리 대한민국의 자랑이다. 우리에게 환한 빛을 비추어주고 '용서와 사랑'을 이야기해준다. 어두움 속을 밝히는 아름다운 빛이다.

예수가 지신 십자가!

그 십자가는 인류를 향한 '하나님'의 무한한 '용서와 사랑'을 보여 준다. 그리고 하나님의 '정의'를 드러낸다. 선을 행하며 악을 행치 말라고 가르친다. 죄에는 반드시 그 대가가 따라오기 때문이다. 예수가 십자가에서 피를 흘린 이유는 우리의 죄를 '용서'해주고, '구원'해주며, '영원한 생명'(everlasting life, 영생)을 주기 위함이다.

> 하나님이 세상을 이처럼 사랑하사 독생자를 주셨으니 이는 그를 믿는 자마다 멸망하지 않고 영생을 얻게 하려 하심이라(요 3:16).

하나님이 사람을 사랑하셔서 예수를 이 땅에 보내셨다. 우주 만물을 창조하신 하나님은 그가 지으신 사람을 사랑하셨다. 그 하나님의 사랑은 영원토록 변함없는 사랑이다.

여호와께 감사하라 그는 선하시며 그의 사랑이 영원하심이라(시 136:1).

인간은 변하나 하나님은 한결같으시다.

하나님의 사랑은 영원하시다. 하나님은 사람이 생존할 수 있도록 언제나 돌보시고 지켜주시며 자연을 베풀어 주신다. 창조주 하나님은 아름다운 자연 만물 모두를 우리에게 거저 주셨다.

바다에 수많은 물고기, 들판에 무성한 채소와 곡식들, 산속에 풍성한 열매와 소산들, 약초들, 나무들, 이런 엄청난 모두를 그냥 우리에게 주셨다!

얼마나 감사한가?

책 한 권 선물 받아도 고마운데, 하나님은 우주와 천하 만물 모두를 그냥 우리에게 주셨다.

하나님은 자상하게 우리를 돌보신다. 하나님의 사랑이 없다면 인간 존속 그 자체가 불가능하다. 피조물인 우리는 겸허하게 이 엄청난 돌보심을 사실 그대로 인정하고, 창조주의 그 사랑에 감사함이 자연스럽다.

'**십자가와 부활**', 이 둘은 '기독교 복음'의 '핵심 진리'다. 예수가 동족 유대인들의 고소를 당해 로마 총독 빌라도(Pilate)의 법정에서 재판받는다. 빌라도는 예수에게 잘못이 없다고 강조하면서 예수를 석방하려 한다(누가복음 23장; 마가복음 15장). 유대인들이 거세게 반발하고 총독은 폭동이 일어날까 두려워 십자가 형벌을 선고한다(마태복음 27장). 예수는 십자가 위에서 고통스러운 죽임을 당한다.

그러나 예수의 죽음은 죽음으로 종결되지 않는다. 십자가 위의 죽음은 끝이 아니었다. 인류 역사 속에 그 누구도 예상 못한 '돌발사건'이 발생했는데, 바로 '예수의 부활'이다.

주님이 참으로 부활하셨다(눅 24:34).

부활한 예수를 만난 제자들이 외쳤다. 예수는 3일 만에 죽음으로부터 다시 살아나셨다. 예수의 부활은 우리 모두에게 '부활'을 예고해 주며, 우리가 예수 믿으면 예수처럼 부활한다는 것(고린도전서 15:20, 22)을 입증해 보여 준다.

기독교는 '예수의 십자가와 부활의 복음'(기쁜 소식)을 온 세상에 힘있게 전한다.

오직 기독교가 '부활의 기쁜 소식'을 전한다.

죽음은 무신론자들이 주장하듯 허무한 끝이 아니다. 죽음은 하나님의 새 창조인 부활로 들어서는 '관문'이다. 죽음은 단순히 인간 존재가 무로 돌아가는 종결이 아닌, 우리가 천국으로 들어가게 되는 '통과문'이요 '전이점'이다.

우리의 시민권은 '하늘나라'에 있다. 하나님이 창조하신 이 세상도 아름답지만 '천국'은 더욱 아름답다. 인간이 수식할 수 있는 범주를 넘어 무한히 아름답고 절묘하다!

2014년 7월 8일

'세월호 십자가 행진'이 시작된다.

세월호 참사로 아들 잃은 두 분의 아버지와 동생 잃은 누나가 '십자가 행진'에 나섰다. '십자가'를 지고 경기도 안산시 단원고등학교에서 진도 팽목항까지 장장 '750여 킬로미터'(1,900리)의 대장정이다.

"세월호 진상 규명을 원합니다."

단원고등학교 2학년 8반 고(故) 이승현 군의 아버지 이호진 씨와 누나 아름 씨, 2학년 4반 고 김웅기 군의 아버지 김학일 씨가 **'십자가 행진'**의 대장정에 오른다. 나무 '십자가'를 지고 참사의 '진상 규명'과 실종자들의 '조속 귀환'을 간절히 염원하는 행군이다.

5킬로그램의 나무 십자가를 메고 1900리 먼-길을 도보로 걸어가며 예수가 지고 간 '십자가'를 대행진을 통해 보여 주게 된다.
"십자가는 십자가로 끝나지 않으며, '고난'이 고난으로 끝나지 않는다."
"죽음이 죽음으로 종결되지 않는다."
예수는 처절하게 고난의 십자가를 지고 멸시와 고통 속에 돌아가셨다. 그러나 3일 만에 예수는 '부활'하셨다!
'죽음' 이후 '부활'이 있다!
김학일 씨가 5킬로그램 무게의 '나무 십자가'를 들었다. 무더운 여름에 십자가를 메고 걸으면서 땀을 뻘뻘 흘린다. 깃발을 든 이호진 씨와 아름 씨가 함께 걷는다. 그가 메고 가는 십자가에는 '노란 리본'과 네 잎 클로버가 꽂혀 있고 그 안에는 응원 메시지가 담겼다.
노란 리본!
돌아오지 않는 사람의 '무사 귀환'을 간절히 염원하는 표시다. 십자가를 진 일행이 아산시 청소년 문화센터에 이르렀다. 센터 앞 잔디밭을 따라 걷고 있었는데, 잔디밭을 바라보며 걷다가 우연히 네 잎 클로버를 발견한다.
"오! 행운의 표시 … 주님! 감사합니다."
'십자가 행진'은 11일 오전 충남 아산시 온양 '모종동성당'까지 이어졌다. 이 세 사람은 십자가와 노란 깃발을 들고 이날 인주면 '공세리성당'에서 출발했다. 아산에서 천안으로 연결되는 39번 일반 국도를 따라 걷는다. '십자가 도보 행진' 8일째인 15일 공주시 계룡면 기산리에서 논산시 광석면 사월리까지 21킬로미터(52.5리) 넘게 걸었다. 단원고에서 출발한 이들은 전남 진도 팽목항(7월 31일 예정)을 거쳐 8월 15일 대전 월드컵 경기장에서 프란치스코 교황이 집전하는 '미사'에 참석하려 한다.
이들이 들고 행진하는 4개의 깃발이 외친다.
"하루 속히 가족 품으로!"
"특별법 제정, 진상 규명!"
"잊지 말아 주세요! 기도해 주세요."
"기도하는 마음으로 끝까지 함께."

깃발들은 바람에 펄럭이면서 계속 소리친다.

경기도와 충남, 전북, 전남 도 경계를 넘을 때마다 깃발이 늘어났다.

7월의 한여름에 불볕 같은 태양이 내리쬔다. 아, 온 얼굴이 땀에 흠뻑 젖고 후끈한 바람에 온몸이 천근만근 늘어지며 무겁다. 십자가 순례단은 오전 5시부터 11시까지, 그다음 오후 4시부터 7시까지 쉬지 않고 걸었다. 한여름의 무더위 속에서 땀을 뻘뻘 흘리며 하루 9시간 걷는다. 하루에 20~25킬로미터가 넘는 길을 걸으면서 40여 일 동안 계속 행진할 것이다. 무더운 여름의 강행군이다. 호진 씨의 발목과 발가락에 물집이 생겼다. 행진할 때 물집이 터지면서 발이 몹시 쓰리다. 그래서 쉬는 시간마다 발에 찬물을 끼얹으면서 아픔을 달랜다.

> 뜨거운 뙤약볕을 받으며
> 십자가를 지고 걸어간다.
> 비바람 불어도 계속 행군한다.

나무 십자가를 진 학일 씨의 몸이 비틀거린다. 그가 짊어진 길이 130센티미터, 무게 5킬로그램의 '십자가'가 육중한 무게로 그를 억누르기 때문이다. 오랜 시간 계속 걷는 동안 십자가의 무게를 지탱하기 어렵다. 더욱이 무더운 여름에 행진하면서 너무 힘들고 지쳐 그는 쓰러졌다. 예수가 무거운 십자가를 지고 골고다로 향하다 쓰러지듯, 그도 십자가를 지고 걸어가다 쓰러졌다.

십자가를 지는 일은 고통스럽다.

그래서 사람들은 대부분 십자가를 지지 않으려 한다. 무겁고 힘들며 외롭고 수치스럽고 아프기 때문이다. 하지만 학일 씨와 일행은 '세월호 참사 규명'과 '실종자 귀환'을 외치면서 스스로 십자가를 지고 대장정의 행진에 선뜻 나섰다.

한여름 뙤약볕이 쨍쨍 내리쬔다. 뜨거운 열기가 후끈거리며 올라오고 숨이 탁탁 막혀 그냥 걷기도 힘들다. 햇빛에 노출된 그의 두 팔이 익은 듯

붉게 변했다. 다른 이들이 피하는 십자가를 그는 기꺼이 선택하여 짊어지고 걷는 중이다.

"너무 엄청난 참사가 발생했어요,
하지만 아무도 '십자가'를 지려 하지 않아요.
힘들고 고통스러운 일이지만 우리라도 지려고 결심했습니다."

십자가에는 노란 리본 수십 개가 수북이 달렸다. 단원고 생존 학생들이 글을 써서 정성스레 묶어준 것, 그 노란 리본들이 십자가 앞으로 나아갈 때마다 펄럭이며 메시지를 전한다. 주변에 오가는 시민들이 지지의 손길을 흔들었다. 그들도 노란 리본을 달았다.

"귀한 걸음 함께 합니다."
"잊지 않겠습니다. 미안합니다!"

처음에 3명이 출발했지만, 행진이 계속될수록 참가자가 점점 늘어난다. 하늘 천사들이 내려와 위로하듯, 사람들이 함께 걸으며 동행한다. 지역 주민들은 아름 씨가 전하는 순례단 행보를 SNS를 통해 볼 수 있었기에 자발적으로 찾아와 함께 행진한다.

세종시에 거주하는 어느 부부는 두 자녀를 데리고 순례단 숙소로 왔다. 부부는 십자가 행진에 참여해 하루 동안을 함께 걸었다. 몇 시간 함께 행진하러 왔다가 며칠을 머무르며 함께 걷는 이들도 있다. 지난 11일, 천안시에서 행진에 참여하기 시작한 정혜 씨, 세란 씨, 영미 씨는 공주시와 논산시로 가는 길도 함께 걷는다.

그들은 오이, 방울 토마토, 오미자 차 등 행진하는 가족들을 위해 아침 식사도 정성껏 준비하였다. 미소짓는 그녀들은 하늘에서 살포시 내려온 천사들이다. 천사들이 날개를 펴고 내려와 슬픔 당한 가족들을 위로한다.

세월호 참사로 선생님들과 친구들을 잃었다. 슬픔에 잠긴 단원고 교정이 스산해 보인다. 토네이도가 강타한 교정은 쓸쓸하고 황폐하기 그지없다. 비록 뜨거운 여름이지만 서늘한 바람이 감돌고 있다.

학교에 있는 학생들은 깊은 슬픔에 젖어있다. 친구들이 차가운 물속에서 고통스럽게 죽어가는 순간을 떠올리면 가만있을 수 없다. 친구들의 죽음에 억울함을 참을 수 없는 학생들은 7월 16일, '백릿길 도보 행진'을 시작함으로써 비극적 참사에 항거하기로 했다. 무더운 여름, 도보를 따라 행진하면서 큰소리로 외친다.

"친구들이 억울하게 죽었다! 억울하다!"

"그 죽음에 대한 진실을 밝혀 달라! 진실을 밝혀 달라!"

"왜 친구들이 구조 받지 못했는가? 왜요?"

학생들은 안산 단원고등학교에서 출발해 세월호 희생자 가족들이 농성을 벌이는 여의도 국회의사당 앞까지 1박 2일 행진을 계속한다. 이즈음 희생자 가족들은 '세월호 특별법 제정'을 촉구하는 '단식농성'을 국회 본청에서 하는 중이다. 일부는 광화문에서 '단식농성'을 한다. 무더운 여름에 국회로 향하는 구보는 힘들고 인내심이 필요하다. 다리가 아프고 온몸에 땀이 쉴 새 없이 흘러내렸다.

그때 마침 산책 나온 서울 큰다우리어린이집 원생들이 손을 귀엽게 흔들면서 소리친다.

"언니 오빠들, 힘내세요!"

"힘내세요!"

꼬마들의 응원에 힘이 솟는다. 바닷물 속에서 고통당할 친구들을 떠올리면서 학생들은 국회의사당을 향해 뚜벅뚜벅 걸어간다. 유가족이 '2,000리 길 십자가 행군'을 할 때 학생들은 '100리 길 도보 행군'을 한다.

'십자가 행진'의 행렬이 계속 길어진다. 무거운 십자가를 지고 열을 뿜어대는 한여름 도로 위로 쉼 없이 걸어간다. 비바람을 맞으면서, 따가운 햇빛을 받으면서, 연속적으로 걸어간다.

아! 눈물과 아픔 속에서 38일 동안 멀고 먼 2,000리 길을 강행군하였다. '십자가'를 맨 어깨 깊숙이에 피멍이 들고 팔뚝이 시뻘겋게 달아올라 타들어 갔다. 창조주 하나님은 십자가를 짊어지고 행군하는 이들을 항상 지켜보고 계셨다.

그리고 이 고통스러운 십자가의 길은 고통을 넘어가는 승리의 길이 되리라.

비가 내려도, 바람이 불어와도, 햇볕이 쨍쨍 내리쬐며 온몸을 파고들어도, '십자가를 메고 깃발을 꽉 붙들고,' 묵묵히 행군을 계속해 왔다.

힘에 겨워 쓰러지기도 했다. 지쳐서 넘어지기도 했다. 발에 물집이 생기고 부르터 너무 아파서 다리를 절름거렸다. 너무 힘들어 더 못 걸을 것 같다. 그들은 주저앉고 싶었으며, 너무 고단해 그냥 쓰러져 푹 쉬고 싶었다.

그러나 불볕 더위와 싸우면서, 비바람 맞으면서, 그 멀고도 먼- 길의 십자가 행진을 계속 꾸준히 해 왔다.

'세월호 십자가 행진!',

한여름 무더위 속, 멀고 먼 '십자가 순례행진'을 계속 이어왔다. 경기도 안산시 단원고등학교에서 출발한 순례행진의 길고 긴 일정이 이제 충남 대전시 월드컵 경기장 앞에서 마감하게 될 것이다. 세 사람은 여름 햇볕에 그을려 얼굴이 검붉게 타고 있다. '십자가'를 멘 어깨에는 붉은 자국이 깊숙이 패였다. 발에는 많은 물집이 생기고, 허물이 벗겨나가 고통이 절절 흐르며, 온몸을 찌른다.

단원고를 출발해 진도 '팽목항'을 거쳐 대전으로 이어지는 장장 900킬로미터 대장정 행진을 인내와 끈기로 달성한 십자가 순례단! 이 세 사람은 드디어 2014년 8월 14일, 목적지 대전 '월드컵 경기장'에 도착했다. 이 마지막 행진의 날에 300여 명의 사람이 행렬에 함께 하였다. 그곳에 도착하자 이들은 오전 9시쯤 '세월호 십자가 행진'을 종결하는 기자회견을 연다.

"이번 세월호 십자가 행진을 함께해 주시고 도와주신 많은 국민 여러분! 진심으로 감사드립니다. '세월호 참사의 진상'이 꼭 밝혀져야 합니다 …."

월드컵 경기장에는 내일 8월 15일 광복절에 프란치스코 교황이 집전하는 '성모승천 대축일' 미사가 열린다. 이 자리에서 세월호 유가족은 순례 기간 동안 2,000여 리를 어깨에 메고 온 '나무 십자가'를 교황에게 전달할 것이다. 무거운 십자가를 지고 너무 지치고, 너무 아프며, 쓰러지면서도

대행군을 강행하였다.

　진실을 밝히고자 하는 마음, 사랑하는 자녀를 애티게 그리워하고 기다리는 마음, 살을 에는 이별의 아픔과 천만 근 고통을 넘어서는 뜨거운 사랑이 강렬히 빛난다.

▍그대들 돌아오건만-

　사랑하는 사람들이 돌아온다!
　저 바다 물결을 끊임없이 주시하면서 간곡히 기다려온 가족의 품 안으로 돌아온다. 그들이 어두움의 장막을 집어 올리고 거두어내면서 다시 육지로 돌아오고 있다. 오랫동안 물속 깊이 잠겨있던 그 캄캄한 문을 열고 나와 우리에게 다시 돌아오고 있다. 그리운 사람들이 돌아온다.
　비극적 참사 이후 어느덧 52일 지나가고 6월 6일이 되었다.
　이날 아침 8시 조금 지날 무렵 수색팀은 선미 좌측 3층 선원 침실에서 구명조끼 입지 않은 채 숨진 조리인 김 씨를 발견한다.

　상처 입은 몸으로 식당에서 침실까지 물결에 밀려왔는가?
　아니면 상처 입고 너무 아파 침실로 들어온 것일까?
　얼마나 아팠을까, 어두운 배 안이 얼마나 무서웠을까?

　어두운 배 안에서 상처 속에 홀로 신음하다 세상을 떠나다니…
　세월호가 침몰할 때 선원들은 똘똘 뭉쳐 급히 탈출하면서 부상한 조리원 김 씨와 이 씨(여)를 보았지만 외면하고 승객들 몰래 탈출하였다. 탈출에 급한 그들 눈에 승객이나 부상한 조리원은 없다. 아니 보아도 못 본 척했다. 오로지 자신들의 생명만 귀하기 때문이다. 선원들에게 버림받은 그가 이제 차가운 육체로 가족에게 돌아온다.
　시간은 급히 흐르는 강물처럼 지나갔다.

시간의 흐름을 누가 막으랴?

조리원 김 씨가 발견되고 어느새 또 16일이 흘렀다. 1950년 평화로운 남한을 북한이 불시에 침공한 민족 대비극 6.25를 하루 앞둔 6월 24일, 이 날도 민관군이 힘을 모아 실종자 수색을 펼친다. 참사 이후 70일이 지났다. 수색팀은 오전 1시 조금 넘어 4층 중앙 통로에서 한 사람을 발견한다. 구명조끼를 착용 안 하고 여성 옷을 입었다.

"이 여인은 누구일까?"

"물에 헤집어진 옷을 걸친 이 여인은?"

모두 궁금해한다.

그녀가 입은 옷을 자세히 들여다본다. 그녀가 입은 옷을 보니 단원고 2학년 2반 윤정미 학생같다.

소녀는 구명조끼를 친구에게 양보했을까?

소녀는 탈출해 집으로 돌아가고 싶어 통로에 나와 있나 보다. 소녀는 구조를 손꼽아 기다렸다.

오랜 날들을 물속에서도 '집에 돌아가기'를 꿈꾸던 소녀, 그래서 객실을 나와 복도를 서성이던 소녀, 아! 그 소녀가 이제야 가족 품으로 되돌아와 안긴다.

범대본이 정확한 신원을 알기 위해 DNA 분석 등을 하려 한다. 이제까지 사망자 293명, 실종자 11명이다. 민관군 합동구조팀은 소조기 마지막 날 수색에 123명을 참여시킨다. 여객선 3층 로비와 선수 객실, 4층 중앙 통로, 선미 다인실, 5층 선수 객실 등에서 장애물을 제거하고 수색할 계획이다.

오후에 해경청장 주재로 '수색·구조 장비·기술 테스크포스(TF) 회의'를 개최해 앞으로의 '수색 계획'과 장마철 '안전 대책'을 협의한다. 여기에 민간 잠수지원단, 해군, 해경, 해수부 등 관계자들과 실종자 가족들이 참석하게 된다.

생명이 떠나고 외로이 바닷물에 잠겨 가족을 그리워하던 '사랑하는 사람들'이 돌아오고 있다.

시간은 쏜살처럼 달아난다. 참사 이후 어느새 94일이 지났으니까 ….

그야말로 그야말로 속히 달아났다. 오늘이 벌써 2014년 7월 18일! 민관군 합동구조팀이 배 안을 수색한다. 오전 5시 30분부터 배 안을 수색하기 시작했다.

이날 새벽 6시 20분경, 한 사람을 3층 식당에서 발견했다. 그는 구명조끼를 입지 않았다. 물에 흩어진 그의 모습을 식별할 수 없지만, 여성처럼 보인다. 주방에서 발견되었기에 사고 때 부상으로 신음하던 조리사 이 씨일 것으로 추측한다.

아! 그녀는 3달이 넘도록 차가운 물속에 쓸쓸히 홀로 있었다. 이제 그녀는 외롭고 캄캄한 물속을 나와 그리운 가족 품에 안기게 되었다.

이제 사망 294명, 실종 10명이다. 물속에 잠긴 선내에서 탐색은 계속된다. 민관군 '합동구조팀'이 실종자 수색에 모든 힘을 쏟고 있다.

아! 생존자들이 '구해달라' 외칠 때, 그때, 그때, 진작 구조에 온 힘을 쏟았더라면 … 안타깝다.

시간이 날개를 펼치고 날아간다. 참사 이후 어느새 194일 지나 195일째 되는 2014년 10월 28일, 조리사 이 씨를 발견하고 102일째 되는 날, 이날도 수색은 계속된다. 해군은 선미, 민간은 선수 부분을 맡았다. 민관군 '합동구조팀'이 집중 수색 중이다.

바닷물 속에서 200일을 지낸 세월호!

이제 배 안이 점점 혼탁해지고 있다. 더 탁해지기 전에, 배의 형체가 망가지기 이전, 속히 수색을 마무리해야 하리. 수색자들은 어지럽게 풀어진 물체들을 헤집고 실종자를 찾으려 애쓴다.

그날 저녁 5시 반쯤 4층 중앙 여자 화장실 주위에서 한 사람을 찾아내었다. 하지만 몸이 심하게 부패하여 남자인지 여자인지 무엇을 입었는지 모르겠다. 단지 여자 화장실 근처에 있었기에 여성으로 추측한다.

구조팀은 가라앉은 배 안에서 그녀의 몸을 건져내려 시도했지만, 유속이 거세서 중단했다. 다음 날 29일 오후 5시경, 온 정성을 쏟은 결과 그녀를 무사히 건져 올릴 수 있었다!

"그녀는 누구일까?"
"이처럼 물결에 흩어진 그녀는?"
　모든 사람의 관심이 쏠렸다.
　바닷물 위에 어디선가 흘러온 꽃잎들이 여기저기 떠돌아다닌다.
　그녀가 누구인지 알기 위해 구조본부는 DNA를 분석했다. 분석 결과, 그녀는 단원고 여학생 '황지현'이다. 이제 생명 잃은 육체가 295명으로 늘어나고 물속 어딘가에서 아직 발견되지 않은 육체는 9명으로 줄었다.
　'황지현'.
　길고 긴 날들을 어두운 배 안에서 잘 견디어 주었다. 기묘하게도 소녀는 바로 '생일날'인 10월 29일 집으로 돌아왔다!
　황지현. 소녀는 고통속에도 집에 돌아가기만을 손꼽아 기다렸다. 집으로 꼭 돌아오고 싶었다. 그러나 어두움이 소녀를 짓누르면서 소녀가 다시 집으로 돌아오는 것을 쉴 새 없이 방해했다.
　어둠의 세력은 인간 존재를 파괴하고 생명을 앗아가려 기를 쓴다. 이 흑암은 소녀가 영원히 깊은 바닷물 속에 남아 흔적없이 사라져주기를 바란다. 그래서 잔인한 수마가 쉴 새 없이 그녀에게 달려들어 상처를 내며 할퀴었다. '소녀의 존재'를 물속에서 흩어버리려 부단히 모질게 흔든다.
　소녀는 그때마다 세차게 물리치고 몸을 여미면서, 집에 다시 돌아갈 날을 손꼽아 고대하며 꿈꾸어 왔다.
"나, 꼭 다시 우리 집으로 돌아 갈 거야 …."
"엄마 아빠 너무 보고 싶어요. …"
　어서 속히 집으로 돌아가 부모님을 만나리.
　그녀는 너무 집에 돌아가고 싶다. 물속에서 쓰러지면서도 집으로 다시 돌아오는 꿈을 꾸었다.
　소녀는 외동딸이다. 부모가 결혼한 후 7년 만에 낳은 소중한 아기 지현은 1997년 10월 이 세상에 태어났다. 그리고 어느새 성장해 고등학생이 되고 지난 4월 15일 여행을 떠났다. 침몰한 배에 갇혀 너무 오랜 시간 부모와 떨어져 있었다. 소녀는 이제 겨우겨우 엄마 아빠 품속으로 돌아왔다!

소녀는 물을 싫어했다. 그래서 배 타고 가는 수학여행에 불만이 가득해 입을 뿌루퉁 내밀었다. 소녀는 그처럼 싫어하는 물속에서 오로지 집으로 돌아오는 꿈을 꾸며 견디었다.

어머니 심명섭 씨는 딸이 나오도록 하려고 무엇이든 해보았다. 매일 아침 일찍 버스로 30분 달려 팽목항에 나간다. 아침 바닷물이 출렁이는 그곳에서 마치 딸의 음성이 들리는 듯하다.

"엄마! 나 배고파, 아침밥 주세요 ….'

엄마는 눈물을 하염없이 흘리며 딸을 위해 아침 밥상을 차린다. 딸이 이곳으로 올라와 식사하는 듯 느껴진다. 행여 지현이 집에 돌아오는 데 도움이 될까 봐 자식을 찾아 체육관에서 먼저 떠난 유가족의 자리로 잠자리를 옮겼다. '실종자 옷을 물속에 담가놓고 있으면 실종자가 나온다'는 말이 들린다. 엄마는 지현이 옷을 물속에 담가두기도 했다.

애절한 마음이 열납 되었을까?

세월호 4층 중앙 어두운 곳에서 수마에 뜯기면서도 사랑하는 엄마 아빠를 그리며 귀가를 꿈꾸던 소녀! 따스한 가족 품으로 다시 돌아올 수 있었다. 소녀는 꿈속에 그리던 부모에게로 돌아왔다!

그리고 생일상을 대한다. 부모는 딸을 바라보면서 운다.

체육관 안에는 아직도 애타게 자녀를 기다리는 부모들이 있다.

"미안합니다."

소녀의 부모는 다른 부모들에게 조용히 말했다. 뜬눈으로 밤을 새우면서 사랑하는 자녀를 애타게 기다리는 그들, 아프고 절망하는 마음들, 지현의 부모는 그들의 아픔을 안다. 그들은 소녀의 부모를 끌어 안고 운다.

비록 너무 오랜 날을 암흑의 바닷속에 머무르며 서로 헤어져 있었지만, 그리운 사람들이 하나 둘 가족 품으로 돌아온다. 하지만 아직도 저-바다 깊은 물속 어두운 배 안에 갇히거나 바닷물 속을 떠돌면서 외로이 헤매는 9명의 사람이 있다. 우리는 그들을 애타게 찾는다.

#실종자 명단

양승진(교사), 고창석(교사), 조은화(2-1), 허다윤(2-2), 남현철(2-6), 박영인(2-6), 이영숙(일반), 권재근(일반), 권혁규(권 씨의 아들 6세).

(고창석, 조은화, 이영숙, 허다윤. 세월호 인양 후 돌아옴)

세월호야, 아! 세월호야!

그대들 손가락에 피멍이 들고
손톱에는 핏줄이 엉켰다.
물길에 휩쓸리지 않으려 발버둥 치며,
미끄러운 난간과 벽을 꽉 부여잡고
살아보려는 몸부림 몸부림들
손톱이 짓이겨지고 주먹에 멍이 들다.

경비정이 한가롭게 바다 위 돌며
유유자적함을 보여 주던 그 시간!
바로 그 시간 그 순간에
거기 그 바닷물 아래서
우리의 꽃망울들이 사투하며 피흘리다
싸늘한 몸이 되어 생명을 잃는다!

움직이지 말라는 방송 소리에
그대로 배 안에서 기다리네
구조를 애타게 기다리던 304명,
남의 말 잘 믿는 착한 사람들
탈출을 시도해 보지도 못 한 채로

배 안에서 내내 기다리고 있네.

배는 물 위에 수 시간 떠있고
배 밑바닥에 구멍이 뚫려
물이 새어 들어오지 않는 이상
대선박은 오래 떠있으므로
여러 시간 선체를 들어내고
다도해 해상에 기우뚱 떠있다.

"살고 싶어요! 구해 주세요."
"죽기 싫어요! 살려 주세요."
기우는 배 안에서 구조를 기다린다
물이 덮쳐오는 데 구조를 기다린다
"제발 빨리 와서 구해 주세요!"

그러나 웬일인가?
섬으로 에워싸인 다도해 해상
수심 수천 미터 아닌 30여 미터
서서히 침몰하는 배 안에서
살려달라 외치는 이들을 향해
아무도 다가오지 않는다!

침몰 시작 이후 이어진 3~5시간
그 이후 그날 밤이 깊어지도록
그 다음날 밤도 깊어가도록
아무도 구조하러 들어오지 않는다
배 안 사람들은 공포에 질리고
그들을 향해 다가오는 이는 없다!

4월 18일, 배는 완전히 침몰하다.
304명의 그리운 이들,
갓 피어난 꽃망울들 무참히 꺾여
무시무시한 흑암 협곡 아래로
사정없이 매장되어가는 순간
구조하지 않아 구조는 없다!

세월호는 자취를 감추고
생존자를 향한 긴급구조
촉박한 생명의 구조 작업에
대 간격의 골이 벌어진다.
해경, 언딘, 잠수사의 작업에
협곡이 보이며 위태롭다.

구조하러 황급히 달려온
미 해군의 헬리콥터들
미 해군 본험 리처드함과 구조선
그러나 무슨 영문일까?
그들을 되돌려보내거나
먼- 해상으로 쫓아낸다.

구조하러 급히 달려온 그들
아무런 구조를 못 한 채로
회향하고 먼 곳으로 밀려났다.
인명구조 작업은 지체되고
구조의 황금시간 달아난다.

촌각으로 생명을 구조하러
급히 도착한 미 헬리콥터들
배 안에 들어가려는 민간 잠수사들
해경과 해군이 만류하면서
자신들도 구조하지 않고
배 안으로 들어가지 않는다.

죽어가는 생존자 구하려
민간 잠수부들 몰려왔다.
그들의 구조 열망 저지당하고
이후 잠수사들이 발견한 시신마저
언딘이 한 것으로 해달란다.
국민은 울분을 터뜨린다.

왜 인명구조를 지연시키나?
'왜 구조하지 안했는지 이유를 말하라!'
왜 구조하지 않습니까?
왜 미 헬리콥터를 돌려보내나요?
국정원 개입과 연관설이 떠돈다
국민들 항의가 봇물 터지듯 쏟아진다.

세월호가 소속된 청해진해운
영장 심사와 재판이 시행된다.
청해진 대표 유병언은 구원파 수장이다
그가 정부 경찰의 구속 피해 숨어다닌다.
경찰이 그를 찾으려 구원파의 중심지
금수원 내부를 수색하려 한다.

구원파 신도들이 금수원 정문에
빨간 글씨로 쓴 플랜카드를 내걸었다.
"우리가 남이가!"

그 아래 검은 글씨가 쓰여 있다.
"김기춘 실장, 갈 데까지 가보자."

구원파는 정부 경찰과 전면대치 중.
이런 대치 속 유병언은 도망 다닌다.
정부의 대대적인 유병언 색출
현상금이 걸리고 군대가 동원되다.
반상회에도 수배 전단이 배포된다.
하지만 그를 찾지 못한다.

어느 날 갑자기 생긴 일 .
"유병언의 사체가 발견되었다!"
이 발표에 그 마을 주민들이
시체가 노숙자의 것이라 하고
국민들도 상당히 의심한다.
시체는 부패해 형상을 모른다.

유병언과 키가 다르다고도 한다. 시체는 정말 지독히 부패하여 모습을
전혀 알 수 없다. 목이 떨어지고 손가락 일부도 잘려있다고 … .
시체 곁에 술병도 유병언 것이 아니란다. 그 시체를 조사한 국과수의 발
표 후에도 사람들은 그 발표를 거의 믿지 않는다.
정부는 삼엄한 경계 속에 시체를 매장했다.
국민들은 이런 것들이 조작이라고
불신할만한 증거들을 쏟아내었다.

"이제 더 이상 정부를 신임할 수 없다."
"참다운 진상을 밝힐 '세월호 특별법'을 제정하라!"
유가족 대책협의회가 '세월호 특별법' 제정을 요구한다.
야당이 이에 적극 호응해 유가족들과 함께 촉구하였다.
"수사권과 기소권 포함된 '세월호 특별법'을 제정하라!"
구조와 수색 지연에 절망한 유가족과 국민은 외친다.

"이제 거짓 없이 세월호 침몰 사고 문제점들을 밝혀내라!"
"이런 비극적 참사가 재발하면 안 된다!"
단원고 학생 유가족 유민 아빠가 '단식 투쟁'을 하고 있다.
국민의 항의 집회가 잇달아 일어나면서, 종교인들도 합세하였다.
40일 단식 이후 생명이 꺼져가는 유민 아빠는 대통령을 만나 부탁하겠다고, 아니면 면담 약속이라도 신청하겠다고 청와대로 향했다. 하지만 가는 길목에서 경찰에 둘러싸여 진로를 거절당한다.

2014년 8월 14일

프란치스코 교황이 한국을 방문했다.
한국 천주교 대전 교구에서 개최하는 '제6회 아시아 청년대회'에 참석하려는 목적이다. 광화문 광장에서 8월 16일에 '124위 시복미사'가 집전되었다. 17만 가톨릭 신자들과 수십만 시민들이 모였다.
광장에서 '세월호 진상 규명'을 촉구하며 단식농성을 하고 있던 유가족들도 시복미사에 참석했다. 교황은 세월호 유가족들에게 관심을 표했다. 카퍼레이드 중 차에서 내려와 유가족의 손을 잡았다.
'세월호 특별법 제정'을 요구하면서 40일 단식 중인(34일째) 유민 아빠에게 다가와 손잡고 그가 주는 노란 편지를 받아 직접 주머니에 넣었다. 교황은 '십자가'와 이 '편지'를 바티칸 교황청으로 가져간다. 세월호 참사 '범국민대표'가 광화문 도로에서 '세월호 특별법 제정' 서명을 받는다.

우리나라 전국적으로 또한 미국에도 노란 리본 달기 운동이 퍼진다. 세월호 침몰 사고 진상을 밝히라는 유가족들과 국민들의 요구가 더욱 강렬해진다. 광화문 광장에서 유가족들, 기독교, 불교, 종교 단체들, 시민들이 운집해 '세월호 참사와 구조 작업 지연의 진상 규명'을 촉구한다. 세월호 특별법 제정을 요구하는 집회와 농성, 단식농성이 이어진다.

5월에 '세월호 국민대책회의' 출범으로 시작한 '세월호 특별법 제정' 서명운동이 6월에 100만 명을 넘었다. 7월 15일 '특별법 청원'과 함께 '350만 명 서명'이 국회에 전달되었다.

눈물의 '삼보일배'….

2014년 9월 2일 오후, 눈물의 '삼보일배'가 시작된다.

'세월호사고 가족대책위' 가족들이 농성 중인 광화문 광장에서 '세월호 참사 진상 규명 485만 국민 서명 청와대 전달식' 기자회견을 했다. 그리고 '국민 서명'을 청와대에 전달하기 위해 눈물의 '삼보일배'를 하며 청와대로 향했다.

국민이 '세월호 참사 진상 규명'을 위한 '수사권과 기소권이 보장된 특별법 제정'에 서명한 문서를 청와대에 전달하러 간다. 광화문 광장에서 청와대까지 '삼보일배'로 간다. 슬픔에 잠겨 광화문에서 출발해 청와대로 나아갔다. 하지만 10분 정도 전진하다 막아서는 경찰의 담에 가로 막혔다. 경찰이 '세종대왕 동상' 앞에서 진치고 막아선다. 유가족들은 그 자리서 '삼보일배'를 이어갔다.

너무 정당한 이들의 걸음이 경찰에게 저지당한다.

그런데, 왜 피해자 유가족들이 '삼보일배'를 해야 하나?

사고 주범들과 구조 실패자들이 절하며 용서 빌어야 하련마는 ….

경찰에 막힌 세월호 가족들은 기어서라도 가려 애쓴다.

"경찰 벽에 막힌 485만 국민 서명",
"청와대 가는 길 막힌 세월호 유족의 삼보일배."

신문들이 1면에 머리기사 제목을 싣고 경찰에 가로막혀 제자리서 절하는 유가족들의 사진을 내보냈다. 장장 4시간이 넘도록 세종대왕 동상 앞에서 경찰에 막혀 제자리 '삼보일배'를 하지만 청와대는 반기지 않는다.

국민을 위한 경찰은 '485만 국민 서명'이 잘 전달되도록 보호해야 하련만, 도와주지는 않고 진로를 막는다. 가로막는 경찰을 향해 희생자 박예지 학생의 어머니는 울부짖는다.

"지금 우리를 막고 있을 게 아니라 아이들을 진작에 구해 주지. 아이들이 바닷속에서 얼마나 살려달라고 엄마 아빠를 불렀겠냐?"
"아이들이 살려달라고 얼마나 몸부림쳤을까?
아이들을 왜 안 구했느냐고 …."

세상이 거꾸로 도는 것 같다.

유가족들은 더 이상 가지 못하고 제자리서 '눈물의 삼보일배'를 '4시간 16분' 동안 계속하였다. 그리고 '대국민 호소문'을 발표한다.

유민 아빠가 단식 46일에 병원으로 실려 갔다.

그 자리서 목사님이 단식을 이어가고 있다.

정의구현 사제단도 단식을 중단했다.

염 추기경이 유가족에게 "양보하라" 말했단다. 교황의 가슴에서 노란 리본을 떼라고 하셨다는 분, 그러나 교황은 "고통 앞에 중립은 없다"면서 끝까지 노란 리본을 달고 계신다.

국민의 자진 단식 참여가 이어진다.

추석에 광화문에서 단식하는 유가족들을 찾아가 '세월호 특별법'을 제정하도록 하겠다던 야당의 국민 공감대 대표가 남자로 바뀌었다. 그리고 여당과 타협적이 된 것 같다.

이제 유가족들은 '유가족을 제외한 '특별법'을 만들려 한다'고 하면서 그것이 '무슨 의미 있느냐?' 강력히 항의한다.

국민단체가 유가족을 포함한 '세월호 특별법'을 제정하라고 선언하였다.

10월 23일, 부산에서 '다이빙벨: 진실은 침몰하지 않는다'(The Truth Shall not Sink with Sewol) 영화가 개봉되었다. 이 영화는 언론을 통해 알려지지 않거나 잘못 보도된 사건들, 수면 아래 가라앉은 황금 같은 구조 시간 72시간, 그 시간 동안 사고 현장에서 무엇이 일어났는지를 조명한다. 연출에는 이상호와 안해룡이다. '다이빙벨'을 상영한 창원에서는 관객들이 눈물에 젖는다.

세월호 참사가 일어나고 100일이 지나 200일이 넘었다. 그리고 1년이 지나 또 2년, 3년, 4년, 5년, 7년이 지나고 이제 많은 세월이 유수처럼 흘러가리라. 하지만 가족들에게 또한 우리 모두에게 사랑하는 이들의 음성이 아주 생생하게 들려온다.

"왜 나를, 구해 주지 않았어요?"
"왜 바닷물 속에서 그냥 죽도록 두었나요 …?"

흐르는 빗물처럼 눈물이 앞을 가린다.
무슨 일이었을까?
정부와 검찰이 명확하게 드러내 보여 주지 못하는 세월호 침몰의 진실! 그 참다운 진상과 모든 진실, 우리는 이 비극적인 대참사의 그 깊은 진상들을 모두 알고 싶다.
세월호야, 아! 세월호야!

눈물이

그대들 아름다운 꽃망울들
이제 막 피어오르는
정말 아름다운 꽃망울들

푸른 하늘과 맞닿은 망망대해를 향해
환호하면서 꿈의 날개를 펼치고
저 높은 곳을 향해 한없이 나래 짓 하던,

죽음의 물웅덩이가 몰려올 때
난간을 붙들고 탈출하려던 그대들
손톱과 손가락에 피멍이 엉기네.

차가운 바닷속
캄캄한 물두덩이
죽음이 그대들을 덮치려 할 때
탈출하려는 몸부림, 몸부림들
울부짖는 소리, 소리

아! 누가 이들의 소리에 귀를 막았나?
아! 누가 이들을 침몰하는 배 안에 가두었는가?
아! 누가 이들의 살려달라는 외침을
그처럼 냉혹하게 외면했는가?

아! 누가, 누가
꿈꾸는 꽃망울들을
깊은 암흑 심연의 수렁으로

서서히 몰고 들어가
다시는 돌아오지 못할 죽음의 늪으로
떨어뜨려 버렸는가?

아! 저 소리를 들어보라
살려달라는 외침들-
두려워 고함치는 소리.
"여기 살려주오! 살려줘!"
"엄마, 아빠, 살려줘!"

빛이 흐려진 대지 위로
희미한 눈물이 솟구친다 ….
소낙비 폭포 되어 쏟아지듯
뜨거운 눈물이 넘쳐 흐르네.

세월호야, 아! 세월호야!

에필로그(Epilogue)

죽음은 종결이 아니다. 죽음이 우리 모든 생애(삶의) 이야기의 끝은 아니다. 우리 모두는 내 뜻대로 세상에 태어나지 않았다. **창조주 하나님이 우리를 위해 지구라는 정원을 만드시고, 그 안에 우리가 있도록 두셨기 때문**에 지금 아름다운 정원에 우리가 살고 있다. 우리가 지닌 '생명'은 하나님이 내려주신 '가장 고귀한 선물'이다.

Death is not the ending point. Death is not the end of the stories of all our lives. No one was born into the world by his or her choice. We now live in this **beautiful garden, the earth, God created for us, because we were sent into this world and placed on the earth of the garden by God, the Creator.** Life we contain is God's most precious gift God granted to the living beings.

죽음이란 '영원한 생명'이 시작되는 새로운 세계로 우리가 들어가는 '통과문'이다. 그리고 오직 창조주요 생명의 주이신 하나님만이 우리에게 '영원한 생명'을 주실 수 있다.

Death is 'the entrance' through which we can enter the new world, where 'eternal life' begins. And **Only God, the Creator and Lord of life, can give us eternal life.**

죽음은 우리 삶의 끝이 아니다. 오히려 죽음은 영원 속에 펼쳐질 신비로운 경이, 우리가 하나님 나라에서 새롭게 변화된 존재로서 **영원한 생명(영생)의 약속이 이루어지는 모든 이야기들**의 도입부다. 우리 모두는 하나님 나라, 하늘나라에서 영겁 속에 영원히 살리니.

Death is not the end of our lives.

Rather, it is a mere introduction to all the stories of the mysterious wonder that will unfold and the **promise that will be fulfilled, our newly transfigured being(eternal life) in the kingdom of God,** We will forever live in the kingdom of God, kingdom of heaven, the eternity.

하나님이 영원하시듯 인간도 영원하리니. 우리는 죽음의 '제로점'에서 '영원으로' 변화된다. 오직 하나님이 이 세상에서 우리에게 생명을 주실 수 있듯, 오직 하나님이 저 세상에서 우리에게 영원한 생명을 주실 수 있나니…

그리운 사람들이여, 우리 모두 영원 속에서 다시 만나자!

As God is everlasting, so will the humans be. We transfigure from the death (the zero point) to the eternity. **As only God can give us life in this world, so can only God give us eternal life in that world, the kingdom of heaven** …

Dear Loved Ones, We, Let's All Meet again in the Eternity!

손 혜 숙 목사 *Pastor Hea Sook Son*

"오직 정의가 물처럼 흘러내리게 하고,
공의가 강물처럼 흘러내리게 할지어다."
But let justice run down like water,
And righteousness like a mighty stream
(아모스 5:24. Amos 5:24).

"하나님이 자기 형상 곧 하나님의 형상대로 사람을 창조하시되
남자와 여자를 창조하시고, 하나님이 그들에게 복을 주시며 이르시되
생육하고 번성하여 땅에 충만하라 땅을 정복하라 …"
So God created mankind in his own image, in the imgae of God,
He created them, male and female He created them, God blessed them
And said to them "Be fruitful and increase in number, fill the earth
and subdue it …"
(창세기 1:27-28. Genesis 1:27-28).

"하나님이 세상을 이처럼 사랑하사 독생자를 주셨으니
이는 그를 믿는 자마다 멸망하지 않고 영생을 얻게 하려 하심이라.
For God so love the world that he gave his one and only Son,
whoever believes in him shall not perish but have eternal life
(요한복음 3:16. John 3:16).

부록: 최근 동향

#문재인 대통령 특별검사 임명

세월호 참사 유가족은 다음 3가지를 요구한다.

첫째, 문재인 정부는 세월호 참사 7주기까지, 대통령 임기 완료 전에 반드시 진상 규명을 하겠다는 약속을 재천명하고, 그 약속을 실행할 계획을 밝혀라.
둘째, 문재인 대통령은 국민이 부여한 정부 수반의 지위와 권한을 행사하여 국가정보원과 군경이 보유하고 있는 세월호 참사 관련 정부 기록을 모두 공개하라.
셋째, 문재인 대통령은 "수사 결과를 지켜보자. 미흡하면 나서겠다"던 약속대로 검찰 특수단의 부실 수사 결과를 바로 잡을 수 있는 '새로운 수사'를 시작하고 책임져라.

문재인 대통령은 2021년 4월 23일 세월호 참사 진상 규명 특별검사(세월호 특검)에 이현주 변호사(62·사법연수원 22기)를 임명했다. 세월호 참사와 관련해신 2014년 참사 이후 7년간 진상 규명을 위해 기관 7곳이 나서 모두 8차례 수사·조사를 진행했고, 이제 9번째 특검 수사까지 시작되는 것이다. 세월호 특검은 특검을 상시로 도입하는 내용의 '상설 특검법' 통과 후 첫 적용 사례다.

> 문재인 대통령이 23일 청와대에서 이현주 변호사에게 '세월호 참사 진상 규명 특별검사' 임명장을 주고 있다. 문재인 대통령은 "7년이 지난 지금까지도 세월호 참사와 관련해 의혹이 남아 있는 것은 안타까운 일"이라고 말했다.
>
> 「연합뉴스」, 2021년 4월 23일.

문재인 대통령은 이날 이현주 특검에게 임명장을 주면서 "세월호 참사는 피해자와 유가족뿐 아니라 우리 사회에 큰 상처와 한을 남긴 사건으로, 7년이 지난 지금까지도 의혹이 남아 있는 것은 안타까운 일"이라고 했다. 이어 "안전한 나라, 사람의 가치를 우선하는 나라가 되기 위해선 세월호 CCTV 데이터 조작 의혹 등에 대해 한 치의 의문도 남지 않도록 수사해 진실을 밝히는 것이 필요하다"며 "세월호 참사 유가족의 아픔에 공감하면서 수사해 달라"고 했다.

문재인 대통령은 지난 2월에도 "정부는 할 수 있는 조치를 다 하고 있는데, 유족들이 원하는 방향대로 진상 규명이 좀 더 속 시원하게 아직 잘 안 되는 것 같아 안타깝다"고 했었다. 이 특검은 "막중한 책임감을 느끼며, 진상 규명을 위해 최선을 다하겠다"고 했다.

특검은 세월호 내 CCTV 데이터 조작 여부, 해군·해경의 세월호 영상 녹화장치(DVR) 수거 과정 의혹, DVR 관련 청와대·정부 대응 적정성 등에 관해 수사한다. 세월호 사고 원인과 구조 과정의 잘못 등이 아닌 자료 조작 의혹을 조사하려 특검을 하는 것이다. 앞서 '사회적 참사 특별 조사위원회'(사참위)가 작년 9월 "세월호 침몰 당시 상황을 담은 CCTV 영상 데이터를 외부에서 편집한 정황이 있고, 이 데이터가 담긴 영상녹화장치(DVR)가 검찰에 제출될 당시 다른 것으로 바꿔치기 된 의혹 등이 있다"며 특검을 요구했다.

사참위 요구에 따라 2020년 작년 12월 더불어민주당 주도로 '4·16 세월호 참사 증거 자료의 조작·편집 의혹 사건 진상 규명을 위한 특별검사 임명 국회 의결 요청안'이 통과됐다. 이 특검은 이날부터 최장 20일 동안 수사에 필요한 준비를 하고, 이후 60일 이내에 수사를 완료해 공소 제기 여부를 결정해야 한다. 필요하면 대통령 승인으로 30일 연장할 수 있다.

세월호 참사를 두고선 그간 검찰 수사와 국회 국정 조사, 감사원 감사, 해양 안전 심판원 조사, 세월호 특별 조사 위원회 조사, 선체조사위 조사, 사회적참사 특별조사위원회(사참위) 조사, 검찰 특별수사단 수사 등이 이뤄졌다. 특히 검찰 특수단은 2019년 11월 출범 후 1년 2개월 동안 총 201명을 대상으로 269회에 걸쳐 조사를 진행했다.

임관혁 특수단장은 수사 결과를 발표하면서 황교안 전 법무부 장관의 검찰 수사 외압, 청와대의 감사원 감사 외압, 국정원·기무사의 세월호 유가족 사찰 혐의 등에 대해 모두 '무혐의'라고 발표하며 "유족이 실망하겠지만 되지 않는 사건을 억지로 만들 순 없다. 법과 원칙에 따라 할 수 있는 건 다 했다"고 했다.

그동안 검찰 수사에서만 약 400명이 입건되고 150명 넘게 구속 기소 됐다. 그러나 사참위는 지난 13일 "특수단 수사 결과에 대해 엄중한 문제의식을 느끼고 재조사를 진행하고 있다"고 했다.

문재인 대통령은 이날 "이 변호사가 사회적 약자의 권익을 보호하는 공익적 변호사 활동을 해 왔을 뿐 아니라 행정 경험이 풍부해 세월호 참사 특검으로 적임자이기에 추천을 받자마자 바로 재가했다"고 했다. 이현주 특검은 '민주사회를 위한 변호사 모임'(민변) 대전 충청지부장 출신으로, 노무현 정부 시절인 2006-2007년 법무부 인권정책과장에 이어 2016-2017년 민주당 소속 권선택 전 대전시장 당시 정무부시장을 지냈다. 특히 같은 민변 출신이자 대전이 국회의원 지역구인 박범계 법무부장관과 친분이 있는 것으로 알려졌다.

CLC 도서 소개

미국이 운다! 동성애:
대한민국도 울지 않게 하라!

손혜숙 지음 | 신국판 | 216면

오바마가 퍼뜨린 해로운 바람이 미국 전역에 불고 있다. 이 바람을 맞아 몹시 휩쓸리면서 나라는 병들어가고 있다. 점점 몰아지는 바람에 더욱 심한 상처를 입고 고통스러워 몸부림 친다. 광범위하게 휘몰아치는 어두운 바람의 물결에 흔들리면서 그들이 지닌 고귀한 정신을 잃어버리려 한다.
"살려주세요!"
"나는 죽고 싶지 않아요 … 살려주오!"
미국이 소리치고 있다. 크게 소리 내어 울고 있다. 그 슬프고 고통스러운 흐느낌을 들으면서 잠을 이룰 수 없다….
"아메리카, 당신은 지금 어디를 향해 가고 있습니까?"
"나는 지금 가파른 절벽으로 끌려가는데 그 절벽에서 죽음의 골짜기로 나를 밀어 떨어뜨릴 것입니다…."

대한민국도 울지 않게 하라!
God Save America One Nation Under God!

누가 예수를 부인하는가?

루크 티모디 존슨 지음 | 손혜숙 옮김 | 신국판 | 254면

예수를 믿고 예수를 사랑함은 성경을 통해 들려주시는 고귀한 진리에서 오고 체험되는 사건이다. 역사적 예수 탐구의 안내서로 예수 논쟁의 최전선 중심부에 서서 본서는 성경을 통해 증언된 예수, 부활하신 주님으로서 인간을 만나시는 예수가 진정한 예수임을 보여 준다.